广播电视创新规划教材

中国地质大学（武汉）"马克思主义研究与学科建设计划"2010年资助项目
"马克思主义新闻观与网络时代舆论引导艺术研究"的研究成果
项目编号：MY1010

广播节目制作

主　编　肖　峰
副主编　陆　丹　宁　薇　刘　方　孙　诗
参　编　（以姓氏笔画为序）
　　　　苏龙生　陈　灿　张　洵　高章幸　龚　超

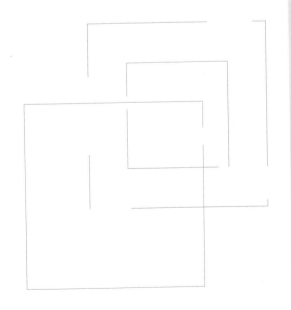

WUHAN UNIVERSITY PRESS
武汉大学出版社

图书在版编目(CIP)数据

广播节目制作/肖峰主编 . —武汉:武汉大学出版社,2014.1(2025.8 重印)

广播电视创新规划教材
ISBN 978-7-307-12346-5

Ⅰ.广…　Ⅱ.肖…　Ⅲ.广播节目—制作—高等学校—教材　Ⅳ.G222.3

中国版本图书馆 CIP 数据核字(2013)第 312624 号

责任编辑:韩秋婷　　　责任校对:鄢春梅　　　版式设计:马　佳

出版发行:**武汉大学出版社**　(430072　武昌　珞珈山)
(电子邮箱:cbs22@whu.edu.cn　网址:www.wdp.com.cn)
印刷:湖北云景数字印刷有限公司
开本:787×1092　1/16　印张:17　字数:399 千字　插页:1
版次:2014 年 1 月第 1 版　2025 年 8 月第 6 次印刷
ISBN 978-7-307-12346-5　定价:39.00 元

版权所有,不得翻印;凡购我社的图书,如有质量问题,请与当地图书销售部门联系调换。

代序

关注广播　研究广播

申　凡

本书主编肖峰曾经是"广播人"，现在又是讲授广播新闻课的大学教授。在广播电视教材方面，他继《广播新闻业务教程》之后，新近又主编完成了《广播节目制作》一书。如果说《广播新闻业务教程》是肖峰多年干广播、教广播、研究广播之后，从理论和实践两个层面对广播新闻业务作出系统总结的话，那么《广播节目制作》则是从这个系统中抽出了最核心的部分，加以精雕细琢、研究广播的又一部力作。

众所周知，自1920年美国匹兹堡广播电台诞生以来，这种跨越空间传递真实声音到千家万户的大众传播方式，就以其迅捷、实感、方便、悦耳的特色而风靡一时，引领大众传播时尚半个多世纪，广播完全像麦克卢汉所说的是"部落鼓"，是"耳朵的延伸"。

今天，我们也毋庸讳言，随着传播技术的飞速发展，随着互联网和其他新媒体的不断涌现，曾经红极一时的报纸、广播、电视等传统大众传播媒体受到了严峻的挑战，于是"传统大众传播媒介会消失"的传言四起，广播事业也遇到了一些新的情况和新的问题。

现代媒介发展史告诉我们，100多年来每一种新媒介出现时，都曾伴随着老的媒介被替代、被终结的惊呼，然而历史的事实却是从来没有一种大众传播媒介在新媒介出现后消失。往往是新媒介加入大众传播序列后，会引起大众传播媒介系统内部关系的调整，使得各个媒介在新的状态下分工有了新的区分，各自的市场定位、业务划分会更精细化、专业化，媒介生态也会在这种调整中达到新的平衡，然后再以整合好的新的大众传播系统到社会大系统中去承担社会信息传播的职能。

今天，网络和手机等新媒体的出现，和历史上每一次"新媒体"的出现一样，一方面它会把无线电波传播中的一部分听众拉走，使之上网收听、收看节目，但它却不能在无线电波中替代广播的存在；另一方面，它又在网上为听众开辟了专门的音频传播通道，实际上就是"广播上网"。这正印证了媒介史上重复过数次的新形势下的媒介生态新的平衡规律。在这样的趋势下，广播的发展道路不是越来越窄，而是越来越宽，直至成为真正的广泛传播的"广播"。到时候，使用这本节目制作教材的恐怕不仅仅是新闻专业的学生、专业制作公司的人员，而且网络上那些开"播客"、做视频的网民都会借助这本教材学习节目制作的知识与技能了。

作为广播人和新闻传播学教授的肖峰看到了这一点，所以他的《广播节目制作》开篇即在绪论里写道："随着高科技的发展，特别是因特网在全球范围内的飞速发展和新媒体的出现，使中国城市广播面临着前所未有的危机和挑战"。随即他又写道："网络只是一种新的技术而并不完全是一种单独的媒体。电视可以利用它，广播也可以利用它，甚至报纸、杂志都已经有了电子版。一根根网线里穿梭的比特，同样可以取代空中飞舞的电波，而且具有信号稳定、无噪声的优势"。在这样的媒介态势下，他分析了当下广播发展的机遇，不仅仅是"广播上网"，还有"现在各家电台为了争取份额也是使出了浑身解数，为了争取听众做足了功课。交通之声、经济之声、旅游之声、音乐之声等，愈是细分，听众愈是明确，听众愈是忠诚。""专职节目制作公司出现，他们更加贴近市场也更加专业，从而解放了电台的制作者们，使其更加专注于受众的研究。""多频道电台已经出现，他们为了生存，适应市场需求设置节目，从而给这个行业带来了更加激烈的竞争和进步"等等。这本教材就从这样的时代特征、媒介生态入手，可谓抓住了要害，所以它的针对性很强。书中对新媒体时代广播遇到的问题进行了全面的分析，同时也探讨了当代广播发展的社会空间及其策略，这就使本教材具有现实意义和指导作用。

从教学内容来说，本书涵盖了新闻广播、网络广播的节目类型和操作实务，具有较强的应用性、范式性，解答了主要的广播节目制作中的问题，是一本很好的广播节目制作能力训练教材。书中结合广播发展的新环境和新理论，使用了鲜活丰富的案例，增强了教材的可读性和应用性，十分适用于情景模拟教学法和现场教学法进行实务教学；书中探讨的媒介融合中广播与多媒体的互动，突出了这一时代的特点。

我认识肖峰还是1983年在华中工学院专门为新闻媒体业务骨干举办的新闻干部专修班上，他当时是湖北宜昌人民广播电台的一名年轻记者。20世纪80年代初，全国新闻从业人员近26万人，其中采编播专业人员不到5万人。其中，大学学历占38.4%（新闻专业占5.6%），高中、中专占39%，初中以下占22.6%。据预测，到20世纪末，我国新闻事业共需新闻专业人才9万人。华中工学院院长朱九思是位老新闻工作者、著名教育家。改革开放后，他力主把华中工学院办成文理工管兼有的综合性大学，成为创立新闻系的

"第一推手"。经过教育部批准，1983年9月30日上午，华中工学院新闻系正式成立。当时，湖北省新闻人才十分匮乏，湖北电台、《湖北日报》这样的省级大台大报，每年都分配不到一名新闻专业的毕业生。全省3000多人的新闻采编队伍，学过新闻的不到50人。在省里与学校多次协商后，湖北省就决定当年秋季在华中工学院举办首届新闻干部大专班。最后，从湖北省新闻单位（驻汉的中央媒体）几百名报考者中录取了102人，分为"广电班"和"报纸班"两个班，班长分别由湖北人民广播电台和《湖北日报》的学员担任。一批具有丰富教学经验的基础课教师和具有丰富新闻实践经验的专业课教师逐步到位，于10月4日开课。我担任了1983级这两个首届新闻干部专修班的班主任、新闻采访的任课教师。我1983年从中国社会科学院研究生院新闻研究所毕业，读研究生前有过10年的新闻实践，在新闻研究所期间挂职在《人民日报》工商部，当过3年的编辑记者。

针对这届新闻干部专修班学员年龄较大、政治素质好、自我管理能力较强、有一定的新闻实践经验，但缺乏基本理论知识和正规训练的特点，新闻系决定重点给他们补习基本理论知识，通过一系列的教学与研讨活动，让学员总结自己的新闻实践经验，并使之上升为理性认识，最后提升为理论。给我留下深刻印象的是肖峰学习的刻苦——不仅学好课内的知识，还大量阅读国内外各类新闻传播书籍，并利用课余时间写出了业务研究论文。我给他们讲授新闻记者的知识结构、采访技能和方法，带他们到十堰市、武当山实习，一起读报评报，办《改革信息报》，探讨新闻改革。1984年10月11日—13日，新闻系组织师生们参加"史沫特莱在中国"学术研讨会，他和沙市电台记者王洪国同学采写的人物专访《他的心为中国燃烧——访路易·艾黎同志》，配照片在《长江日报》发表。肖峰撰写的论文《和路易·艾黎在一起的时刻》，获《新闻与写作》杂志全国有奖征文"记一次难忘的采访"二等奖。再查到我的工作日志中还有：1984年10月18日1983级新闻干部班新闻研究题目，其中肖峰的是"广播提要研究"。他参加我组织的1983级同学业务讨论，随后就写成了论文《浅析新闻报道中的马虎眼》，当年发表在刊物上。这正如他说的："毕业后回到工作岗位，我一手写新闻，一手写论文，经常在新闻期刊上发表文章，多件广播新闻作品获奖，很快成为业务骨干，提拔为宜昌电台新闻部主任，当选为宜昌市优秀新闻工作者，多次被评为湖北电台、《湖北日报》的模范通讯员，跨入了全国乡土名记者行列"。

此后，肖峰一直以这种边工作、边学习、边研究的模式发展自己，他当上宜昌广播电台副台长后，又在职读了华中理工大学新闻社会学的法学硕士、华中科技大学新闻与信息传播学院的新闻传播学博士，几十年不懈地追求着学者型记者之路：目标，始终如一地努力；实干，一步一个脚印；学习，奋力爬坡步步高。正是凭借这种人格力量，遇到困难能扛住，不退不让，顽强坚守；遇到诱惑能抵御，不贪不占，堂堂正正，才成就了一番成果颇丰的事业：发表了大量优秀新闻作品和160多篇论文，有40多件新闻作品在全国全省获奖，有多篇论文获全国全省广播电视学术论文一、二等奖，2001年获全国首届百优广播电视理论工作者称号。2003年12月被评为高级记者。他还当选宜昌市新闻专业职称评审委员会委员、三峡大学兼职教授。2013年10月4日下午，在庆祝华中科技大学新闻教育创办30周年暨到校校友、学院领导和学院老教师座谈会上，我说了几句心里话："有人问我，你当年选择到华工教书，至今后悔吗？我说，不后悔。我虽然失去了到《人民日报》做个名记者的机会，但30年来我们引以骄傲的是培养了一个名记者军团！"而肖峰就是其中的一员。我为学生的成人成才感到欣慰！

后来，肖峰2004年作为引进人才被调进大学，成为了中国地质大学（武汉）艺术与传媒学院新闻传播系教授、硕士生导师，承担了多门本科生、研究生课程。他利用课堂这个主渠道，向学生传授基本的新闻传播知识、技能，还讲解积极向上的世界观、人生观、新闻观，带着学生去社区、企业和基层采访，在媒体发表新闻和评论。这样的教学很受学生欢迎，肖峰的《广播新闻业务》课程，在学校教务处组织的本科教学评估中，曾获得最高分，2012年被评为校级精品课。他一手抓好教学，一手抓好科研，出版了著作《广播新闻业务教程》、《名记者研究》、《马克思主义新闻观新论》、《新闻人才论》、《肖峰杂文随笔选》等；承担国家社科基金项目以及省部级重点科研课题，著作和论文曾获得国家和省部级一、二等奖，担任新闻传播学一级学科"新闻理论与实务"的学科带头人。2013年7月，他荣获湖北新闻工作"建设者奖"。

丰富的新闻实践经验和扎实的学养，让肖峰知道一个广播记者的教材应该写些什么，应该怎么写，所以教材的内容选择是为用所写，为培养能力而写；从教学的角度来说，数年的新闻工作实践和教学生涯，使他明白新闻专业的优秀生应当怎样去指导，怎样去训练。所以，实践经验与理论素养的碰撞与结合，不仅使他当年做广播新闻实践有一份自觉，有一份理性，也使他的教材写作能面向实际，能把业务上的"是什么"和"为什么"很好地结合，能够让学生不仅知其然，也知其所以然，这就成了这本教材最大的长处。

在本书出版之际，我衷心祝贺肖峰在新闻教育生涯中，又取得了这一有自己特色的新成果！

（本序作者系华中科技大学二级教授、新闻学院博士生导师，享有国务院突出贡献特殊津贴的专家，中国社会心理学会传播心理学专业委员会副主任委员）

2013年12月于武昌喻家山

前　言

　　党的十七届六中全会明确指出，要"深化文化体制改革，加快发展文化产业，形成公有制为主体、多种所有制共同发展的文化产业格局，"广播迎来了新的发展机遇。对于产业发展原则，国家新闻出版广电总局在2004年发布的《关于促进广播影视产业发展的意见》中指出，要"区别广播影视公益性事业与经营性产业"，"按照现代产权制度、现代企业制度的要求，深化经营性产业体制机制改革"。《意见》明确今后将"扩大投资融资渠道，放宽市场准入"。

　　有人认为新媒体不断出现后，在媒介融合时代的广播几近衰落，广播已经基本退出研究者的视线——这是因为他们不了解广播媒体优势的缘故。事实并非如此。在城市化迅猛发展的今天，广播的优势是显而易见的：第一，覆盖面广，收听率高。广播锁定各阶层目标群，成为商家必争之地。以北京市为例，北京机动车数量已达到360万辆以上，北京交通台高峰时间的收听人数达700多万人，北京音乐台、北京文艺台收听高峰时间的收听人数达150万人左右。第二，具有移动性、伴随性，可"随身"收听，优势独特。在任意时间、任意地点，无论听众从事任何活动，均不"躲避"广播，极少更换频道，保证了高到达率，广播时时刻刻都陪伴着你我他。尤其是在突发事件中，广播更是发挥了独特的优势。第三，感性强、易接触。主持人直接与听众亲切对话，打破距离感。直观的交流，个体化的服务，使广播成为你我他的知心朋友。第四，传播迅速，制作简便。第一时间传达简约且重要的信息，强化记忆点。以小时衡量的制作时间，以分钟计算的传播效果，明确简约的广告信息，使得广播在媒介融合时代仍然获得较大发展。

有人对于广播电台的产业化发展存有疑问：如何保持广播作为媒体在我国的特殊性质，使其在产业化之后继续发挥它所担负的耳目、喉舌功能？如何保证商业资本介入后，不在我们的宣传环节产生影响力？这是能否进行广播产业化的首要前提。北京人民广播电台从 2004 年初制定实施了电台历史上第一个五年产业发展规划，其实践证明：只要广播电台在公司化改制的过程中，拥有对媒体的控股权，党对新闻事业的领导就不会被削弱，反而会得到进一步加强；党的宣传纪律就仍然有坚实的制度保障；以经济实力壮大主流舆论，必将提高舆论引导的及时性、权威性、公信力和影响力。截至 2011 年底，北京电台广告营业额达 10 亿多元，净收入超过 6 亿元，目前总收入近 20 亿元。北京电台在节目宣传、广告经营、内部管理、队伍建设等方面创新管理，开创了中国广播史上的多个"第一"：第一个把广播节目作为产品实行流程化管理；第一个在电台内部实行制播分离；第一个建立 24 小时听众服务中心；第一个在节目采编播人员中实行"首席制"；第一个把ISO9001 国际质量管理体系引入广播行业；第一个全面开展数字多媒体广播试验等，成为全国广播行业的标杆。在激烈的市场竞争中，为了保持前进的动力，北京电台制定了高远的发展目标，力争成为国内一流、亚洲领先、世界前列的电台。[①] 因此，只要进一步解放思想，深化文化体制改革，实行产业经营与资本运作，从体制上、内容上、队伍上进一步提升水平，真正按照新闻规律办事，传统广播媒体在新媒体融合中，必将迎来又一个春天。

传统广播的发展趋势不是成为新媒体，而是融合新媒体，或者说是发展全媒体。对传统广播媒体来说，市场融合可谓一举两得。一方面可以充分运用数字技术、网络技术，使传统广播媒体的内容延伸到新媒体之中，形成具有较高竞争力的数字化产品；另一方面还可以进军电子商务，使传统广播媒体发布的广告信息在新媒体的平台上，再次被利用和挖掘，实现新的增值服务。据《新媒体世界中的广播——互联网收听调查》称，目前广播业正处于历史上独一无二的转折点，转折不仅仅起因于新媒体对受众注意力的吸引，更起因于受众第一次真正意义上拥有了其他形式的收听选择。《世界广播电视参考》的资料显示，我们已经能够收听到 100 多个国家的 1550 多个网上电台的广播。[②] 其实，美国今天已经直接把广播类的媒体叫做音频媒介。除了传统的 AM、FM 之外，所有在音频平台上传输信息的都可叫做音频媒介。

在媒体融合与转变的过程中，媒体核心竞争力体现在各种传播方式相互匹配所形成的活力，单一的媒体传播形式在未来很难具有竞争优势，特别是以音频为基本传播方式的广播，必须由单一媒体向多媒体、全媒体方向转变。在 2008 年北京奥运会期间，中国广播网实现了中央电台所有奥运报道广播信号同步网上直播，创新出图文并茂、音频视频同步

① 汪良：《广播产业经营及资本运作的实践与思考》，载郝振省主编《在北大讲传媒》，河南人民出版社 2009 年版，第 33~35 页。

② 左翰颖：《新媒体时代的美国广播业》，载《收视中国》2006 年第 1 期。

多点互动直播报道新模式，尝试广播频率、门户网站、有线数字广播电视、手机广播电视、平面媒体五大终端的融合。今天的传统媒体和新型媒体可谓是你中有我，我中有你。① 实现双赢，何弱之有？（有人至今仍把广播称为"弱势媒体"）在媒体融合的时代，选择研究广播向多媒体、全媒体发展的大趋势，表明了新闻教育工作者的开阔视野和博大胸怀。我国视听新媒体的发展趋势，要求高校为媒体培养更多所需要的懂新闻、善经营、会管理，能够适应多种岗位的全能型新闻传播人才。这是高校新闻传播院系办学的目标和宗旨，也是新闻教育工作者的责任和使命。

本书适应深化文化体制改革、加快发展文化产业的时代需要，是对传统广播与新兴网络视听研究的新成果。全书具有四大特点：

一是注重"与时俱进"，应用性较强。本书适合的阅读人群，是广播业界和全国高校有志于从事新闻传播事业的学子们。面对新媒体，传统广播通过与新媒体融合，使之变成一个新的复合型媒体。一名普通的广播采编人员过去会写文字并掌握录音技术就行，现在必须具备能够提供纸质文字、网络文字、图片、视频和其他多媒体产品的能力，能在各个工种间自如转换，提升多媒体新闻产品采集能力，成为多媒介产品的统一输出口。如果是主持人记者的话，还必须具备随机应变和现场调控的能力，与受众很好地进行沟通和互动。在媒介融合的背景下，媒体更需要能在全媒体、全流程不同岗位上流动的人才。而这些理念与实务知识，在本书中均有论述。

二是拓宽广播实务领域。一方面，该书紧紧追踪中国广播事业的飞速发展，特别是关注中国广播事业的改革前行；另一方面，又极为关注世界范围内新闻传播格局的快速嬗变，特别是媒介融合背景下广播业界的前沿发展。传统广播与新兴网络视听的融合，广播节目策划与制作的流程——调研、策划、制作、包装、案例分析等在本书中均有论述，从实践到理论较有新意。

三是突出广播的个性，具有范式性。近年来，有关广播电视学科体系的书籍，无论是宏观（意识与理念）、中观（体制与机制）还是微观（运作与技巧），都出版了不少。但是，单独、系统地研究媒介融合时代广播实用性操作的书籍却较为鲜见。在一定意义上说，它是快速变革的广播学科的断层，同时也是值得开发的"富矿"。方汉奇教授曾对新闻史研究工作者提出一项建议："多打深井，多做个案研究"，这也同样适用于广播实务的研究。本书的主编，就是一位具有 30 多年新闻实践与新闻研究经验的"老广播人"。呈现在读者面前的这本书，正是他和志同道合的年轻老师们长时期"打深井"和"做个案研究"的结果。本书既尊重了已成定势的广播基本操作范式，同时又尽量拓展广播媒体一系列创新的新理念、新成果，包括广播娱乐节目的涌现与表现范式、"播客"的涌现以及节目制作方式等。

四是具有前瞻性，探讨媒介融合时代广播节目制作的新思路。"广播人"毕生的追求就是解放思想、解放声音。这种解放不仅是广播节目制作水平的提升，同时也是体制上从行政管理到服务管理的提升，内容上从信息竞争到观点竞争的提升，队伍上从单一记者到全能记者的提升。媒介融合新技术不仅为广播改变单一的音频传播形态、开发多种形式的

---

① 龚立堂：《传统广播与新兴网络视听》，载《新闻战线》2011 年第 9 期。

多媒体传播提供了条件，而且也带来了很多不适应，这就需要进一步提升水平。本书对媒介融合时代中国广播应对机遇与挑战的对策进行了论述。同时，教材案例鲜活，适合教师采用情景模拟法、现场教学法进行实务教学。

　　笔者从事广播事业、研究广播20多年，加上在大学从事广播新闻教学与科研工作近10年来的经历，深感媒介变迁迅速与不断探索的可贵，这也正是我乐于与青年教师陆丹、宁薇、刘方和传播学硕士生孙诗，以及参与本书编写的青年教师龚超、高章幸、青年记者陈灿、新闻传播学硕士生张洵、苏龙生一道，从事广播新闻实务学术研究的动因。面对传播格局的新变化，我们需要更多思维活跃、充满激情的青年才俊们去不断深入探索、突破和超越，需要大学新闻院系源源不断地向主流媒体输送德才兼备的复合型人才。如果我们的竭诚努力，能够使更多的年轻学者关注广播、研究广播，能够使更多的莘莘学子和业界朋友都来热爱广播、热爱新闻，熟练掌握从事新闻传播事业和广播节目制作的过硬本领，我们就感到十分欣慰了。

　　（本序作者为全国首届百优广播电视理论工作者，中国地质大学（武汉）艺术与传媒学院新闻传播系教授、硕士生导师。）

肖　峰

2013年12月15日于东湖之滨

目录
CONTENTS

目录
CONTENTS

目录
CONTENTS

绪论　中国广播产业的新发展

今天，随着高科技的发展，特别是互联网的普及和新媒体的出现，使得中国城市广播面临着前所未有的危机和挑战，出现了听众锐减、广告稀少、资源短缺的现象。与此同时，中国经济持续高速发展，人民生活水平步入小康，城市化空间扩展，购车族的不断增加，加上我国广播电视管理的制度创新，又给城市广播的发展带来了新机遇。拥有 13 亿人口、3.4 亿家庭和超过 1000 家电台的中国大陆，已成为全球最大的广播市场和智能手机市场，中国广播正在迎来第二个春天。

本章力求对新媒体生态下的中国广播进行分析，探讨中国城市广播市场化运作中的新问题以及未来发展的新机遇；并对中国城市广播的市场化运作进行研究；探索广播事业与广播产业的新发展；最后对中国广播的市场化运作、新媒体发展战略提出对策。

第一节　城市广播市场化运作的新问题

一、新媒体冲击广播市场

随着高科技的发展，特别是互联网在全球范围内的飞速发展和新媒体的出现，使中国城市广播面临着前所未有的危机和挑战。目前，全球互联网用户已超过 20 亿，其中，中国网民超过 6 亿。截至 2011 年 12 月底，中国手机网民数量达到 3.56 亿人。据中国之声《全球华语广播网》报道，一家名为战略研究的美国公司于 2011 年 11 月 26 日发布数据称，按照智能手机发货量计算，中国首次超越美国，在 2011 年第三季度成为全球智能手机最大市场。数据显示，中国第三季度智能手机发货量创历史新高，达到 2400 万部，而美国则为 2300 万部。是什么让中国人对智能手机如此青睐呢？在美国华尔街工作多年的凤凰卫视记者庞哲说，供应量充足、购买便利是中国智能手机增速轻易超过别国的主要原因。中国目前使用智能手机的人数高达 9.52 亿，而这个数据还会迅速上升。庞哲又指出，由于价格的优势，同时承销商销售网点密集，导致中国智能手机供应量充足、购买便利，使用量增长速度轻易就超过世界其他的国家。据一家名为手机资讯机构的一项统计资料显示，中国城市居民79%的人使用智能手机，而其中 50% 的人是用手机来上网，43% 是用来听音乐，37% 用来上网查邮件，三个月前中国刚刚超过美国成为世界上个人电脑发货量最高的国家，而目前智能手机使用数量与功能方面又再一次超过美国成为国际市场上技术产品消费大国。① 一个日益庞大的移动媒体的受众群正在形成。

互联网的交互性、娱乐性、时效性，对于传统媒体产生了很大的冲击，同时也吸引着越来越多的受众。于是，许多年轻人以"从来不听广播"为炫耀，却并不拒绝智能手机给他们带来的资讯与收听音乐的快乐。互联网连年高速发展加剧了媒体业界的竞争，它的扩展意味着其他媒体所分得"蛋糕"的相对缩小。面对网络、手机等新媒体的迅速发展和巨大挑战，就连处于传媒霸主地位的电视业也感到了危机，同时广播被逼到更狭小、更难以作为的空间里。根据信息产业部统计数据显示，中国博客数量已达 3400 万，并以每天十多万的速度增长。目前，智能手机已经可以实现 PC 机上的一切功能，随着 3G 时代的提前到来，CDMA、GPRS、EGPRS 网络的不断完善，人机界面更加人性化，手机必将逐步成为个人无线信息终端。声情并茂是电视节目和网络媒体打压广播的最大利器，"人类接受信息 80% 以上来自画面"。因此，在广播业内，很多人相信既然只有 20% 的信息来自声音，那么广告客户流向电视就是必然趋势。②

由此可见，广播媒体的广告市场份额依然很小，但还有很大的上升潜力和发展空间。在媒体竞争博弈和整合并存的今天，广播，尤其是广播传媒，受到了其他新生媒体的威胁和受众分流的压力。

二、作坊式经营阻碍广播发展

1. 广播低投入低产出，处于相对不对称竞争状态

在广播业的经营管理中，仍存在着保守的、不思变革和不进取的思想观念。有的电台至今在许多方面仍保留着小农作坊式经营模式，在机制、制度、设备、资金投入使用方面，都能见到这种现象。现代广播作为一种依靠高科技装备和高素质人才才能有效高速运转的电子传媒，往往需要非常大的资金投入，投入不足就会成为发展的障碍。因此，广播

① 庞哲：《中国成为全球最大智能手机市场》，http://china.cnr.cn/qqhygbw/201111/t20111127_508838998.shtml，2013-12-16。

② 闫海生：《广播广告：2006 又是春天？》，载《中国广播影视》2006 年第 3 期。

行业面临着严峻的体制改革和创新挑战。

近年来，广播收听率调查和广播广告检测的市场需求已经有较大的提高。但是在全国1000 多家电台中，开展广播收听率调查的电台仍不过 1/10。① 可见，无论在市场调查范围还是在深度方面，电台都有很大的不足。这就使得电台在面对客户的时候，缺乏数据的支持，也就缺乏了准确有效的广播广告投放和广告价格报价的参考依据，不利于拓展广播广告市场。

2. 广播广告经营机制滞后

（1）营销手段盲目。由于缺乏收听率数据，"高报价，低折扣"成了广播媒体的广告"促销"方法之一。这使得广播广告收入降低，广播广告市场也受到限制，不利于广播媒体的循环发展。

（2）广播广告代理制尚未成熟。广播广告代理制尽管在电台广告经营中取得了不错的成效，但代理制的推广仍存在困难。代理公司的规模和能力有限，代理行为的混乱等弊端，都有待于在广播发展中不断加以解决。

（3）广播资源有待整合。广播广告的整合主要指两方面：一方面是广告节目的整合；另一方面是客户服务的整合。在广告节目方面需要科学设置与配合；在客户服务方面，要为客户进行科学的广告策划，合理制作广告创意，有效地投放广告。

三、广播专业频道不专

广播是我国普及程度最高的媒体传播形式，理论上广播覆盖听众近 12 亿，过去若干年的发展历程中，广播始终坚守"广"众之立场，而受众在市场众多媒体不断切割分流作用下，已经越来越难以创造更高的收听表现，听众对广播媒体的接触黏性也持续缓慢降低。北京、上海、广州等国内一线城市在广播电台的发展上虽然广告收入在不断向上攀升，收听时长与收听率表现却背道而驰。还可以看到传媒行业发展比较早的国家，如英国和美国市场，从 2006 年到 2010 年的 5 年中，平均每人每天收听时长也呈下降趋势，与国内广播市场具有相似性。受众时间碎片化，这使今天的受众媒介接触行为习惯发生了很大变化，促使广播向"窄播"过渡成为必然。

广播已进入"窄播"时代。数量众多的小众广播，可以更好地满足听众的多元需求，是"窄播"时代电台的理想类型。目前，国内大多数经济广播基本上都在走一种"大众化"道路，即以小众"窄播"的名义进行着大众"广播"，其听众类型并未如先前渴望的那样细分为目标受众。以湖北省几家电台的节目设置为例，如楚天交通体育频率将交通与体育频率合二为一；楚天音乐台全天的节目中有将近一半的节目内容与音乐无关。除了音乐类节目外，其余广播时间则被《疯狂不打折》等娱乐节目填满。节目内容与栏目名称中，找不到多少"音乐广播"的痕迹。再来看楚天新闻台，除了转播中央人民广播电台《新闻和报纸摘要》和每天一次的《新闻半小时》之外，其余广播时间被大量的健康、娱乐类节目所挤占。这类经济广播面对的是大众而不是小众，很难为其找到一个清晰的受众群，没有发挥个性化经营服务，节目也就很难成功。

① 黄彩虹：《广播广告持续发展探析》，载《媒介方法》2006 年第 1 期。

四、人力资源管理滞后

广播的竞争归根到底是人才的竞争，特别是在新形势下，广播要加快发展，人才显得十分重要。目前，广播人才方面面临新的问题：广播人才结构不能适应产业化、集团化发展需要，人力资源存在结构性缺失以及管理模式陈旧的问题。

（1）管理观念滞后，缺乏现代人力资源管理理念。长期以来，由于我国对广播电视从业人员采取行政命令式管理，重身份、档案、级别，采取的是一种标签式管理，以及受行政事业单位管理模式的影响，使得我国广播电台不少主管领导人力资源管理观念淡薄，官本位思想严重，缺乏现代化、高效率的管理知识，广播电台机构臃肿、职责不明确、人浮于事，严重制约着从业人员能动性和创造性的发挥。

（2）人才结构不合理，尤其缺乏经营管理人才。目前，我国广电系统专业技术人员与管理人员比例大致为 8∶2。经济管理和科研类专业技术人员偏少，这两类人员仅占5.6%。此外，经营管理人才缺乏，复合型人才不足，策划人员偏少，也是人力资源管理滞后的重要表现。

随着市场经济的发展，广播电台在担负宣传任务的同时，也必须承担经营任务；管理人才既要把好政治关，又要搞活经营，进行经营管理。在这种情况下，作为广播电台的管理者，只懂宣传业务、不懂经营是不称职的。从这个意义上说，广播电台缺乏人才，尤其缺乏经营管理人才。

策划在广播节目中越来越重要，它不仅是精品节目创作的重要一环，也是提高收听率的重要一环。但是，目前广播策划人员相当缺乏，具有超前意识和敏锐触觉、具备挖掘市场潜力和实现有关主体或节目的社会效益能力、把握整个节目制作的全过程、确保节目水准及受众群准确定位的复合型的专业策划人才凤毛麟角。

（3）专业人才教育与市场实际需求脱节。随着改革的不断深化，对广播人才的知识水平、业务技能提出了新的要求。传统高等教育培养的是记者、编辑，而现代传媒的产业化对于人才的需求，已不是传统的新闻人才，而是具有整合传播能力的传媒人才。他们既需要有高水平的专业能力，又要有一定的媒介素养，既可以胜任多种媒体工作，又能同时为多种媒体提供信息支持。

五、广播市场化运作束缚重重

我国传媒产业的体制处于转型期，既不是彻底的产业化，也不是原来的事业化。"事业单位、企业经营"的双重定位，混合了公共和商业两种功能和属性。在欧洲很多国家实行"双轨制"，即公共广播和商业广播，而中国广播的所有制形式和经营模式，都没能把公共广播和商业广播有效分离，以致定位模糊，角色错位现象严重。

第二节　城市广播发展的新机遇

国家统计局 2011 年 4 月 28 日公布的第六次全国人口普查的数据显示，我国居住在城镇的人口为 66557 万人，占总人口的 49.68%，居住在乡村的人口为 67415 万人，占

50.32%。同 2000 年人口普查相比，城镇人口比重上升 13.46 个百分点。这表明 2000 年以来我国经济社会的快速发展极大地促进了城镇化水平的提高。① 城市发展、城市人口剧增、购车族增加、广播新媒体整合等有利条件，为中国广播赢来了新的发展机遇。

新媒体的发展也给城市广播的发展创造了条件，带来了新的机遇。广播所需付出的费用近乎为零，收音机设备轻巧，也使广播容易普及，具有吸引力。广播与平面媒体、网络等其他多数媒体，都具有辅助功能而非替代性质。因此，广播比许多媒体有更多、更大的生存发展空间。

广播媒体是非视觉性媒体，这对需要解放眼睛的听众——年轻白领、学生以及老年人有很大的吸引力。调查结果显示，收听广播的听众分别有约 20% 和 15% 是老年听众和学生听众。

老年听众群：相当多的老年人是广播的忠实听众，约占整个听众群的 20%。他们中的大部分都是离退休人员，虽然收入比较低，但仍具备一定的消费能力，特别是某些精神领域产品的消费能力。

学生听众群：学生是广播听众的重要组成部分，大约占整个听众群的 15%。他们中在校大学生占较大份额，这一群体的文化程度较高，虽然他们没有固定的收入，但有来自家庭较强的经济支持，他们必将是未来文化产品的消费主力军。

最近几年，新出现了两个听众群体：白领听众群和私家车车主听众群。这两个听众群的出现，令广播听众的含金量，即听众的市场价值大大提升。因为白领人士和私家车车主阶层的购买力和消费能力，是任何一个商家，包括广告主和广告公司都不会忽视的。

"移动人群引爆了广播媒体"——中国传媒大学广告学院黄升民教授如此断言。这里提到的"移动人群"包括出租车司机、乘客、私家车车主。在中国大中型城市中，交通拥堵是常态。北京交管局人士说："北京 95% 的道路处于饱和与超饱和状态，一天有 16 个小时是高峰。"交通拥堵在影响社会经济效益的同时，却产生了"堵车经济"，即如何有效地在堵车时间，吸引司机和乘客的注意力，打发他们的时间，消除他们的烦躁。

据交通部数据统计，截至 2011 年，中国出租车数量约为 160 万辆；北京市出租车数量已经达到 6.7 万辆，这为北京广播电台的异军突起打下了坚实的基础。② 出租车行业的发展，将有助于广播的复兴。出租车司机是广播最忠实的听众，出租车还是一个流动广播站，为广播带来了相当庞大的听众群。

根据国家统计局发布的权威数字统计，2006 年年底中国私人汽车保有量首次超过 2000 万辆。广播媒体是一个"流动"媒体，这种客观优势决定了私家车车主甚至车内乘员，将成为广播媒体的忠实听众。家庭轿车具有一流的收听设备，据调查，80% 的家庭轿车车主开车时，都在收听广播以便了解路况和新闻、欣赏歌曲和文艺节目。

---

① 《新闻办发布 2010 年第六次全国人口普查主要数据公报》，http://www.gov.cn/wszb/zhibo449/wzsl.htm，2013-12-16。

② 申剑丽、刘洋：《数量已达 6.7 万辆趋于饱和，北京将不再新增出租车》，载《新京报》2005 年 9 月 17 日。

第三节　城市广播发展的新探索

充分发挥广播独家优势，交通台与交通频道效益凸显。2006 年，国内电台经营市场化程度加大，广播媒体继续高速增长。综观全国广播市场，诸多电台都有不同程度的增长，其中，广告收入超过亿元的电台达 17 家之多，比 2005 年的 12 家增加了 40%。另外，在收入过亿的电台中，省台占了绝大多数，表现尤为突出的地方台是深圳台、佛山台。据国家工商管理总局统计数据显示，2011 年广电行业总收入为 2895 亿元，广告收入比上年增长了 19%，位于电视、报纸两大媒体之后，仅略高于杂志媒体。在尼尔森网联全媒体广告洞察数据库中（包含电视、报纸、杂志、广播电台、互联网五大媒体），广播电台以 26.8% 的广告刊例花费增长速度雄居榜首，为 2011 年画上了圆满的休止符。以主要的 7 个代表城市为例（北京、上海、广州、深圳、南京、杭州、哈尔滨），2011 年，除北京广播广告市场受汽车限购政策影响刊例收入略有下降外，广播广告刊例收入呈现整体上扬态势，尤其是二线城市如南京、深圳和哈尔滨同比增长均在 30% 以上。

广播的传统优势是"传播快捷、方便收听、容量巨大、覆盖面广"。这些优势随着时代的变化已成为现代媒体的共同优势；广播体现在"移动、互动和低成本"，"移动"指广播听众的收听形态，已由固定收听转向移动中的伴随收听；"互动"则是指电台和听众通过电话、信件、短信等方式，缩小受众与媒体的距离，使媒体的传播效果最大化；"低成本"是指电台在所有媒体中的运营成本最低，花很少的钱就能完成传播，相对于电视的高投入和报刊的印刷发行等大量的人力、物力投入，广播的低成本优势不言而喻。

央视索福瑞调查数据显示：2007 年 1—4 月，北京交通广播台成为当时广播市场份额增长值最大的单频电台，24.78% 的市场份额使它已经拥有绝对的市场垄断能力。截至 2007 年 4 月底，交通广播收听市场份额比去年同期增长了 4.96%，呈现出"强者愈强"的态势。交通广播是目前听众数量最多的电台，2007 年该台日到达听众数量还在增加，增加总量名列北京所有广播频率之首。北京交通广播台日到达听众的增长数量，与其他广播频率增加的听众数量之和几乎相当。

北京机动车数量为北京交通广播台的顺利发展提供了先决条件。截至 2006 年 11 月 7 日，北京市机动车已达 282 万辆，其中 197 万辆为小轿车，私家车数量为 156 万辆，占北京机动车辆总数的 55.32%，占全国私家车总数的 7.8%。由北京人民广播电台与英国广播公司联合主办的"北京能源与交通广播论坛"于 2006 年 11 月 7 日召开，相关部门负责人披露了上述数字，而且这一数字还以每天 1000 辆的速度增长。① 截至 2009 年 6 月，北京机动车数量突破 300 万辆，已经达到 387 万辆，而每天有 16 个小时的行车高峰时间，由此产生的经济效益可见一斑。截至 2010 年 5 月，北京机动车也已经正式进入 400 万辆时代。按照目前的发展速度，不管采取什么样的限制措施，到 2013 年，恐怕北京很快将进入 500 万辆、600 万辆时代。这为北京交通广播台的霸主地位打下了坚实的基础。北京

---

① 李晨光：《截止到 11 月 7 日本市机动车数量已达 282 万辆》，载《北京晨报》2006 年 11 月 8 日。

广播电台的发展一直是中国城市广播发展的风向标。其实，目前国内所有发展势头良好的广播媒介，无一不是在体制上、经营上获得了突破，找到了出路。综观广播发掘自身特点、适应传播规律的过程，其实也就是打破过时的经营管理体制、形成符合市场经济的管理模式的过程。

近年来，深圳广播电台交通频率迅速发展，其做法就是实现了对深圳市交通新闻和交通动态的高密度同步报道，发动广大听众通过短信平台的方式，提供最新的路况信息，并针对听众短信进行抽奖活动，以鼓励听众广泛参与。

首先，在受众方面，交通广播一直将"为交通参与者服务，为移动人群服务"作为主题。其次，在服务方面，北京交通广播将这个功能发挥到了极致。尤其是路况信息，对越来越拥挤的城市交通参与者来说，有时就是行路的指南。北京交通广播电台把直播室搬到了北京市交管局指挥中心，通过 7200 个摄像头 24 小时实时监控北京市 2000 余个路段。信息发布人是交管局的交警，发布的路况信息不仅及时、准确，而且权威、实用。最后，娱乐性的音乐广播给司机和乘客以美的享受。这些节目融娱乐性、新闻性、服务性、互动性等多种功能于一体，能使枯燥的行车时间变得丰富多彩。

节目与受众融为一体，新闻与资讯融为一体，娱乐与服务融为一体，这就是交通广播受欢迎的理由。

第四节　广播媒体市场化运作的对策

一、调整广播影视产业政策，实施广播制度创新

长期以来，我国广播影视在计划经济条件下形成了事业、产业高度混合的管理体制。广播电台既有政治属性，又有经济属性；既要满足社会公共服务，又要提高个性化的市场服务。但在市场化的运作中，这种传统的管理模式已不能适应市场发展的需要。我国所有制形式是以公有制为主体，不能将西方的管理制度生搬硬套。这就要求我们建立适应中国市场和具有中国特色的、创新的管理机制，可以从以下六个方面入手：

一是政府要针对不同类型的广播服务，制定有针对性的运行规则和管理办法，做到市场运作、自主经营、依法管理；加快法制建设，推进依法行政。用法律来保护和规范广播产业的发展，为市场提供更为广阔的空间。

二是积极探索更为结合市场的管理机制。引入市场机制，节目采购采用招标的形式，从而丰富节目资源、提高节目质量、降低节目成本、改进管理办法、提高管理水平。

三是加快推进事企分开，将经营性部分转为企业，并实行公司化改造、企业化管理，做到产权清晰、责任明确，培育市场主体，健全市场体系；切实加强公共服务，全面履行政府职能。通过创新的管理机制，确保广播产业高效率、有秩序、又好又快地发展。

四是扩大融资渠道，在政策法规范围内，最大限度地吸引民间资本和海外资本进入中国广播市场，适当改变所有制形式，使其更加适应市场化需要，用资本激活市场。

五是建立制度与机制，规定新闻资源、公共性资源和各类优势资源的充分共享。此举可以节省大量人力、物力与财力。相关频率可以收缩战线，在各类专业化节目上做重点投

放，获取最大化的比较效益。

六是成立节目交易、交换的经营性中介机构，构建和活跃节目交易市场。

二、整合媒介资源，发展新媒体业务

随着数字技术的日臻成熟，网络、手机等新媒体应运而生。中国传媒研究中心发布的《中国新媒体产业现状及发展趋势》显示，2006 年中国新媒体产业市场总值达到 1140 亿元，占中国传媒产业总值的近 1/3。如何有效地将广播与新媒体整合，成为广播发展的关键因素。

（1）广播与互联网资源的整合。我国网络广播的发展几乎与世界同步。但中国广播电台网站的发展现状参差不齐。相对而言，美国广播电台做到了大多数网络广播都能实时收听。在中国，实时广播做得比较好的有中央人民广播电台和中国国际广播电台等少数几个大台，多数电台的实时广播还没有得到充分发展。

（2）广播与手机资源的整合。所谓"手机广播"，就是利用具有收音和上网功能的智能手机收听广播。有关资料显示，到 2010 年全世界将有 1.2 亿用户收听收看手机广播电视节目，手机广播的出现加快了电信产业和广电行业的进一步融合。① 如上海文广传媒集团与上海移动、江苏移动签署战略合作协议，用手机广播可以收听到上海文广传媒集团下属上海电台、东方电台的节目。手机广播以全新传播形态为中国广播注入新的活力。

（3）广播与播客资源的整合。在国内，中央人民广播电台、上海东方广播电台都在播客节目提供上做了有益尝试。中央人民广播电台的银河台在 2006 年 3 月 1 日改版时加入了"播客"元素；北京电台推出"听吧"频道，为网友提供小说、评书等节目；上海东方广播电台开设了《波哥播客秀》，这是国内播客首次登录传统广播平台；波普网（lifepop）与全国 37 家电台联手，只要上传播客到 lifepop，就有机会让你的声音传遍中国。

广播新媒体具有数字化、网络化、交互性、多媒体、个性化等特点，拓展了广播电视服务领域和服务功能，呈现出全新的形态。此外，广播与新媒体资源的整合，开发了新的经济增长点，进一步提高了传媒产业化水平。

三、确定专业频道定位，建设整体精品频道

今天，广播从大众传媒走向"分众"传媒已成为趋势，受众也更加细分化。广播要赢得稳定的受众群，必须形成稳定、独特的风格。要以受众为本位，从卖方市场走向买方市场，将"窄播化"进行到底。具体说来，要做到以下几点：一是频率专业化；二是受众对象化；三是节目设置系统化；四是突出对受众的服务功能。"窄播化"设置，可使得听众以类聚、以群分，形成该台的忠实听众群，可以使广告目标受众的投放也更加有针对性，从而吸引更多的广告投放，实现更大的盈利。

---

① 惠东坡：《广播"借力"新媒体》，载《中国记者》2007 年第 5 期。

四、强化人力资源管理，提高传媒核心竞争力

现代人力资源管理理论中的"复杂人假设"认为，人是一个复杂的自然属性与社会属性的结合体，社会属性包括人有社会心理需求和发挥自己的潜能、自我实现的愿望。

广播行业具有知识密集型、智慧密集型的特点，员工的心理需要是一个多类型、多层次、多水平的复杂系统，因此，一要树立"以人为本"的管理理念，制定人力资源战略规划，合理调配人力资源；二要改革用工制度，全面实行聘用制，并建立绩效考核机制（KPI），以招标的形式请专业绩效考核公司进行统一绩效管理；三要完善育人机制，企业与高校联合培养人才，在企业中建立教学基地，完善学生实习体系，将实习与就业挂钩，做到产、学、研有机结合，并将此制度化、常态化；四要建立完善的广播传媒经理人制度。市场化程度的加深，势必会使得从业人员职业化程度相应加深，这就对经营管理人员提出了新要求：他们必须转换经营思路；搞新闻的要有经营头脑，搞经营的要会管理、懂财务，要学会看数据与财务报表。一切要以市场为中心，既能够在传媒产业领域从事专业性的经营管理，也要懂得从中国传媒产业的特殊性出发去运营发展，实现传媒经济效益和社会效益的最大化。传媒经理人制度的完善，对于未来广播的发展具有重大的战略意义。

21世纪的都市广播要实现跨越式发展，广播经营者在秉承传统广播脉络的基础上，更重要的是实现资源整合营销。这其中还包括广播经营创新模式、广播策划创新策略、广播受众创新营销和广播技术创新市场等。在信息时代，中国城市广播应改变点对面、分割经营、事业管理的思维，代之以点对点、跨越性、产业化和整合营销的理念，以市场需求作为导向，努力书写中国广播的新篇章。①

---

① 肖峰、夏祺：《新媒体生态下中国广播应对的挑战与对策分析》，载《广播记者》2007年第5期。

第一章　广播特性与网络广播

　　新旧媒体在相当长的一个阶段，将会进入共存和相互交融的时代。媒体将由平面的黑白媒体向彩色的立体媒体发展，向声音媒体、声频视频相结合的媒体发展，向多媒体、互动的网络全媒体发展。而传统广播媒体要与新型媒体融合，需要切实做好"三融合"（内容融合、渠道融合、市场融合）、"三转变"（由单一媒体向多媒体转变，由大众化向小众化转变，由大众化向分众化转变）、"三提升"（体制上从行政管理到服务管理的提升，内容上从信息竞争到观点竞争的提升，队伍上从单一记者到全能记者的提升）。①

第一节　信息化时代与广播特点

一、信息化时代广播的特点

1. 传播迅速、信息量大

　　广播传播以电波为载体，电波的速度为每秒 30 万公里，相当于绕地球七圈半，传播到收听者间的时间差几乎等于零。广播的直播方式，使得记者可以在新闻事件现场同步报道新闻事件的最新动态。电子媒介可以在突发性新闻事件发生时同步进行报道。在这一

---

① 龚立堂：《传统广播与新兴网络视听》，载《新闻战线》2011 年第 9 期。

点上，广播甚至比电视还要快捷。广播的直播极为方便，几乎不需要什么设备，不需要文字录入、排版、印刷、发行等环节。一旦有重大突发性事件发生，广播电台最容易在第一时间做出反应。2001 年 12 月，北京忽降大雪，冰雪封路，在交通几近瘫痪、交通报警台故障的情况下，北京交通台担负起了疏导交通、互传冰雪道路驾车经验的任务。① 同时，广播新闻的"滚动式"传播使其"快"的优势得到了充分发挥，人们可以在需要新闻时随时打开收音机。2008 年 1 月 16 日，我国南方罕见的冰雪灾害发生后，南方地区省级电台展开了交通、气象等方面的直播连线报道，随着灾情加重，南到广州、深圳，北到天津、辽宁，东到上海、江苏，西到四川、云南等全国十多个省市电台，都加入了"电波互动"行列，各地抗灾救灾情况的及时报道，有效地安抚了务工人员的情绪，大量的指路服务缓解了车辆在公路上的滞留情况。

2. 受众众多、覆盖面广

广播节目的收听不受听众文化程度的影响。对广播的接受不需要识字能力，因而也就较能适应各种文化程度的受众。广播是面向全体大众的，从学龄前儿童到年逾古稀的老人，从文盲到专家学者，只要具备听觉能力，都可以成为广播的传播对象。仅以我国为例，据统计，文盲和半文盲有两亿多人，他们不可能读书看报，但可以毫无障碍地听广播。同时，广播收听限制少，覆盖广阔，由于广播可以通过中波、短波、调频、通信卫星或广播卫星等多种传输方式进行传播，一个国家或地区的节目通过无线电或卫星可以覆盖到比报纸受众范围大得多的人群。不管天南地北、高山海洋、平原沙漠、城市乡村、居室内外、田间地头，广播都能到达，目前广播是所有大众媒介中覆盖面最广、渗透性最强的一种。

3. 伴随接收，动态收听

有人把广播称作"伴侣"性媒介，收听广播的唯一渠道是通过耳朵实现听觉传播功能。因此，听众收听广播节目，可以不受时间、地点、空间的限制和影响。同时，如今广播接收装置不断更新，各种轻便廉价的收音装置便于随身携带，这就使得听众无论是居家还是外出，无论是乘车还是走路，无论是休息还是干活，都可以收听广播。相比较而言，看报纸和电视则不能在这样随意的状态下进行。这种灵活、自由、不受限制的随意性和非专注性，使广播能渗透到社会生活的各个领域，适应现代生活的快节奏和现代人对密集资讯的需求。美国权威机构的数据显示：所有 18 岁以上的美国成人听众，在汽车中听广播的比例达 83.8%。从发展的方面看，广播的动态收听适应了社会变革需要。

4. 多媒体互动，参与性强

现在广播电台数量多、频道多，节目、栏目、话题设置多，同时，广播的参与方式灵活多样，包括写信、打电话、网络参与、手机短信参与等。广播记者获取信息后可以在第一时间传回直播间或编辑室，同时，听众可以通过电话或互联网与节目主持人沟通。因而最大限度地满足了听众的需求，也提供了广播节目信息量。中央电台伊拉克战争直播报道《海湾零距离》的节目构成为：新闻+连线前方记者+专家分析+听众手机短信参与互动。节目共播出 35 天，累计收到听众手机短信四万多条，不仅开发了广播媒介参与互动的潜

① 王宇：《大众媒介导论》，中国国际广播出版社 2003 年版，第 36 页。

质，亦带来了较好的社会效益和经济效益。中央人民广播电台在 2008 年年初抗雪救灾报道中，安排大型直播节目《爱心守望，风雪同行》，累计播出了 23 天，播出时长近 200 小时，播发消息 6000 多条。中国广播网的专题节目为这一直播提供了延伸报道和深度传播平台，发布图文稿件 3600 条、音频直播 198 小时、图片 419 幅、网络图文直播 11 场，成为新华网、人民网、中国网、央视国际等中央重点新闻网站和新浪网、搜狐网等四大门户网站转载的重要原创信息源。①

5. 成本低廉，灵活便携

相对于电视、报纸和互联网，广播节目成本要低得多。业内人士估测，开办一个小型电台频率，投资 200 万即可启动，并能做到当年赢利。从广播技术的发展来看，数字技术被广泛采用，广播技术的每一次更新都能带来广播传输、制作成本的降低和收听质量的提高。广大农村遍布有线广播网，城市家庭音响普及以及现在的收音机灵活便携、价格低廉、便于接受，共同拓展了广播的生存空间。同时，制作广播节目所需的人力、设备以及工作人员的劳动时间要比电视节目少得多。而受众通过广播获取同样多的信息，比通过电视、报纸、互联网更便宜。震惊世界的汶川大地震发生后，有一句话一直被人们重复着：灾难不可以选择，但面对灾难的方式却可以选择。作为新闻传媒，无可选择地要经受大震与大痛的严峻考验，如何在大痛中传递大爱，如何在谣言中廓清真相，如何在创造中凝聚力量……在这场毫无先兆、异常艰苦的战役中，活跃着来自"中国之声"记者的身影，活跃着传播中国各地信息的媒体记者的身影；而一道划破长空的中央电台特别直播节目《汶川紧急救援》，从 2008 年 5 月 12 日开始，24 小时不间断、多点滚动直播，为灾区人民架起了信息沟通的桥梁。

为了抗震救灾，中宣部、广电总局迅速向四川灾区捐赠便携式收音机 5 万台；接着，中央军委紧急调拨 17 万台收音机，发放给参加汶川大地震抢险的部队官兵，这个决策在传播效果的意义上及时而重大。广播电台的特别节目 24 小时不间断地播报，起到了信息沟通、抚平心理创伤、遏制不实传闻的积极作用。

6. 声情并茂，感染力强

广播是声音传播，受众通过声音符号（包括各种音响及有声语言）接收信息。广播节目中来自播音员、主持人的声音，与来自事件现场的各种背景声混合在一起，成为广播节目重要的组成部分，共同架构起广播节目的支柱。俗话说："闻其声如见其人"。声音具有很大的传真性和丰富的形象性，可以表达各种情感和气氛，如喜、怒、哀、乐。它比印刷媒介更能在情绪上感染人，使得听众能够从播音员、主持人的语音、语调中感知到单纯字面无法表达的内涵。2008 年 5 月 18 日，全国 31 家省级电台联合举办直播节目《抗震救灾大型直播节目——我们在一起》，长达 45 分钟的节目，展示了全国人民与灾区人民心连心、手拉手、团结抗灾的壮举。2008 年 6 月 9 日，在地震灾区四川，雅安市委宣传部副部长李蓉对前来采访报道地震灾情的湖北省广播电视总台新闻综合广播副总监、高级记者刘应钦说："5·12 地震当天下午，我们迅速将长期搁置的广播频率启用。因为电视没有电看不成，报纸更是看不到，只有靠广播了。"中共中央政治局常委李长春在四川

---

① 肖峰：《广播新闻业务教程》，武汉大学出版社 2010 年版，第 3 页。

看望坚守在抗震救灾一线的新闻工作者时，拉着广播电台记者的手深情地说："在重大灾情的情况下，广播的作用是非常大的，广播的作用是别的新闻媒体不可替代的！"

广播所具有的传播信息的及时性、表达内容的传真性、收听对象的广泛性、收听节目的方便性，已被绝大多数新闻机构与受众充分认识到。然而，虽然广播拥有以上优势，但是广播本身也存在缺点：

1. 转瞬即逝、不易保存

广播为非实体传播，虽然不受空间等传递条件的限制，但它同时也带来了一些问题，如只能即时收听、不易保存，从而也不利于再传播。广播节目借助电子信号传输，转瞬即逝。受众稍不留神，就很有可能错过一些重要信息。对于报刊上文字提供的信息，如果一时没有看清楚、没看懂，可以停下来反复读、细琢磨，也可以留下来作资料，有时间随时可以再看。但广播却是一播而过，一时没听清、没听懂、没理解、没记住，也只好作罢。有些东西虽然听到了，却没有听清，又不可能重复收听，就可能在人际二次传播中出现以讹传讹，这些对传播效果的影响是在所难免的。另一方面，虽然如今录音技术和设备高度普及，但是磁带、MP3 等的保存需要特殊的技术保障，其信息保存比报纸困难。

2. 听觉信息的不确定性

诉诸声音的广播通过播音员、主持人的语音、语调的变化可以传达出不同的信息含义，对于听众有效理解信息有着积极作用。但是研究发现，人在信息传递中只有 7%用语言，38%用声调（高低、快慢、长短），其余 55%靠表情。在失去了手势、表情等非语言手段的辅助后，单纯依靠词语、语音、语调、节奏等传达信息可能会产生偏差。同时，由于听众处于一种半接收状态，从无意注意到有意注意，稍不留意难免产生理解上的偏差和误解。

3. 线性传播、选择性差

音频信号是顺时连续性传播，不宜选择接收，这是广播新闻与生俱来的时序性特质。相对来说，广播听众在收听节目时处于一种被动状态。听众可以选择收听哪个台的哪套节目，但不可以选择在哪一时间段收听什么样的节目。人们往往说报纸是个"面"，广播是条"线"，在收音机前，有时听众会感到受限制，缺乏选择的自由。广播节目按照时间顺序进行编排，哪一天、哪一时段、何种节目都是事先安排好的，受众只能适应这种安排，而不能够按照自己希望的那样在自己方便的时间接收节目。这一点是不以人们的意志为转移的，是无从选择的。此外，广播的清晰度也比较低。广播由于只闻其声，不见字形，同音字词容易混淆，而产生歧义。广播"用耳朵寻找世界"的弊端在于，不如报刊文字清晰明白，不如电视声情并茂，不如新型传播媒介便捷互动。这就向广播传媒提出了新挑战，广播必须加强与互联网的媒介融合，扩大传播的受众群体。

二、信息化时代给广播带来的挑战

移动互联网、数字技术的发展与应用给人类带来了深远的影响，人们如今已生活在网络化、数字化的环境之中。同样的，网络化、数字化技术也被全面运用到了音频广播领域，正给广播行业带来实质性的变革。因此，清楚地把握音频技术数字化和传播网络化的发展动向，对正确推进广播领域的数字化、网络化进程将有极其重要的意义。

1. 音频广播的制作环节

传统音频中声音的制作首先是要拾取声音，也就是要将声信号转化成电信号。可以说这一环节是网络数字技术对传统音频影响最小的一部分。因为无论是网络音频还是传统音频，声源的采集都离不开话筒这个声电转换设备。

网络数字技术将其"威力"全都发挥到了电子音源环节，展现出了自己无穷、独特的魅力。它既可以模拟出传统音乐乐器的声音，更可以开创性地制造出自然界所没有的声音。因此，在扩展音源、拓宽收音范围方面，网络数字技术也发挥了自己的作用。

在音频的编辑、合成、效果处理和存储上，网络数字化技术极大地改变了传统的音频制作方式。传统的音频制作合成机房需要调音台、效果器、多轨录音机等全套专业设备。搭建一套环境房需要专门的空间和设备投入，因此需要大量的资金。但资金投入只是其中的一方面，除此之外，这些专业的设备也不应由单人操作，需要多名专业录音师、工程师共同配合操作，才能完成日常的录音工作，而且还会遇到诸如噪音干扰、声音失真等无法克服的困难。同时，录制后的磁带保存也是一个问题，既浪费空间，又难以保证质量。

运用网络数字化技术进行音频制作就简单多了，在多媒体计算机上安装质量好的声卡，配上好的麦克风、扬声器，再加上音频制作软件就可以录制高质量的音频节目。换言之，以往制作音频需要专业人士，而网络数字技术降低了制作的复杂性，普通记者和编辑就可以像录音师那样工作。这种虚拟系统不仅在价格上的优势，而且功能齐全，其音频的质量可与一些高级传统音频设备媲美。

2. 传播环节

传统音频广播的传播途径是通过无线电台、电视台广播的方式进行。然而，随着音频内容的数字化和网络的发展，特别是流媒体技术的发展，丰富和完善了音频的传播渠道。

流媒体（Streaming Media），指的是在网络中使用流式传输技术，即在互联网上以数据流的方式实时发布音频、视频多媒体内容的媒体，把连续的影像和声音信息经过压缩处理后放到网络服务器上，让浏览者一边下载一边观看、收听，而不需要等到整个多媒体文件下载完成就可以及时观看的多媒体文件。

流媒体技术的出现，使音频文件得以在网络媒体中顺利、实时地播出，网上视频直播和点播、在线广播都是很好的例子。流媒体技术使网络用户不必经历漫长的下载等待，就可以实现在网络上收听音频文件，这一模式丰富了传统的广播媒体。

传统的音频内容随着数字化和网络的发展，传播的途径更加多样，传统的音频更多依托于载体的形式进行发行，而网络音频则与网络传输紧密结合。

3. 收听环节

收听环节应该说是网络音频对传统音频改变最大的环节。以前我们无外乎用收音机来收听音频广播节目。而互联网的介入无疑丰富了传统的收听模式，新的各类用户数字终端，如数字音频收音机、机顶盒、手机、3G 手机等更多的新模式介入进来。因此，随着即将实现的移动互联网络的建成，我们也不难想象，高质量、个性化的在线流媒体格式的音频在不远的将来会源源不断地"流入"我们的生活。

4. 传统音频应对数字网络变革的策略

网络数字技术对传统音频的冲击必然促使电台进行思考和改变，并在节目制作、播出、传输环节等方面，全面推进数字化、网络化。因此我们应该特别注重以下两点：

（1）在音频广播制作领域注意取长补短，发挥各自优势。尽管数字化进程已经渗透到音频制作的各方面，极大地改变了音频广播节目制作的全过程，但是最佳音质仍然靠模拟音频提供，数字化采样、量化不可避免地造成音质损失，必须利用提高量化比特数以及降低量化步长等各种办法减少损失。从音频的质量上来说，数字音频通过模数/数模转换后，越接近模拟音质就越好。在半导体技术高速发展的今天，为了与数字化音频系统配合使用，不少最新的音频专业产品带有了数字接口。有些调音台就是模拟数控台，即模拟信号流加数字化的控制系统，另外还配置了模数转换接口，这就是模拟音频技术与数字技术结合的实例。

非线性编辑系统可以提高工作效率，但是对于音频质量要求严格的节目，大部分非编系统无论是音质，还是对声音的处理手段都远达不到要求。国家标准 GY/T156 建议录音棚原版录音和高清制作选择 24bit 量化，为保证添加音效特技后的最终效果，应该采用 32bit 内部处理精度，这样才能保证音频质量在整个制作环节中不受到任何的损失。

所以，数字化时代的音频技术，并不是弃模变数，而是两者有机的结合，取长补短，用数字化技术去追求模拟的音质，用数字化手段来弥补传统音频设备的弱点。

（2）在传播环节，网络传媒的发展对传统的广播传媒是一种挑战，也是一种机遇。流媒体技术给网络广播带来的全新气象固然势不可挡，但这并不意味着广播媒体就此失去了生存机会。这种技术上的进步同时也遵循了人类传播革命发展的规律，即广播媒体在新技术的促进下，并不会消亡，而是会对其功能与价值进行整合，以自身的调整来适应技术变化带来的冲击。

在流媒体时代，广播依然具有自己的生存机会，这基于两个方面的考虑：其一，经过近百年的发展，广播媒体已经建立起自己独有的、其他媒体所无法取代的优势，这种优势将转化为流媒体时代下广播媒体的核心竞争力；其二，基于流媒体技术的网络广播在实现上还面临着一系列尚待解决的问题，在网络广播从技术到内容的全面完善过程中，传统广播必将找到与互联网结合的最优化模式，从而适应外部环境的变化。

另外，网络广播的挑战对广播事业更是一种宝贵的机遇，在网络信息技术的推动下，传统的广播业呈现出与网络传播一体化整合发展的趋势，逐步向数字化和网络多媒体的方向发展。数字化广播具有智能化、高清晰度、双向互动性特点，开辟了广播电视节目的新纪元。

随着数字音频制作、压缩、数字传输、存储技术的发展，广播还会面临更多的挑战和冲击，重要的是要在发展过程中学会变化和调整。对广播媒体而言，重要的是应该学会怎样更好地改变，以此来适应网络时代的发展。①

三、从广播的特点出发探讨信息化时代发展广播的必要性

当电视刚刚出现的时候，曾经有人预测纸媒的末日到了。确实，人们对电视的狂热似

---

① 陈玉林、王竹：《网络、数字技术对传统音频传媒的影响及对策》，http://www.pjtime.com/2008/6/31843748.shtml，2013-12-11。

乎反衬出了纸媒的日趋没落。但是几十年过去了，大报小报们仍旧活得好好的。

也曾经有人预测，随着电视的普及，广播迟早要被取代，因为电视比之更加适合现代生活。很多年过去了，广播也活得好好的。

每一种新兴媒体的出现都会对已有的传媒接触习惯产生冲击，并由此带来广告份额的变化。这很正常。广播使人们可以听新闻，电视则可以让人全方位体会夏威夷的落日和冰岛的极夜。随着网络的普及，信息时代早已到来，平民的话语权空前膨胀，又有人预测电视要灭亡了。

说回广播。的确，每天等在身躯庞大的黑匣子面前听评书的日子已经过去了，时代的发展给了我们更多的诱惑，我们看电视、看碟片、上网，广播这小东西成为老年人早起遛弯时的伙伴。在大概 15 年前，广播的广告份额确实出现了一个小低谷。

后来，随着私家车增多，车主们被迫重新回到了广播听众的行列。一个个的交通之声也顺应时代潮流被细分出来。这大概是广播广告份额被电视超过后的首次上升时期。

步入 21 世纪，宽带全面普及。随着网速的飙升，有一天我们惊喜地发现可以在网络上在线收听广播节目了。但是那时候流连于游戏、电影、聊天，没心情听广播。而且那时候的广播节目差不多一个小时里有 40 分钟是心理咨询和治疗各种疑难杂症的内容。

任何一种新技术的产生，都将取代落后的生产技术，但是将这种理论延伸到媒体发展领域恐怕并不适用。笔者认为广播行业仍是大有可为，原因如下：

（1）网络只是一种新的技术而并不完全是一种单独的媒体。电视可以利用它，广播也可以利用它，甚至报纸、杂志已经有了电子版。一根根网线里穿梭的比特，同样可以取代空中飞舞的电波，而且具有信号稳定、无噪声的优势。

（2）现在各家电台为了争取份额也是使出了浑身解数，为了争取听众做足了功课。交通之声、经济之声、旅游之声、音乐之声等，愈是细分，受众愈是明确，听众愈是忠诚。

（3）专职节目制作公司的出现，他们更加贴近市场也更加专业，从而解放了电台的制作者们，使其更加专注于受众的研究。

（4）多频道电台已经出现，他们为了生存，适应市场需求设置节目，从而给这个行业带来了更加激烈的竞争和进步。

第二节　广播语言与广播音响

广播的声音符号系统分为三个部分，即广播语言、广播音响和音乐。

一、广播语言

语言是人类交际的工具。斯大林说过："没有全社会都懂得的语言，没有社会一切成员共同的语言，社会就会停止生产，就会崩溃，就会无法作为社会而存在下去。"[1] 语言

---

[1]　斯大林：《马克思主义和语言学问题》，载《斯大林选集》下卷，人民出版社 1979 年版，第 515 页。

是组成社会的一个不可缺少的因素。

我们传播新闻也离不开语言，同时由于各种媒介传播方式的不同，所使用的语言也就有一定的差异。从语言的分类来看，报刊使用的主要是书面语——文字，电视是有声语言和画面形象语言的综合，广播则主要使用有声语言。

语言是以语音或字形为物质外壳，以词汇为建筑材料，以语法为结构规律而构成的体系。它的词汇标示着一定的事物，它的语法规则反映着人类思维的逻辑规律，它以其物质化的语音或字形而被人所感知。以语音形式出现的是口头语言，它的传播方式是口说耳听；而以文字形式出现的则是书面语言，它的传播方式是手写眼看。从传播方式看，如果说印刷媒介——报刊使用的是书面语言，那么电子媒介——广播电视所使用的就是口头语言，而实质上不然。

我们日常生活中的语言形式是多种多样的，像聊天、座谈、辩论、提问等，在这些情况下的语言活动使用的是对话语言。从事这种语言活动的双方互为信源信宿，有着最强的互动性。能够进行对话的双方都不同程度地处于共同情境之中，对所谈内容都有一定的了解或都有兴趣，例如，双方共同经历了一件事，有同样的职业、地位，有共同的兴趣等。同时参加对话的人都可以充分利用表情和动作以及语音语调等身势语、副语言来表达自己的意思，使得语义的传达更为准确、细腻，避免歧义。面对面谈话是典型的双向交流，能够及时反馈，通过调整语言速度、重复，甚至改变表达方法，换一个说法，当场消除误解疑虑。因而它是各种语言形式中传通率最高、最具优势的一种。也正由于上述各点，对话语言往往非常简练，缺乏展开性，有时一个字甚至一个眼神都能使对方领会到复杂的含义。它在文法结构和逻辑系统方面都不太完善，不太系统，如果把它忠实地记录下来形成文字，往往使人觉得难以卒读。

另外还有一种说的方式，这就是讲演、作报告、授课等较长时间独自进行的语言活动，这种语言称为独白语言。从事这种语言活动的人是发信者、信源，而听的一方是收信者，是信宿。说话人和听者并不处于同一情境之中，他们对谈话内容也没有共同的理解，即双方的理解水平不同，谈话人只以自己的谈话内容和自己所说的词句作为支持物，没有对方的支持（这里指的是对具体语言表达的支持，而非广泛意义上的支持）。在这种情况下，语言形式就要比较系统，逻辑性要较强，语言要较为完整、展开，要基本符合文法结构。这种语言形式还可以借助身势语（体语）和副语言（语音语调）来加强语义表达，因而具有较高的传通率。这种语言形式也具备一定的及时反馈的条件，说话者可以通过观察，了解听者的一些情况，这样听者就能在一定程度上影响说话人所讲的内容（补充、重复）和讲话速度，从而有利于理解。在语言过程中，口头语言常常会出现颠倒、补说等现象，还会使用较多语气词，语言结构比较松散。

把广播语言这种也是口说耳听的语言形式与上述两种比较，从各类特征上看，它更接近于独白语言，因为它同样也是信源、发信者的语言，而且更为远离信宿，双方没有共同情境，没有共同的理解。但也有与独白语言不同之处，即它不能借助身势语来加强表达，而且根本没有及时反馈。除去还能使用副语言外，它更接近于纯语言表达。而这两点又与另一种语言形式——书面语言的特征相同。

除去能借助少许编排手段外，书面语言可以说是一种纯语言形式。书面语是在口语的基础上产生的，是口语的加工形式，比较而言它更接近于独白语言。书面语不能使用身势语和副语言来加强表达，也没有及时的反馈，为了准确传递信息，就形成了自己的特定形式：词汇运用要贴切、恰当；文法结构要规范；句式要比较严谨、复杂；同时还要讲究篇章结构，段落要有层次，互相连贯照应，逻辑性要强。由于书面语言的传播方式——写、看，与口语不同，它也有仔细推敲、反复琢磨的余地以便适应这些要求，因而书面语比口头语言的结构更紧凑。

广播语言也是句式较规范，语言结构较紧凑的，因为广播往往都有事先写好的稿子，因而在很大程度上它也与书面语言非常接近。在中国广播界，它还有不同于使用拼音文字国家的特殊性。

在使用拼音文字为书写工具的语言中，拼写要反映现代的读音，在这些国家中，古今语言文字的分野较为明显，书面语不那么易于直接引用古代的说法，所以书面语和口语的一致性就比较强。而汉语则不同，词语的读音虽然古今有别，但文字的写法却是一样的，这在客观上虽然便于沟通古今，但是由于古今语言并存并用，也造成了书面语与口语脱离的现实，许许多多古代的语言代代相传沿用至今，甚至很多公元前的语言还在书面语中使用。

另外，在我国历史上还世袭着一种"重文轻语"的倾向，人们崇尚古代典籍，不惜吃十年寒窗之苦学习写文，而学校教育又忽视口头表达训练，形成了一种社会观念，即一切高级的、重要的交际任务都是要由书面语言来承担的，而口头语言只能用来料理衣食住行等生活琐事。这就助长了书面语与口头语的脱节。

这些必然会影响到广播新闻稿的写作。再加上我们的广播给自己造成了一种正式、严肃、规范化的发言的形象，它对口头语言的容纳就更为有限了。所以当广播新闻工作者在桌旁坐下，拿起笔时，一种强有力的心理定势会使他倾向于写文而不是写语。无怪乎有人给广播语言下了"书面语的口头形式"的定论。

我们从广播语言自身特征的分析，以及对我国语言的特定历史现实环境的分析中可以得出这样的结论：我们的广播语言是介于口头语言中的独白语言和书面语言之间的一种独特的语言形式，或者说是这两种语言的综合物。它不是从来就有的，它是随着广播这种电子传播媒介的出现而出现的，它也必须随着广播的发展而发展。广播的各项发展都是在它的收讯人与发讯人的这种媒介关系中互相制约、互相作用、互相协调而形成的。广播语言也会在这种互动作用中不断改革，以便更利于传播。

对广播语言的科学认识，可以帮助我们提高广播新闻工作中语言运用的自觉性。首先就是在广播新闻稿的写作中，要注意改变长时期形成的这种"重文轻语"的心理定势，以求尽可能通俗化、口语化，使其便于收听。这只是形式上的改良。要从根本上改变这种状况，可以尝试改用口述直播，只要保证新闻的事实要点不错，其他叙述完全采用口语表达。同时改变广播新闻板着面孔说话的形象，变成一种亲切、自然的朋友口吻。

另外，初等、中等以至高等教育都应该适当改革，抛弃"重文轻语"的传统观念，从儿童抓起，使他们在头脑中形成语、文并重的观念，而且练就用语、写文都能很好地传情达意的语言技能，这样才能在几十年内扭转我国历史上形成的传统观念，使人的语言观念、技能都能实现现代化。①

广播语言是有声语言，语言的标准化、规范化尤为重要。汉语标准语是以北方方言为基础方言，以北京语言为标准音，以典范的现代白话文作为语法规范的普通话。电台的播音员与节目主持人的播音语言，都应该是标准的普通话。

1986 年召开的全国语言文字会议给普通话规定了三个等级：第一级是会说相当标准的普通话，语音、词汇、语法很少出现差错；第二级是会说比较标准的普通话，方言音不太重，词汇、语法较少出现差错；第三级是会说一般的普通话，不同方言区的人大概能够听懂。广播语言必须按一级标准。现场语言当然不能强求一级标准，但应尽量达到第二级标准。

广播语言必须口语化、通俗化，因为广播新闻是给人听的，即使电台记者在书写广播新闻稿时，也应考虑到播音员口述时的方便性与听众收听时的方便性，因为播讲稿不是给人看的，而是供人讲的。

口语化是指从群众的习惯用语出发口述宣讲；通俗化是指从群众的实际水平与接受能力出发口述宣讲。因此，树立为广大听众服务的思想，是解决广播口语化、通俗化问题的前提；虚心学习群众语言，是解决这一问题的重要条件。当然，对群众语言也必须予以选择、加工和提炼。广播语言必须口语化，必须从当时当地的实际情况和遵循现代汉语规则化准则出发。口语化、通俗化不是土语化、庸俗化。

口语与书面语，在基本词汇和语法结构要求上，两者大致相同，但在具体用语与表述上毕竟不同，特别有些书面语是文言文或半文半白，适合看不一定适合听。如"暮色苍茫"、"耄耋之年"等，在广播节目中改为"天快黑时，一片昏蒙蒙的"、"八九十岁老人"，才能顺耳易听，宣传效果更佳。②

二、广播音响

音响是指除了人的语言、音乐之外的其他声响，包括自然环境的声响、动物的声音、机器工具的音响、人的动作发出的各种声音，等等。

英国著名广播剧作家兰斯·汤维金，曾对受众心理产生的影响角度，将音响效果分为五类：①写实的、唤起情景想象的效果；②象征性的唤起情绪的效果；③习惯性效果；④印象性效果；⑤音乐性效果。

从音响来源来说，有真实的音响与模仿的音响两种。③

实况音响是再现出的现实世界中自然出现的各种声音，包括自然界运动发出的声音、人类活动时器械碰撞摩擦、机具运行所发出的声响及人类制造的发声器具发出的声响。

实况音响的主要作用：

（1）再现事实的声音感性形态，提供可感受的具体事实信息，增强传播效果；

（2）具有一定的叙述作用；

---

① 周小普：《广播语言界说》，载《新闻学刊》1988 年第 5 期。
② 张骏德：《当代广播电视新闻学》，复旦大学出版社 2001 年版，第 22 页。
③ 张骏德：《当代广播电视新闻学》，复旦大学出版社 2001 年版，第 23 页。

（3）与语言、音乐、文字、图像同步或相继各自传播不同时空的信息，创造蒙太奇效果；

（4）在电视传播中，实况音响可以突破视像的框限，拓展空间，增大信息容量；

（5）在电视传播中，音响的连贯性可以削弱镜头衔接产生的断裂感，使信息传达与接收更为顺畅；

（6）实况音响可以在节目编辑方面发挥作用，提供节目起承转合的信息，使节目承转自然、流畅。

音响效果是信息传播者制造出来的或转借来的声音，它与实况音响的区别在于，实况音响具有客观真实性，而音响效果仅具有真实感，不具有客观真实性。

音响效果的主要作用：

（1）创造主观化音响；

（2）创造现实当中不存在的音响形式，以配合新奇、怪异、陌生等非日常经验性的情境、画面；

（3）营造、渲染气氛。

三、音乐

音乐是高度形象化的情感性符号，既不同于具体描绘事物的语言符号，也不具有视觉符号的直观性。它是通过演奏或演唱为听众所感受的非造型表演艺术，是由乐音、节奏、旋律组合而成的一种情感艺术。音乐是一种艺术形式，是通过有组织的乐章形成的艺术形象来表达感情、反映现实的艺术。它是所有艺术中最富有感染力、最适宜宣泄情感的艺术形式。

在广播的声音符号中，音乐担负着重要的角色。广播中的音乐一方面可以配合其他节目形式，另一方面则可以独立成为一种节目形式。

音乐要素在广播中的表现方式有两种：一种是以独立形态存在的音乐节目。音乐的认知功能、教育功能和审美功能使得音乐具有最广泛的群众基础，音乐节目也成为最受听众喜爱的广播文艺节目之一，在广播文艺节目中占据着主要地位。另一种表现形式是以音乐作为节目的辅助成分存在的。当今广播节目与音乐有着不可分割的联系，几乎所有的节目都缺少不了音乐元素。广播中的音乐元素具体有以下几种形态：

（1）标识乐——电台的标志音乐或节目（栏目）的开始曲。

（2）间奏乐——节目（栏目）之间的过渡音乐或填补音乐。

（3）背景配乐——节目中的背景乐或配乐，主要用于烘托气氛、渲染情绪。

音乐在广播中的形态包括：音乐频率、音乐节目、配乐、音乐形成的听觉标识以及填空音乐。

音乐频率——如中央电台的音乐之声、北京电台的北京音乐广播。

音乐节目——综合频率中的音乐节目和音乐专业频率中的音乐节目。

配乐——非新闻类广播作品中为烘托气氛、渲染高潮或细节，选择或制作相应的音乐作为背景映衬，以求引发听众的联想。

音乐形成的听觉标识——为识别频率、节目而制作的特定音乐旋律。如中央人民广播电台的台标音乐，是以著名的民族音乐《梅花三弄》主旋律为依据制作的，给人以鲜明的听觉标识印象。音乐还可以作为节目的间隔、片花、过渡转场等。

填空音乐——节目之间作为补白和填空的音乐等。

总之，无论哪种形态的音乐元素都是对语言、音响的有机补充和延伸。语言、音响、音乐共同构成的和谐体，为广播创造出无限丰富和丰满的声音世界。①

第三节　广播节目与网络广播

1993 年以前，通过网络来收听声音，对于大多数网民来说还是一件陌生而遥远的事情。尽管早在 19 世纪 80 年代，在技术上就可以实现通过网络传输音频文件，但问题是音频文件一般比较大，在当时的网络传输速度下，想要听到一段音乐，就要先花费几倍于音乐播放的时间把整个音频文件下载到本地。

1993 年，Carl Malamud 使用 Mbone（IP Multicast Backbone on the Internet）技术，在互联网上建立了第一个网络广播电台 "Internet Talk Radio"。1994 年，另一位名叫 Rob Glaser 的美国人首先提出了流媒体的设想——通过网络，压缩和传递音频文件，网络用户使用特定的播放软件，通过缓冲技术，一边收听音频节目，一边不间断地下载文件的剩余部分。这样，听众就可以实时收听网络上的音频节目了。

目前，世界上主要的国际广播电台，如英国的 BBC、美国的 VOA、法国的国际广播电台 RH，都将注意力放到了廉价的网上空间。BBC 已建立在线新闻网站，美国之音 VOA 用 23 种语言在网络上进行音频广播，法国国际广播电台目前用 5 种语言在网上进行新闻广播。而网络上的个人电台更是不计其数。

1995 年 2 月，世界上第一个 24 小时播出、具有真正意义的网络电台 Radio HK 开始播出。

1996 年 10 月广东人民广播电台建立网站和 1996 年 12 月中央电视台建立网站，标志着中国广播电视媒体在网络传播领域迈出了关键性的一步。

1996 年 12 月 15 日，珠江经济广播电台建立网站，成为中国内地（大陆）第一家可以在网络上播出广播节目的电台。

2012 年 1 月 16 日，中国互联网络信息中心（CNNIC）在京发布《第 29 次中国互联网络发展状况统计报告》（以下简称《报告》）。

《报告》显示，截至 2011 年 12 月底，中国网民规模已突破 5 亿，达到 5. 13 亿（全年新增网民 5580 万），居世界第一，互联网普及率较 2010 年底提升 4 个百分点，互联网普及率达 38. 3%，互联网普及率较 2010 年提升 4 个百分点，相比 2007 年以来平均每年 6 个百分点的提升，增长速度有所回落。尤其值得关注的是，中国的网站数在 2011 年下半年实现止跌，并快速回升。中国手机网民规模达到 3. 56 亿，同比增长 17. 5%，与前几年相比，中国的整体网民规模增长进入平台期。② "十二五" 期间，我国互联网普及率将达到

---

①　肖峰：《广播新闻业务教程》，武汉大学出版社 2010 年版，第 7、11~12 页。

②　http：//www. cnnic. net. cn/research/bgxz/tjbg/201201/t20120116_ 23668. html，2013-12-16。

45%以上。

依据网站中广播内容所占比重不同，网络广播网站可分为门户网站和专门网站。

（1）门户网站。所谓门户网站，是指通向某类综合性互联网信息资源并提供有关信息服务的应用系统。门户网站最初提供搜索引擎和网络接入服务，后来由于市场竞争日益激烈，门户网站开始拓展自己的业务空间，加入新闻、聊天室、广告、免费邮箱、电子商务、BBS、网络游戏、免费网页空间等内容。在国内，典型的门户网站有新浪网、网易和搜狐网等。

随着网民对网络内容的期望值提高以及流媒体技术的发展，门户网站开始加入音频、视频内容。网络音频、视频的发展使媒体的门户网站如中央三台（中央人民广播电台、中国国际广播电台、中央电视台）感受到了发展音频、视频内容的重要性，于是纷纷建立网络广播和网络电视。2005年7月13日，中国国际广播电台在其门户网站国际在线上开辟了"多语种网络电台"；2005年7月28日，中央人民广播电台在其门户网站中国广播网上开辟了一个专门频道"银河台"。

对于像多语种网络电台和银河台这样的网络广播，其重要支柱是其母体——门户网站，很多信息资源、品牌资源与其母体密不可分，而且，它们也只能被称为门户网站的一个频道。

（2）专门网站。顾名思义，专门网站是指通向某类专业性互联网信息资源并提供有关信息服务的应用系统。专门网站相对于门户网站的最大区别就是术业有专攻，专门网站广播网络的名称即为某某网络电台，内容也以音频、视频节目为主，如由共青团中央主办、中国青少年社会服务中心承办的中国青少年网络电台"青春之声"，旨在运用网络电台这一新生事物创新工作方法和服务模式，服务于广大青少年生活、学习和娱乐之需，促进他们的健康成长。

专门网站依据受众群体的不同、经营目的的不同，内容可以千差万别。随着网络广播的渐趋普及，网络广播作为舆论工具的功能也必然受到重视，如目前已有宗教团体开始建立自己的网络电台，并将宗教故事编排成广播剧进行播出。

从网络广播的网络特性进行分析，可将网络广播分为两个层面：广播的网络化和网络化广播。

（1）广播网络化。广播的网络化是指将传统的广播节目与网络技术进行简单的嫁接，在网络中播出。这种形式的目的是利用传统广播的节目资源进一步扩大网民收听群，使节目二次增值。广播的网络化可以实现直播或者点播。直播是将电台正在播出的节目通过网络传输出去；点播是将广播节目做成独立的音频个体，网络用户可以通过点击或者下载进行收听。

广播的网络化是一种初期的网络广播节目形态。随着对受众需求的重视，网络广播开始关注开发适合于网民收听的广播节目，向网络化的广播迈进。

（2）网络化广播。网络化广播是指针对网络受众，进行网络多媒体信息的独立制作和传播。

网络化广播较之广播网络化有三点不同。

第一，多媒体传播。网络的包容性使网络广播有了多媒体的发展空间。比如，在广播直播室安装视频设备,在网络中播放节目进行的视频状态;利用 Flash 动画技术,让传统的音乐音频伴随状态换成音频、视频同步的欣赏状态。

第二,私密互动。传统广播与网络广播都可以在直播的过程中与受众进行互动。然而,比之传统广播,网络化广播的互动方式和互动的私密性更加突出。

网络化的广播可以通过网络聊天工具(如 QQ、聊天室)、BBS 论坛、手机短信、热线电话等多种方式与听众进行交流。导播已不是传统广播的"热线专员",而是受众的网络朋友。同时,因为网络具有私密性,网络化的广播也附加了这种特性,大多数网友通过昵称与节目主持人进行交流,毫无芥蒂、贴近性更强。

第三,主持与受众共融。在网络化的广播中,主持人与受众的关系相互交织,联系紧密。主持人在直播的过程中要时常根据受众的意见转换话题、发表看法,也会因为受众的需求转变随机调取资料。同时,因为受众在收听网络广播的时候也可以搜索网络资料,所以,在互动性较好的网络广播节目中,经常会出现"大家帮大家"的节目制作状态。受众的能动性加强,成为节目的制作群体之一。①

第四节　广播节目类型的划分

目前,我国广播电视法尚未建立,广播电视管理条例中也没有广播节目类型的相关规定。因此,为了对广播节目的类型有一个清晰的认识,可依据目前广播电台节目的表现方式、播出性质以及制作方式,进行多角度的划分。

一、按节目表现方式

1. 广播新闻节目

广播新闻节目指用声音表达内容、供听众收听的新闻广播形式。包括两大类:一类是单纯用有声语言报道新闻事实,表达思想感情,多数是一般新闻体裁,如消息、通讯、新闻评论等适应广播特点的产物;另一类是同时应用有声语言和其他音响表现内容,如录音新闻、录音通讯、现场报道和以音响为论据的广播评论等。

2. 广播谈话节目

广播谈话节目,指以谈话的方式阐述对新闻实践或社会问题看法的广播评论形式,它以一定程度的交流感为特点,写作上要求坚持平等待人、平易近人、亲切感人的说理态度,坚持顺应听众思路、针对听众疑问展开论述,坚持调动设问、比喻等表达手段启发听众联想,使说理过程带有类似于日常交谈的思想和情感交流。②

3. 广播戏剧节目

广播戏剧节目,指依靠现代电声技术录制传送,以有声语言和音响效果、音乐等手段表现内容,诉诸听众听觉的一种广播形式。典型的广播剧,在剧本方面采用戏剧文学的艺术技巧塑造形象、表现环境、展示剧情,创造出以声传情的听觉形象,诱发听众的联想,

---

① 董昫:《广播节目策划与制作》,中国传媒大学出版社 2008 年版,第 319~323 页。
② 赵玉明、王福顺:《广播电视辞典》,中国传媒大学出版社 1999 年版,第 86 页。

从而产生闻其声如见其人、如临其境的艺术效果。①

4. 广播娱乐节目

广播娱乐节目指以娱人取乐为目的，迎合大众趣味的、借由声音形式表达的节目形态。广播娱乐节目既可以是单一内容的广播节目，如以讲笑话为主要内容；也可以是综合性的广播节目，夹杂有综艺、博彩、竞技、游戏等内容的节目。

5. 广播音乐节目

广播音乐节目指以播放和介绍音乐为主要内容的节目形式。依据内容设置的不同，广播音乐节目主要分为欣赏性音乐节目、综合性音乐节目以及专题音乐节目。

6. 广播对象性节目

广播对象性节目指有明确指向的，为特定的、较为固定的受众群体开办的广播节目。从广义上说，广播电台播出的节目都有收听对象，都可以算是对象性节目。但从狭义上讲，则是依照年龄、职业、性别或特殊条件等因素而划分的节目，如儿童节目、妇女节目、老年节目等。

7. 广播广告节目

广播广告节目指商品经营者或者服务提供者承担费用，通过一定广播媒体直接或者间接地介绍所销售的商品或者所提供的服务的商业广告。除此之外，还有的广告主是以非营利为目的来做广告。我们将此类广告称作非营利性广告或公益广告。

8. 广播信息服务类节目

从广义上来说，所有的广播节目都是为听众服务的，所有的节目都在传递着某种信息，因此，广播节目的播出就形同一种信息服务。从狭义上说，广播信息服务类节目指通过传递各类信息或解决实际问题的形态来满足听众需要的节目形式。

9. 网络广播节目

网络广播有两种含义："网络化的广播"以及"广播的网络化"。前者是指依据网络媒体的特质为其量身定做的广播节目，后者是指将传统的广播节目与网络技术简单地嫁接。

二、按播出性质分类

广播节目的表现方式随着社会的多元化以及文化的变迁不断地演进，因此，我们在此只能罗列一般而不能述其整体。然而，广播节目类型的划分仍有一般规律可循，即根据广播节目的播出性质来看其本质和特点。依此，广播节目的类型可分为以下几类：

1. 新闻性节目

新闻性节目指以传播新闻、报道真人真事为主要内容的节目总称，其特点为：传播客观存在的事物，以供大家知晓。

2. 教育性节目

教育性节目主要分为两大类：教学类节目和知识性节目。其特点为：传播知识或者观念，以增进听众的智慧。

---

① 赵玉明、王福顺：《广播电视辞典》，中国传媒大学出版社 1999 年版，第 96 页。

3. 文艺性节目

文艺性节目主要根据艺术本身的分类情况确定节目种类，如音乐节目、戏剧节目等。其特点为：娱怀取乐，给听众带来愉悦和快乐。

4. 服务性节目

服务性节目主要可以分为三类：为听众家庭生活提供固定信息的常规服务节目，如天气预报；为个人或者经济生活服务的节目，如《证券信息》；为听众排忧解难的节目，如《汽车修理》。

5. 商业性节目

商业性节目主要分为硬性或软性广告类节目。其特点为：以商业诉求为主要节目宗旨。

一种广播节目形态可以凸显几种播出性质，比如，一些以谋求经济和社会双重利益为目的的教育类节目就必须兼顾娱乐性，以收到寓教于乐的播出效果。

三、按节目形态分类

1. 新闻报道

新闻报道，即每天都安排在固定时间的报道，又叫直述新闻或纯新闻节目。

2. 新闻评论

新闻评论，即对新近发生的新闻事件所发表的言论的总称。

3. 新闻分析

新闻分析，即对新闻事件的前因后果与过程进行细致的剖析。

4. 新闻专访

新闻专访，即为报道新闻而将访问节目作为独立单元者。

5. 新闻座谈会

新闻座谈会，即同时邀请数位专家学者或者相关人员，就某一新闻专题举行座谈会。

6. 新闻专题

新闻专题，属于深度报道，即有条理、深入地报道一定的新闻主题，具有新闻的时效性，又具有专题的翔实和深度。

7. 新闻实况转播

新闻实况转播，即对新闻内容进行现场实况转播。

四、按制作方式分类

广播节目生产过程是立体的，不仅需要诉诸文本，更要诉诸市场以及团队合作。因此，广播节目的制作方式是极为重要的一环，而根据制作方式的不同，广播节目的类型也可以如表 1-1 所示进行划分。①

---

① 董旸：《广播节目策划与制作》，中国传媒大学出版社 2008 年版，第 58~63 页。

表 1-1 广播节目类型的划分方式

制作方式①	定义	优点	缺点
内制内包	由电台编制内的节目制作人员制播节目，广告业务由电台业务部承揽	电台有绝对控制权，对节目的品质亦能掌握	机制传统难以产生新思维与新创意
内制外包	由电台编制内的节目制作人员制播节目，广告业务由广告公司负责承揽	电台可以既坐收广告费之利，同时又掌控节目理念	由于节目水平不一，广告公司压力大
外制内包	由电台委托制作公司或者个人制播节目，广告由电台的广告部承揽	节目制作内容多元化，引入外部竞争，整体制作水准有望提高	节目风格难以确立
外制外包	将电台的广播时段以签约的方式给制作公司买断	电台不必负担广告业务风险，坐收时段费	经营理念难以贯彻，节目风格难以确立

思考与练习

1. 比较网络广播与传统广播的不同之处。
2. 广播节目的类型有哪些？
3. 广播语言和音响在广播节目中的表现形式有哪些？

---

① 庄克仁：《广播节目企划与制作》，五南图书出版公司 2004 年版，第 46 页。

第二章　广播节目的制作要素

第一节　节目制作流程

广播听众的收听习惯是指听众长期形成的收听方式。收听习惯的研究通常包括收听的时间和地点等。收听习惯是一种收听行为，同时，收听习惯与收听倾向并不一定相吻合，比如，收听习惯会受到时间、地点等客观条件的限制，而收听倾向是一种主观愿望。

总体来看，听众的收听习惯依城市不同、时间不同而存在着很大的差异。

中央人民广播电台现有9套节目，每天播音176个小时，全部上卫星播出。9套节目各有重点、各具特点：

"中国之声"是以新闻为主的对全国广播的普通话综合性节目；

"经济之声"是以经济、科技信息和生活服务为主的对全国广播的普通话综合性节目；

"音乐之声"是以流行音乐为主的调频立体声音乐节目；

"都市之声"是面向首都的生活节目；

"中华之声"、"神州之声"是对台湾广播节目；

"华夏之声"是对香港、澳门特别行政区及珠江三角洲地区广播节目；

"民族之声"是民族语言广播节目，使用蒙、藏、维、哈、朝 5 种少数民族语言和汉语普通话播出；

"文艺之声"是面向首都的语言文艺类节目。

2004 年，中央人民广播电台委托专业调查公司做了两次调查。同时，还购买了"中国之声"全国六城市听众无主调查数据。中央台的广播节目设置、制作运行模式以"频率专业化、听众目标化、服务对象化"为宗旨，听众调查对各频率的改进和运营起到越来越重要的作用。听众调查不仅是各频率了解听众、更好地为目标听众服务的重要依据，也是企业和广告公司了解中央台的一个重要参考。①

一、全国广播听众调查

中央人民广播电台为在日益激烈的竞争中获取主动，同时为调整节目和经营提供科学依据，特委托央视市场研究股份有限公司在全国开展听众收听情况专项调查。此次调查涉及全国 30 个省、自治区、直辖市（西藏自治区及港澳台地区除外），包括城市和农村 15~69 岁的可收听居民。

此次全国性调查方法为分层多阶随机抽样。采用日记法，日记表记录时间为 2004 年 7 月 24 日—8 月 9 日，以入户面访的形式调查了 2645 人，代表全国 15~69 岁人口共 1,169,806,953 人。在 95% 置信度下，最大抽样误差为 ±1.91%。

此次调查数据可以得出以下结论：

（一）广播听众总体情况

（1）与以往调查结果相比，广播听众的收听习惯没有发生本质变化，主要表现在：

广播听众中，63% 的人几乎每天都听广播，显示出广播听众依然保持着稳定性较强的特点，多数听众仍是习惯性收听，偶尔收听的听众较少。

新闻、音乐和曲艺相声是听众最喜欢收听的三大类节目。相对而言，城市听众偏爱卫生健康节目、休闲娱乐节目、生活服务节目、体育节目等；农村听众除喜欢听农村节目外，对评书、小说、广播剧等节目更感兴趣；移动人群对交通、音乐、娱乐、体育、谈心类节目的喜欢程度更高。

收听地点仍以在家中收听为主，占 88.7%。

广播的黄金时段仍集中在早、中、晚三段，早间开机率最高，其次是中午，再次是晚上和傍晚。在城市，傍晚时段的开机率超过了晚间时段，这与中央台以往的调查有所不同。

听众主要选择收听固定的频率和固定的节目。

（2）与以往调查结果相比，广播听众的收听习惯出现了一些细微变化：

听众在户外收听（15.1%）和在车上收听（9.4%）的比例高于在单位、学校收听的比例。

农村听众收听调频广播的比例有所增加。

---

① 施莉：《中央人民广播电台 2004 年听众调查综述》，http://www.cnr.cn/wcm/gt/ts/t20050512_170983.html，2013-12-16。

收听固定频率和固定节目的比例有所增加，特别是在农村。

多数听众不太有兴趣参与互动节目，但移动人群的参与度较高。参与节目的方式还是以电话为主，其次是手机短信。

从听众对广播广告的态度看，他们大多把广播广告看作一种信息，对其及时、实用的优点表示认可，特别是城市听众，这种倾向更明显。

对部分农村听众而言，广播广告能增强他们对品牌的信任度，因此面向农村听众，适合投放以提升品牌知名度和品牌形象为目标的广播广告。

相对而言，城市听众对日常用品、旅游、餐饮、娱乐、休闲、食品、饮料等产品、行业的广告更有兴趣；农村听众则对农业、药品、医疗、手机、通信等产品、行业的广告更有兴趣。

（二）中央台听众总体情况

（1）从总体听众规模来看，中央人民广播电台仍然拥有 71.73% 的全国广播听众。居全国第一。

全国 15~69 岁的广播听众（指过去一个月内收听过广播的人），共 1.82 亿人。中央人民广播电台的听众人数达 1.3 亿，占广播听众总体的 71.73%。从中央电台各频率来看，"中国之声"听众人数最多，曾经听过"中国之声"的听众达 1.1 亿人；其次是"音乐之声"，为 5750.9 万人；再次是"经济之声"，为 4592.1 万人。其中，收听"中国之声"的听众稳定性比较高，其中 46.6% 的人表示昨天曾经收听过，高于其他频率的相应比例。

（2）频率的专业化和栏目的品牌化迎合了细分市场听众的需求，培养了听众对单一频率和栏目的忠诚度。

76.5% 的听众都是以收听固定频率为主，与 2003 年调查的结果相比有较大上升。由此可见，频率的专业化是符合细分市场听众需求的，明显增强了他们对单一频率的忠诚度。72.6% 的听众在收听广播节目时，是收听几个固定的节目，该项指标也高于 2003 年调查的结果。目前，中央台各频率的听众忠诚度均比较高。"中国之声"听众的忠诚度为 97.3%，"经济之声"为 91.3%，"音乐之声"为 96.3%。

听众对"中国之声"的总体满意度达到 78.1%，已经接近非常满意的程度。相对而言，城市听众的满意度更高；听众对"经济之声"的总体满意度达到 73.7%，属于比较满意。相对而言，城市和农村听众的满意度没有太大区别；听众对"音乐之声"的总体满意度达到 76.3%，属于比较满意。

（3）中央台各频率目前已基本建立起个性鲜明的品牌形象。

从城市听众对中央电台的印象看，除了"成熟稳重"、"有创造性"外，城市听众选择"和蔼可亲"的比例略高于选择"有领袖风范"，表明在城市听众印象里，中央电台更有亲和力。

城乡听众对中央电台的印象还有一些区别，如，城市听众更倾向于用"有个性的"来形容对中央电台的印象，而农村听众更乐意用"现代的"来形容。

中央台各频率在听众中的品牌形象差异明显：①"中国之声"和"经济之声"以"成熟稳重的"、"有领袖风范的"为主；②"音乐之声"是"有活力的"、"令人兴奋的"

和"现代的";③"都市之声"是"有创造性的"、"有活力的";④"中华之声"、"神州之声"则是"冷静的"、"有创造性的"、"成熟稳重的";⑤"华夏之声"是"和蔼可亲的";⑥"民族之声"更接近"有个性的"。

"中国之声"、"经济之声"、"音乐之声"的新闻、经济、音乐的定位和目标听众心目中理想的新闻、经济、音乐频率基本吻合。

中央台各频率以不同的品牌个性吸引不同个性的广播听众,各频率之间互补,基本满足了多数广播听众的收听需求。

（三）听众对中央台 1~3 套改版后的评价

1. 中国之声

2004 年"中国之声"改版以后,令听众感受最深的变化是,随时能听到新闻,新闻节目更多了;其次是以直播节目为主,经常插播重大事件的直播报道。这说明改版后的"中国之声"更好地满足了听众的收听需求,得到了多数听众的肯定。

"中国之声"在权威性强、主持人优秀等较重要的属性上表现突出,但在同样较重要的属性——信息量、及时快捷等方面还有一定的改进和提高空间。仍有听众表示非新闻类的节目太多,认为应进一步突出新闻频率的特点,加大新闻信息量。

2. 经济之声

"经济之声"收听比例较高的节目是《气象快报》、《财经快报》、《天气早报》、《全国新闻联播》、《天下财经》等。

"经济之声"在较重要的属性——实用性、及时快捷等方面还有一定的改进和提高空间,而在专业性强、贴近生活等方面,"经济之声"的表现较好。

听众对"经济之声"的印象和对中央人民广播电台的总体印象不太一致,听众认为"经济之声"首先是"现代的",其次是"有创造性的"、"有个性的",同时也是"成熟稳重的"、"有活力的"、"冷静的"。

"经济之声""滚动式播报,能随时获取新闻信息"、"个性化的天气快报,有生活提示,感觉更灵活实用"、"信息密集度高,短时间里就能了解各种新闻,即 20 分钟听世界"等三个特点的认同比例较高。

3. 音乐之声

"音乐之声"的黄金时段集中在晚间,从 18:00 开始收听率曲折上升,在 20:00、21:00、22:00 每个整点开始时段都保持了较高的收听率。另外,早间 8:00—8:29、9:00—9:44、中午 12:00—12:29 也是收听高峰。

"音乐之声"听众收听比例较高的节目主要有《音乐无极限》、《音乐任我行》、《音乐快餐车》、《音乐点播站》等。

较受听众喜爱的节目是《音乐无极限》、《音乐点播站》、《音乐 VIP》、《音乐放轻松》、《音乐第六感》等。

"音乐之声"在全国范围的收听效果较好,声音较清晰,稳定性较好。

"音乐之声"在听众认为最重要的属性——娱乐性方面略有不足,而在"主持人优秀"、"新颖独特"、"形式灵活"、"互动性强"等方面表现较好。

听众对"音乐之声"的印象与对中央人民广播电台的总体印象有很大不同:"音乐之

声"给听众的突出印象是"有活力的"、"令人兴奋的"、"现代的"。

"音乐之声"的专业化和纯粹性是听众更为喜欢的主要特点；其次，"音乐之声"突出音乐歌曲，主持人较少说话，中外文歌曲交替播出等特色也得到听众的广泛认可。①

二、"中国之声"在全国六城市的听众调查

"中国之声"于2004年1月1日正式开播，在运行了近四个月后，中央人民广播电台为了解"中国之声"开播后的情况，同时为节目调整和经营提供科学依据，购买了赛立信媒介研究公司于2004年3月17日—3月31日进行的全国六城市广播听众调查。此次调查范围为北京、上海、广州、武汉、成都和沈阳这六个有代表性的直辖市和省会城市，调查对象为12~69岁的上周收听广播的听众。各城市有效样本量均为300份，合计有效样本量1800份。此次调查方法为多阶段随机抽样。采用日记法，日记表记录时间为2004年3月21日~3月27日。

此次调查的主要结论是：

（一）各类媒体的接触情况

从过去一个月接触媒体的情况看，电视是受众接触最多的媒体，占97.3%，其次是报纸（70.0%）和电台（56.9%）。

在不同的城市，受众对各类媒体的接触情况都有所不同。在北京和沈阳，听众对广播的接触率要更高些。

值得关注的听众群体有：①老年听众群：是目前规模最大、也是最忠实的广播听众群，大约占整个听众群的20%。②学生听众群：占15.6%；③白领听众群：占广播听众群的7.8%，是现在不断扩大的听众群体，追求时尚、消费力强是这一听众群的特点；④流动听众群：19.6%的人通常在公交车、私家车或公共场所收听广播，使用移动收听工具的人占了25.1%。生活节奏加快，流动听众群的形成和扩大成为必然趋势。⑤私家车听众群：经常在私家车上收听广播的占了4.9%，其中北京竟高达12.67%。

（二）听众收听广播的习惯

听众收听广播的频密程度较高，49.8%的听众每天都会收听广播，27.4%的听众2~3天会收听一次广播。

大部分听众一天只听一次广播，平均每天收听的时间在86分钟左右，接近1.5个小时。60%的听众每次收听广播的时间在一个小时以上。听众收听广播的时间与收听频率成正比，收听频率越高的听众每次收听广播的时间越长。

新闻节目和流行音乐节目是听众最多的节目类型。

（三）"中国之声"的听众比例

从六大城市的听众接触情况看，"中国之声"在北京的听众比例最大，占了47.7%，其次是在沈阳，占了31.7%。

"中国之声"是听众最多的电台，其周到达率和日到达率在全国的排名都是第一位。

① 施莉：《中央人民广播电台2004年听众调查综述》，http://www.cnr.cn/wcm/gt/ts/t20050512_170983.html，2013-12-16。

从六大城市的总体情况看，"中国之声"的听众比例占了25.2%（在过去一个月内广播听众中曾经收听过"中国之声"的听众比例）。

（四）"中国之声"在电台中的竞争状况

从六大城市的总体情况看，"中国之声"的平均收听率和平均占有率均排在第一位，在各电台中的总体竞争力是最强的；从六大城市的收听情况看，"中国之声"在北京的影响力是最强的，而在广州的影响力最弱，这与当地语言的影响有一定关系。

（五）"中国之声"以及节目收听情况

从在各地的收听率和占有率来看，"中国之声"听众较多的时段主要集中在早上的6：00—7：59以及晚上18：30—19：59。调查说明"中国之声"在广播黄金时段能够聚集众多的听众。①

三、广播听众收听率的调查

广播听众收听率的调查包含若干指标，如频率收听率、听众占有率、听众广播接触率、目标听众群收听率等。通过收听率数据，不但可以了解听众的收听行为，同时这些数据对调整节目整编、制作、包装、广告投放等都有直接的指导作用。

收听率调查和收听习惯调查不同：收听率调查是对实时收听行为的跟踪记录，是持续性研究；收听习惯调查是对收听行为的回顾式调查，是截面调查，是一次性研究。②

1. 调查方法

收听流程研究有四种调查方法：

（1）日记法。研究机构常常在与其合作的听众家里留置日记本，听众定时将收听情形记录在册，研究机构以此方法获得关于听众行为的数据资料。

（2）个人访谈。面对面访谈这种方法在几种调查方法中具有最大的灵活性，能让访谈者深入地了解节目选择方面的意见和其他质量方面的信息。典型的个人访谈有赖于从记忆中得出的信息，被调查者通常被要求回忆他们在最近24小时内的收听情况。其缺陷是需要大量的人力和物力。

（3）电话调查。由于电话访问可以从一个中心地点进行，这种方法要比面对面访问更快，花费更少。因此，除了受到某些限制的情况外，电话调查可以用来替代面对面询问的方法。但是电话调查也有某些缺点，比如人们大多不愿意回答一个从不了解的访问者通过电话提出的问题，而研究机构并不是掌握了所有听众的电话。

（4）测听器记载法。将测听器装在听众的收音机上，只要听众打开收音机，调查人员即可获知其收听频率、节目、时段以及时间的长短。这种方法可以高效率地获得数据，但是因其费用高昂，所以国内很少有人问津，即便使用，也最好配合日记法进行，这样才能掌握被调查者的个人数据。

---

① 施莉：《中央人民广播电台2004年听众调查综述》，http://www.cnr.cn/gt/tm/200505/t20050512_504069584.html，2013-12-18。

② 王兰柱：《2005中国广播收听年鉴》，中国传媒大学出版社2005年版，第57页。

2. 调查指标

（1）收听率。收听率是指某一时间在某一地区收听该频率广播的人数与该地区可能收听广播的人数的比率，计算公式为：

$$频率收听率 = \frac{某一时间在某一地区收听该频率节目的人数}{某一地区可能收听广播的人数} \times 100\%$$

收听率实际上反映了一个地区的总人数（剔除不可能收听广播的人数）中，收听某个频率或某个节目的听众所占的比例，据此来反映某个频率或某个节目在某一时刻的听众总量。在统计学中，符合上述概念的收听率也被称为"绝对收听率"。

（2）听众占有率。某个频率或某节目的听众占有率是指某一时间在某一地区收听该频率节目的人数与该地区同一时间收听广播的人数的比率，称为"相对收听率"，计算公式为：

$$听众占有率 = \frac{某一时间在某一地区收听该频率节目的人数}{某一地区同一时间收听广播的人数} \times 100\%$$

可见，听众占有率主要反映频率或节目在当地众多频率或节目中的竞争力，同时，也可以反映听众对频率节目的"忠实度"。

（3）听众广播接触率。听众广播接触率是指某一时间在某一地区收听广播的人数与该地区可能收听广播的人数的比率。计算公式为：

$$听众广播接触率 = \frac{某一时间在某一地区收听广播的人数}{某一地区可能收听广播的人数} \times 100\%$$

应该说，广播接触率反映了某一时间某一地区中广播的潜在听众与当时收听广播的人数的关系，因而可以由此来衡量当时广播听众总规模的大小。

在实际的数据调查过程中，会对听众广播接触率的接触时长予以限定。一般来说，接触的时长为"至少收听1分钟"，也可以改变收听的最小分钟数或收听时间在整个时段的最小百分比来自定义条件。

广播接触率、频率收听率和频率听众占有率的关系如下：

频率收听率＝频率广播接触率×频率听众占有率

（4）目标听众群收听率。目标听众群收听率是指某一时间在某一地区收听该频率节目的人数与该节目在该地的目标听众群总人数中的比率。计算公式如下：

$$目标听众群收听率 = \frac{某一时间在某一地区收听该频率节目的人数}{该频率节目在该地的目标听众群人数} \times 100\%$$

目标听众群收听率针对不同栏目分析不同听众群体的收听行为和收听偏好，适用于频率栏目的定位分析。[1]

四、广播节目的定位

一档广播节目的制作，第一步首先是要有清晰的节目定位，当然，这是以听众的收听习惯和相关的调查数据为基础的。广播节目的定位可以从竞争定位、市场定位、品牌定位三个方面着手，三个方面各有侧重，但是相互关联、密不可分。

---

[1] 董昳：《广播节目策划与制作》，中国传媒大学出版社2008年版，第28~31页。

（一）竞争定位

广播节目的竞争定位可以参考两种方式：市场份额法及 SWOT 法。

1. 市场份额法

市场份额是指特定时间段内收听某一频率或节目的人数占同一时段所有收听广播的人数的百分比。从市场份额中可以看出某一频率竞争力的强弱。

以 CSM 调查的 2004 年北京广播市场为例，北京广播市场主要有中央人民广播电台、北京人民广播电台和中国国际广播电台参与竞争。其中，北京人民广播电台具有绝对的优势，占据北京收听市场 69% 的份额；其次为中央人民广播电台，占据 1/4 以上的份额，这两大台瓜分了北京广播市场 95% 以上的份额。①

2. SWOT 法

SWOT 即四个英文单词——优势（Strengths）、劣势（Weakness）、机会（Opportunities）、威胁（Threats）的首字母缩写。围绕这四个方面，节目对自己的现状进行客观的评估。

比如，对于音乐频率的音乐类节目来说：

我的优势在哪里？是本地区移动收听人群的数量还是音乐资讯的质量？

我的劣势在哪里？是与邻近音乐频率广播的同质化竞争吗？

我的机会又在哪里？是否可以进行有关音乐资讯的衍生产品的开发？

我的威胁又在哪里？其他非音乐广播是否会因音乐的品质抢走听众的注意力？

（二）市场定位

广播节目针对市场的定位有其必要性和积极意义。首先，广播节目的制作成本低廉，因此形成了市场进入门槛低、竞争对手多、节目量大且泛滥的局面；其次，广播节目的同质化严重，节目缺少创新力与新鲜感，缺乏差异化的市场区隔。因此，对节目进行市场定位有利于广播节目进一步明确竞争定位，实现可持续发展。

广播节目的市场定位要考虑两个关键词：集中度与差异化。

1. 集中度

市场定位的集中度要考虑以下两个方面的含义：

（1）传播集中度。传播集中度指在进行广播节目策划与制作时，自始至终都要考虑到传播的方向——目标听众群。目标听众群的定位越准确，传播方向就越集中。

目标听众群的确定是广播节目走向市场、进行市场细分的最重要的战略步骤之一。然而，不能忽略的一点是：并非所有的细分市场都有市场价值，也并非有能力把握所有有价值的目标听众群。因此，在对目标听众群进行选择时，既要对整个广播节目市场有所了解，同时也要对频率自身情况有所把握，理性权衡之后确定属于自己能力范畴的最有价值的目标听众群。

（2）市场集中度。一个频率（节目）的市场集中度高低可以通过听众占有率和听众广播节目接触率来衡量。两个指标值越高，说明该频率（节目）占有市场的集中度越高，越具有竞争实力。

如果市场集中度达到了相当高的水平，说明该频率（节目）的竞争阶段已经达到垄

---

① 王兰柱：《2005 中国广播收听年鉴》，中国传媒大学出版社 2005 年版，第 81 页。

断竞争阶段，比如交通频率的路况信息节目便有这种趋势。因此，频率（节目）在进行市场定位时要考虑自己和竞争对手之间现有市场集中度的现状，以便合理地制定节目竞争策略。

2. 差异化

在进行市场定位的过程中，一个最重要的环节就是显现该频率节目的特色。只有特色鲜明，节目才能够方便听众进行选择和产生兴趣。值得强调的是，差别化并不等于对目标听众群进行细分，而是结合目标听众群的需要对节目本身进行根本的差异化定位。对于一档广播节目而言，差异化可以产生以下变量（见表2-1）：

表2-1 广播节目差异化产生的变量

节目	主持人	在播包装	离播包装
1. 内容策划	1. 声音表现	1. 片头设计	1. 节目活动
2. 音乐选择	2. 语言组织	2. 片花设计	2. 节目可视广告
3. 风格选择	3. 主持风格	3. 频率呼号设计	3. 节目纪念品
4. 编排策略	4. 个人魅力	4. 节目口号	4. 节目衍生品

（三）品牌定位

品牌是通过一系列物质载体来表现自己的无形资产，品牌具有明显的排他性，是一种无形资产，是产品参与市场竞争的有力工具。因此，当广播节目作为一种产品参与市场竞争时，品牌战略变得尤为重要；而在品牌战略中，品牌定位是起点，也是最为关键的步骤之一。

品牌定位是指为自己的品牌在市场上树立一个明确的、不利于竞争对手品牌的、符合消费者需要的形象，其目的是在消费者心目中占据一个有利的位置。[1]

广播节目的品牌定位包括节目的竞争定位与市场定位，同时，为了方便听众对广播节目形成品牌认知，品牌形象定位又是品牌定位的重要一环。

广播节目的品牌形象定位有以下内涵：

1. 直接形象定位

（1）节目主持人。节目主持人贯穿于节目始终，是连接节目各个组成部分的桥梁。主持人通过语言组织、主持风格、声音特色等塑造自己的品牌形象。一般来说，综合性频率多强调节目主持人的个人风格，而类型化频率则强调全频率主持人的品牌形象要尽量统一。

（2）节目内容。广播节目内容的品牌形象主要通过节目主题、节目音乐、板块结构、节目类型与风格等要素组合而成。其中，各要素的组织与传播要符合节目的竞争定位与市场定位，并形成统一的风格，这样才能树立起自己的品牌特色。

（3）听觉识别系统。频率（节目）的听觉识别系统（Audition Identity）是由一系列

---

[1]　熊仕平：《品牌战略与产品推广策划》，中国经济出版社2003年版，第39页。

听觉要素组合而成的，包括频率的呼号与名称、节目名称、频率（节目）宣传口号等都是频率（节目）整体品牌形象的直接的、可感知的要素之一。

（4）行为识别系统。频率（节目）除了节目之外，还有一部分可直接被感知的形象元素，即代表频率（节目）的行为，如：广播节目利用其他媒体做广告；节目举行听友联谊会；节目出版书籍、光盘等衍生品等。这些行为的实施过程也会直接作用于最终的频率（节目）品牌形象定位。

2. 间接形象定位

频率（节目）的间接形象定位主要指频率（节目）的理念识别范畴。理念识别是一种内在驱动力，是一种精神力量，它主要包含以下部分：

（1）节目远景。它是指广播节目所要达到的远景目标，这个目标不一定能在短期内实现，或许永远也无法实现，但这个目标却是广播节目存在的理由及最高理想，是节目工作人员的指南针。

（2）节目使命。它是指可以实现的短期目标，可以制定切实可行的时间表，使命时间表的确定可以推动节目整体向上发展，使命的确定是有科学依据的。

（3）节目价值。它是对广播节目价值观的描述，是节目所要强调的一组关键性理念。要达到什么？要摒弃什么？严格来说，它是衡量节目优势的标准。

（4）节目个性。它是节目独特的编排、主持风格、音乐选择等方面的综合概括。

频率（节目）在策划过程中对以上理念进行概括和梳理，有助于在节目制作和传播过程中加强品牌形象的定位，用无形的思想作用于有形的节目和行动。①

五、节目的策划与编排

广播节目进行准确的定位之后，就要开始策划和编排。

（一）节目策划的基本原则

1. 适宜原则

基于听众群体的不同特征与收听习惯，设置不同形态与主题的节目。

2. 习惯形成原则

每天在同一时间播出同一节目，促使听众形成比较固定的收听习惯，逐渐成为忠实听众。

3. 控制听众流动原则

运用各种节目编排策略，稳固听众的收听欲望。

4. 广泛诉求原则

基于听众多方面的诉求，设计各种不同类型和内容的节目。

可以看出，以上四项基本原则全部以听众为中心，因此，在对听众进行调查的过程中，听众构成与收听率等数据可以充当策划过程中的参考指标。同时，通过指标数据的提示，可以对节目的定位进行调整，对节目进行策略性的编排。

---

① 董晓：《广播节目策划与制作》，中国传媒大学出版社 2008 年版，第 31~37 页。

（二）广播节目的编排策略

1. 竞争编排策略

（1）针锋相对策略。面对竞争对手，不选择差异化的"逃避"，而是在同一时段安排同类型节目，以争夺同一收听群体。

（2）反向策略。"三十六计走为上"，不与竞争对手针锋相对，而是避开锋芒。即节目设置与竞争对手背道而驰，以此来吸引与竞争对手诉求不同的听众群。

2. 控制听众流动策略

（1）带状策略。将同一节目安排在每天或相隔数天的同一时间播出，目的在于培养听众的收听习惯。

（2）板块策略。将风格相近或目标听众群相近的节目编排在一起，形成区段，以稳固听众群在此时间段收听广播的习惯。

（3）导入策略。利用人们不愿意频繁转换频率的倾向，借助高收听率节目带动普通节目。

（4）吊床策略。在推出新的广播节目或者安排收听率较低的节目时，将两个收听率较高的节目安排在其前后，利用前后节目的沿袭和牵引效应，带动中间节目收听率的提高。

（5）帐篷策略。将一个收听率较高的节目插在两个收听状况相对较弱的节目之间，利用强势节目的牵引和沿袭效应带动前后两个节目的收听。

六、广播节目的包装

在进行听众调查、节目定位、节目策划与编排之后，录制节目的工作就按既定的策略顺理成章地进行。而在进行之前、之中以及之后，广播节目的包装也是广播节目策划系统实施的重要一环。

广播节目的包装过程分三个部分：总体设计、在播包装的实施、离播包装的实施。

（一）总体设计

广播节目包装的总体设计包括三个方面的内容。

1. 设计准备

广播节目的包装设计是为了凸显特色，增强竞争实力，扩大知名度，为此，在设计之前必须明确四个事实。

（1）广播节目的包装范式：包装范式包括包装的内容、表现手段、不同类型节目的主导包装设计等；

（2）听众对包装设计的喜好：通过听众调查择取成功包装实例进行研究，分析目标听众群对包装的喜好；

（3）广播节目的定位：明确广播节目的定位，并作为包装实施过程中的理念规范；

（4）竞争者的包装设计：锁定竞争对手的包装实例，研究制胜策略。

2. 明确设计原则

（1）听众为上：在进行包装设计的过程中，始终要以听众的意愿为中心；

（2）统一性：包装过程中涉及的各个环节、要素都要统一于一个设计理念；

（3）简单明了：保持设计形式的简单化，而坚持明了的设计风格；

（4）独特主张：在各种口号泛滥、伪设计产品泛滥的今天，设计的独特性与思想内涵的独特主张特别能够引起人们的注意。

3. 撰写设计理念

设计理念的撰写可长可短，它的目的是给包装设计的实施提供一个明确的方向。

设计理念的撰写应是节目策划与制作团队大脑激荡的结果，它要综合节目的各种现状进行通盘考虑。因此，在设计理念形成文字之前，节目组成员以及频率主管领导应多次碰头，充分讨论。

设计理念的撰写大致可以分为以下内容：

（1）设计目的。通过这次节目包装所要达到的目的和效果。这个目的必须是可信的、可达成的、可了解的、可评估的，同时也应与广播频率的预算相吻合。

（2）盘点节目生存现状。描述广播节目与听众之间的现有关系、经济效益与社会效益现状。

（3）分析目标听众群。明确包装设计是给谁看的？通过包装设计是否能够稳固忠实听众，争取游离听众和潜在听众？

（4）分析竞争对手。明确竞争对手节目的包装范式，其优缺点是什么？

（5）分析听众利益点。收听这个节目，听众可以得到的比较独特的收益是什么？

（6）设计风格参考。找出一些比较接近这个广播节目的个性图片、实物等进行对比或者进行拟人化的参考。

（7）注意事项。如包装设计的日程表、总体经费预算等。

（二）在播包装的实施

广播节目的在播包装是指广播节目宣传组合中不包括节目内容本身的音频宣传部分。这种音频宣传是节目利用自己的频率资源展示品牌形象的行为。

广播节目的在播包装也包括三个部分。

1. 节目名称

广播节目名称可以直观地传达广播节目的定位和特点。节目名称的创意手法主要可以从以下几个方面入手：

（1）时间。利用节目播出的时间来命名，这有助于听众形成收听习惯，如《午间半小时》（中国之声节目）。

（2）节目诉求。利用节目的诉求点或听众的利益点作为节目名称，如《一路畅通》（北京交通广播节目）。

（3）主持人的名字。将主持人的名字与节目内容相结合，这有助于建立主持人的个人风格与节目的独特性，如《阿布说网》（国际在线多语种网络电台节目）。

（4）节目内容。将节目的内容直接告知听众，简单明了，方便听众识别，如《广播剧场》（北京文艺广播节目）。

（5）形象比喻。将节目的播出效果与诉求点用听众熟知的事物来比喻，以收到形象化、趣味十足的效果，如《清晨麻辣烫》（辽宁交通广播节目）。

（6）谐音联想。用谐音俗语或成语引起听众注意，如《E 谈到底》（国际在线多语种网络电台节目)。

2. 节目宣传口号

节目宣传口号是一句针对听众的、站在听众立场上考虑的短语。口号应该上口好记、易于传诵，应该把听众因为收听该节目会得到的利益一语道破。节目的口号往往结合节目的呼号或片头来使用。

节目宣传口号应该追求听众群的反应，这些反应会产生以下效果：

（1）趣味效应。听众听到这个口号时觉得好听、有意思，愿意开始关注该节目。也就是说，口号要有听众兴趣点，能快速抓住听众。比如，达人文化公司制作的《超级逗翻天》节目的宣传口号之一"麻辣烫"巧用味觉词汇产生联觉效果，强调节目"说着过瘾，听着上瘾"的节目诉求。

（2）明白效应。听众能够迅速明白广播频率所要传递的信息。因此，在频率包装过程中应将广播频率的核心理念用一句容易理解的话加以概括，让人一听就懂。如天津交通广播的《夜访百家》节目宣传口号"感悟别样人生，丰富精神家园"，明确告知听众该节目的理念——专注于人文关怀，丰富听众的人生阅历和精神世界。

（3）期待效应。节目口号应该一定程度地激起听众进一步收听频率内容的愿望，从而完成听众与频率之间的细节沟通。如北京交通广播《一路畅通》节目的口号是"大家帮助大家"，使听众感受到节目的目的是解决听众的难题，而且全民动员，颇有贴近性。

3. 节目片头、片花

节目的片头、片花即是节目的 ID，制作广播节目片头、片花的目的就是要提醒听众正在收听的是什么节目，以此加深听众对该节目的识别，从而建立品牌形象。优秀的片头、片花设计往往可以通过简洁的方式宣告该节目的与众不同之处，帮助节目迅速脱颖而出。

节目的片头、片花通常由标识音乐、人声和效果声三种元素组合而成。

（1）标识音乐。标识音乐是指在节目的片头、片花中代表节目风格的音乐，标识音乐的作用有三个方面：其一，配合人声建构节目的风格，如中央人民广播电台中国之声的片头，标识音乐是一段具有民族风格的大气磅礴的旋律，同时配以洪亮的男中音，从而体现出该节目端庄、正统的风格。其二，连接人声，起到桥梁的作用，犹如逗号、句号，使片头、片花具有节奏感。如《娱乐随身听》的片头，带有民族风格的古筝乐曲和民乐为连接人声起到了很好的嫁接作用。其三，音乐和人声配合成为主体音乐。如中央人民广播电台三套音乐之声《我要我的音乐》版主题音乐，就是将节目口号"我要我的音乐"作为唱词融入不同风格的音乐中，制作成为曲风不同的片花、片花，设置在不同时段播出。

（2）人声。广播节目片头、片花中的人声有三种类型：其一，演播故事情节、节目理念的叙述者，代表普通听众叙述心声，此类型的人声可称为演播人声。其二，宣讲节目口号和节目名称。负责此项任务的人声通常可以作为标识人声贯穿不同版本的节目片头、片花。其三，利用身份真实的名人、普通人声穿插或者贯穿于节目的片头、片花。此类人声可称为客观人声。

（3）效果声。效果声在节目的片头、片花制作中具有如下效果：渲染效果；充当桥梁。

（三）离播包装的实施

离播包装是广播节目离开广播媒体利用其他媒体宣传自己的包装形态。离播包装包含两部分内容：利用其他媒体宣传，如在电视、报纸、杂志、网站、户外广告甚至信笺、名片、促销礼品上进行形象宣传和设计；走出直播间，举办各类型活动，与听众面对面。

通过在播包装，广播节目可以稳定忠实听众，争取游离听众；通过离播包装，广播节目可以再一次争取游离听众，并让非听众群了解节目。

1. 媒介宣传

广播节目在利用频率之外的媒介进行宣传的时候，时刻都要注意：听觉以外的元素要与节目的品牌信息保持一致。

（1）平面媒介。平面媒介的使用，关键在于是否按照实际的需要进行组合。有时可以使用若干种平面媒介，根据这些平面媒介的时效性以及读者的阅读习惯等要素，来确定平面媒介的设计和使用。

（2）户外媒介。广播节目经常使用的户外媒介主要包括户外广告以及交通广告。

户外广告主要是指在城市的交通要道两边、主要建筑物的楼顶或商业区的门前、路边等户外场所设置的发布广告的信息媒介，主要形式有招贴、海报、路牌、霓虹灯、电子屏幕、旗帜、大型充气模型等。它们的主要优点是面积大、主题鲜明、形象突出、容易吸引行人的注意，并容易记忆。此外，户外广告多是不经意间给听众视觉刺激，不具有强迫性，信息容易被认知和接受，且户外广告的发布时间一般较长，对区域性听众能造成音响的累计效果。但户外媒介也有自身的局限，一是受场地的限制，听众的数量有限；二是户外广告的内容比较简单，传达的信息量有限，多是电台频率的形象广告，即时的促销作用差。

交通广告指利用交通工具（火车、汽车、地铁、轮船、飞行器等）作为发布广告信息的媒介，主要形式有车身广告、车厢内广告、座椅套广告、车票广告等。交通广告与户外广告最大的区别在于交通广告是流动性的广告媒介，传播范围比户外广告灵活和广阔得多，而且乘坐交通工具的人口流动性大，容易提高到达次数。此外，交通工具越来越具有阶层性，所以广播节目可以依照自己的目标听众选择适当的交通工具作为广告媒介。

（3）电子媒介。电子媒介包括网站、多媒体光盘等，它们也是广播节目离播宣传较为重要的部分。现在的广播媒介一般都有自己的网站，在服务于听众和广告商的同时，这些网站也传递着有关广播节目的各类信息。同时，广播节目也可以对节目本身进行衍生产品的开发，如出书、出节目 CD 等。

（4）其他媒介。如何利用一些特殊的、非传统的媒介来发布广播节目信息，是每个节目经营者需要思考的问题，而这些非传统媒介的发现与组合，与想象力有关。可供广播选择的媒介包括：杯子、笔、帽子、T 恤、鼠标垫、胸章、台历、手表、磁带盒、各种票证、手提袋、书、开瓶器、伞、毛巾、名片盒、腰带等，其中有的是纯粹的礼物，有的是生活用品。

2. 活动策划

走出直播间进行离播宣传，活动策划是首选。原因有两个：一是活动策划可以拉近节目与听众的距离，争取收听率；二是策划活动可以带来广告商的赞助，取得社会效益与经济效益的双丰收。

广播频率（节目）的活动策划主要分以下几种：

（1）听友联谊会。听友联谊会最重要的目的就是进一步拉近节目与听众的距离，在现实空间与听众交流思想，征求他们对节目的建议与意见。近年来听友联谊会的举行也越来越追求创意并尽量考虑听众的利益点。比如，交通广播通常会召集目标听众群——司机、车迷、热心听众成立车友俱乐部。车友俱乐部通过举办自驾车旅游、各种技能比赛等巩固目标听众群，并通过活动的宣传对游离听众、潜在听众、非听众造成宣传攻势，使其对频率或节目产生印象，进一步向固定听众靠拢。

（2）比赛活动。广播频率（节目）策划赛事活动有两个原则：其一，向节目类型靠拢；其二，向目标听众群靠拢。

（3）演艺活动。举办演艺活动的最大优势在于通过明星效应带动听众对频率（节目）的认知。此外，演艺活动也是创收的好渠道。

（4）服务活动。广播节目的服务活动是广播节目服务属性的外化延伸。通过服务活动，电台一方面可以塑造频率（节目）的公益形象；一方面也可以起到扩大频率（节目）知名度的作用。

（5）商业活动。商业活动最重要的获益点就是将"看不见的广播广告"变得可视化。这是维持广告客户并争取更多广告来源的明智之举。当然，电台为广告客户举办商业活动难以像电视台的收视率那么高，但是，对于某些具有地域特色、低投入的广告商品来说，"广播广告+商业活动"的模式是最适合不过的了。①

第二节　节目制作的设备与技术条件

必要的设备与技术条件是制作广播节目的基础。通常应从以下六个方面考察广播节目制作的设备与技术条件。

一、播音室的隔音与共鸣效果

播音室是电台的基础设施。条件差的电台，至少配备 1~2 间播音室。条件允许的电台，则可以根据用途的不同，配备十数间甚至数十间播音室，分别作为直播室、录音室、演播室、复制室等，用作各类节目的播音、录音、复制、演播广播剧及举办音乐演奏会等。

播音室的优劣，直接影响播音、录音效果，所以必须在设计与节目制作时考虑如下因素：

一是隔音效果。通常播音室的天花板、墙壁、地板，都需要隔以夹层。墙壁外面，应另有外墙。窗户用双层玻璃，入口还要用双层门。最好在室外有一条走廊，走廊入口再设一扇门，避免外界杂音渗入播音室。

二是共鸣效果。在室内听到的声音，一部分直接来自声源，一部分则来自共鸣。共鸣

---

① 董暐：《广播节目策划与制作》，中国传媒大学出版社 2008 年版，第 40~50 页。

的作用，会造成续响的效果。一般标准，续响时间以 0.8~1.2 秒为佳，在此标准之内，声音听起来较为舒适。如果超过 1.2 秒以上，则容易使一连串声音表现得模糊不清。

影响共鸣效果的原因可能出自室内壁板、天花板及地板材料对声波的反射及吸收能力，也可能出自室内空间的大小。

如果室内共鸣续响时间超过标准，可以使用吸音材料如石棉、软木、粗制麻布、厚布幔或甘蔗吸音补救；如果共鸣时间不够，则可以用质地光而有硬度的材料补救。

二、控制室的有效控制

有些广播节目，由于较为复杂和要求较高，在录制过程中需要导播和制作技术人员具体指挥、控制及操作节目的录制与播出。这样既要求对播音及录制实施有效控制，又必须避免对节目产生干扰和杂音。因此必须另辟一处场所，让导播及机务人员在里面指挥、观察和操作。这处场所就叫做控制室。

控制室紧连播音室，以双层玻璃与播音室隔开。导播和制作技术人员可以透过玻璃，用导播手语或通过调音台联络，指挥演播人员演播。

三、传声器的频率响应与指向性效应

传声器又称为话筒、麦克风，传声器的传声原理是利用声波可振动空气媒质的特点，将声波信号转换为电波信号。

声波的本质是机械振动或气流搅动引起周围弹性媒质发生波动，因此声波又可称为声场。

传声器的固有指标包括灵敏度、失真度、输出阻抗、频率响应、指向性效应等。频率响应亦称频率特性，是指传声器灵敏度在工作频率范围内变化的情况，它对拾音后的音质有决定性影响。传声器的指向性亦称方向性，表示其灵敏度的方向特征。一般采访机配备的传声器只要使用人员注意指向性效应即可，因为其他几项指标在设备配备时已经作了综合性考虑。

根据传声器的指向性效应，即灵敏度的方向特征，传声器可划分为单指向性传声器、双指向性传声器以及全指向性传声器。单指向性传声器是实际工作中使用最多的一种传声器。由于它只对某一方向入射的声波有效，所以当它应用于会场、剧场等公共场所的扩音系统时，可以防止因扬声器反馈而引起的啸叫，还可以避免室内混响音和听众噪声的干扰。单指向性传声器的工作距离在 0.3~0.6 米，可以产生低频提升效应，也称"近讲效应"。根据这一特点使用传声器，有助于增强拾音效果。当工作距离大于 0.6 米时，声音会显得单薄；工作距离小于 0.3 米时，容易引起锉磨声、爆裂声和轰鸣声，使频率响应发生畸变，采录到的素材清晰度下降。只有把握住"近讲效应"，合理使用，才能使声音清晰、适于收听。

双指向性传声器又称"8"字形传声器，其极坐标图形呈"8"字形状。在实际工作中，这类传声器应用也比较广泛。如需要男女两人对话的拾音，可以让两人相对而坐，将传声器置于中间位置进行拾音。

全指向性传声器在拾音时对来自各个方向的声音都具有相同灵敏度，其极坐标图形呈圆形。由于外壳的声障作用，全指向性传声器后部的灵敏度有所降低，该传声器适用于声源范围较广的场合。如对人声嘈杂的商场拾音，能有效地拾取来自各个方向的声音。但当声源范围很小时，则存在目的音以外的声音也同时被拾取的缺陷。

传声器的指向性可以通过如下简易方法鉴定：用一个声级恒定的声源，在距传声器0.3 米处，以传声器为中心做圆周运动。如果出现某相对方向输出信号较大，而另两个方向输出信号较小的现象，则判断是双指向性传声器；如果仅在某一方向输出信号较大，其他方向信号很小或无信号输出，则判断是单指向性传声器。

传声器的种类如果根据振动膜片受力情况的差异来划分，可分成压强式传声器和压差式传声器两大类。目前广泛使用的动圈式传声器和电容式传声器都属于压强式传声器，各类带式传声器则属于压差式传声器。

四、调音台对信号的处理

调音台是一种对多路输入信号进行放大及处理，然后按不同的音量混合，产生一路或几路输出的设备。它广泛地用于广播、演播室录音及音频节目后期制作等场合。通过调音台，还可以对声音进行监听。

调音台可分为输入部分、输出部分和监听部分。

输入部分包含了多个输入通道。每一个通道包含了前置放大器、均衡器、输入音量控制、开关矩阵等组件，其作用是对输入信号进行放大和处理。对输入部分的操作主要是均衡器的调节、输入电平的控制以及输出开关矩阵的选择。

输出部分有多个输出通道，每个输出通道包含了调音电路、主音量控制以及监视仪表等。调音部分实质上为一个混合放大器，它含有多个输入端，接收所有选中该输入通道的信号，也接收来自外接混响器返回的信号，然后将这些信号混合。主音量控制用来控制该输出通道输出的电平。监视仪器用来测量该通道输出电平的大小。

监听部分主要用来监听调音或录音的质量。监听部分实际上也由开关矩阵以及混合放大器构成。由于监听可分别使用扬声器或耳机，因而还需配置一个功率放大器。开关矩阵用来选择送入混合放大器的信号，由混合放大器将这些信号混合放大后供监听用。监听部分是一个完全独立于输出部分的配件，因此监听部分的操作不会影响输出通道的信号。

通过扬声器和耳机监听的内容不仅送给调音台操作人员，还送到录音室，以便录音室的人员在放音时听录制的内容。

五、录音机和磁带的配合

录音机是音响设备中用来记录和重放信号的重要设备。声音信号通过录音机记录在磁带上，必要时再由录音机重放出来。在节目制作过程中，往往使用录音机先把各种节目的声音记录下来，经过复制最后合成完整的节目。

磁带录音机按结构可分为开盘式和盒式两大类。

早期的磁带录音机均为开盘式录音机。随着盒式录音机的出现和推广，家用录音机一般采用盒式结构，而专业用的录音机大多仍采用开盘式结构。专业用的开盘式录音机，其带速通常为 19cm/s、38cm/s 及 76cm/s。带速越高，频率响应越好。不同的磁带宽度，容纳的磁迹从 1 到 16 道不等。目前在 6.3mm 的磁带上能录制 8 道磁迹，在 12.7mm 的磁带上能录制 16 道磁迹。开盘式录音机采用了较高的带速以及多道磁迹，具有较好的性能，并能实现多声道录音，因而常用于节目制作、录音母带制作等场合。

盒式录音机采用盒式磁带，大多用作家用，比较小巧，使用起来也方便。还有一类在家用盒式录音机基础上推出的大盒式录音机，采用 6.3mm 或 12.7mm 的磁带，带速为 9.5cm/s 或 19cm/s。大盒式录音机既具有普通盒式录音机使用方便的优点，又具有开盘式录音机的高性能，并能实现多声道录音。通常这类录音机和小型调音台安装在一个机箱内，构成微型录音室，操作更为方便。

磁带是录音机在记录和重放过程中不可缺少的介质，用来记录和存储信息。磁带的质量直接关系到录音和放音的质量。

根据制作材料的不同，录音磁带可分为普通带、铁铬带、铁钴带、二氧化铬带等金属带。普通带以 r-Fe$_2$O$_3$ 磁粉为材料，主要有两种：一种是低噪声带，其低、中频特性好，但高频率特性差，一般不适于录制频率范围较宽的音乐节目。另一种是低噪声高输出带，它的高频特性好，灵敏度、信噪比、动态范围均较好，一般用来录制音乐节目。

根据所用录音机的不同，磁带又可分为开盘式和盒式两大类。开盘式磁带用于开盘式录音机，盒式磁带用于盒式录音机。

录音磁带的选择一般按两种形式分：一种是根据使用的录音机来确定。一般的普通录音机选用普通带。具有磁带选择开关的专业录音机，如 Sony TC-D 专业采访盒式录音机，当磁带选择开关置于 tape1 位置时，应选用普通带；置于 tape2 位置时，选用铁铬带；置于 tape3 位置时，选用二氧化铬带。另一种是根据录音内容确定，一般语言录音和音域不宽的音乐录音可选用普通带，专业音乐录音应选择铁钴带、铁铬带或二氧化铬带。

六、其他附属设备的配备

节目制作的设备与技术条件，除了以上主要项目外，还需要配备一些其他的附属设备。如：混响器、降噪器、计时器、音响效果器、点唱机或激光唱盘，以及资料室等。①

第三节　声音素材与基本制式

一、录音的基本制式

目前，国内外的录音制式，主要分为如下三种：单声道录音、双声道（立体声）录音、多声道录音。它们的录音原理各不相同。

1. 单声道录音

将信号记录在磁带的全轨道上的录音叫单声道录音。它的特点是将三维立体空间的声音信号，通过电声手段混合压缩在一起进行记录。这样录下的音响，失去了声源信息的立体空间感，形成了一个点声源的信号，使人听着分辨不出声源的空间方位。我国大多数电

---

① 董畅：《广播节目策划与制作》，中国传媒大学出版社 2008 年版，第 183~189 页。

台的新闻、教育和服务性节目，采用单声道录音制式，也有文艺节目采用这种录音制式。

2. 双声道（立体声）录音

通过电声手段再现原始声源三维空间的立体声场的录音制式叫双声道（立体声）录音。其录音原理是依据人的双耳效应。人的双耳对声音的先后、强弱有较强的辨别力，双耳与声源的不同距离，可引起时间差、强弱差、音色差、相位差等感觉效应，即双耳效应。双声道（立体声）录音依据双耳效应原理，以两个通路记录与再现原始声场，通过左右通路的不同强度与延时，有效地使双耳的听觉产生预定的强度差和时间差，实现空中定位，从而产生方位感。

根据强度差、时间差的区别，双声道（立体声）的拾音可细分为如下四种形式：

（1）AB制式。以时间差为拾音原理，将两只型号、性能完全匹配的传声器分置左右，并拉开一定的距离。这样录音的音响效果、时间差明显，具有方位感。

（2）XY制式。以强度差为拾音原理，将两只型号、性能完全匹配的传声器上下重合起来录音。由于两只传声器同轴放置在一个点上，时间差可以忽略不计。但由于两个传声器的膜片在安置时呈一定的角度，使声波到两个传声器的入射角度产生差别，从而产生不同的声音强度，形成了录音效果的强度差。

（3）MS制式。所用传声器与XY制式相同，只是用以重合的两只传声器方向性不同，一个在前方的中间，一个在后方的两侧。立体声信号的产生，是通过两种传声器的强度差实现的，属于强度立体声。

（4）人工头制式。这是一种新型的拾音方法。它用塑料等材料制成人的头型，将两只全方向性传声器装入这个头型的两只耳朵内拾音。通过对人头的模拟，借助于双耳的时间差、强度差、相位差等真实记录与重放，获得最佳的听觉效果。这种拾音法具有许多优点，但因重放时只能使用耳机而不能使用扬声器等原因，目前仅在一些音响要求较高的录音中使用。

3. 多声道录音

若干个单声道与双声道立体声分别同步拾音，记录并最后合成一个单声道或一个双声道（或四声道）立体声音响就叫多声道录音。它综合概括了单声道录音与双声道录音的原理，集中了两者的长处，录音效果比较理想。多声道录音不仅适合于中小型音乐会的录制，还适合于大型传统音乐会的录制。

利用多声道录音机的多声道录音技术，给多路传声器设置的节目制作方式带来极大的方便。前期可以分别利用不同声道集中精力拾音，后期可以认真、细致地处理合成。每条声道的记录既可在同一空间的不同时间录制，也可在不同的空间、不同的时间录制。

二、传声器拾音的录音方法

传声器拾音的录音方法有如下几种：

1. 单点录音法

只采用一个传声器，不附加其他辅助传声器拾音的录音方法叫单点录音法。单点录音法主要用在单声道录音中，立体声录音有时也采用这种录音法。目前我国多数电台的节目，是采用这种方法录音的。

2. 主传声器录音法

在录音中将几个传声器全部使用，并以其中一个作为主录传声器，其他的则为辅助传声器。这种录音方法称为主传声器录音法。由于主传声器与其他辅助传声器离声源的距离不同，录下的声音存在强度差与时间差，从而使声音效果具有方位感。

3. 多路传声器录音法

几个传声器无主次之分，在录音中发挥同样的作用。这种录音方法叫多路传声器录音法。多路传声器录音法常用在中小型音乐作品或配乐器不够的现代音乐作品的录音中。由于这种作品音响不平衡，声源中多种因素变化大，需要通过试音与调音进行加工制作，所以采用此种录音方式最为合适。①

案例分析

广播节目策划书

广播节目策划书是实施广播节目策划的书面形式，能体现广播节目制作者的创意能力和综合分析能力。完备的广播节目策划书可以使节目的制播过程有条不紊，甚至事半功倍。

广播节目策划书的内容一般包括以下几项：

1. 节目构想

节目的构想往往是由节目制作人的突发灵感而得来的。但灵感不是灵光一闪那么简单，往往要经过对事物的调研、观察、分析、整理之后才能得出结论。有人说，现在社会不再是注意力经济社会，而是创造力经济社会，因而创意本身就是一种巨大的财富。广播节目的创意过程要遵循以下原则：符合时代潮流；符合目标听众群的需要；符合电台的节目需要和整体风格；经费来源有保障；有独创性。

2. 节目名称

为节目取名称，需遵循以下原则：与节目内容相符；简洁、响亮；易懂；具有时代感。

3. 节目对象

目前，广播电台越来越向专业化靠拢，目标听众群的年龄层、职业、知识背景、所在区域、生活状态等情况对节目策划尤为重要。

4. 节目类别

节目属于哪种播出性质？使用哪种播出方式？

5. 节目宗旨

节目宗旨即制作节目的目的，而目的的核心点在于服务听众，即节目能给听众带来什么。

---

① 蔡凯如：《广播编辑与节目制作》，武汉大学出版社 2008 年版，第 189~196 页。

6. 节目长度

根据节目类型及所播放的时段，节目长度不等。

7. 播出频率

即选择在哪种类型的频率播出。每个频率的节目风格和宗旨都有相异之处，因此，节目策划要与播出频率的整体架构相吻合。

8. 播出时段

广播节目的播出要讲究内容和时段的完美结合，好的节目也应该在合适的时间段播出，才能获得较高的收听率。

9. 预期效果

节目播出后，听众的反应会如何？与其他电台同类型节目相比是否有竞争力？产出是否能够与投入成正比？

10. 经费预算

经费预算包括播出时段费、主持费、制作费、资料费等。

11. 制作团队简介

制作团队的人员构成是衡量和预测节目制作水平的关键所在；同时，在有意购买节目的情况下，节目制作公司的实力亦是预计节目播出效果的佐证。

12. 主持人简介

主持人是节目的灵魂，节目的节奏和气氛都需要主持人来把握，主持人的主持风格与节目的风格息息相关。

13. 节目内容（单元流程）

思考与练习

1. 广播节目包装的过程有哪些？
2. 广播节目活动策划有哪几种类型？
3. 国内的录音制式有哪几种？

第三章　广播新闻节目

第一节　广播新闻节目的界定

以新闻立台是广播占领受众市场的制胜之道，它以及时、快速、现场感强的特点在传媒业日益激烈的竞争中始终占有一席之地。[①] 但是，随着信息化时代的到来，在新的竞争环境下，广播新闻只有坚持创新、大胆改革，不断提升其自身质量，才能真正吸引听众。

一、广播新闻节目的特点

与其他媒体节目相比，广播新闻节目具有自身的特点。

首先，广播新闻最大的特点在于对新闻事件的及时报道。在信息化时代，新闻传播的速度空前加快，同电视、报纸、网络等其他媒体相比，广播媒体所使用的设备简便易行，运行过程快速便捷，可以在第一时间内，以最快的速度通过移动通信设备直接传入直播室。许多重大新闻的传播，广播电台往往都是走在其他媒体前面的。广播新闻节目的及时报道，体现在播出次数多，随时可以打破原有节目格局，并报道最新消息。

---

① 李慧佳：《以提升新闻节目质量抢占广播受众市场》，载《新闻传播》2011 年第 6 期。

其次，广播新闻节目受众广泛，拥有强大的群众基础。广播新闻不受年龄、性别、职业和文化程度等条件的限制，甚至不受经济条件的限制，它将那些被印刷媒体隔绝的人群和处于社会不同阶层的人群放进了同一个文化领域，从而做到了真正的信息共享。

最后，广播新闻节目的感染力较强。广播以声音传递信息构成传播特色。多种声音组合传播信息是广播新闻节目的优势。广播新闻播报者通过其抑扬顿挫、富于感情的声音，再加上现场音响的效果，可以带给听众无限想象的空间。这样既可以表现出新闻事件的个性，也使听众闻其声如临其境。

二、广播新闻节目的现状

近几年，我国的广播事业得到了前所未有的发展，但同时有着不容忽视的巨大压力，这就是媒体间的竞争，抢占市场的激烈战争。广播既要面对同行的竞争，也要面对报纸、电视等传统媒体的竞争，更要面对网络这一新兴媒体的强大冲击。作为广播电台的骨架支柱，广播新闻节目应当仁不让地担当起重任。但从目前来看，广播新闻存在的主要问题有：一是新闻主题不明确，制作手法单一，选题平淡无奇，社会影响小；二是新闻节目中音响效果少，难以调动听众的强烈兴趣；三是主持人、播音员在播报新闻时，声音缺乏足够的亲和力，难以吸引受众；四是一些服务性的广播新闻节目，尽管针对性强、信息量大，表现手法也很丰富，但是大多流于表面，没有真正解决听众最关注的问题。以上这些问题严重阻碍了广播新闻的可持续发展，必须加以改进，不断提高广播新闻节目的质量。

在传媒行业快速发展的今天，不可回避的是电视已经毫无争议地成为全球的第一大主流媒体，而曾经地位举足轻重的广播发展艰难。① 又加之网络传媒的迅猛崛起，广播的生存环境越发恶劣。有些人悲观地认为广播媒体已经没有前景可言，甚至退出历史舞台只是时间问题，但经过冷静而系统的分析之后，我们可以很清楚地看到，只要定位准确，努力打造以节目为本的品牌频率和品牌栏目，广播媒体依然有着不可替代的独特地位和广阔的发展空间。

新闻是信息社会流动的血脉，而作为一种现代大众传播媒介，广播不仅给人类的生活带来许多方便，而且对人类社会的发展也起着积极的促进作用。毫无疑问，广播的社会功能，很大程度上是由新闻信息的有效传播实现的。② 新闻是广播电台的立台之本，也是传媒行业的立业之本。电波可以让广播新闻迅速传播，可以成为为受众提供最迅速、最新鲜新闻的大众传播媒体；广播新闻可以提供现场感强烈的一线速递甚至是直播报道，让听众犹如置身新闻现场般感同身受；广播新闻可群集亦可单件，可固定播出也可临时插播，可长可短，具备自由灵活的特点。③

① 晁惠、刘帅：《当代广播新闻节目策划与制作初探》，载《吉林广播电视大学学报》2009 年第 3 期。

② 申启武：《广播生态与节目创新研究》，暨南大学出版社 2008 年版，第 5 页。

③ 晁惠、刘帅：《当代广播新闻节目策划与制作初探》，载《吉林广播电视大学学报》2009 年第 3 期。

三、广播的优势

新闻节目策划强调以客观事实为基础。新闻类广播节目策划要严格遵循新闻事实客观实在性的原则，而且必须发挥广播的优势，"准确、迅速、鲜明、生动"地把客观事物传播给受众。广播参与性强、制作成本低廉、受众接收便捷，新闻类广播节目的策划要体现广播的优势。

1. 时效优势

新闻要"新"。因此，各类新闻媒体都会把最迅速实现新闻的传播作为整个新闻运作、参与传媒"市场"竞争的重要因素。迅速，是广播传播最突出的优势之一。通过电话直接报道、现场直播等技术手段，广播的传播完全可以与报道对象的变化发展同步进行。因此，无论从新闻求"新"的特质，或从广播传播"迅速"的特征来考虑，如何保证"第一时间"的传播速度，往往成为广播的新闻报道策划的一条重要途径。广播沿这条路径策划报道，会稳操胜券。

2. 声音优势

声音，是广播传播唯一的物质手段，一般来说是广播的劣势。但是，如果承认声音世界的真实性、生动性，也就应该承认这是广播的一个优势，是报道策划中应该重视的一个因素。声音传播与文字传播和图像传播相比，具有鲜明的特点，声音作用于听觉之后，善于传情，有较强的感染力。声音虽不如图像斑斓，却在人们的脑海中留下了丰富的想象空间。报道策划中所关注、要求的声音，不是指一切自然音响，也不是指报道对象所具有的一般音响。需要我们下工夫追寻的是最有代表性、最有典型意义，甚至可能具有历史价值的声音。只有这些声音，才能反映新闻事实的本质，才能赋予作品一种震撼力，也才能锤炼出与别的传媒对抗的具有巨大力量的作品。①

3. 互动优势

要做好重大事件的报道，充分认识媒介的传播特性是前提。在网络、电话和手机短信出现以前，听众只能靠写信与电台进行反馈、交流；现在有了方便快捷的网络、手机短信，听众只需轻轻一点，就能与广播节目中的主持人、嘉宾及时沟通。

第二节　广播新闻栏目编排

广播新闻从采访到播出，是一个系统工程。而编辑主要是负责后期工作，即新闻的编辑处理、节目的编排播出等环节。新闻性节目是各种报道形式、各种节目形态的组合，它不是单条新闻的简单堆砌，而是按一定的意图组织起来的有机整体。② 对于整体节目来说，任何单条新闻题材都只是素材，只有当它成为节目整体的有机组成部分时，其价值才能充分显示出来。而编辑则是这项工作的负责人，依据节目方针选择、编排素材。

---

① 林刚、施艳：《新闻类广播节目的策划》，载《青年记者》2011 年 3 月下。
② 冯秋荣、叶永龙：《广播电视新闻节目的编排》，载《记者摇篮》2007 年第 5 期。

新闻编辑，广义地说包括新闻节目的整体编辑和节目内部具体新闻的编辑工作。一个广播频率的节目播出安排，通常由这个频率的负责人统筹规划，人们常见的节目播出表是其表现形式。而从狭义上说就是某一套节目体现的编辑思想以及运用的编辑手法。

从某种意义上说，编辑的水平影响、决定着整个新闻节目的质量。那么，如何编排好广播电视新闻节目，将新闻事实最有效地传达给听众呢？

一、正确的编排思想是编排好广播电视新闻节目的前提

编排思想是报道思想的具体体现，是整个新闻节目的"灵魂"。正确的编排思想来自编辑对整体形势和全局情况的把握、对实际情况的了解，来自政策水平的高度和对新闻的认真分析。编辑要胸有全局，面对整个形势，站在时代高度处理具体新闻，编排新闻节目。新闻是舆论宣传，它所担负的使命要求新闻工作者要特别注意全局问题。对于新闻要素的处理，编排新闻的编辑则显得更为重要。要下功夫研究新闻节目的内在规律、基本特征和编排制作的艺术。编排的新闻节目要有重点、有目的性，要研究新闻的配置和优化组合，注意新闻之间的内在联系，充分挖掘其蕴含着的新闻价值，从而达到最佳宣传效果。①

二、掌握编排技巧，以成功的编排组合序列来提高广播新闻节目的整体水平

一名优秀的电台新闻编辑既要有一定的政治理论素养和业务水平，也要掌握一定的编排技巧，讲究编排艺术，以达到最佳的宣传效果。编排思想是灵魂，而编排技巧则是为编排思想服务的。广播新闻是顺序传播，不能像报纸那样可以选择地看，因此，广播新闻编排次序更为重要。广播节目编排是电台根据自己的定位以及目标受众群的收听习惯，把待播出的节目进行有序化梳理，提前编排组合成节目播出流程，它是对节目播出框架的综合规划，体现为节目播出时间表的安排。一套好的节目编排能够使有限的信息资源实现最佳配置，产生 1+1>2 的效应，也让人体会到编辑的良苦用心。②

广播新闻以其传递信息快、节目容量大吸引着受众。要做好新闻节目，编排是一门艺术。在广播电台播出的各种节目中，新闻节目每天播出次数最多，信息量最大，拥有最广泛的受众，也是媒体竞争的主战场。那么，怎么把来源广泛、内容繁杂、形式多样的一条条新闻，组织成井然有序的有机整体，这就必须依据一定的编排原则。

1. 突出节目重点

节目编排要围绕中心，以重点新闻给人留下深刻印象。广播新闻编排要坚持重要性和新闻价值原则，即根据新闻题材的重要程度，或它提供的信息本身的价值，安排每一则新闻在节目中的播出次序。凡是对社会和听众来说是重大的、新鲜的、有趣的、接近的、有普遍意义的信息，都要排在显著和突出的位置，而突出重点最重要的是选择好头条新闻。

头条新闻代表一次节目的质量，代表当天的宣传方向，它是否有吸引力直接影响到听

---

① 吕倩：《关于电视新闻编排的审美学说》，载《青年记者》2009 年 9 月中。

② 刘丽：《关于广播新闻节目有序化编排的理论探析》，载《理论观察》2010 年第 6 期。

众对节目的兴趣。头条是一组新闻节目的龙头，起着提纲挈领的作用。头条要具有新闻价值，要有分量，好的头条可以吸引听众的注意力，激发听众收听的欲望，也就是说，只有新闻价值大、信息量足的头条才能"抓"住听众，激起收听新闻节目的兴趣。

突出重点还体现在一次新闻节目中要有若干条重点新闻，围绕一个中心思想，选择不同角度的新闻，以造成一定声势，形成舆论。以往我们选择头条时，总把主要领导的活动、重要的会议消息作为首选。中央多次提出要尽量减少和改进会议报道，新闻报道要"贴近实际、贴近生活、贴近群众"，多报道与广大群众切身利益相关的新闻。这就给我们选择新闻头条提供了有益的指导和宽松的环境。扩大头条的报道面，提高头条新闻的质量，做到主题重要、事实新鲜，能够"抓住人"，引人入胜。那些紧紧围绕大局、积极弘扬主旋律的新人、新事、新经验、新成就、新风尚以及贴近生活、贴近群众、反映群众关心问题的"新闻"都应上头条。① 听众关心的事多讲，不关心的事少讲；听众感兴趣的事多讲，不感兴趣的事少讲；听众不熟悉的事多讲，熟悉的事少讲或不讲。

2. 要扩大信息量

在突出重点的同时，要尽量扩大新闻节目的信息含量。在有限的节目时间内，传播尽量多的新闻信息，这是听众的要求。为增加信息量，各台普遍做法是多采用内容充实的短新闻，以增加新闻条数，扩大报道题材，加快新闻节奏。提高每条新闻的信息量也是扩大节目信息量的重要方面。新闻节目作为新近发生或正在发生的重要新闻的总汇，它是客观存在的。在现实生活中每天都有大量新闻发生，它涉及社会生活的各个领域，形式千变万化，可以说是万花筒般的现实世界的缩影。② 在当下信息时代，信息资源数量之多、来源之广、传播速度之快，大大超过了人们的想象，广播新闻编排必须适应这种形势，千方百计地扩大节目的信息量，满足受众多方面的信息需求。近年来许多地方台的新闻节目与时俱进，扩大了报道范围，把新闻触角延伸到覆盖区域之外，不仅报道本地新闻，也大量播发全国乃至全世界的新闻，无论是综合性新闻节目、专题性新闻节目、整点新闻节目或特别新闻节目，都扩大了信息含量。

3. 合理配置节目

编排时要通过合理巧妙的搭配排列，实现整体优化，即从整体效益上超过单条新闻效果之和。许多新闻在内容上有着某种相关性，事物的相关性多种多样，如：同类、相近、相似；同向、异向；同质异向、同向异质；相伴相生、相辅相成等。反映事物发展变化的新闻可能存在某种相关性，按它们固有的关系组织在一起，有利于比较充分地反映某一领域的发展状况，往往可以收到诸如启发联想、触类旁通、加深印象等效果。编辑应善于通过恰当的组合使这种联系明确地体现出来，并通过新闻之间的联系和撞击产生新闻事实以外的意义。在编排组合时可根据情况采用各种方法，既可以把同类题材或内容相近，或有内在联系的新闻排列在一起，使之形成一组，在一期节目中形成重点；又可以把内容反差

① 陆伯丰：《对广播新闻节目编辑的想法》，http://www.nbradio.com/node2/news/tzzs/userobject/ai133950.html，2013-12-18。

② 方毅华：《广播电视新闻节目有序化编排的理性探析》，载《现代传播》2003年第5期。

较大的新闻编排在一起，以鲜明的对比给观众留下深刻印象；还可以把同类题材综合在一起，编成一组综合新闻。

新闻节目是一则则新闻的组合，它以节目整体面貌，而不是以零散的单条新闻面向受众，而受众也通过接收整期节目了解每条新闻的内容。新闻节目编排不仅要注意整期节目的内容质量，还要注意节目的可听性和信息量。要做到这些，节目编排还要讲究策划。在节目内容的组合上，编辑面对众多的信息资源，报道什么样的主题，选择什么样的内容，稿件怎样删改，采取何种报道形式，这些都需要编辑的策划。策划工作做得如何，直接关系着一期新闻节目的优劣，关系着广播节目的宣传效果。对于任意一家广播电台，新闻节目编排的系统优化与单个节目的成功有着同等重要的作用，单个节目收听率再高，如果节目整体编排不当，也无法实现优势竞争的合力。新闻节目的编排要有利于增强节目的整体性和重要信息的完整性，发挥信息之间相互联系、相互补充的效应，实现整体大于局部之和的理想传播效果。一套好的节目编排应当展现节目鲜明的主线、清晰的层次、顺畅的串联转折或者过渡，以及丰富有效的信息和背景介绍等，具体表现为内容提要凝练，富有文采，画龙点睛，能起到介绍节目、引导收听的作用，节目起承转合流畅自然。在以语言为媒介的基础上，灵活运用栏标、标题、广告、音乐、片花、结尾等形式，使节目之间衔接自然，张弛有序。

听众收听新闻时，往往不是集中或同时在新闻起点时段打开收音机。如果一味地用"倒金字塔"形式来布局新闻内容，就会出现听众越来越多而节目的新闻性却逐渐减弱的情况。从听众的收听习惯上讲，波浪式地进行新闻刺激能不断鼓励听众坚持听下去，产生尽可能多的兴奋点。新闻的错位组合和其他节目的组合，是激起和保持听众好奇心与收听热情的重要手段。目前广泛采用的"本台最新消息"或"本台记者刚刚发回的报道"就属于这种办法。要使新闻凸显其重要性，应该将它放在不同类的新闻中进行播报。如果所有新闻的编排都打破了新闻归属的类别，听众的注意力会一直保持在节目收听的整个过程中。因为听众不知道下面一条新闻的内容，这样的编排会激起听众的好奇心而使他们保持收听节目的热情。

4. 节奏要鲜明

广播新闻编排中一个值得重视的问题是，蕴含在相对时空中的"节奏"。节奏是音乐中最常见的表现手段，节奏的表现形式是声音的高低、强弱长短的变化。每期广播新闻节目，不可能每条新闻都能引起听众极大的关注和浓厚的兴趣，因此节目编排上必须讲究"节奏"，切忌单调、刻板平白、没有变化。

在我们平时接触到的广播新闻节目里，有一些节目的编排形式略显单一，通常是以新华社的报道加上报摘，再加上一两条本台记者的文字报道组成。这种编排方式的好处是规范整齐，节奏一致，但由于偏重于消息条数，没有对重大事件进行主动整合和延伸报道，节目缺少重点、高潮与思考，稿件之间关联度不高，如果稿件内容再缺乏思想性、可听性则容易显得热闹有余、回味不足。

美国传播学者特德·怀特在《广播电视新闻报道写作与制作》一书中将电视新闻节目比作一系列的山峰和峡谷，中间有高地也有低谷，一次精心的编排要像跌宕起伏的山谷，高低不平、错落有致，节目长短、简繁、舒缓、轻快、凝重、低沉等合理搭配，各不相同，使整套节目波澜起伏、张弛自如、变换自如，合乎受众的接受心理节奏。这样才能保持听众的收听兴趣，不至于产生听觉疲劳，以及心理疲劳。所以编辑在编排新闻节目时，应把节目设计得像一系列的山峰峡谷一样，使它高低不平。即每个组合从重要或最有趣味的新闻开始，然后由高峰转向低谷，处于低谷状态时要找到一个新的转变，再回到高峰，不断地吸引听众的注意力。

在节目的组合上，要注重文体的多样性，要有简讯、短消息、广播述评、录音报道、现场报道、广播特写、电话传稿、记者说新闻、评论、编后话、新闻故事等多种形式。从小的方面讲，需要现场报道的剪辑技巧；一条重要新闻需要配发评论的长短、风格等，都需要考虑到"节奏"。从大的方面讲，新闻与新闻的联结，每一时段节目的段落也受"节奏"的影响。同样是三条长消息，连在一起发，就会使人觉得疲倦，换一种排法，在三条长新闻中间插入两条短消息，就会显得张弛得当，要力求节目风格上有一个整体的基调，使其珠联璧合，浑然一体，如行云流水。

除此之外，还要巧妙组合广播符号，优化传播效果。广播新闻节目使用的声音符号主要有言语、音响和音乐。在广播新闻中出现的音响特指作为新闻要素的人物的声音，以及由人、动物或有关活动引起的声音或自然界的声音等，它在广播新闻中占据十分重要的位置。广播新闻节目的编排思想，最终要靠广播符号，也就是声音来体现。在广播新闻节目编排中，要充分发挥声音符号即言语、音响和音乐的作用，特别要注意用乐曲来点缀、包装美化。① 通过广播符号的巧妙安排，再现现场画面及典型细节，如中央台、上海台关于奥运会、世博会开幕式的报道，节目的音响效果非常好，现场有人物的讲话录音，有群众的欢呼声、掌声，极具画面感，让人听了仿佛置身现场。

上述广播新闻编辑的各项原则、方法、技巧的使用不是各行其是，而是交互为用、穿插使用、综合使用的，为的都是一个目的——提高节目的可听性，因此，必须根据节目定位、稿件情况等实际出发，灵活运用。正确的编排思想和编排技巧不是万能钥匙，它们只是编排广播电视新闻节目的基础，而真正要编排出优秀的新闻节目，则需要我们在工作中不断学习，不断实践。在媒体竞争日益加剧的今天，通过灵活运用各种编辑原则和技巧，经过精心的后期编辑，可以使新闻节目提升高度、增加深度、扩展广度，持续增强收听吸引力，从而提高新闻竞争力。

新闻要想吸引听众，必须注重编排。随着人们欣赏水平和审美情趣的不断提高，从内容和形式上都对广播新闻提出了新的更高的要求。因此，广播新闻节目编排要突破传统的思维方式，对新闻节目编排进行创新。在广播新闻节目编排方面体现听众意识，做到方便听众，吸引听众，千方百计为听众服务。②

广播新闻最大的优势在于信息传播快、传播范围大。因此广播新闻要打破长期以来新闻栏目线性编辑、固定设置、定时播报的模式，真正做到第一时间、动态播报。在移动通

① 郭新峰、冯悦：《广播新闻编排创新思考》，载《新闻前哨》2006 年第 8 期。
② 何沪生：《广播新闻节目编排的发展新趋势》，载《神州民俗》2008 年第 6 期。

信技术十分发达的今天，广播记者有条件在任何时间、任何地点对新闻事件进行现场同步报道，这种播报方式成本低、没有技术难度，从而可以发挥广播传播快的优势，使听众在最短的时间内获取最新信息。

现代社会新闻信息纷繁复杂，如何根据自身节目定位，扩大新闻取材范围和信息量，在言之有物的前提下，将新闻节目编排得流畅、有序，持续吸引听众注意力，是广播新闻编辑要时时考虑的重要课题。

广播新闻节目编排的思路和方法会因人而异，但是总体上应当遵循新闻规律。一套好的节目编排应当展现节目鲜明的主线、清晰的层次、顺畅的串联、转折或者过渡、丰富有效的信息以及背景介绍等，能够给人们留下深刻的印象，从而产生共鸣。

广播新闻节目是否具有可听性，是否具有吸引力，能否达到预定的宣传效果，在很大程度上取决于新闻节目的编排和加工。编排手法包括提炼、集纳、对比、搭配、串联等。这其中，尤其要拓宽编辑思路，扩展新闻内涵与外延，提升新闻的价值，增强新闻的社会影响力和舆论导向作用。而要做到这一点，在节目的编排上就要讲究创新。

三、广播新闻节目的编排与创新

广播新闻节目的编排与创新可以从以下四方面着手：

1. 从新闻材料里面挖掘最有价值的新闻

有人说："新闻讲究用事实说话，采编者的观点一般不直接表现在文字里。但这并不说明采编者没有表述自己观点的途径。记者的观点隐藏在对事件的选取中，而编辑的观点则体现在对稿件的选择和版面编排中。"[①] 记者与编辑的共同点在于都是新闻的发现者，不同之处在于，记者通过采访获取新闻，而编辑更多的是从新闻中找寻新闻，并在稿件选取、把关、节目编排和节目的整体统筹中体现其对新闻价值的判定。

（1）注意搜寻具有独特价值的新闻事件

记者在发稿前除了手里的采访素材和资料，基本上没有其他可以参照的东西。而编辑在选稿时除了看记者的报道外，还可以多看看其他媒体的相关报道，比较一下每篇报道的优劣。编辑的信息来源一定要广泛。多看、多比较、多动脑子并与记者多沟通，这有助于编辑开阔思路，提高对新闻价值的判断和把握能力。

（2）提高提炼导语的能力

编辑在节目的整体编排上最关键的是处理好头条新闻，具体到一篇稿件的编辑上，对导语的修改、提炼至关重要。

2. 多角度、全方位呈现新闻

如今，网络、手机、电视乃至报纸都在跟广播抢时效，媒体的优势，已经在很大程度上转化为媒体与科技、市场相结合的优势。同时，节目的信息量比过去更大，内容更复杂了，现在的编辑除了要报道新闻事件本身，还要关注事件产生的原因、背景、与其他事物的联系等。要注重背景资料和相关报道的搜集与整理，包括新闻链接、背景或人物介绍、

---

① 赵爽英：《编辑思想是报纸版面创新的关键因素》，载《报刊之友》2002 年第 5 期。

名词解释、政策解读、相关反映，等等，这样才能多角度、全方位展示事件或人物的主要特征，使节目内容厚重、信息丰富、表述清晰、层次分明。2007 年 6 月 13 日，北京电台新闻广播《新闻大视野》节目头条新闻采用的是"今年新学期全国中小学生将跳校园集体舞"的一组报道，第一条是新闻广播记者的口播，内容是从 2007 年 9 月 1 日起教育部将面向全国中小学生正式推出校园集体舞。第二条是一篇文字消息，题目是"调查显示：我国喜欢和比较喜欢校园集体舞的学生占到总数的 72.3%"，这是学生的反应。第三条是新华社的消息："教育部有关负责人表示，学生跳集体舞不会导致早恋"，这是教育部官员针对有人质疑高中学生跳华尔兹是否会导致早恋现象增多，就校园集体舞特点和学生早恋问题进行的解释和表态。一项简单的集体舞活动通过这三篇不同视角的报道，不仅涉及了艺术问题、教育问题，还涉及情感问题、社会问题，加强了报道的力度和深度，引人思考。需要注意的是：新闻背景不是干巴巴的资料汇编，而要讲究语言的生动和文字的形象；对新闻人物的介绍不求面面俱到，但要力求突出特点。①

3. 从不同新闻之间寻找关联点

广播新闻节目编排与报纸编排有所不同，报纸编排讲究的是"面"——版面，广播编排注重的是"线"——这是广播节目线性传播的特点所决定的。重要稿件多的时候，报纸可以安排双头条，还可以上"报眼"，同时安排三条重要新闻；报纸还可以通过不同大小的标题、加框、转版等方式来组织版面。广播节目则只能根据听觉规律，按一条线的顺序安排稿件。广播节目编排要有明确的主线，稿件之间也要有一定的区分和关联。因此，要运用好归类与串联的编辑手段。编辑要善于从每天发生的大量新闻中归纳提炼报道主题，找寻报道的切入点和不同消息之间的共同点，进而运用串联编排手段，突出新闻价值，扩展报道层面，增强传播力度。2007 年 6 月 12 日，德国和日本两个国家对二战劳工赔偿问题表现出了截然不同的态度，新闻广播第二天播出的《新闻大视野》节目在国际新闻部分先是报道了"德国完成对纳粹强制劳工赔偿工作，共支付赔偿金 43 亿多欧元"，接下来的消息串联词是这样的："与纳粹强制劳工相比，被侵华日军强行征召的中国劳工至今仍然处于获赔无望的境地。就在同一天，面对战争期间犯下的罪行和幸存劳工的诉讼请求，日本最高法院作出了与德国政府截然相反的决定，驳回原中国劳工刘宗根等 6 人要求日本政府对战时他们被绑架到日本大江山矿山当劳工给予总额约 1 亿 1 千万日元赔偿的上诉请求。"编辑将这两条消息集纳在一起，通过串联产生了强烈的对比效果，使人们对二战那段历史以及两个国家对待历史的态度一目了然。②

4. 在节目编排中凸显编辑个性

记者在采访报道时要尽量摆脱个人主观色彩，而作为把关人和新闻议程设置者的编辑则要在众多与"我"无关的新闻中寻找节目主线，将编辑理念贯穿于节目始终，使整个节目最终呈现"有我"的个性与魅力。

---

① 景兵：《浅议广播新闻节目编排的创新》，载《中国编辑》2008 年第 5 期。
② 景兵：《浅议广播新闻节目编排的创新》，载《中国编辑》2008 年第 5 期。

（1）头条原则

新闻界有句话叫杂志卖封面，报纸卖头版。对于广播新闻节目来说，最大的卖点无疑是头条新闻。选取头条新闻的原则就是看它的重要性、关注度、独特性以及时效性（包括突发性）。编辑要时刻提醒自己在处理稿件的时候脑子里一定要有"头条意识"，什么稿件是最重要的，什么稿件应当放在什么位置，在选稿的过程中要捋出节目编排的大致脉络。

（2）评论的撰写

编辑的创造性不仅体现在稿件处理、节目编排、策划以及采访等方面，还体现在评论的撰写方面。撰写评论对编辑工作有着重要作用。编辑长期在编辑部里处理稿件，编发节目，与外界联系相对较少，撰写新闻评论有助于保持编辑的新闻敏感性，使编辑养成平时注意观察问题、思考问题、分析问题的好习惯，通过撰写评论，还能够提高编辑的新闻写作水平。更为重要的是，编辑撰写的评论与记者采写的新闻同属于媒体"原创"，撰写评论是编辑独立判断、把握导向能力的真实反映，也是节目独特风格的生动体现。

（3）编辑意图的贯彻实施

要把一档新闻节目做得有声有色、富有个性，应当从两个方面入手：一是具有独家新闻，与其他媒体相比更加专业、及时的报道。当然，随着媒体竞争的不断加剧，以及科技的进步、信息传播速度的加快，新闻同质化的趋势越来越明显，做独家报道的难度也越来越大。另一点就是通过对报道的策划、组织、评论与统筹等展现独特的编辑思想。

新闻是一种公开发布的公共信息，但会因为媒体各自的特点和不同的编辑思想而使同样的事件呈现出不同的视点和导向。由此可见，我们不能只强调新闻的真实、客观、公正，更要重视其中蕴含的社会意义和本质特征，特别是应努力探究像观念碰撞、文化差异、天灾人祸、矛盾冲突、利益纠葛等复杂事件产生的深层次原因并加以分析和评判，从而增强对新闻价值、重大事件的准确把握和舆论引导能力。

当前，在新闻节目的编排创新上出现了与专题节目相互学习、相互融合的态势。新闻节目大量借鉴专题节目的创作手法，更加强调选题、策划、视角和观点。同时，专题节目也逐渐强化新闻性和时效性。很多新闻节目不再是由一条条豆腐块儿似的前后毫无关联的报道组成，不再是以往消息加简讯的固定模式，而是重视议程设置，重视对重大事件的背景资料搜集和深度分析，重视对社会热点话题和独到见解的选取与集纳，重视评论的撰写和选编，重视受众需求和传播效果。

编辑工作是创造性的脑力劳动。记者通过采访获取的是有价值的新闻，编辑意图的贯彻实施则能够使整个节目增值。一套好的节目编排，体现的是编辑深厚的知识积累、严谨的逻辑思维、对事物的深入剖析和独到见解。尽管我们对节目选稿和编排有各种各样的规范和要求，但是编辑要尽可能地在节目中把可施展的空间最大化。编辑应当记住这一点，好节目不是循规蹈矩、按照别人的要求做出来的。通过贯彻编辑意图实现节目价值的提升和形式上的突破的同时不违背相关规律和要求的节目才是好节目。①

———————————

① 景兵：《浅议广播新闻节目编排的创新》，载《中国编辑》2008 年第 5 期。

广播新闻以其传递信息快、节目容量大吸引着受众，要做好电台新闻节目，编排是一门艺术。新闻编辑对稿件的选取，稿件所发篇幅的长短，配发评论还是编后，简讯怎样穿插等，这对于发挥广播新闻的传播功能，提高广播新闻的收听率，办好广播新闻节目有着重要的作用。

第三节　广播新闻节目播报

新闻播出是新闻策划与制作全过程中最重要的环节，它把最终成果集中展示给受众，直接决定一档新闻栏目的成功与否。

一、新闻播音的特点与要素

广播新闻播出阶段的工作主要由播音员和技术人员共同完成，但其中播音员的业务能力显得更为重要，他对新闻的二度创作会直接影响新闻的传播效果。

1. 新闻播音的特点

新闻播音不仅是对事实的陈述，也是广播新闻主持人思想的体现，具有思想性是新闻播音的重要特点，寥寥数语即可展示主持人对新闻的驾驭能力与表达风格。[1] 新闻播音并不是简单的机械的事实再现，它是一种再度创作的活动。这就要求播音员要深刻理解稿件内容，准确把握稿件思想，要在经过自我的思维创作之后再将稿件内容传递给广大听众。

2. 新闻播音的要素

概括起来，当代新闻播音的主要要素是：①庄重而不失灵活。新闻节目与其他类型的节目不同，它给予播音员的创作空间并不大，播音员必须完全依照新闻事实，客观准确地传递信息，而不能夹杂个人情感。但是，播音员可以形成自己的风格，也可以在庄重之中寻求适当的变化。在直播过程中会出现各种意外状况，诸如新闻连线中断、稿件遗漏、"舌头打结"等，此时更需要播音员有镇静的态度和灵活的反应。②权威感。新闻事实的客观性决定新闻播音员必须要有权威感，要使听众觉得从广播新闻中传递出的信息是真实的、准确的、可以信任的。这种权威感并不是要播音员摆出一副"不懂装懂"的状态，而是要求播音员在播音之前对稿件内容充分理解，只有对新闻的背景、本质有了充分的了解和体会，才能自然地在新闻播报中强调重点，把握主旨，从而建立起一种自然的权威感。③思想性。无论是播报式广播新闻节目还是"说新闻"式的广播新闻节目，都需要播音员在播报新闻时将自己的思想融入新闻中，这不仅是播音员播报技巧的展现，也是播音员表达能力和节目驾驭能力的体现。

3. 录音播出和直播

广播新闻节目播出分为录音播出和直播两种，虽然直播化是当前广播新闻节目传播的主要方式，但是录音播出依然有它存在的必要和优势。录音新闻最大的优势就是可以充分运用音响效果来强化节目的真实性和现场感，增强节目的可听性和感染力。广播新闻节目

---

① 董旸：《广播节目策划与制作》，中国传媒大学出版社 2007 年版，第 91 页。

要想形成自己独特的风格，必须在音响方面下工夫。音响是为整个节目服务的，音响的运用必须与文字报道内容相统一，和谐的音效可以增强新闻报道的传播效果，混乱的音效只能成为节目的败笔。

新闻直播节目的优势在于"第一事件，第一现场"，能够带给受众最直接的切身感受。这种感受更多地体现在新闻现场报道上，而不是直播间内的新闻播音。新闻报道的时效性是所有媒体共同的追求。直播为新闻的快速传播提供了可能，为了在第一时间报道本地或外地的新闻事件，广播新闻记者深入到新闻现场与直播间进行连线，使听众通过主持人与记者的交流内容了解新闻事件进程。甚至可以将直播信号直接切给现场记者，使听众能够身临其境地听到新闻现场的声音和记者的口述报道，从而达到新闻的最佳传播效果。

4. 纯播报式新闻直播类节目

纯播报式新闻直播类节目是例如中央人民广播电台的《全国新闻联播》等节目，而不包括"说新闻"等新闻节目。纯播报类直播新闻节目的专业要求是：严谨、规范、准确、清晰、明快。它不允许随意加减一字一词，不允许调换语序、改动内容，不能加口头语、过渡话等"冗语"，一般不衬乐播出。播音员之间不进行语言交流。每条新闻之间衔接紧凑、干净、流畅。直播新闻节目的难度在于，必须严格按照现有稿件内容，一字一句准确生动地"照本宣科"，并且不能出错。其播音语速相对于主持人节目要快（每分钟250~280字），基本没有缓冲余地。其用声状态以实声为主，语调保持一个基本的高度，并要保持较高的气息压强，通俗地说，就是播新闻较"费气费声"，在规定的节目时间里一次性完成新闻信息有声传播的任务。然而，在中央和地方的直播新闻节目中，时常会出现播音员读错字词、打磕绊、绕口舌、跳词、重音不准、语气失当等现象，从而影响新闻稿件内容的准确表达。这些失误的产生，都与播音员在新闻直播过程中的工作状态、心理调节能力有着直接的关系。

二、广播新闻语言表现形式的特点

随着广播事业的快速发展，广播新闻节目也呈现出百花齐放的状态，一些广播新闻节目，以其清新、自然的语言风格，深受广大听众的欢迎。广播新闻节目之所以使听众有耳目一新的感觉，是和广播新闻独特的语言表现形式是分不开的，总体上讲有以下几个突出的特点：

1. 口语化

广播新闻节目的最大特点是"说"给听众听的，而不是"念"给听众听的，只有"口语化"才适合"说"，但是这里必须注意的是，不能把生活中的口语和广播中的口语混为一谈。

生活中的口语，一般可以边想边说，甚至可以不假思索脱口而出，其特点是句子短，结构简单，甚至有不完整、重复、脱节、补充、插说的地方，还有环境的衬托，以及手势、表情的辅助，说不明白或者说错了还可以重说，广播新闻节目主持人的口语来自生活又不同于生活，因为他面对的是不计其数的听众，而且要在有限的时间内尽可能地传播更多的信息。因此，节目主持人的语言必须是经过提炼加工后的口语，而不是任意说来。比如对农村广播的节目，就应该用农民朋友非常熟悉的口语，使他们产生仿佛同主持人唠家常一样的感觉。同样，板块综合节目就应该注意到口语的高雅。因为，这时的听众，不仅仅是听节目，而且也在欣赏。所以，广播新闻语言要让听众喜欢听，记者、编辑在采写、编辑新闻稿件时就必须反复加工、提炼口语，绝不是简单地把固定体裁的稿子中的个别书面语改为口头语，或者在某一个句子中加上"啊，呢，呀"之类的语气词，应是完全根据与听众交谈需要而形成一种具有特殊语言结构方式、特殊语感和特殊语言交流功能的口头语。所谓"口语"，是指主持人说话要朗朗上口，通俗流畅，说得清楚，使人听得明白。特别是广播类节目，以声音传播为主，主持人说的话首先要让听众听清楚，听明白。

主持人在节目中，使用的有声语言与新闻中广泛使用的播报式、播讲式的语言表达方式不一样，它主要采用交谈式的方式。这种方式吸收了播讲方式中吐字准确、规范、富于音乐性的长处，也吸收了口语中亲切自然的长处。这种方式的语言流畅，语句松紧变化比较多，但吐字力度不大，而颗粒比较清晰，适于第一人称有声语言的需要，语言生活化，从而增加了受众的平等感、亲切感。交谈式的方式要求符合生活中的谈话规律，这就是说有声语言和主持人的思维要与播讲对象，也就是受众的思维同步。

主持人的语言同样存在发声技巧、语言技巧以及各类文体播音样式的把握的问题。就拿声音来说，主持人没有悦耳动听的声音、标准的语音，节目的美学价值就会大受影响。好的声音不仅能准确地表达出主持人丰富多变的感情，而且会声声入耳、娓娓动听，吸引受众倾注到节目中去。①

2. 大众化

人们的语言交流都是有对象的，任何思想内容的表达都是以双方对语言本身意义的共同理解为基础的。语言表达的效果如何，不仅要看语言形式能否恰到好处地表达自己的思想感情，还要看对方能否准确理解。广播新闻节目传播的一切内容都是要以一个普通人的身份和语气拉近与听众之间的距离。但是，并不是只要以主持人身份出现，听众就愿意接近你，主持人所选择的交谈内容和交谈方式是否适合听众的需求，会产生很强的制约作用，这是主持人语言大众化中的一个很重要的方面。假如在主持节目的时候，不注意了解听众心理，随便多说了几句，听众就会认为你在夸大其词、哗众取宠；谈少了，听众可能会认为你才智平庸、怯懦无用。在语气上太顺了就说你随声附和，太硬了又说你盛气凌人。所以，要想做到恰到好处，就必须注意语言的大众化。广播新闻节目的设置要顺应大众化的要求，使不同层次的听众都能接受节目。在主持带有明显政治目的的内容的节目时，不要生硬表述，而要客观地、公正地与听众朋友们探讨，即使是发表自己的看法，也应用那种设身处地、休戚相关的语言与听众交流，才能收到良好的效果。

在实际工作中，要想真正成为听众的交流朋友，广播新闻工作者就应注意研究每一期节目所面对的每一位听众，每一个层次的听众的特殊情况、特殊心理。俗话说：众口难

---

① 肖峰：《广播新闻业务教程》，武汉大学出版社 2010 年版，第 46 页。

调，但是如果时刻把听众放在首位，不断深入生活、了解生活，熟悉各行各业的人的语气和心理，就不必担心广播新闻节目不受欢迎。①

3. 个性化

俗话说："言为心声，文如其人"，作为广播新闻节目主持人要达到理想的主持效果，除了语言要口语化、大众化外，更重要的是保持语言的个性魅力，这样使人听其言才能感到亲切，给人留下深刻印象。

事实上任何人进行语言交流时，总是以一定的身份向别人表达自己的思想感情，比如：以师长的身份跟晚辈谈话，语言就要庄重些，并带点关心、爱抚的感情色彩；以晚辈的身份跟师长谈话，就得讲究语言的礼节和谦虚；上级和下级、下级和上级，以及同辈之间交谈都要讲究得体，要符合自己的身份。作为一个节目主持人，在主持节目时，要时刻把握自己的双重身份，既是党的新闻工作者，又是听众的朋友，肩负着宣传党的方针政策、传播信息的任务，所以在主持时，语言一定要温文尔雅、亲切自然。语言的个性化，很重要的一部分还表现在具有自己独特个性的语言上。所以，研究自己所主持节目的语言特殊性和自身的语言风格是每一位节目主持人追求的目标。

广播新闻节目语言的口语化、大众化、个性化是相互联系、相互作用的。口语化中包含着大众化、个性化，大众化中包含着口语化和个性化，个性化又必须符合口语化和大众化的要求。只有在口语化、大众化、个性化的基础上不断提高和升华，广播新闻节目的语言才能达到理想的境界。②

三、节目中各要素之间的协调

广播新闻的播报，除了应该注意提高节目语言的效果，也应该重视节目中各要素之间的协调。

1. 男女声的协调

现在大多数的广播新闻节目采用的是男女二人对播的模式。这就要求二人在声音、情绪和配合上达到相互协调的状态，比如速度的快慢、节奏的起伏、流畅程度、严谨抑或随意等，在这些方面搭档的两人要协调。一期新闻节目中两个播音员主持人的情绪基调都应符合新闻节目的特别要求，即拥有饱满的情绪状态，不要出现一个热情一个冷淡、一个庄重一个轻松、一个活跃一个呆板等反差较大的现象。

2. "播"与"说"的协调

"播"新闻趋向于严谨、庄重、规范，有播报、播读、播讲等类型。"说"新闻则趋向于轻松、随意、贴近，要求类似日常口语。事实上，从广播播音产生之初就有口语表达的表现，只是那时没有"主持"的称谓。"播音"中的"播讲"类型就是要求口语状态。而在现实口语中，人在郑重、严肃时，也会用庄重、规范的语言表达。所以不能用是否是口语来划分"播"与"说"。

近几年学术界已经把原先分称的"播音"、"主持"合称为"播音主持"，这是符合

---

① 安洋：《浅谈广播新闻节目的语言特色》，载《新闻传播》2011 年第 3 期。
② 安洋：《浅谈广播新闻节目的语言特色》，载《新闻传播》2011 年第 3 期。

播音主持工作的特性及历史发展真实状况的，也就是说播音主持是一体，而不是两类。在实际的新闻广播节目中更要注重"播说结合"，即根据稿件的不同内容、不同重要程度、不同感情基调、不同播出目的等来调节"播"、"说"的色彩，绝不应该强求所有稿件、整档节目都用相同的语感去表达。重要的新闻、时政性新闻或评论、领导人活动及提出指示的新闻、事故新闻等还是应当使"播"的色彩重一些，这样才会增强可信性及严肃性；而其他新闻，尤其是生产生活新闻、文艺体育新闻等，完全可以倾向于"说"的风格，而且轻松活跃的程度可根据稿件的不同而有所区别。这样一来，所谓的"播"与"说"就可以达到协调。

3. 播音主持基调与新闻内容的协调

播音主持基调指的是播音主持中情感的色彩和分量。每一篇稿件的内容决定播音主持的基调，但就节目整体而言，因为新闻性质的关系，新闻节目播音主持的表达要求朴实、明快、清晰、流畅。而其核心的基调要求是新鲜感强，也就是情绪状态要积极、饱满、兴奋。切忌在新闻播音主持中出现不符合新闻性质要求、不顾及新闻内容的基调及语感的状况。或是没有亲切感，缺乏对象感，让听众觉得有距离感；或是不严肃，拿腔拿调；或是精神萎靡，沉闷空洞，这都是播音主持在新闻节目中应该避免的。

4. 新闻与新闻的协调

这里说的是新闻之间的过渡问题。现在广播新闻节目中常用的衔接方式有，每条消息播出前播报"本台消息"或"本台记者或是他人报道"，插在某些特殊稿件如录音报道、新闻特写、评论等前后。有了这些衔接，就区分了每条稿件，稿件与稿件间就有了非常明确的过渡。还有在录音报道头尾报文体、标题等，在它前后的消息中增加结束和开头的语言标志，增大稿件间的声音空隙，男声或女声播音交替等方式，都不失为使新闻与新闻之间达到协调状态的好方法。

以上所谈的四个方面的协调，归根到底是要使整档节目成为完整的一体，从而达到广播新闻节目的播音主持与收听规律的协调，即"播"与"听"的协调，这是最终目的。

第四节　广播板块式新闻与滚动式新闻

一、板块式新闻

板块式新闻是指在某些特定时间段安排播放的新闻，如图 3-1 所示。①

板块式新闻的特点包括：一是新闻播报贯穿全天节目，但中间会穿插一些其他类型的节目；二是新闻节目安排的时间短且少，注重节目内容的多样化。

目前，板块式新闻仍然是中国大多数新闻频率采用的新闻编排模式，因为在大多数地区，听众更侧重于听多样化的节目，顺带收听新闻信息。

---

① 董昫：《广播节目策划与制作》，中国传媒大学出版社 2007 年版，第 28 页。

09:00—09:05　整点新闻

09:05—09:40　财富伴侣

09:40—10:00　老年健康

10:00—11:00　祥康健康快车

11:00—11:10　整点新闻

11:10—11:15　专家说气象

11:15—12:00　生活与健康

12:00—12:05　整点新闻

12:05—12:40　直播武汉

12:40—13:00　生活与健康

13:00—13:05　整点新闻

13:05—13:30　都市田野风

13:30—14:00　长篇联播

14:05—14:45　生活与健康

15:40—16:00　生活与健康

17:00—18:00　祥康健康快车

18:00—18:05　整点新闻

18:05—18:30　陈波的地球村

18:30—19:00　转中央台联播

19:00—19:15　全市新闻联播

19:15—19:55　生活与健康

19:55—20:00　专家说气象

20:00—20:05　整点新闻

20:05—20:30　非常体育

20:30—21:00　文林漫步

21:00—21:15　重播《全市新闻联播》

21:15—21:35　健康大讲堂

21:35—22:00　倾听你的故事

22:00—22:15　精彩一刻

图 3-1　武汉人民广播电台 2012 年 6 月周二节目表的一部分①

二、滚轮式新闻

2008 年 8 月 25 号，中央人民广播电台"中国之声"率先做了轮盘式的改革，即从早晨 6 点半到晚上 8 点半，全天新闻像轮盘一样转动起来，每半个小时一个轮盘新闻，中间早中晚原来的重点节目还存在，像六点半的《新闻和报纸摘要》，晚上的《新闻联播》镶在其中，实现新闻全天滚动（见图 3-2）。改革后收到两个明显的效果：一是内容受到了

---

① 来源于武汉广电网。

中央领导和听众的肯定，它的形式也受到了听众的喜爱；另一方面，收听率和市场份额大幅度增长，与同期相比，市场份额增加了14%。① 受此启发，地方台的新闻完全可以化整为零，化严肃为活泼，加大新闻播出量。要加大时事新闻的播发量，给听众提供更多、更大量的信息，让广播作为一个新闻频率，体现出新闻传播的快速、快捷性，使听众任何时候打开收音机都能够听到最新的消息。

06:00—06:30	06:30—07:00	07:00—09:00	09:00—12:00	12:00—13:00	13:00—16:30	16:30—18:30
国防时空	新闻和报纸摘要	新闻纵横	央广新闻	全球华语广播网	央广新闻	央广新闻晚高峰
18:30—19:00	19:00—20:00	20:00—20:30	20:30—21:00	21:00—00:00	00:00—02:00	
全国新闻联播	央广新闻晚高峰	小喇叭	直播中国	央广夜新闻/政务直通	千里共良宵	
2:00—2:30	02:30—04:00	04:00—04:30	04:30—05:00	05:00—05:00		
记录中国	昨日新闻重现	养生大讲堂	中央农业广播学校	阳光购物街		

图3-2　中央人民广播电台中国之声2012年6月周一到周四的节目表的一部分②

滚轮式新闻具有如下特点：一是多为专业的新闻频率所采用，节目安排上以新闻节目居多；二是新闻信息量大且细分程度高，中间穿插的其他节目时间短。

目前，滚轮式新闻模式在中国适用于较为专业的新闻频率，在短时间内还难以被多数广播频率所采用，原因是这种新闻模式的新闻专业性高，适合于对新闻专业化程度追求高的受众，但在我国这种听众群还是少数。因此，为了适应从非专业化到专业化新闻频率的过渡，"版块+滚轮"的新闻模式便应运而生，即在保持新闻内容多样化的同时，尽可能在固定时间段增加新闻的播出量。

第五节　综合性板块节目

1986年12月15日，中国第一座经济广播电台——珠江经济广播电台正式开播。它率先在国内采用主持人直播形式的大板块节目结构——"珠江模式"，即主持人直播、听众通过热线电话直接参与节目、大板块内容组合、全天滚动式新闻的全新播出形式，对中国广播界产生了前所未有的影响，被称为中国广播史上的一面旗帜，具有一种象征意义。

一、大板块节目

大板块节目，是世界上许多国家，尤其是西方国家电台早已普遍采用的一种新的广播形式。大板块节目又称为杂志式节目或大时段综合性节目。它的特点是在一段较长的节目时间内，把新闻性、教育性、服务性、娱乐性的内容有机地融为一体，由节目主持人主持播出，使听众既获得信息、知识，受到启迪，又得到艺术欣赏和娱乐感。主持人是以个性

① http://www.cnr.cn/gundong/200909/t20090915_505472093.html,2013-12-16。

② http://www.cnr.cn/js/jmb.html,2013-12-1。

风格出现在听众面前的广播实体形象，由于这种节目形式的内容丰富多彩，各种话题转换，加上主持人富有感情色彩的话语以及活泼轻快的播出形式，因而更符合广播规律。大板块节目对于主持人、节目、电台形象提升都有直接效应，同时也有充足时间与受众实现有效互动，因而更适应现代社会和听众的要求。

板块节目是近几年在我国广播中出现的新的节目形式，人们又称它为综合性节目。在我国板块节目出现之前，广播在节目的编排、布局上采取传统的做法，没有综合性一类的节目，即打破节目类别界限，内容综合、形式兼容并综合使用各种手段的节目，而普遍采用开办指向性很强、对象性精确的专题节目的方法，也就是分门别类地办新闻、教育、文艺、服务等几大类节目。这些节目从内容到形式、对象都不同，节目之间界限清楚，互不相关，没有交叉渗透。这种编排方法虽然也反映了广播功能的各部分，一些名牌节目也确实吸引了属于它那个层次的听众，但是，在吸引了这一层次听众的同时，又排斥了另一些层次的听众。把广播的几部分功能精确、孤立地规定在几类不同的节目中不利于广播功能的总体发挥。这样的编排思路显然忽视了从整体出发的综合观的优势所在。

显然，板块节目所追求的正是从整体出发的综合观，具体地讲，也就是追求广播功能的整体发挥和广播的整体效益。为达此目的，大板块节目在内容上突出综合性要求，融新闻、教育、知识、服务和文艺于一体，每一时段内，在内容小综合的基础上，突出某一方面，使全套节目成为内容有特点的大综合节目。力求做到综合中有综合，犹如大系统中有小系统一样。在编排上则力求丰富性，在一个板块里将多种题材、多种话题、多篇稿件，还有录音片段、音响素材和乐曲等有机地串联起来，它的时空跨度和自由度都相对大得多。

这样的节目乍看显得有些乱，内容很杂，模模糊糊，让人不知在办什么节目。有人担心这样编排，听众无规律可循，给听众选择自己喜爱的节目内容带来不便，因而会失去较为稳定的听众群。实际上，板块节目在具有"亦此亦彼"的模糊性的同时，并不乏"非此即彼"的精确性。因为，板块节目在强调综合性时并不排斥突出某一方面。这"某一方面"就可以视为精确性。它的内容、听众、栏目、话题都可以相对稳定。这种精确性必定会方便听众选择收听"非此即彼"的精确性与"亦此亦彼"的模糊性结合的节目，开拓广播节目编排新思路。

二、大板块节目的特点

传媒竞争日趋激烈，广播这一传统媒体怎样应对报纸、电视以及网络、手机等新兴媒体的挑战？赢得媒体大战的胜利因素是品牌，然而在频率资源丰富、广播产品同质化现象严重的今天，如何脱颖而出凸显自己的品牌，并通过品牌的建设来培养听众的忠诚度，成为节目的无形资产？解决方式之一就是开设大板块节目，使主持人有充足时间全面展示节目的多色彩、多环节以及实时沟通与反馈，增强节目的影响力，形成节目的规模效应，最终实现频道整体品牌的感召力。例如中国国际调频 EASYFM 的"Easy Morning"，每天 9 点至 11 点播出，节目内容融音乐、即兴、创意、热情、无厘头、乐观精神等多种元素为一体。两个小时的听播互动中，可以尽情挥洒热情，主持人可以在充足的时间内展示自己的个性、节目的丰富性，听众也可以有充分的选择余地，选择所感兴趣的内容参与互动，变"我说你听"为"双向交流"，这激发了听众的收听兴趣和参与意识，清新、幽默、活泼的风格迎合了现代快节奏生活方式压抑下的大众对于轻松、大胆、简洁、脱口而出的交流方式的向往，使大众有了更多的关注和期待，期待更大的、不一样的、更多的惊喜。

大板块节目的特点包括：

1. 时间的超长性

时间的超长性体现在节目短则一小时，长则三四小时。

2. 内容的综合性

内容的综合性包括新闻、文艺、服务、娱乐各方面，既有消息、通讯、访问，又有音乐、热线电话等多种形式。

3. 风格的多样性

风格的多样性就是把一些风格迥异的节目穿插组合。

4. 结构的组合性

结构的组合性，就是以支栏目和支栏目以下的若干小栏目，组合成集团型板块。

这些特点只是一种表象，关键是要树立大板块意识，要抓住大的风格，广泛吸纳相关题材和方式进行构建，同时要放小小栏目的预先设定，加宽选题面，以便从中挑选最有影响力的内容加以组合。例如，兰州新闻综合广播的《直播兰州》，每天三个半小时分三个时段播出，包含四个栏目——《新闻及时听》、《听众接待室》、《今日早报》、《第一现场》，全面报道兰州当日发生的大事小事，栏目不是同时出现，而是交替出现，克服了机械化重复，保持了常变常新。这样一来，本土化的受众定位，使听众能够第一时间了解身边事的动态，大板块小栏目的节目设计，有效地维持了受众的常性收听，听众有事找《直播兰州》，没事听《直播兰州》，保证随时开机的可听性，大大增强了现场直通式报道的容量，紧紧抓住了百姓关心的选题进行筛选和突出报道，有效地培养了受众的栏目忠诚度，提升了栏目的品牌度。

大板块节目可以改变在一般时段重播节目的传统做法，如在一般时段内，为不在岗的听众而设计的节目以娱乐为主，兼有生活服务、新闻方面的内容；也可以发挥信息传播功能，专门为某一特殊职业设计板块节目，细化听众需求，提供信息服务，这样便提升了一般时段的含金量，增加了广播传播的整体社会效益。

直播大板块节目为主持人施展才华提供了广阔的天地，但同时对主持人的政治素质和业务素质提出了更高的要求。它要求主持人有很强的政治责任感，有严肃认真的工作态度和娴熟的播讲技巧，还要有一定的采编能力以及较广博的知识等。这就体现了较长时间段内，主持人对节目的驾驭能力，怎样把握得当，怎样提升听众兴趣和好奇心而不使节目质量下降，怎样衔接大板块里的小栏目，使内容丰富而又不缺乏主线，能到位地应对不同层面的听众。大板块节目考验着主持人各个层面的反应力。

三、专业化节目

大板块节目也实现了另一个层面的分众传播。从 20 世纪 50 年代至今，美国广播业为此已摸索出几十种专业化途径，一家电台就以一种专业化节目类型取胜，如本地电台的音乐类型就可分为老式摇滚音乐台、途中音乐台、专辑摇滚台、流行金曲台、美国黑人音乐台、爵士音乐台、西班牙音乐台、古典音乐台、乡村音乐台等。大板块节目,例如一档音乐节目,节目设置可以包含古典、爵士、流行、另类和原创等多种音乐元素,不同音乐喜好的听众可以在这档节目中实现音乐喜好的集合,主持人也可对其他音乐种类进行说明和推荐,在满足只对某一方面音乐类型有爱好的受众群的同时,引导听众认识其他音乐类型,实现同一档栏目中的分众传播。因为受众是可以改变的,是可以感化、培养与扩大的,利用大板块节目对听众进行细致、有效引导,体现广播的主体性。广播大板块节目的设计思路关系到节目质量,关系到广播听众的得与失。以大板块节目意识,逐步实现品牌打造、跨媒体、地区合作,频率专业化兼顾内容多元化,保持原有收听群的同时,吸引更多移动听众;从而与广播收听市场的动态性相适应,展现广播这一传统媒体的时代特征与灵活性,抓住大格局,放活小环节,使节目形式、节目内容活化,使广播媒体适应新的挑战。

按新思路设计、编排的板块节目,在客观上更适应受众在收听广播时的不确定性和随机性,也有人认为,这种节目话题分散,重点不易突出。板块节目的"散",犹如文学作品中散文的"散",形散而神不散。成功的板块节目编排应该有它的侧重点和主线,也可以说是中心议题,在有了内涵的确定性后,调动一切广播手段,多层次、多侧面、多角度地强化它、突出它,这样从形式上看似乎分散模糊,重点不突出,但它的主线脉络始终是清楚的,发散的各部分又是有内在的密切联系的。在广播节目的编排中,经过这样有意识地把事物进行区分之后,人们得到的信息量更大,综合性更强。

节目编排过程中,把语言部分和音乐歌曲有机地结合起来,使它们互相补充、相得益彰。用歌曲和音乐作为内容之间的转换和过渡,既发挥了广播的听觉优势,使听众对整个节目始终保持一种新鲜感,反过来歌曲和音乐能起到烘托内容、美化节目的作用,使节目显得有张有弛,节奏鲜明,充满轻松、愉快、幽默的气氛,做到"寓教育于娱乐之中"。

 案例分析

《909 早新闻》导播稿①

(获得第 20 届中国新闻奖广播新闻节目编排一等奖)

播出时间: 2009 年 11 月 18 日 7 时
节目时长: 33 分 25 秒
播出频率: 天津人民广播电台
责任编辑: 陈璟欣、崔永清
节目监制: 谢百勤

(7 点报时,《909 早新闻》标志乐)
男: 听众朋友,早上好!欢迎收听《909 早新闻》。今天是 11 月 18 号,星期三,农

---

① 来源于天津广播网。

历十月初二。

女：为您介绍今天的天气，白天晴间多云，西风三到四级，最高气温4℃；晚间晴间多云，北风二到三级，最低气温零下4℃。

男：首先请听《天津新闻》。

（《天津新闻》标志乐）

女：这次《天津新闻》的主要内容有，我国首笔标准化碳中和交易在天津排放权交易所成交；2010年夏季达沃斯论坛重返天津；滨海新区向世界各国派出招商大使；市政府办公厅和民心工程指挥部负责人做客直播间，总结群众建议征集情况。

下面请听详细内容。

男：近年来，"低碳经济"悄然兴起。为促进节能减排，加快转变经济发展方式，不少企业和组织都进行了大胆的创新和尝试，也取得了一些初步的成果。昨天，我国首笔标准化碳中和交易在天津排放权交易所成交。来听记者蟒芒、陈彤的报道。

昨天，上海济丰纸业包装股份有限公司在天津排放权交易所成功购买了厦门赫仕环境工程有限公司的6266吨碳减排指标，用于抵消自2008年1月1号到2009年6月30号产生的碳排放量，这是我国第一笔由交易所组织的碳中和交易。大津排放权交易所董事长戴宪生介绍了"碳中和交易"的含义。

[录音] 碳中和就是有一些企业通过技术进步、设备更新形成了减排，这种减排又经过专业机构的核证；另外有些企业生产的时候产生了一些温室气体排放，那么我去购买一些经过核证的减排量，实现减排的企业它获得了补偿，而我通过购买它的减排量，对冲我产生的排放，就实现了碳中和，或者叫实现了零排放。

作为第一家实现碳中和交易的中国企业，上海济丰的副总经理孙蓓认为，碳中和交易为企业节能减排提供了一个规范、公开、透明的排放权交易平台。

[录音] 过去国内一直没有这方面的市场和机制，所以我们也没有机会去做这样的尝试。我们最后成交的价格，以我们一个厂来讲，我们年利润的2%，这样的一个投入，来做这个碳中和，整个流程完全按照市场机制做。有机会做到完全的零排放，走这条路是蛮自然的。

天津排放权交易所是国内首家排放权交易综合试点单位，昨天的交易完成后，交易所迅速向国家发改委备案。交易所董事长戴宪生表示，如果这种交易方式能够成为一种模式在全国推广，将会产生深远的社会意义。

[录音] 这里面，它是通过一个交易的方式来实现的，如果这个模式能持续下去，就会有越来越多企业愿意去进行投入，实现减排，因为它有可能通过市场获得一种回报，来补偿它在减排过程中多投入的成本。市场在推动减排方面发挥了作用。

（《新闻快评》栏标乐）

女：请听本台短评《走向"低碳经济"的第一单》。

目前，我国提供的碳减排量已占到全球市场的1/3左右，居全球第2位。有关专家指出，通过市场化机制推动碳减排，使整个社会的减排成本得到优化，已成为大势所趋。

碳中和交易使企业可以通过购买碳减排指标抵消碳排放量，达到"零排放"。天津排放权交易所完成的碳中和交易"第一单"，探索了以市场化手段帮助企业减排的规范模式，对于确立减排领域的"中国标准"，促进中国碳减排市场的形成和发展，具有重要的示范意义。

尽管进一步完善交易机制还有许多工作要做，但是万里长征毕竟迈出了第一步。首笔碳中和交易的成功让我们看到，中国特色的碳排放权交易之路就在脚下，中国的"低碳经济"正向我们走来。

（《我为民心工程提建议》栏标乐）

女：昨天，市政府办公厅及市20项民心工程指挥部有关负责人走进新闻广播直播间，分析总结前一阶段群众建议征集情况，并就群众建议处理情况做了介绍。来听记者高凤双的报道。

市政府办公厅和天津电台联合推出了"我为民心工程提建议"群众建议征集活动，在建议征集的21天中，6600多条凝聚着市民智慧与意愿的建议汇集到了市20项民心工程指挥部办公室，工作人员对这些建议进行了认真的分析、归纳和整理。市20项民心工程指挥部办公室工作人员介绍说：

[录音] 从市民建议的内容看，第一大部分是对市民生活中急需解决问题的要求。比如说，旧楼区居民户内上下水旧管网的更新改造问题，提升公交运营服务能力问题，平房拆迁安置问题等；另外一部分，我们总结是群众对于公共资源的平衡和均等化的诉求，比如说提高社会保障的覆盖面和提高社会保障能力的问题；还有一部分是市民对城市中长期规划、经济社会发展、社区建设等方面提供的有价值的建议。

对于这些群众建议，市20项民心工程指挥部高度重视，并以此为依据认真地做了大量工作，市20项民心工程指挥部办公室关树锋处长说：

[录音] 上周，市民建议经我们整理归纳后，已转发各相关职能部门，要求接到市民建议和意见的单位，立即抓紧研究，进行论证，结合本部门2010年工作计划给予充分的吸纳和采用。对于一般部门职责内的问题，可以纳入日常工作中去解决。对能够立项的，我们要尽力把它纳入明年的20项民心工程之中。

（间隔乐）

男：天津人民广播电台新闻广播，这里是《909早新闻》，欢迎您继续收听。即时气象显示，目前室外温度零下3.1℃，西风一级，没有降水。

女：提醒大家关注天气变化，随时增减衣物。好，接下来进入《今日热点》专栏。

（《今日热点》标志乐）

男：来关注中美元首首次会晤以及随后发表的《中美联合声明》。

中美两国元首昨天在北京举行了"为世界所期待"的会晤，双方重申将致力于建设21世纪积极合作全面的中美关系，并表示将采取切实行动，稳步建立应对共同挑战的伙伴关系。两国元首就中美关系定位与发展方向达成的重要共识，载入了随后发表的《中美联合声明》。中美双方对这次中美元首会晤给予高度评价，指出胡锦涛主席与奥巴马总统的会谈是"坦诚的，建设性的，富有成果的"。

女：这次发表的联合声明是中美两国建交以来的第二份联合声明，距上次发表联合声明已有12年。

中国现代国际关系研究院研究员杨明杰认为，这份联合声明在中美两国 30 年建交史上具有重要意义，可以被视作继中美关系发展的三个指导性文件之后的中美第四个联合公告，是两国在世界格局处于大变革、大调整时期，面向世界、面向未来，开始真正建立战略互信关系的一个标志性文件。

[录音] 从某种意义上讲，这个声明也可以被视为中美关系的第四个联合公报，前三个联合公报基本是在冷战时期，主要是围绕主权和领土安全问题，和一些地区性问题而谈；而这次新的联合声明，超越了传统的双边关系领域，开始涉及全球性问题，不仅谈到现实中的问题，而且致力于今后在国际经济、政治，包括安全领域如何重塑的问题。

男：人们注意到，在《中美联合声明》中，关于中美培养和深化双边战略互信有这样一段表述："双方重申致力于建设 21 世纪积极合作全面的中美关系，并将采取切实行动稳步建立应对共同挑战的伙伴关系。"杨明杰认为，这样的表述表明中美两国关系在经过多年的磨合之后，对双方关系的战略定位达成了比较稳定的共识。

[录音] 这是一个非常新的说法。因为中美关系曾经在"冷战"结束后，一些学者，包括一些官员，在非正式场合定义为"非敌非友"的关系，但这次明确提出是一种伙伴关系。它有几个不同，第一个它不同于以往的盟国，也不同于"非敌非友"的状态，还有就是明确一个目标，就是应对共同挑战。中美实际上有一个理解，就是认为在全球化、信息化、多极化背景下，中美面临的共同安全挑战越来越多，也就是全球化带来的一系列包括政治、经济等非传统安全领域的挑战。

女：正如美国国际战略专家布热津斯基今年 1 月所言，中美关系已经成为全球政治和经济稳定的重要力量。在这份《中美联合声明》中，中美双方在加强经济合作和促进全球经济复苏方面也达成广泛共识，中美双方还就共同应对地区和全球性挑战方面做出了具体的阐述。

男：当然，任何国与国之间的关系都不可能十全十美。目前，中美双方在贸易、人民币汇率、美元地位、减排、政治军事互信等议题上仍存在摩擦和异议。不过我们应该看到，任何事物都有两面性。问题和分歧的存在，反过来给进一步加深对话、扩大交流、提高合作层次创造了契机。北京大学国际关系学院教授王逸舟认为，中美两国关系的前景是光明的，而道路可能是曲折的。

[录音] 我观察到，就是在美国，对于未来一段时期，扩大对华出口，就有非常激烈的争论，实际上我们需要的东西，美国往往还不能出口。有可能声明讲得很好，但一旦落实的时候就显得非常艰巨，非常漫长。我们看到，政治领导人，他的政治意愿，给人一种往前推的趋势，我们一方面要积极地评价领导人会晤的基本精神和基本方向，但是要看到可能存在一些根深蒂固的障碍。我觉得未来，中美关系发展前景是光明的，但发展道路很可能是曲折的。

女：以上是《今日热点》的全部内容，下面来听一组其他的国内外简明新闻。（略）

男：一组国内外简明新闻之后，接下来请听《媒体观点》。（略）

女：以上是《媒体观点》的全部内容，下面来听《体育新闻》。（略）

（推结束垫乐）

主持人：听众朋友，现在是北京时间 7：58，今天的《909 早新闻》就到这里，主持人张强、孙阳，代表责任编辑陈璟欣、崔永清、节目监制谢百勤感谢您的收听。8：00 报时之后，请收听《公仆走进直播间办公热线》节目。听众朋友，明早再见。

（结束垫乐止）

（篇幅所限 有所删改）

思考与练习

1. 简述广播新闻编辑的手法和技巧。
2. 在广播新闻性节目中运用间奏乐，需遵循哪些原则？
3. 在新闻性专题节目中，串联的基本方式有哪些？
4. 试结合我国广播电视新闻节目的现状，分析舆论监督的社会功能。

第四章　网络广播节目

　　网络广播是网络传播多媒体形态的重要体现，也是广播电视媒体网上发展的重要体现。对传统广播而言，网络广播是其功能的补充，两者是互补和合作关系。1995年4月，位于美国西雅图的"进步网络"（Progressive Networks）在其网页上放置了一个Real Audio System的试用版软件，提供"随选音效"（Audio on Demand）服务，这一举措标志着网络广播的诞生。随后，世界上主要的国际广播公司纷纷与网络联姻，英国BBC建立了在线新闻网站，美国之音VOA用23种语言在Web网络上进行音频广播，法国国际广播电台目前用5种语言在网上进行新闻广播。

　　1996年10月，广东人民广播电台在建立了第一家广播网站，1996年12月15日，珠江经济广播电台在网上进行了实时广播，标志着中国网络广播的诞生。随后，中央人民广播电台、中国国际广播电台、上海东方广播电台、佛山广播电台等也相继推出了网络广播。很长一段时间以来，广播在声像合一的电视冲击下，黯然失色；广播与网络联姻后，不仅为自身拓展了新的空间，也为它的受众带来了前所未有的影响。①

---

① 李其林：《网络广播》，载《西部广播电视》2005年第10期。

第一节　网络广播的多重定位

网络的出现给广播的发展创新提供了新的契机。十余年间，网络广播技术取得了长足进步，功能不断完善，市场不断发展，规模逐渐壮大，开放性、互动性、大众性的特点得以充分体现。除去传统广播电台上网，目前我国网络电台的数量大概有 200 多家。从不完全统计来看，目前网络电台的最高日均听众量仅为 11 万人次，日均收听时长为 80 分钟。

国内网络广播的发展可以分成三个阶段：1996 年以前是摸索阶段；1996—1998 年是探索提高阶段；1999 年以后则是快速发展阶段。

一、传统广播"触网"、商业网络广播与私人网络广播

根据开办主体的不同，目前我国网络广播主要有以下三个类型：

1. 商业网络广播

商业网络广播依托强大的商业网站背景，整合音频服务资源，逐步形成独立的音频服务品牌。比较成熟的网络电台拥有一批专业的网络主持人（Net Jockey，简称 NJ），内部机构健全，设置包括台长及节目部（NJ 组、导播组、策划组、音频编辑组、技术支持组）、人力资源部（顾问组、监督组、招聘审核、福利发放）、事业拓展部（网站技术组、宣传组、电台版主）、包括制作中心在内的运营管理部门等。商业网络电台在品牌定位、用户服务、市场营销等方面所做的许多探索，为时下中国网络广播的市场运营积累了一定经验。

网站自主制作自己的节目，并且只通过网络平台传播，代表性的网络电台有 QQ 之声、猫扑电台、网易虚拟社区电台、萤火虫网络电台、第一视频网站打造的首档地铁网络电台——地铁 0 号线等。近几年，基于商业网站的网络广播也产生了更新的形式，即豆瓣电台、人人电台等以音乐为主的供听众自主选择的网络电台，它们将音乐依据风格分类，并会依据听众收听习惯推测出听众喜好，从而形成面对点的自助电台。这些网络电台以其清新的风格和轻松的氛围吸引了以年轻人为主的受众群体，其中以学生听众居多。

2. 传统广播"触网"

此类网络广播最大的特点是既可以从收音机听到，也可以在互联网上听到，它与传统广播联系最为密切，是传统广播为拓宽收听渠道所做的普遍性尝试。传统广播节目上网有两种途径：一是传统电台创办的网站；二是商业网站所开设的网络电台将传统广播电台综合罗列，在自身的网站平台上形成广播联盟，供听众自由点播。

有数据显示，目前，我国大陆（内地）地方电台中，除西藏、甘肃外，全国 29 个省级广播电台、总台，以及 123 个地市级广播电台开办了网络广播业务，共有 325 套广播频率实现了网上直播。此类网络广播依托传统广播电台自身的网站建立，有较强的专业性。在内容上，一是将整套（或栏目、重要节目）的广播节目原封不动地在网上实时广播或点播。二是重新编排，整合优质音频节目（如音乐、评书、相声等），供网民点播。三是配合音频内容提供文字、图片信息（以新闻为主）。四是把广播与互联网融合起来形成新的内容，或在网站上介绍广播栏目和节目，提供背景资料，或由网民通过电子邮件、聊天

室发表意见、参与节目。此类网络广播中，以中央人民广播电台主办的中国广播网和中国国际广播电台主办的国际在线发展得最为成熟。

传统广电媒体拥有丰富的音频视频信息，为发展网络广播奠定了良好的基础。中国广播网先后经过 7 次大规模的改版，目前每天共提供中央台 9 套 200 小时无线广播节目的网上直播、270 多个栏目在线点播服务，同时开办 4 套数字广播节目、1 套网络电台节目，音频数据总量达到 6TB。国际在线目前每天使用 53 种语言发布信息，网上音频节目每天更新 245 小时。

此外，由中央人民广播电台和中国广播网联合开办的专业网络电台——银河台，则完全脱离了传统广播的节目传播形态，其以全新制作理念和极强的互动性打造新的广播传播平台，在网络广播中独树一帜。银河台设置有新闻广播站、中国民乐、相声小品、评书联播和古典音乐五大频道，品牌定位亲切、平民化，内容轻松、时尚，24 小时网上播出，网民可通过互联网和手机两种方式收听、点播，并参与银河台的节目互动，因此该台深受广大网民欢迎。

3. 个人和团体创办的私人网络电台

这一类网络广播是基于播客、博客技术而发布，不以营利为目的的个性化广播节目，代表的是一个人、几个人或某个兴趣社团等，数目难以统计。但是因为资金、设备、技术有限，节目质量和影响力较前两类网络广播都较弱。

从最初广播发烧友把自己制作的广播节目上传至互联网与网友分享，发展到今天具备一定制作水准、制作能力的所谓"独立广播制作人"。个人播客有的以个人网页的形式出现，有的则在各大论坛和视听网站以注册会员的身份出现。此类网络广播的节目形式以主持人脱口秀为主，节目设置偏重"娱乐"和"音乐"，也涉及情感、心理问题和社会问题等，风格较为张扬。虽然个人网络电台的权威性、持久性难以保证，却充分体现了网络时代的社会宽容与草根阶层的喜怒哀乐。如个人播客"反波"，反波的两位成员飞猪和平客，一个是媒体工作者，一个是自由电台主持人，其语言幽默轻松，话题广泛而不落俗套。因此在开播之初，反波便以广泛的网友好评和一个月 115000 人次的点击量，一举夺得德国之声博客大赛的"最佳播客金奖"。

现在由于政策限制（2008 年 1 月 31 日开始施行的《互联网视听节目服务管理规定》，规定从事视音频服务的网站必须获得信息网络传播视听节目许可证），导致一些播客网站关闭，这在一定程度上减少了个人或社会团体网络广播的数量。①

二、广播网络化与网络化广播

从网络广播的网络特性进行分析，可将网络广播分为两个层面：广播的网络化与网络化的广播。

1. 广播网络化

网络广播作为传统广播在网络上的延伸，可以谓之广播网络化。目前其主要形式有直播和点播。直播（Live）是电台实际播出节目的网上传输形式。它的时效性强，生动实

---

① 杨旭：《我国网络广播现状浅析》，载《新闻世界》2011 年第 5 期。

际，用户可以在第一时间获取信息。1997 年底上海电台在国内首次进行互联网直播广播，时间长达 4 小时。点播（On-demand Audio/Video）则将节目根据内容做成一个个片段，用户可以根据标题或分类选择所关心的片段收听。点播可以更合理地满足用户的要求，是目前广泛采用的网上广播形式。中国国际广播电台网站将江泽民访美等重要新闻都制成了精彩的网上回放专题。值得一提的是，无论是直播还是点播，大多只是将传统广播电台的节目搬到网上进行"转播"。就目前的发展状况看，互联网在广播传播中仍属非主导性的，它更多的是作为一种辅助性的工具出现。①

2. 网络化广播

网络化广播是借鉴传统广播方式实现互联网多媒体信息的独立制作和传播。它要求从网络发展的角度来看广播，跳出传统广播模式，真正发挥互联网广播优势。这是至今还少有人问津却又十分重要的课题。

可以说，真正意义的网络化广播是以网络直播而非"转播"、全面互动而非"补充"作为最显著的标志。长期以来，网上视音频广播采制和播出一直是新闻网站的弱项。1998 年 12 月，广东电台连续三个晚上播出的《阿虹的故事》特别节目，在听众中反响极大。一个晚上有 10 多个热线电话，而电子邮件有近万封。但是这种网上直播和互动只是作为传统广播的一个补充形式，不能称为真正原创的网络直播。

回顾 20 世纪 80 年代，传统广播传播与受众界限分明。1986 年底，珠江经济广播电台开热线电话加主持的直播先河，变单向灌输为双向交流，在广播改革史上具有重要意义。然而，这种直播主持与热线听众的对话只能是点对点，听众的交流参与面还十分有限。广播与互联网融合后，主持人与网友从原来的双向交流拓展为多向交流，网上广播受众的反馈参与面大大扩大。美国报界巨头《华盛顿邮报》的网站采用实时广播"直播在线"（Live Online），提供各种网上直播的讨论节目，由重要新闻人物、娱乐明星、定期邀请的嘉宾与公众进行互动交流。与网上的"聊天（室）"不同，它提供的是"理智的、有主持的讨论。"这可以看作网络化广播的雏形。网络化广播具有以下较为鲜明的特征：

（1）网民的第一性

网络广播在新闻制作和节目传播对象上，首先要考虑网络受众的需求，实现网络化广播信息接受的舒适性、第一时间的传播性和文字音频的互动性。目前，已有网络电台利用网上资讯开播网络新闻联播意义上的"新闻听听看"。另外，结合网站频道，开设一些以网络时尚为话题广播节目，如在线游戏、网上视听、美容保健、美食购物、车行旅游等。

（2）在线节目直播

网络化广播的播出采用不受制于传统广播的"网上直播"形式。虽然网上直播比转播和录播对制作者及主持人要求更高，但这是为了便于网络电台主持人能充分与听众进行互动交流而必须采取的方式。因为一旦播出的节目全部采用转播传统广播或录制节目方式，网络电台的网民第一性和互动特点将会丧失。

（3）互动交流评论

① 卓立红、田勇：《跳出传播广播模式从广播网络化到网络化广播》，载《中国传媒科技》2004 年第 4 期。

在节目制作和栏目制定上，网络广播可以采用腾讯QQ、手机短信、论坛发帖、热线电话等多种方式相结合，与网民互动。网民可以通过以上任意一种方式与节目主持人交流，以增强节目的互动性与参与性。如节目播出时，可在论坛与网民实时进行交流，也可利用手机短信息即时沟通，在网络节目中提供短信评论、短信点歌、短信抢答、短信调查等。

（4）网络主持意识

网络加入广播节目，变双向交流为多向交流，是对广播优势的拓展。这不仅需要主持人熟悉电脑和网络知识，还需要主持人适应从主导地位向真正开放的网络谈话组织者的角色转变，这种角色转变对主持人的组织能力、应变能力以及对全局的控制能力都提出了更高的要求。

（5）实现网上点播

网络上可以实现广播节目尤其是音乐的在线收听和点播。与一般广播上网不同的是，网络电台以网民为第一受众，互联网节目资料更为丰富。网民可以在网络上更加自由地点播自己喜欢的歌曲、乐曲等。从某种意义上看，网络可以代替广播，实现广播所具备的一切功能。网络最基本的特点之一就是利用视听语言进行传播。

（6）融合传统广播

网络广播要取得更好的效果，就要集纳传统媒体新闻资源，积极开展与传统广播电台的合作。新闻媒体的网络革命应该是运用新的网络传播手段和技术，享用平面媒体和广播电视的资源。例如，可与广播电台合作，让传统广播的音乐和旅游精品等节目成为网络广播中的有机组成部分。

随着网上广播的不断发展，网络化广播的前景被十分看好。国内现在已有新闻网站尝试利用互联网传播的互动性和多媒体特点制作有别于传统广播的网上节目。网络电台开播的节目包括：新闻网播，网上说新闻，让网民第一时间既听又看；交流谈话，即时谈论社会热点和奇闻趣事、最关心的时尚话题等；天天点歌，网友通过发帖子、短信、QQ消息或热线电话形式点歌；K歌之王，歌曲翻唱，网友可以讲述制作歌曲的过程及演唱感受，另外网友还可以讲述与歌曲相关的情感故事，并用歌声来表达。其他网友可以通过短信及发帖子的方式给演唱者打分。中国宁波网去年底试播的"天一网络电台"引起了社会上的强烈反响，每小时访问量在5万人次以上。

同时，网络化广播的多功能拓展也有广阔前景。据统计，网民在原创网络电台上停留的时间大大超过传统广播的网上"转播"。对广告商而言，能让网民拥有更长的时间去接触特别为这个网站所设计的广告，更是可喜之事，这使得在网络广播节目中插播广告成为可能，此为其一。其二，开设收费增值服务。广播虽是即时性的产品，但互联网上丰富的资料库却可以储存许多节目资料，即使听众忘了收听或是错过了精彩节目的播出时间，也可以在网上重复收听。由于网络电台将网民锁定为第一受众，因此其网上资源是一般网上"转播"做不到的。其三，对于那些有关语言学习、在线教学或相声、阅读、旅游等内容的节目，还可以采取让听众"付费下载"的方式。网上广播还有其他更多的商机。①

---

① 卓立红、田勇：《从广播网络化到网络化广播——网络广播发展之再思考》，载《中国传媒科技》2004年第4期。

第二节 网络广播节目的策划

传统广播播出受时间限制，信息容量也是有限的。相对传统意义上的广播，网络广播实现了三个"传播回归"：大众化传播向个性化传播回归、单向传播向双向互动传播回归、权威化传播向平民化传播回归。借助互联网，广播不再是"转瞬即逝"、不可保留的媒体。网络广播可以利用网络庞大的存储空间和强大的传输能力，大大扩展广播的信息容量。

一、网络广播开展的业务

在网上办广播电视必须树立起办台观念。要按照网络的特点，探讨规律性的东西，要开设新闻信息、专栏、文娱、服务类节目，各类节目要有适当的时间长度，注意合理安排各类节目，要便于访问者选择。网络广播不是电台的附属或副业，而应是具有真正意义的广电机构之一。网络广播节目要兼具广播特色，成为图像、声音、文字、数据的综合，要根据网络特点来设置各类节目，做到以内容为主，内容、形式相得益彰，既要注重舆论导向类新闻信息节目，又要利用互联网的交互性特点开设娱乐、电子邮件、聊天室等服务节目。根据网络广播的特点可开展以下服务：

1. 新闻业务

提供各种新闻业务，如国外新闻、国内新闻、本地新闻及重大事件背景资料等，新闻还可细分为时政、文体、经济、深度报道、连续报道等。及时筛选和编辑各种新闻信息并随时发布，增强新闻的时效性，对重大事件可作连续追踪报道。

2. 生活服务

提供生活信息，包括衣食住行方面的信息和体现地区特点的地理、特产、景观、人文的信息，为用户的生活出谋划策，排忧解难。

3. 数据业务

把广播电台积累的资料、信息制成数据库供查询、检索。开展新闻节目的订阅服务，将受众所需的广播新闻节目等发送到用户邮箱里。

4. 广告业务

网上广告在网上可长期保存、覆盖面广、发布方便、不挤占其他信息的版面和时间，可提供商业分类广告，如汽车、房地产广告，其他类别广告如征婚、征友、招聘广告等，为网络广播增加收入。

5. 娱乐节目

网络广播除了可向用户提供一般的文艺节目，如歌曲、音乐、小品外，还可提供广播剧、文艺晚会、娱乐节目供用户点播。利用网络的交互性吸引用户直接参与文艺演出、文娱游戏等。

由于网站众多、竞争激烈，因此提高质量、增强魅力、吸引更多的网页访问者将是网络广播最重要的任务。节目应实现以声音为主，图像、文字相结合的原则，充分发挥特色。网络广播是一种崭新的多媒体形态，不断采用新技术是保证网页形象、质量的必要手段，网页的设计布局要让访问者一目了然、操作方便，要有美感，面目要常新，这样才能吸引住用户。①

二、网络广播的优势及未来发展

处于网络时代，媒介若仍以传统的、单一的方式生存必将失去广阔的发展空间。可以说，给广播插上互联网的翅膀，必将让广播这种传统媒体在新时代大放异彩，发挥更大的作用，展现更强的生命力。

1. 网络广播的优势

（1）广播利用网络，改变了传统广播节目只有声音而无文字和图像的缺憾。

广播网络化后，节目内容可以在网页上用文字表达，也可加上图片、图像，真正实现声音、图像、文字三合一的多媒体传播效果。听众不但可以在网上听节目，还可以看以文字和图像形式提供的节目材料及主持人介绍，通过超链接手段获取背景资料，与其他网友达成在网上的意见交流。视觉信息比听觉的保留率高，更容易给人留下深刻印象，使广播达到更好的传播效果。

（2）广播利用网络，改变了传统广播稍纵即逝的弱点。

传统的广播是以声音作为广播的载体，具有传播速度快的优势，但也有一闪而过、不留痕迹、不便保存的致命弱点。由于这个原因，广播又被称为弱媒体。而广播与网络融合后，由于数字化的应用，广播就不再是一阵风，而可以存储于网站，应需要随时调用重播，甚至还可以复制。这样也就提高了广播媒体所传播信息的使用价值，延长了这些信息的"生命"。

（3）广播利用网络，听众选择节目不再受限。

广播与报纸、电视等其他传统大众传播媒介一样，采取的都是一种信息由一点均匀地传向多点的单一方向信息传播，受众在时间和内容上均是被动的。而当广播媒体与网络结合后，受众可以按自己的喜好在任一时间选择任何电台任何时间播出的节目。除现场直播外，每个人都可以安排自己的节目表。爱听音乐节目的人不必再耐着性子等待，想听财经消息的人也只需一次选择，传统广播媒体针对异质大众的去个性化传播在网络传播中被个性化传播方式所代替。另外，这也可以突破世界上不同地区的时差限制，有利于实现信息的跨国传播。

（4）广播利用网络，无限制地扩展了广播的传播空间。

城市广播的传输手段受到地域的限制，特别是音质较好的调频广播的发射范围很小，短波虽然发射范围大，但信号不稳定，收听效果差。网络技术的应用则可突破这种地域的限制。从理论上说，任何一个地方台的广播节目都可以通过网络流向世界各个角落，受众也能在网上收听到外地广播，获得那些通过传统媒介难以获得的信息。

（5）广播利用网络，受众参与由双向交流拓展为多向交流。

在城市广播中，交流与参与受广播传播方式的局限，主持人与热线电话上的听众的对话交流一般只能是一对一，听众的交流参与面十分有限。广播与互联网融合后，由于互联

---

① 杨大伟：《网络广播电视的今天和明天》，载《中国传媒科技》2002 年第 7 期。

网的双向互联性，网上没有绝对的中心控制，主持人与网友从原来的双向交流拓展为多向交流。因而网上广播的受众反馈参与面大大扩大。比如，哈尔滨台《证券在线》节目每晚的收听率很高，但由于时间的限制，每晚也只能有几个热线电话，而与网络交融后，短信平台使这一现象得到了质的改变。

正是由于广播与网络之间强烈的互补性，使得广播电台上网成为大势所趋。仅就国内范围而言，就能很方便地找到哈尔滨经济台、中央人民广播电台、上海东方广播电台、深圳电台等几十家网站。从某种意义上说，网上广播为其自身的发展提供了新的契机。

（6）城市广播利用网络交互性强的特点，与听众进行交流。

当然，我们应该看到中国国际广播电台虽然利用了网络的交互性，但还远远不够。北京音乐台网站就有一个"说你说我"的栏目，供网友发表意见，近似于聊天室。这样一来，不仅电台与听众之间，而且听众内部也可以就某一事件展开交流，有助于形成虚拟社区的气氛，产生听众群。中央电视台则更加充分地利用网络优势，每隔一段时间，就针对同一主题推出一个网上调查，提出两至三个问题，收集观众的看法。哈尔滨经济台也看重了这一"电、网"结合的优势，在《证券在线》、《市民热线》等诸多栏目中利用网络进行信息反馈，收到良好的效果。

广播以电波为载体，传播速度之快远远超过报纸。广播传播快，可以随时播出，滚动播出，现场直播几乎与事实同步。广播的这种快速传播在瞬息万变的城市、金融、期货、信息行情方面有着极大的优势。从时效性来看，电视与广播相差不多，但电视制作复杂，不如广播简便快捷。广播由于只需声音，不需图像和文字，天涯海角只要有一条电话线就可以进行现场报道，并且可以实现远程跨时空的多互联播，这一点更是报纸、电视难以企及的。加上广播与网络的交融，更加拓展了广播的生存空间。总之，不难看出在网络、信息时代的今天，传统的媒介要想生存，单单依靠自身的传统传播介质，生存发展是比较困难的，只有与时代相融合，用超前的眼光来看媒介的发展，借助网络这一先进的传播介质，与之相交融，取之长，补己短，来扩大城市广播自身的生存空间。①

2. 网络广播的发展前景

广播与网络联姻，是一个"双赢"的做法，网络广播是网络和广播的完美结合，是广播电台在 21 世纪的发展方向。随着网上广播的不断发展，网络化广播的前景十分美好。

首先，网络广播可以利用互联网传播的互动性和多媒体特点，制作有别于传统广播的网上节目。

其次，网络广播是一座庞大的音频资料库，可以以音频资料图书馆的方式，让用户方便地查询所需的声音资料，还可以开设收费增值服务。比如听众要查询与"刘德华"有关的音频资料，可以通过查询，找到有关的音频文件，点击该文件，便可听到所需的声音资料，再也不必为了听一首歌，而不得不从头到尾地收听节目。同时也可以开展广播新闻和广播节目的订阅。文字新闻的订阅已经是网络上常见的服务项目了，但有声节目的订阅尚不多见。广播网站可以实现有声节目的订阅，把听众所需的节目直接发送到他们的邮箱里，这样既方便了群众，又可以扩大本电台的知名度。从技术上来说，这些订阅是完全可

---

① 陈宏志：《网络广播优势之我见》，载《新闻传播》2010 年第 2 期。

行的。

同时，其他类型的，比如在线学习、教学、相声小品以及文学作品等节目，还可以通过付费的方式进行下载收听。

网络广播的前景虽好，但目前广播与网络的融合情况还很不完善，相信在不久的将来，真正网络化的广播将被广大网民熟悉和喜爱，也会成为网络传媒重要的传播手段，甚至可以改变广播直播室的物理概念和传统广播的受众对象，孵化出一种新的广播传媒样式。①

三、媒介融合时代网络广播的多维困境

对广播和互联网这两种本质不同的媒介来说，二者在融合的过程中必然会经历一个探索与磨合的阶段。加上传者和受者对网络广播均需要一个熟悉和认知的过程。因此，在一个时期内，网络广播遭遇发展困境在所难免。

1. 媒介特性之困

传统广播最突出的特色就是强大的移动性和伴随性，它解放了人们的眼球和思想，只要随身携带收音机、手机、MP3、MP4 等小型接收设备，听众便可以随时随地收听广播节目。也正是凭借这一优势，广播在竞争激烈的媒介战场上仍能抢占一席之地。然而对网络广播来说，平等、多元的互联网平台消融了媒介间的固有界限，各网站间的产品形式趋于一致，受众失去了选择网络广播的必然理由。此外，电脑作为一项既欠缺移动性也不能突出伴随性的接收设备，显然不能为受众带来广播信息的享受；而 3G 手机等通信网络虽然技术日趋成熟，但其在手机用户中的推广成效尚属一般。中国互联网络信息中心（CNNIC）于 2009 年 2 月 18 日发布的《中国手机媒体研究报告》中，对北京、上海、广州、深圳四城市手机用户使用情况的调查显示：手机报业务普及率已经达 39.6%，手机电视使用率则为 15.7%，手机小说用户为 27.7%，手机音频用户的普及率仅 3.5%。② 由此看来，通过手机媒体达到移动化、伴随化与信息多元化相平衡的道路还很漫长。

不仅如此，媒介融合背景下的多形态产品在网络世界带来了媒介竞争的同质化困局。传统媒体尚能以传播形态的区分来界定信息产品的领域及优势，而在网络平台中，这些差异与界限逐步被抹平，不论是广播、报纸、电视，在互联网的推动形式，最后的信息呈现方式只有一种——多种形式相融合的全媒体形态，网络广播陷入与其他媒体同质发展的困局。其次，目前网络广播节目的内容大部分是对传统广播节目的机械复制。大部分网络广播的做法只是将传统电台的节目加入图片、文字等形式照搬到网络平台上，与网络用户特性结合不够紧密。各网络媒体间也存在着同质发展的困扰。国内广播网站除北京广播网等少数几家特色较为鲜明的广播网站外，大部分网络广播网站在版面构成、版面设置乃至编排风格上大同小异，使得网络广播在与受众的互动沟通中缺少针对性。

2. 固化之困

目前，我国网络广播的传播模式还停留于较浅层次的互动层面，传播形态较为僵硬，

---

① 车彦宁：《网络广播的现状与展望》，载《记者摇篮》2008 年第 1 期。

② 陈莉：《3G 时代：对广播发展的思考》，载《中国广播》2009 年第 4 期。

不能与网络平台产生真正的"融合"，主要表现为以下两个方面：一是产品固化。大多数网络广播还承袭着"广播节目上网"的理念，尤其是省市一级的网络广播，大多只是将传统广播里的节目复制到网络上，对网络多样性、海量性、平等性的特性与网络用户瞬时性、多媒体性、个性化以及高度互动性的要求视而不见，结果是既不能为受众带来信息量上的满足，也无法为其带来视觉、听觉上的享受。二是合作固化。在我国媒介格局中，区域与区域广播机构之间、同一地区报业与广播集团之间，甚至在同一广电集团内部，广播与电视媒介之间的可交流性都较小，要达到媒体之间真正的资源共享，形成大融合形势还有很长的一段路要走。

与其他类型的商业网站不同，网络广播沿袭了传统广播的运营规制，却又与传统广播不同；互联网的"共享"和"开放"的运作环境要求网络广播向更加开放、互动的角色进行演变，网络广播一时难以适应。而且，品牌营销时代下，陈旧的宣传意识使网络广播陷入另一困境。在现代社会，品牌并不是单纯地代表产品实物本身，融入大众情感需求之后的品牌所产生的联动效益是尚未形成品牌的个体无法达到的。就目前网络广播的品牌发展状况来看，大多数广播网站，尤其是一些地方型广播网站仍处于"游离"状态，虽然都设有自己的频道、分栏，并配有文字、图片、音频、视频等多种新闻格式，但内容聚合力不够，不能在受众心中形成整体的广播网站品牌印象，在品牌定位与策划、形象宣传与内容建设等多方面都需要加强。

3. 媒介竞争之困

媒介生态的"利基（Niche）理论"认为，媒体的竞争与合作类似于生态系统，由于一个环境之中的资源是有限的，当不同传媒组织或产业存在生态位的相似性时，就产生了媒体的竞争关系①。在有限的媒体市场中，网络广播越来越弱化的受众群与越来越急速的媒介融合发展步伐的对立与矛盾，是网络广播发展面临的又一大困境。

如果说传统媒体的受众是由广播、报纸、电视分割成的互有交叉的几大群体，那么在媒介融合背景下的受众群体则是处于错综复杂的交织网络中。据中国互联网信息中心（CNNIC）《第 25 次互联网发展报告》显示，截至 2009 年 12 月底，我国网民规模已达3.84 亿，在愈发庞大的网民队伍中，网络广播的受众力量却并不容乐观。前述手机用户音频普及率如此之低已可见一斑，而截至 2007 年 12 月 31 日的资料显示，中国广播网和北京广播网在国内所有网站的排名分别为 2229 和 771 位，② 也能从一个侧面说明网络广播经营之惨淡。此外，年轻一代的受众群体在多媒体竞争的媒介生态下，拥有较高的媒介自主选择权。而同质化的困境使受众不再具有"非此不可"的选择理由，其忠诚度与选择性随时都会出现极大的变动。

而在网络广播受众群体出现变化与波动的同时，媒介竞争的步伐却在不断加速，尤其是"三网融合"的进一步推进使得网络广播的发展再一次陷入危机。2010 年 1 月国务院决定加快推进电信网、广播电视网和互联网三网融合。相对独立的广播电视网与电信网、互联网不仅在产品形式上，而且在更高层次的业务合作、产业发展领域的交融指日可待。

---

① 喻国明：《传媒业变革节点的理论回应》，载《国际新闻界》2010 年第 1 期。
② 王君：《网络与广播互动的现状及未来发展趋势分析》，载《中国广播》2008 年第 9 期。

网络广播必须要面对的重要命题是：如何在融合的网络世界中寻求新的共生环境。①

四、网络广播节目个性化服务策略

1. 网络广播内容中存在的问题

（1）主流媒体网络电台总体水平不高。

除京、沪、粤等经济发达地区的媒体网络广播运营较为成功外，国内绝大多数广播媒体网站还处于网上占位阶段。不熟悉网络媒体的特性，忽略网上受众的需求，把新媒体当传统媒体办，简单复制母媒体的内容，导致网络媒体的潜能没有得到充分挖掘。在这方面，主流媒体网站与商业网站存在差距。

（2）商业网络电台和个人播客面临监管和法律风险。

首先是内容安全和格调问题。许多网络电台开办者非科班出身，没有接受过相关法律法规和职业道德规范的培训，社会责任意识淡薄，舆论把控和引导能力不强，内部监督、约束机制又不健全，因而信息安全方面存在较大风险。如一些网络节目主持人（NJ）对风格个性化片面理解，言语随意低俗，在边缘话题上把握失当；网站管理人员对话题、论坛等疏于监督，极易引发舆论热点。更有少数网络电台不惜以低俗音视频内容和图片信息吸引网民点击，对青少年的成长造成极大负面影响。

其次来自境外的文化和意识渗透也不容忽视。全球网络文化的输出、输入同样处于极不平衡的状态之中。网络广播传播无疆界，西方许多国家政府正逐年加大网络广播的投入，这将进一步加速西方文化和意识形态的全球化扩展，对发展中国家形成巨大的挑战和威胁。

再次是节目资源和版权问题。虽然网络电台的进入门槛较低，但由于人才、经费匮乏，报道资源有限，很难真正形成品牌。个性化网站有利于培养忠实听众，但不易吸引更高的访问量，因而在融资方面步履维艰。另一方面，由于缺乏足够的投入，原创能力不足，使用他人的音乐及各类节目大多未经授权，如此大范围的侵权盗版行为，时刻面临被追究的危险。②

2. 网络广播节目个性化服务策略

综观当下国内外较具人气的个性化网站，国外的如 MySpace、Facebook、YouTube、Flickr，国内的如开心网、豆瓣网、虾米网等，其最典型的特点就是"以用户为中心"，用户不仅是内容的消费者，同时也是内容的创造者。相对于传统的网站而言，这些网站提供的是一个互动的环境，以及辅助人们创造信息和文件的工具，而非现成的文档。

对照上述个性化网站的运营模式，我们不得不反思主流媒体网络电台在个性化服务方面的缺失，或者说它依然没有改变传统广播运营的思维模式：受众是广播内容被动的消费者，而且受众是千篇一律的。既然网络广播是以网络为载体的，就应该降低"门槛"，允许更多的网民参与到内容的创造中，同时为每一位网络广播用户提供可以相互交流和分享的互动环境。

---

① 申启武、曹鉴：《网络广播的困境与突围》，载《中国广播电视学刊》2010 年第 9 期。
② 黄为群、何波：《网络广播现状及发展趋势》，载《中国广播》2009 年第 4 期。

网络广播的个性化服务策略可以从以下三个方面进行规划和探索：

（1）真正以用户为中心。

从某种意义上说，由于受到传统广播思维惯性的影响，部分网络广播在内容服务方面仍然以"主体"自居，将自己选择的信息内容传递给受众。网络广播要提供个性化服务，就必须改变以网络直播节目主持人（NJ）和记者编辑为中心的传统做法，真正做到以用户为中心。

首先，基于网络的特性，让受众参与到网络广播节目制作的流程之中是非常重要的。比如，在节目策划阶段，可邀请网民参与策划，倾听他们的建议和意愿；在节目制作阶段，网民可以为节目提供自制的节目或素材，而网络广播也可以将优秀的播客节目纳入自己的节目中；在节目播出阶段，网民可以通过聊天室，甚至是类似 Twitter 的微型博客实时地参与到节目的播出中；在节目播出后，网络广播听众可以对节目提出感想、评论，在网络广播所创造的交流平台，比如论坛上分享网民之间的观点。

以用户为中心的另一个重要内容就是为不同的用户提供个性化内容定制，也就是 RSS 的理念。通过应用 RSS，用户只要将需要的内容订阅在一个 RSS 阅读器中，这些内容就会自动出现在用户的阅读器里，其好处就是用户不必花费大量的时间在网站里寻找他们所关注的资讯或者最新更新的歌曲曲单。

当然，创造优质的视听体验，以简单的操作和信息的无障碍化，使用户愉悦地获得信息等，也是用户至上的体现。

（2）运用"长尾理论"提升网络广播的关注效益。

"长尾理论"是由美国学者克里斯·安德森提出的。根据"长尾理论"，在网络时代，由于关注的成本大大降低，人们有可能以很低的成本关注正态分布曲线的"尾部"，关注"尾部"产生的总体效益甚至会超过"头部"。这就好比传统的 CD 唱片店，由于摆放的货架有限，我们在店里只能搜罗到明星们的 CD。而网络 CD 店的容量则是无限的，许多非明星类唱片也能在其中被展示与试听。

网络广播突破了 24 小时播音的限制，如同我们所说的网络 CD 店。因此，在关注的内容上，网络广播不应继续走传统媒体的老路，仅关注主流的事物，而是应多为非主流的民间音乐或者其他的内容提供媒介空间，更多地关注草根内容，至少是草根与主流并重。同时，网络广播推介草根内容的优势是非常明显的。很多普通的音乐化社区网站吸引了广大音乐爱好者到这里发布自己的作品，并且与别人共同分享音乐，只是苦于没有"意见领袖"的引导，许多好的音乐并没有引起应有的重视。而网络广播的一个先天优势在于它以"广播"的形式存在，"NJ"在很大程度上就可以扮演"意见领袖"的角色。另外，主流媒体也较易将另一类"意见领袖"——音乐评论人聚焦在一起，这可以凝聚更多的人气，并带来可观的市场深度拓展。

（3）构建更具互动性的交流平台。

Facebook、开心网之类的社交网站的风靡证明了人们都需要一个"圈子"，讨论共同关心的事情并作出贡献。一个 Web2.0 环境下的网站，应该是人们乐意去浏览并花时间的地方。网络广播可从以下方面着手，构建更具互动性的交流平台。

①增强节目交互性。打开 www.netfm.com.cn 的网页后，最醒目的莫过于一个收音机

模样的聊天室，在这里，所有的听众都可以以个性化的 ID 或者游客的身份进入，与在线主持人或者编辑进行互动聊天。据统计，在线聊天功能是 Netfm 网络广播受众使用最多的服务之一，可见他们对于这种直接参与节目的方式非常欢迎——电台的主持人不再躲在冰冷的话筒后面，而是变得亲切生动起来。又如中国广播网银河电台在其平台上开办了以"NJ"为切入点的引领青少年生活新风尚的电子杂志《NJ 新贵》，通过线上线下活动，有效地扩大了自己的听众群。青檬网络广播的一些互动举措也取得了良好的效果。如网友可以将自己演唱的歌曲上传，并加入祝福的话语，主持人可在节目中随时播放；另外，主持人可以在节目中，发起对某一个观点或是某首歌曲的实时投票，结果立刻就能显示出来。诸如此类的交互性在网络广播的发展中应该被发挥到极致，比如基于微型博客的 Twitter 和图片分享的 Flickr 服务理念的借鉴和导入。

②寻求与商业媒体的合作链接。构建互动的平台不仅要在网络广播内部实现，也必须通过外部链接形成一个更大的网络环境。换言之，网络广播必须寻求与相关商业媒体的合作链接，这既可形成媒体间的互动，也有利于网络广播的推介。较之商业网络广播，主流媒体的网络广播在成长时间及运营实践方面还存在一定的差距，特别是在市场推广方面，商业网络广播具有先发优势，在青少年中已拥有较高的知名度和稳定的受众群。而主流媒体网络广播起步较晚，推广力度较弱，政策限制也比较多，其影响力因此被局限在一定范围内。因此，主流媒体的网络广播要主动寻求与运作较好的商业媒体的合作，通过链接或者其他的合作方式，拓展网络推介空间，以达到事半功倍的效果。因商业网站也十分看重主流媒体的平台和资源，所以两者的合作难度并不大，关键是要找到有效的合作点及合作形式。比如，北京电台外语广播及其网络电台 Net FM 在 2009 年举办了"全球汉语故事大赛"，通过主动与优酷合作最大限度地扩大了活动和网络电台的影响力，而优酷网也因此获取了珍贵的视频资源，对其自身也是不小的收获。①

第三节　网络广播的技术搭建

网络广播技术主要是指将传统广播、电视与互联网技术相结合的新型广播技术，它以网络为传播介质进行广播。这里说的网络，不仅指 Internet，也包括各种局域网、城域网。广播的形式，不仅有声音，也有图形和文字，即进行音频和视频输出服务。网络广播将是未来发展的一大趋势，被应用于媒体分发、远程教育、视频会议、远程演示和商业广告等领域，更重要的是它对现有广播事业进行了有益补充。

一、网络广播的相关协议

协议就是通信双方的约定，对于不同的通信要求和通信业务，有着不同的协议。例如，如何确定传输开始和结束等。在 Internet 上有许多种协议，常用的应用层协议有：简单邮件传输协议（SMTP）、文件传输协议（FTP）、超文本传输协议（HTTP）等。网络广播所涉及的协议主要有：RTP、RTSP、HTTP 等，采用文件下载播放时可能会用到

---

① 吴梅红：《主流媒体网络广播个性化服务策略探析》，载《中国广播》2009 年第 8 期。

FTP，以下对几个协议的特点和差异做一个简单说明：

1. 实时传输协议（RTP）和实时流协议（RTSP）

作为传输协议，RTP 是针对实时应用而设计的，RTP 是恒定数据速率传输的一个紧凑的、单向的数据流，可以满足实时播放的要求，采用 RTP 协议传输时不需要下载全部的视频片段。RTSP 可以保持用户计算机与传输流业务服务器之间的固定连接，用于观看者与单播（Unicast）服务器通信。RTSP 允许双向通信，观看者可以同流媒体服务器通信，以便获得前进、后退等操作。

2. 超文本传输协议（HTTP）

HTTP 是 WWW 服务器与浏览器之间通信的通信协议，可以用于网页的传输及文件下载，一般来说，HTTP 只能下载，并不适合流媒体播放，但是考虑到许多企业的防火墙不允许 RTP/RTSP 通过，造成内部用户无法使用 RTP/RTSP 与流媒体服务器连接，而 HTTP 则是可以通过的，这是访问 Web 站点所必需的，因此，利用 HTTP 下载播放不失为一种替代的办法，HTTP 与 RTP/RTSP 的选择差异主要在于：除非要用到反复回放，否则 HTTP 协议流传输的数据量较大，效率较低，特别是对于较短的视频片段而言，其影响更加明显，并且它不支持交互，一般不宜采用，而 RTSP 流更适合全长度影片和实况直播。

3. 组播（Multicast）

组播（Multicast）又称多地址广播，是节约带宽的有效措施。Multicast 的实质是一个特定的地址，可以为多个主机所接收，采用 Multicast 后，不但网络流量有很大的降低，而且服务器的负载量也会减少，原来的数据重复分发工作转到路由器完成，实际上路由器并非直接向计算机发送数据包，而是向所连接的子网转发，每个子网只出现一个多地址的流，即组播流。接收组播时，用户计算机监听一个特殊的组播 IP 地址，而组播的源端并不需要知道哪些用户在接收这个组播，其过程为：用户从组播网址得到有关的组播信息之后，向本地的路由器发送一条信息，通知路由器用户要接收这个组的 Multicast 数据，用户机要设置相关的处理进程和参数，然后就可以接收属于这个组的组播数据了。[①]

二、网络广播硬件需求

网络广播一般可以使用通用型计算机作为发布端的服务器和接收端的用户终端，主要功能完全由软件实现，接收端比较简单，其硬件平台为 PC 或其他类型的计算机，安装相应的播放器之后，即可让用户实现网上视、音频播放，几乎所有的播放器都提供独立运行的版本和安装在浏览器中的播放插件，利用插件，可以直接在浏览器中播放流媒体内容，非常简便，不必在上网浏览时去运行另一个程序，服务器一端有两种方法：一种是采用 HTTP 协议的普通 Web 服务器，另一种是采用 RTP/RTSP 协议的特定流媒体服务器。

1. Web 服务器

使用普通 Web 服务器的优点是：简单、便利，没有特殊要求，只要将压缩好的视音频媒体文件放置在 Web 服务器上，装配好相应的网页即可，用户访问媒体文件的 URL

① 郭庆琳、樊孝忠：《网络广播的实现及其瓶颈问题的解决》，载《北京广播学院学报（自然科学版）》2003 年第 6 期。

时，将播放器激活并开始下载文件，然后以下载播放的方式运行，采用 Web 服务器除了价格低廉之外，不需任何特殊软件，也能较好地适应企业防火墙的安全保护，但是它不能用于实况直播。

2. 流媒体服务器

流媒体服务器的工作过程在开始阶段同 Web 服务器类似，只是将压缩文件安放在流媒体服务器的磁盘上，通过 Web 服务器上的网页，链接到相关的媒体文件，数据传输过程与 Web 服务器有较大差别，流媒体服务器需要严格按照压缩文件规定的速率向用户传输数据，在发送数据期间，为了使流媒体服务器能够随时响应用户的播放控制请求，服务器和客户机一直保持紧密的联系。

为了能够实时控制，需要使用 RTP/RTSP 协议，出于改进性能的考虑，通常使用用户数据报协议（UDP），UDP 是非连接的、不要求可靠传输的协议，不考虑数据报丢失或错误时重发，所以更紧凑快速，适合于实时性很强的视音频流媒体服务。流媒体服务器具有更高的传输内容，例如，当网络拥塞，无法按规定速率传输时，流媒体服务器可以保留音频数据传输，降低效率和网络带宽利用率，并且可以用于直播。另外，流媒体服务器可以根据网络带宽调整传输图像帧数，以保证服务不间断，而 Web 服务器无此能力，流媒体服务器也能支持播放控制。

三、网络广播软件系统

1. Real System 系统

Real System 系统是最早应用于网络的最广泛的视音频广播系统。该系统由 Real Networks 公司研究开发。Real System 分为三个部分：服务器端广播软件 Real Server、服务器端编码压缩软件 Real Encoder 和客户端接收播放软件 Real Player。Real System 采用自有的压缩技术，可以完成实时和非实时的视频压缩，而且数据包中包含来自各个时间段的若干数据片段，即使丢失一个数据包，Real Player 仍能从整个时间段进行恢复。从 Real System G2 系统开始，该系统采用一种自适应流（Sure-Stream）的新技术。Real Server 会自动侦测用户端的 Real Player 的连接速度，根据用户的拨号速率，让音频和视频自动适应带宽，动态地根据网络带宽自动调节播放格式，提供相匹配的最好的数据流，使视音频始终流畅播放。

2. Windows Media 系统

Windows Media 是微软公司开发的多媒体系统。该系统中的视频压缩采用 MPEG-4 标准，可以支持低码率直到高码率的视频编码。Windows Media 系统中的编码器支持直播和点播，并可以在高运动图像情况下获得高质量的输出。新的多媒体格式支持逐行扫描系统，可以使计算机显示器减少闪烁，改进视频回放的质量。Windows Media 包含许多新颖的工具，如：Windows Media Rights Manager 可以实施端到端的数字版权管理，Radio Tuner 可以快速与 1500 个以上的网络广播频道建立连接，Media Guide 依托 WindowsMedia.com 网站，将每日网上最新的影视、音乐等信息传送给用户。

3. Quick Time 系统

Quick Time 是由 Apple 公司开发的面向专业视频编辑、Web 网站创建和 CD-ROM 内容制作的多媒体软件体系，该系统由 Quick Time 电影（Movie）文件格式、Quick Time 媒体抽象层以及 Quick Time 内置媒体服务系统三部分组成。Quick Time 的主要特点有：具有目前音频和视频最高播放质量的播放器；支持各种格式的静态图像文件；内置 Web 浏览器插件技术；支持 IETF 流标准以及 RTP、RTSP 和 HTTP 等网络协议；支持多视频和动画格式。Quick Time 的播送服务器软件为 Quick Time Streaming Server，每一服务器可以同时支持 2000 个 Quick Time 流，也能作为反射器用于实现直播。当加入授权模块时，Quick Time 还可实现媒体文件的访问控制。

4. Emblaze 系统

Emblaze 是 Geo 公司开发的网上流媒体系统，其突出的特点是采用 Java Applet 作为媒体播放器，无需另外安装专用播放软件。采用 Java Applet 作为播放器有两个优点：一个优点是扩展了用户范围，不管用户采用何种系统，只要拥有一个支持 Java 的浏览器就可以播放流媒体内容；另一个优点是由于 Java Applet 被放置在服务器一端，用户端省去了安装和升级的麻烦，只需在服务器上更新 Java Applet 就可以让所有的访问者获得新功能。Emblaze 还采用了媒体动态压缩技术，可将原始的声音文件压缩至原来的 1/400，其算法可以保证信号质量。[1]

四、网络广播技术的实现

目前，在 Internet 上，WWW 服务已经确立其信息发布的主导地位，它是网络广播的基础。网络广播可以作为 audio 或 video 数据类型嵌套在 WWW 的页面上供用户收听、收看。网络广播技术的实现和其他大多数 Internet 应用一样，采用 C/S（Client/Server 客户机/服务器）结构。先在 Internet 站点上建立广播服务器，启动广播服务器的服务进程。建立 WWW 服务器，在 WWW 主页上，建立每个广播电视节目的链接，由广播服务器进程随时侦听用户从客户端发来的播发请求。一旦得到请求，发送用户请求的节目至用户客户端，由客户端将其演播出来。用户在自己的计算机上运行节目接收软件（客户端软件），访问感兴趣的广播台网站的 WWW 服务器。通过鼠标和按键操作，就可收听、收看、阅读自己感兴趣的广播节目。其中服务器端包括广播文件的制作工具、发布服务器系统和监控系统。制作工具可以将已经录制好的音频文件或视频文件编码压缩成适合网络传输的较小的广播文件，或者将实时音频或视频编码压缩成实时的广播数据流文件提供给广播服务器，由广播服务器完成侦听任务，并将应答传递给客户。此外，广播服务器还应该具备多用户并发响应功能，即同时响应多个用户的并发请求。系统监控系统负责监测当前服务器的运行和负载情况，并可调整和设置服务器的选项参数。客户端软件的功能是向服务器发出广播请求，并接收由服务器发送的广播电视内容，将其演播出来。

建立网络广播的一般步骤有：

（1）确立广播内容和音频源（分直播/视频信号和转变音频/视频文件）；

---

① 沈春风、王波：《广播电视与网络的结合点——视音频网络广播技术》，载《中国有线电视》2001 年第 20 期。

（2）若是直播则从音视源引出音频/视频信号至音频/视频捕捉卡；

（3）确定实现网上播放的带宽；

（4）准备网络广播服务系统软件；

（5）通过音频/视频压缩软件将实时音频/视频信号或音频/视频文件压缩成数据流文件；

（6）建立广播服务器，启动广播服务器的服务进程；

（7）在 Web 主页中建立"广播"的链接。

通过以上的步骤，就可以建立起一个广播站点。①

第四节　网站测试与发布

正如报纸在出版之前要有校对，电视台在正式播出之前要试播一样，网络媒体在正式发布之前，也要进行细致周密的测试。在一个网站建设的系统工程中，测试是保证整个网站质量的重要一环。广义上讲，测试是指网站生存周期内所有的检查、评审和确认活动；而我们一般所说的测试，则是指在网站正式发布前对其进行的一系列检验和评价。对网络广播系统来说，测试就是对服务器硬件、Web 服务器和流媒体服务器等网站整个系统平台进行整体检验，及时发现可能存在的各种问题，以保证用户能够正常浏览和使用。

对网站硬件功能平台和软件系统的全面测试，主要包括功能测试、性能测试、安全性测试、稳定性测试及链接和网页兼容性测试等。这里的功能测试主要是对被测服务器的硬件系统的可扩展性、可用性、可管理性进行综合评价。性能测试主要包括网站的连接速度测试、负载测试、压力测试、数据库性能测试等。目前网络安全问题日益重要，特别是对于有交互信息的网站及访问量大、影响广泛的媒体的网站来说，网站的安全测试更应引起重视。网站的稳定性测试，则是测试网站在运行中整个系统是否正常，目前主要采用让受测试服务器长时间运转以进行测试的方式。对于网站用户而言，超级链接意味着能否流畅地使用整个网站提供的服务，因而对链接的测试也不容忽视。尽管目前 Windows 操作系统和 IE 浏览器占据了大部分的市场份额，但也不要忘了那些使用 Linux/Unix 类操作系统或 Netscape、Oprea、Firefox 等非 IE 浏览器的用户。因此测试的最后一步，就是检验网页在不同的操作系统、浏览器和显示器设置的浏览环境下的兼容情况。

网站测试是一个复杂的系统工程，它需要一定的专业知识和长期积累的经验和能力。因此在大多数情况下，需聘请专业技术人员或网络公司来完成测试工作。测试是对受众负责，更是对网络广播本身负责。问题发现得越早，解决的代价就越小。因此，绝不能忽视网络广播系统发布前的测试工作，只有等一切测试正常之后，才能正式进行发布工作。②

---

① 董朝阳：《如何实现网络广播技术》，载《才智》2010 年第 32 期。

② 董旸：《广播节目策划与制作》，中国传媒大学出版社 2010 年版，第 338～339 页。

 **案例分析**

今夜末班车——相见不如怀念第 2 集：人生若只如初见①

[音乐] 齐秦《夜夜夜夜》

（点评：该节目的抒情气氛从片花起贯穿整个节目的每一个细节。）

在节目的一开始，我们听到的这个好声音来自齐秦《夜夜夜夜》。城市的夜空下，有多少不眠的人，在这一刻用心地聆听现在耳畔的这串声音呢？夜行的人，内心丰富且敏感，他们喜欢安静，并愿意把自己封闭在各种声音制造的空间里；他们善于捕捉，捕捉声音背后的灵魂，也能通过一段旋律把自己的故事沉浸其中。有故事的人，对夜行的人来说，算不得贴切，因为，夜行的人已经超越把故事讲给你听的阶段，他们开始尝试着，让心灵去旅行，乘着歌声的翅膀，夜色越来越美丽。

（点评：开宗明义，这是一档以深夜仍未眠的网友为主要服务对象的节目。）

今天晚上的最后一个小时，欢迎来到青苹果音乐台。您收听到的是今天晚上的《今夜末班车》，我是莲安。与你们一起度过今晚的一个小时，感谢你们今夜的收听。今晚主题，相见不如怀念第 2 集：人生若只如初见。所有没有睡觉的你，都可以通过www.qpgsky.com 发送你那闪闪发光的文字给我。当然微博控的朋友也可以通过新浪微博搜索"莲安"，@ 到我。手机用户编辑短信 1906+内容到 10669500168。

（点评：与网友的互动联系方式充分体现了网络电台的特点。）

[音乐] Adele《Someone like you》

纳兰说，人生若只如初见。初次看到这个句子，便痴痴地恋上了，没有多余的理由，只为那份难以言说的感觉，深深的，却也淡淡的。

物是人非。多少次耿耿于怀这四个字，多少次看到彼时的文字和画纸，不禁想到儿时无话不说的玩伴此时却无话可说，那些曾经相交甚好的朋友如今形同陌路，那时自诩为知己的已杳无音讯……

似乎一夜之间，整个世界如被漂过了般，显得甚是苍白。

好友说我似有悲秋伤春之嫌，我无语。

的确，一个连自己都弄不懂的人又如何辩驳他人呢？

只是那时的自己却一直固执地守着已变的事实强说如旧；

只是那时的自己还相信"紫檀未灭，我亦未去"的诺言；

……

---

① 青苹果网络电台（QPGSKY. COM）是建立在青苹果天空下的网络电台，由一群热爱播音主持、拥有共同的兴趣爱好、志同道合的团队打造，属于非营利性的网络电台。它开播于 2009 年 8 月 1 日，目前在职的 NJ 以及导播、管理等工作人员将近 50 人，节目以个性化、互动性为目标，NJ 分布在全国各地，他们都是使用自己的电脑设备在进行节目直播。除直播阶段外、均为录音回放、音乐循环，24 小时精彩不断。《今夜末班车》是该网络电台下设的品牌栏目，直播时间为每晚 23：00—24：00。

只是似乎我明白得太迟了。

我们在那条单行线上走得太久了，突然回头，一切已然太远。终于明白，无论是你不在还是我不在，我们都是命运的输家，在这场盛世流年里，输得一塌糊涂。

很久以前，一个女孩恍惚间看到一个唯美的句子——"人生若只如初见"，于是便奉若经典，傻傻守着那时初见。

尽管日子无痕滑落，变了自己也换了他人，却还痴痴拽着……

直到某一天，她才知道，原来那一整句是这样的：人生若只如初见，何事秋风悲画扇？等闲变却故人心，却道故人心易变！

突然间，泪水模糊住视线，月光破碎地洒落一地！

[音乐] 梅婷《消失在遗忘之前》

人生若只如初见，何需感伤离别。

一直以来，总觉着自己是个孩子，傻傻地以为：只要自己真心相待别人，必定也会被别人真心相待；

一直以来，总以为只要自己够执著、够坚强，只要自己一直怀抱信念不放弃，必定会守得梦想的花朵绽开，必定会看见春暖花开的一天；

一直以来，我活在自己编织的童话世界里，傻傻地不愿相信真实的生活，不愿面对现实。

一直以来，我始终相信：人生若只如初见，何事秋风悲画扇？

是太单纯？

是太固执？

还是真的很傻很傻……

我总是这样以为：人生若只如初见，多美多美！人生若只如初见，这个世界上是不是就可以不再存在伤害，是不是就可以无惧离别，是不是我们每个人都可以坦诚相见，相视而笑？人生若只如初见，我们之间就不存在任何的故事情节，不需要任何违心的只言片语，只是过客，过客而已。那么，我们是不是就可以把彼此的心里话说给对方听，不留任何遗憾？

人生若只如初见，是不是我们都可以用一颗善良单纯的心彼此相待，满心温暖，眼神清澈。只因为，我们彼此都是陌生人，我不认识你，你也不认识我。

人生若只如初见，又何须感伤离别。我们轻轻一挥手，不存在任何悲伤，不存在不舍，不存在怀念。从此，海角天涯，各奔东西。

因为人生不只如初见，所以我开始羡慕仙剑三中的紫萱与长卿之间的缠绵爱情，开始欣赏茂茂为了朋友而奋不顾身的勇气，开始向往小说中叙述的纯美的友谊，开始憧憬电视剧里美好的情节，甚至迷恋童话里的那些种种与种种……

因为人生不只如初见，所以现实生活中的感情只能跌跌撞撞，甚至满心伤痕，却始终难以到达永远；所以现实中的我们，即使十分渴望一份梦想中的感情，也不敢轻易尝试；所以现实中的我们，总是无法抑制地渴望别人对自己的好可以多过自己的付出……

这便是我们，最最真实的我们。

人生若只如初见，那又该多好多好……

人生若不只如初见，我们不可避免地要在回忆的旋涡里苦苦挣扎，甚至难以自拔地会为一些事情痛苦纠缠。人生若不只如初见，我们将会徒增多少悲伤和辛酸，又该徒增多少无奈和悔恨……

或许，这便是人生吧。可惜的是，人生不会只如初见，人生也不会永远都像童话般那样美好，纵然是再美好的感情也会存在裂痕，哪怕是再亲密的两个人也会面临情感崩溃的一天……

只是可惜，我所向往的一切，又要落空了。

在屏幕这边，我依然在怀念，怀念你们的脸，怀念那些逝去的与残留的，怀念那些种种和种种，怀念当年的流殇舞曲。

只是最难过的，是当我站在青春的尽头，看见的那些模糊的影像，看见的那些破碎的梦想，看见的那些长满杂草的荒原，在岁月的潮流中最终消失不见……

我不知道，还有多少时光，可以供我这样悲伤着，想念着，揣摩着……

我默默地转身，安静地躲在某个时空里，去想念一段时光的掌纹，眼神迷茫，心底忧伤……

抬头望望天空，看到天边那些飘忽的云朵在来来回回地奔走着，毫无预防地，我又迷茫了……

（点评：主持人语言优美简洁，富于情韵，与节目的意境相辅相成，主持风格诚恳亲切，增强了与听众心灵交汇的可能性。）

[音乐] 曹方《风吹过下雨天》

（点评：节目中用大量的抒情歌曲作为间隔和背景音乐。这与电台的内容和定位非常吻合。）

您收听到的是今天晚上的《今夜末班车》，我是莲安。与你们一起度过今晚的一个小时，感谢你们今夜的收听。

今晚主题，相见不如怀念第 2 集：人生若只如初见。

所有没有睡觉的你，都可以通过 www.qpgsky.com 发送你那闪闪发光的文字给我。当然微博控的朋友也可以通过新浪微博搜索"莲安"，@ 到我。手机用户编辑短信 1906+内容到 10669500168。

（点评：节目中途重复栏目名、本期主题与互动方式，既照顾了后来的听众，也强化了已有听众对栏目的印象。）

纳兰性德说：人生若只如初见。我想这一定是很多人都曾经有过的想法。

从一片空白开始认知事物，从一片叶子开始认识森林，从一滴水珠开始惊叹海洋，从一个眼神开始沉醉爱情，从一片花瓣开始陶醉绚烂……的确，初见的时候，一切是那么新鲜而又有趣，用我们最朴素和原始的面貌认识一切，感知爱情，初见时的感觉和羞涩、初吻时的懵懂和无知，内心激荡着的是忐忑的朦胧和小兔般的遐想。

随着生活经历日渐增多，阅历丰富了，趣味却少了，我们需要不断寻找新的东西来引导自己找到前进的风向标，需要经常性地对自己进行调整，每个人都在不断地新建文档，在新建中不断地修改和删除，在心里放个回收站进行清空，不断地在这一过程中找到新的起点。爱情也是如此，本来你对那个平凡得不能再平凡的女子并无什么异样的想法，本来你对身边那个其貌不扬的男人也无什么心动的感觉，可是，随着时间和爱的渗透，或许他（她）已经慢慢浸润在你的生命里，他（她）会时常叮嘱你好好穿衣，他（她）会告诫你不要酗酒；每当具有负面影响的事物在你身边出现的时候，他（她）会告诉你只有放下包袱、轻装上阵才能心宽体胖；面临一个艰难的选择时，他（她）会说后退一步就海阔天空了。他（她）无微不至的爱护和体贴让你信心倍增。你的心中开始时刻充满着这样一个人，你会不由自主地去想他（她）、念他（她）。

著名作家毕淑敏在一篇文章中说，每一个女人都可以寻找成千上万个丈夫，每个男人同样可以寻找成千上万个老婆。仔细想想确实如此。倘若在同样的时间同样的地点，你们初见的时候，你换成了另外一个女人，或者他换成了另外一个男人；或者在不同的时间不同的地点，他遇到了另一个女人，你遇到了另一个男人……不论属于哪一种情形，人生的故事都要重新改写。归根到底，你们的相见不过是千万种排列组合中的一种。很显然这不是危言耸听。所以要知道，你跟他（她）的相遇是多么的巧缘，你要感激上苍的无限眷顾。她赐予你这样一个千载难逢的机会，让你和他（她）在合适的时间、合适的地点狭路相逢，让你们在日后无期限的交往中形影不离，彼此精心栽培的感情水乳交融难舍难分。

地球是圆的，每一个看似终点的地方其实都是起点，人生、爱情莫不如此，我们不仅仅要充电，更需要随时放电（此处不是眼睛乱放电的意思），只有放电才能有所突破，才能随时比较弥补不足，才能驱逐其中的障碍，不断更新能量，这也是进步的一种形式，是一个良性循环的交替。

或许你会抱怨你的爱人可恶，因为他总忘记情人节给你送鲜花，过生日时不会给你斟美酒，甚至连最简单的甜言蜜语也不肯奉献。那又有什么关系呢？爱有千万种表现方式，这时候你要坚信他是不屑这样做，他不是吝啬时间和金钱，而是执迷不悟地认为内容重于形式。你至少可以有一千个爱他的理由：贫困中相濡以沫的一块糕饼，患难中心心相印的一个眼神，在你困境中他给你的深情拥抱，他工作时间给你的一个温馨的信息……你的这些幸福都是唯一的，是千金难买的，千万不要简单地以为这些感觉无足挂齿。你的幸福只有自己知道，它并不与财富地位声望同步，它不需要别人来证明！

世上有预报台风的，有预报蝗虫的，有预报地震的，却没有人来预报爱情。其实爱情和世界万物一样，有它的征兆。你不要总希冀轰轰烈烈、惊天动地的爱，它多半只是悄悄地扑面而来，就像在某个平常的日子，你回首向窗外一看，他或许正在微笑着看你！

幸福常常是朦胧的，总是很有节制地向我们喷洒甘露，所以，我们把爱情握在手中的时候，多半它是温润的。

人生若只如初见，那么初见的盼望和理想化会在二见三见中不断地改变和充实，望着你雨中远去的背影，其实很想对你说：人生若只如初见，我愿意再见，三见！

［音乐］许美静《都是夜归人》

（点评：如果说前半段节目易引发听众伤感之情的话，这一段文字抒情但不滥情，哀伤但不绝望，总的基调是温暖的、向上的，激发了听众对生活的爱，以及对周围亲人、朋友的爱。）

《人生若只如初见》，作者：倾城之泪。

夜如寒水冷，睡意阑珊，手握暖茶，站在窗台前，静静地循环听着《不是你的错》。随着淡淡的伤感的旋律，心似缠指绕。心思好似披了一袭素衣慢慢地游走在梦与醒的边缘！彩笺寄思愁，浓墨化心神，轻叩记忆的门环，撩起思绪的轻纱，吹落覆盖的尘埃。今夜再次品味心绪的清莹，用手上的笔书写出尘封的痕迹，灵魂深处的思绪随笔飘移。

静谧的房间，回荡着叮当的歌声："音乐停止了，引擎熄火了，窒息的温柔，尖锐得赤裸，一刀一刀往我心上割，往伤口里戳，那么折磨，为了什么，别说你难过，别再安慰我，最烂的理由，是你配不上我，我没有你想象中脆弱，我会好好的……"

人生若只如初见，秋风何须画悲凉。一丝微风穿过窗台的轻纱，轻轻地抚过我的脸颊，沁凉。轻闻，仿佛一股微酸飘过来。是你，借着轻风的手来抚摸我细嫩的脸庞吗？

今夜你又侵入了我的思绪，犹记得你那温情脉脉。优雅的神情，深邃的眼眸，嘴角细微的弧线，温润的大手，暖暖的怀抱。恺，今夜我又想起了你。

夜未央，深夜让人的不由自主地融入这种思绪如幻的梦境之中，记忆翻飞，如随风轻舞的花蕊！朦胧中你好似就在我的眼前，忽隐忽现，我想用我的纤纤素手轻轻抚摸你的脸庞。此时，你在何方？是否已安然入睡？你的身旁是否已有一个如意的她？

此刻，心若万箭穿心般疼痛，我想你！深夜里轻轻淡淡，爱你的心却深深沉沉，对你情已浓浓厚厚。

身在远方的你，可知道有个人在无尽的夜晚为你执笔写一纸情思，诉一片深情。可知道有个人独自在深夜惦记着你可安好，可知道有个人在漫长的深夜痴心为你祈祷。情至深处无处可退，我的爱，一分不减，与日倍增。

深秋，寒风起，败叶落，声声离人肠。秋思，百花落，寒霜降，丝丝沁人心。秋雨，轻轻洒，颗颗滴，点点透心房。爱到绝路，覆水难收，情到深处，无处消愁。

人生若只如初见，秋殇何须断离肠。诉不尽离人泪，雾色朦胧遮天蔽。素手执笔诉情伤，忆昨日柔情今时恨，独倚窗栏忆旧日，泪水悠悠。

是谁，独影剪窗，如一缕幽魂。是谁，思情念浅，只待花好月圆。是谁，轻推栏窗，遥望远方。皓月如玉，微风吹动着秀发，缕缕青丝空中绕，散开的紫衫，悄抹一丝凉。

幻影如梦中的水乡，乘一叶小舟，一路追寻着千年未了的宿缘，轻烟飘渺，淡水微波。细水绕高山，青山脚下这一叶孤舟在涓涓细流中轻荡，水面倒映油纸伞。秋夜里堤岸寂静，只闻得隐隐约约飘来轻轻袅袅的水击声，嫣然一笑锦瑟和鸣，银笛做伴，一如我寻你影。

多少尘封往事，浮现眼前，让人沉醉痴。多少烟尘似梦，尽随流水流转。相遇的，离去的，相守的，相离的，如飞花落叶满地斑驳。昔日里的大街小巷，仿若古老的城墙，细雨倾斜缓缓飘落在青石路上，撑一把碎花伞，漫步在雨中，微愁轻露，一如首次相逢，蓦然回首，衣袂翻飞。

流水年华，如梦似幻。青涩的心事如凋零的花瓣，于心湖飞溅流走，好似夜空中那一抹银河，照映着你美丽笑颜，在诗中静守一片嫣然。滴落的花瓣中，似乱云飞过肩，尘世间与你共路。

一朝风雨，半世情怀。梨花落印，梦里梨花谁人泪？

人生若只如初见，风花雪月，云淡风轻，情似无数落花。舞一段霓裳羽衣，写一段岁月的芬芳。

人生若只如初见，生如夏花灿烂美丽…

（点评：网友精彩文章中的真情实感能很快感染听众，引发他们的共鸣。这种基于网络的情感互动效应能使网友和听友自发形成听友联盟，并对青苹果网络电台产生归属感。）

在夜色的掩映下，整个世界仿佛梦幻了起来，所以请抛开一切的虚拟的掩饰，在今晚与我一起共同享受想象的快乐，一切的东西似乎都在围绕你而转动，它们以你所喜欢的方式出现，让你在这个独特的虚幻世界中自由地遨游。代表导播、值班、监制 Y 头，感谢你们一小时的陪伴晚安，所有地球人！

[音乐] 莫文蔚《双城故事》

（点评：主持人优美的语言再一次加深了感动的情愫，但节目总的基调仍是乐观开朗、积极向上的，由此也可看出该节目努力营造轻松抒情的氛围。）

思考与练习

1. 什么是网络广播节目？目前我国网络广播有哪些类型？
2. 网络广播节目的优势是什么？发展前景怎样？
3. 在媒介融合时代，网络广播面临哪些困境？应如何开展策划？
4. 网络广播节目要运用哪些技术进行搭建？

第五章　广播信息服务节目

广播信息服务节目是指直接帮助听众解决思想、工作、生活中遇到的实际问题，具有实用性内容的广播节目。它直接为听众提供经济生活、文化生活等社会生活各个方面的信息服务，回答和反映听众提出的问题、看法和建议，对人们的思想、工作和生活进行直接而具体的指导。①

近年来，服务性节目在广播电台中颇受推崇，全国各地电台纷纷开办了服务类专题、服务类综合节目。高密度、多频道、高收听率的服务性节目给广播界带来了一片生机勃勃的景象。有些电台还把这类节目推向市场，拓展服务领域，丰富服务内容，营造服务氛围，使服务性节目在广播节目中呈异军突起之状，成为广播界的一大热题。更有专家指出：广播的服务功能已成为广播赖以生存和发展的前提条件，广播的生命力在于以信息性去适应时代，以服务性去争取市场。

第一节　服务性节目的种类与功能

"服务"是一种行为，信息服务则是通过某一途径将信息传达给所需之人的行为。广播专业化频率出现之前，综合性电台的服务

---

① 蔡凯如：《广播编辑与节目制作》，武汉大学出版社 2008 年版，第 252 页。

节目形式上以单向传播、我播你听为主。内容上多为健康常识、科技知识、商品信息、天气预报等知识或信息。而随着广播由"广"而"窄"的频率专业化进程，以及媒体中网络互动媒体的兴起，广播媒体的属性功能已经发生本质的转变，从先前的灌输和发布为主转变为现在的指导和服务为主。顺应市场经济的广播专业频率出现后，各电台依据收听对象特点，不仅增加了服务的比重，而且在传播手段上大量采用热线电话和短信平台的方式，加强传、受双方的互动，使信息沟通更及时，提供服务更到位。内容也扩展到衣食住行各方面，包括市场供求、生活疑难、心理咨询、医疗健康、一日三餐、交通出行等。这是目前广播服务类节目的常态样式。①

就内容而言，服务性节目包括纯服务内容的节目和含有服务内容的节目，本章中所说的服务性节目指的是前一种。

纯服务性节目可分为单项性服务节目和综合性服务节目两类。单项性服务节目内容单一，主要是提供一种知识或解决一个方面的具体问题，如生活小窍门、烹饪知识等。综合性服务节目则常在一个节目里安排多种服务项目，内容丰富，涉及生活领域的诸多方面，如天津电台的《为听众服务》等。

就形式而言，服务性节目又分为普及型和特定对象型两类。普及型服务节目内容广泛，适合各种职业和不同年龄、文化层次的听众；特定对象型服务节目主要是为某一层次的听众开办的，如专门为老年人或残疾人提供服务的节目。随着社会经济、文化的发展，这类节目的需求会越来越大。②

而根据服务项目及其承担的任务、发挥的功能，可将广播信息服务性节目划分为如下类型：

1. 公益服务类节目

电台为公众无偿提供的具有社会公益性服务内容的节目。如《天气预报》、《报时》、《广播体操》等。

2. 经济服务类节目

经济服务类节目又称信息服务类节目。主要是提供有关经济信息的服务，包括科技信息、经营管理信息、贸易信息、人才需求信息、咨询信息、资料数据和知识信息等，服务于国家经济机关、厂矿企业、科研单位以及所有从事市场经济活动的团体和个人。如《市场信息》、《股市行情》、《导购》、《外汇行情》等。

3. 生活服务类节目

这是电台服务性节目中占最大比重、与听众日常生活关系最密切、实用性最强的一类节目。如一些电台的《生活顾问》、《家庭主妇》、《生活服务台》等节目。其内容往往和知识性节目相接近，只是偏重于日常生活的直接性和实用性。有的还从方便本地和外地听众出发，在此类节目中穿插介绍本地一些文娱、交通、旅游设施的情况，受到听众欢迎。

4. 听众服务类节目

听众服务类节目是为方便听众收听广播和为听众排忧解难，沟通听众与电台的联系而

① 阎英：《从爱心救助行动看广播服务功能的深化》，载《中国广播电视学刊》2009年第6期。
② 刘爱清、王峰：《广播电视概论》，中国广播电视出版社2008年版，第158页。

设置的节目。如《节目预告》、《听众信箱》、《听众之声》等。

5. 广告

广告节目既是一个沟通产销、活跃经济、指导消费、促进生产的服务性节目，同时又是电台作为市场的传播媒介，参与市场经济流通领域的一种经营方式。它必须在对生产厂家和市场负责的同时，对听众负责，行使其服务于听众的基本功能。①

信息服务类节目内容丰富多彩，但听众在收听偏好上还是存在差异。对北京、上海、广州和深圳四大城市 2010 年第一季度的收听率调查数据表明，在这四个城市目前主要播出的生活服务类节目中，收听量排名前十的节目为：

1. 交通信息服务类节目

近几年来，随着城市居民汽车拥有量的不断增长，广播媒体获得了更大的发展空间和传播价值，也提供了更多更适合的节目来满足有车一族听众的需求。对于在城市路上开车的司机来说，他们都希望能在第一时间内了解最新的交通路况信息，从而有效避开拥堵路段，尽快到达目的地，所以交通信息服务类节目自然就受到他们的最大关注。现在的交通路况信息大多实现了与交通指挥部门的快速联动，有些电台甚至直接在交通指挥部门内设立了直播区，第一时间给听众传回最新的交通信息。

2. 汽车信息类节目

有车一族对自己的座驾都喜爱有加，但汽车毕竟是一部复杂的机器，在日常的使用过程中都会涉及保养、维修等多方面的问题。因此，相关节目就满足了听众这方面的需求，听众可以在节目中通过汽车维修专家讲解汽车保养方面的知识，分析常见的汽车故障成因等内容，更加深入地了解汽车方面的知识，保证爱车在日常使用过程中更好地为自己服务。

3. 天气预报类节目

出行在路上的人们除了需要尽快地了解路况信息外，天气方面的信息也是他们关注的重点。

4. 综合信息类节目

在路况与天气信息两大资讯信息之外，城市的听众还需要多方面的生活服务信息。合理整合多种服务信息以满足听众多样需求，是吸引听众关注的重要手段。

5. 旅游类节目

旅游类节目在广播生活服务类节目中属于收听表现相对较好的一个门类。旅游类节目既可以介绍热门的旅游目的地，推荐旅游路线，也可以邀请旅游达人讲述旅游心得，交流旅游中的小常识。

现在越来越多的城市已经出现以旅游为名的广播频率，如安徽旅游广播、海峡之声旅游广播等专业化的旅游频率，有效拓展了旅游类节目的发展空间。

6. 饮食类节目

民以食为天，饮食在人们的生活中占据着极其重要的地位。相较电视饮食类节目，广播饮食类节目更多地将重点放到节目内容的丰富与实用方面：有些节目会邀请专家、名厨

① 蔡凯如：《广播编辑与节目制作》，武汉大学出版社 2008 年版，第 252~253 页。

结合保健、养身等健康元素介绍菜肴制作方法；有些节目主要介绍本地知名或特色的餐馆，告诉听众去哪儿吃、吃什么以及消费水平如何等信息，节目播出时间则安排在傍晚下班时段，让那些正在为去哪儿吃饭发愁的听众能在听到节目信息后直接去大快朵颐；有些节目则邀请家庭主妇分享日常制作美食过程中的经验与小窍门等，充分调动听众参与节目互动。

7. 房产家居类节目

安居问题是普罗大众关注的焦点。广播媒体可以充分发挥互动性强的特点，通过邀请、连线权威部门、专家等，第一时间解读楼市政策，解析市场行情。此外，家庭装修对于很多家庭来说都是很苦恼的事情，广播媒体也可以此为切入点，邀请家装方面的专家现场为听众解答实际问题，让节目成为人们沟通家装问题的桥梁。

8. 购物类节目

广播购物节目与电视购物相比存在"只闻其声，不见其物"的特点，画面形象感的缺失会限制一部分商品类型的销售，但依然存在许多并不需要受众看到实物即可购买的产品，比如一些旅游产品、书籍等。对于那些确实需要商品形象展示的，还可以通过广播网站信息展示的方式让听众能在收听节目之后更多维度地详细了解商品。

9. 消费维权类节目

在生活服务类节目中，除了以上向听众提供信息为主的节目外，许多广播电台还开办了消费维权类的节目，倾听来自听众的声音，并帮助他们将生活中遇到的消费问题向有关部门进行反馈。

消费维权类节目作为沟通的桥梁，为听众反馈和解决了许多生活中遇到的棘手问题，对提升广播电台在听众心目中的影响力，树立广播电台的品牌形象起到了很大作用。

随着听众需求的不断提升与分化，他们对于饮食、旅游、时尚等多种类服务的需求也会不断变化。现在已经有许多广播电台对生活服务节目下功夫，不断丰富节目内容，改进节目形式，以期更好地满足听众在这方面日益增长的需求。[①]

第二节　服务性节目信息的采集和编辑

一、信息的采集

信息采集是广播信息服务类节目的基础。信息服务节目的信息采集主要有以下几种来源：

（1）听众热线电话、短信平台：如消费维权类节目。

（2）专业信息发布部门：如天气预报、部分交通信息。

（3）计算机网络、其他媒体：如资讯信息节目。

（4）特定的人工信息：如路况信息采集过程中的人工信息，医药保健节目中广告商

---

① 吴凡：《广播生活服务类节目收听状况分析——北上广深四城市实证分析》，载《收听研究》2010 年第 4 期。

在电台购买时段所要传播的医药类信息等。①

就目前主要的信息服务节目类型而言，交通路况信息主要由交通管理局、路边信息员、热心听众和人工固定岗哨等提供；天气预报的信息由专业气象台提供；资讯信息等综合性服务节目的信息主要来自于计算机网络、报纸等其他媒体；医药保健、房产家居和购物类、饮食类节目的信息大多来自于广告商；热线服务、消费维权等节目的信息主要来自于节目自身安排的固定信息和热线打进的即时信息。

广播信息服务类节目所容纳的节目内容是丰富多彩的，形式是多样化的，每天可供选择播报的各种信息也堪称海量，将其不加选择地传递给听众是不现实的，更是不负责任的。所以，广播信息服务类节目要在激烈的媒介竞争中脱颖而出，做好信息内容的编辑工作至关重要。

二、信息的编辑

1. 服务类节目信息编辑的方针

广播信息服务类节目以反映百姓生活、为百姓生活服务为主要特征。要办好信息服务类节目，应遵循如下编辑方针：

（1）要以服务大众、贴近生活为宗旨。

广播服务类节目是一种公众性节目，这一现实决定了它的听众对象或潜在对象所涉及的范围是比较宽泛的，听众对服务类节目报道内容的兴趣和要求也必然存在着差异。因此，要想使自己的节目能够适应多种不同听众的需求，就必须以服务大众为宗旨，将话筒对准生活、对准百姓，贴近人们嘴边话、手边活、身边事，走近街头巷尾、楼房庭院等现实生活，切实解决听众的困难。

（2）要寓教育于服务之中。

作为广播服务类节目，既要源于听众、情系听众，又必须高于听众、引导听众。不仅要通过服务内容的介绍，使广播成为群众了解国内外大事、党的方针政策、增长知识的顾问和良友，更要充分发挥广播媒体宣传党的主张、弘扬社会正气、通达社情民意、引导社会热点以及开展舆论监督的作用，培养人们的新思想、新作风、新的道德观念以及健康情操，鼓舞人们为建设中国特色社会主义作出贡献。

（3）要于服务中渗情，寓情于服务之中。

广播服务性节目更加贴近群众的日常生活，在思想感情上也更容易做受众的知心朋友。因此，无论参与者是男是女，是老是幼；无论是保健上的冷暖呵护，还是理财上的耐心劝慰；不论是饮食上的叮咛嘱托，还是购物上的娓娓而谈，均应流露出服务性节目的关切之意。让听众切身体会到，节目不是为了服务而服务，而是为了关怀而服务。

（4）要推陈出新，融入新的理念、增加新的元素。

社会的进步、经济的发展及百姓生活水平的逐步提高，迫使我们改变对广播服务类节目的固有印象。现在，仅仅将服务性节目局限于对信息的传递、对厨艺的介绍、对路况的报道、对天气的预报，已远远满足不了听众的需求。诸如了解市场动态，如何选择合理消

---

① 董旸：《广播节目策划与制作》，中国传媒大学出版社 2010 年版，第 111 页。

费、确定理财投资等内容，人们也都渴望能在广播中听到，希望能在广播服务类节目中得到一些具体指导和真心帮助。此外，随着高新技术在广播中的广泛运用，传统广播更加成熟地融入网络技术，广播编辑们也要学会借助网络媒体丰富新闻传播手段，打破地域界限，扩大新闻采撷视野，从而为广大听众提供全方位、宽领域的新闻信息。

2. 服务类节目信息的选择与编辑

在正确的编辑方针指导下，对于信息的选择和编辑，可从以下几个方面着手：

（1）判断信息真伪，识别有用的信息。

信息的采集是为了解决听众所需，因此，在广播的频率资源有限、播出时间有限的前提下，信息选择的第一步就是迅速判断信息真伪，并识别什么信息是有用的、是值得向听众推荐的。

要判断信息真伪，编辑首先要提高自身的辨别能力，多学习，扩充自身的知识面；其次，要多向他人，特别是相关领域专家学者请教，多问为什么，多分析信息与信息之间的相关程度等；最后，要认真分析信息的来源、信息的发出者等方面。一般而言，权威部门发出的信息有较高的可信程度，来源不明确的信息则要小心谨慎，它们很有可能是小道消息，可信度较差。

判断一条信息是否"有用"有三个标准：一是该条信息是否具有普遍性，是否被某个群体中的大多数人所关注、所需要。如汽车信息服务节目中，介绍一汽马自达6、本田雅阁8代、丰田凯美瑞和奥迪A4等中档汽车的保养维修知识，就比介绍劳斯莱斯、凯迪拉克等高档车的保养维修知识更受听众欢迎。二是该条信息有无积极意义，能否帮助听众，是否对他们的生活产生直接的、实际的效用。如一条及时准确的路况信息即可帮助移动人群决定行驶路段。三是信息内容是否完整可信、具有一定的逻辑性内容。如购物类节目如果没有完整告知商品名称、价格、联系电话等，就很难称得上是一条"有用"的信息。

（2）增强节目内容深度，深化服务功能。

如今，听众对广播服务类节目播出内容的要求，已不再仅仅满足于过去那种单一化的节目内容，而是要求广播服务节目能紧紧跟上时代节拍，向深度挖掘，向广度拓展。

第一，编辑要跳出传统广播信息服务节目将视点集中于家居生活范围的局限，尝试着从社会生活的多个层面去挖掘选题，使广播服务类节目有个较大的包容面。在播送每一条信息时，最好能附以理性判断和决策建议，让每条信息收到最有效的传播效果，在提高收听率的同时满足社会大众需求、解决实际困难与问题。如住房是听众非常关注的热点，广播服务类节目在做相关话题时，就不要仅仅告诉听众哪里有房子卖，价格多少，而要把房子的事说得离群众越近越好。如各个区域、地段房价多少，配套怎样，环境如何，什么时候是最佳购买时机？何时进住等，这种能帮百姓排忧解难的节目，才是好的、受欢迎的广播信息服务节目。

第二，要注意发现稿件之间的内在联系，并用相对集中的方法巧妙安排。一般而言，除了专项节目外，广播信息服务类节目都包含两个以上的内容，由两组以上的稿件组成，所以，编辑在每次节目中，都要围绕一个侧重面组稿、排稿。如《健康你我他》中，通常设有"应季话题"、"心理门诊"、"健康立交桥"、"名医坐堂"、"保健史话"等小栏目。同一类型、相互关联的稿件，放到相应的小栏目中，再按照时间或内容上的内在联系合理搭配在一起，这样的编排方式能将丰富但琐碎的信息梳理整合，形成一组完整集中、层次分明的节目，方便听众收听、掌握信息。

第三，在信息编排上，注重从简单信息服务上升到系列连续服务，从办"听得见的广播"到"看得见的广播"。即一方面要针对社会上普遍存在的，大多数人关心的问题，通过深入采访、调查研究，将掌握的信息编排成成套的系列节目，连续播送；另一方面，要创新思路，拓展节目空间，以举办活动等方式，将与听众的交往拓展到电波之外。如哈尔滨 984 文艺广播频率的《缘牵有情人》节目组在 2007 年举办了一系列活动：3 月，《缘牵有情人》节目与中央红单身贵族交友俱乐部联合举办听众联谊会；4 月，与省总工会单身俱乐部合作推出百人互动大联欢；6 月，节目组带听众走进大自然——"相约香炉山寻爱之旅"；9 月，在万达广场举办大型见面会，现场张贴单身朋友的个人信息，并有义诊、义卖多项服务；10 月，举办金秋老年节聚餐活动……丰富多彩的活动进一步提升了生活资讯类节目的服务性和影响力，从另一个侧面推动了节目收听率的上升。①

（3）打造品牌栏目，助推节目吸引力。

在 20 世纪 90 年代以前，因为媒介较少，广播颇受青睐，听众很多，但随着时代的发展，媒介种类越来越多，竞争也日益激烈，举凡报刊、广播、电视、网络，甚至是电话、手机等，都已成为听众接受信息的通道，在这一局势下，广播如何突围，如何获得新生，成为摆在广播人面前的一个紧迫的问题。而且，听众的媒介素养水平和需求也日趋提高，突出表现在：一是信息甄别能力迅速增强，尤其是对于一些热点、焦点话题，听众不再盲目接受，而是在自觉或不自觉的信息收集与比对工作的基础上再决定接受与否；二是除了追求可听的节目内容信息和特色服务外，受众会从文化品位、情感认同、个性身份等方面，寻求最吻合自身要求、最能彰显情感特性的媒体品牌。

为更好地适应传媒市场竞争和受众需求的变化，广播服务性节目需要明确节目定位、听众定位，固定节目播出时间和栏目名称，如此才能方便听众、服务听众，让栏目和听众的生产生活建立密切的联系，最终培养出一批批固定的、忠实的听众。以锦州广播电视台广播中心的《情系金土地》节目为例，该节目始终定位于"听农民说话、替农民说话、说农民的话"。节目中开设的《回音壁》、《致富金桥》、《农家小院》、《电话到农家》等小栏目也都是急农民之所急、说农民之所需、播农民之所盼，故而开办近 20 年来一直受到辽西农民欢迎，拥有了一大批忠实的听众。②

（4）运用声音优势，优化节目效果

对广播新闻来说，其传播符号是声音，声音具有极强的表情达意乃至塑造形象的能力，可以充分调动感知者的认知和联想能力。因此，广播信息服务类节目的主持人必须在语言表达能力基本功、音乐使用技巧、主持经验、广播文风等方面下工夫，优化节目效果。

---

① 刘颖、王维彤、魏慧菊：《贴近·实用·服务——办好 984 文艺广播生活资讯类节目之体验》，载《新闻传播》2008 年第 5 期。

② 刘旭：《对农广播服务功能的强化》，载《记者摇篮》2010 年第 6 期。

在语言表达能力基本功方面，因为广播传播风格的主要特点为"短、浅、软"，所以广播信息服务类节目主持人在与听众交流对话时，一定要牢记自己是听众的朋友，和听众处于平等状态，要以亲切、自然、朋友的口吻娓娓道来。而在播报信息时，则要做到态度积极诚恳，语言热情饱满，语速稳中略快，富于韵律感和节奏感，这样才能让听众产生听觉快感，不致生厌。

在音乐使用技巧上，要重视声音艺术以及多种音响，特别是现场音响的运用，使多种和谐的声音给听众以美的享受，从而有效地增强节目的真实性和感染力。

在主持经验上，最重要的是综合运用语言、音乐、片花、广告等多种方式，做好节目的串联。串联是指节目中信息与信息、栏目与栏目之间的连接。串联词的设计要结合广播服务信息节目直接性、实用性的特点，以亲切悦耳、活泼风趣的风格吸引读者；作为节目内容转换、过渡、烘托的音乐、相声等，则要注意和语言部分有机地结合起来，起到烘托内容、突出节目、缓解听众疲劳、激发听众收听兴趣的作用。

在广播文风上，要纠正生硬、死板的文风，形成鲜活、生动的文风。由于人民群众欣赏水平的提高和获取信息渠道的增多，对广播的文风也有了更高的要求。为照顾大多数听众，编辑要尽量避开拗口生僻的字眼，尽量不用千字以上的材料，即使是一个五分钟的栏目也应对长短文稿进行搭配选用，以免引起听众听觉疲劳。此外，在播报方式上，除了单纯播报外，还可多采用连线现场播报、话题讨论等方式，激发听众参与，增强节目活力。

安徽生活广播的《生活加速度》即是如此。该节目的节目构造是：一个小时的节目中有将近 20 条短新闻，以社会新闻为主，辅以文体新闻和娱乐新闻，这样可以保障节目的内容充实、言之有物；同时在节目过程中随时欢迎听众以热线、短信参与节目互动，这保证了服务节目的优势；一共安排两到四首歌曲，所有笑料包袱以及新闻资讯内容都要提前准备，穿插其中。总之，这档节目中既包含了社会新闻、服务热线，还有轻松有趣的笑话和好听的音乐，完全打破了传统节目的类型界限，做到了集众家之所长。①

第三节　动态信息与静态信息的编排

广播信息服务类节目的编排是一种动静合一的编排。

"动"、"静"之形成，与信息的获取方式有关。信息的获取是一种动态的过程，具有不可预测性，需要与各种信息渠道相勾连而整合为一个动态的信息获取系统。因此，在编排动态信息时，要灵活为上，以"动"为主。但是，节目内容可以日新月异，而节目的编排思路、指导方针、整体风格、播出时间与形式等则应相对稳定，即"静"，这样才能求得编排的整体合一，稳定听众群。

"动"、"静"之取舍，应以节目特色和信息本身的特点来决定。一般来说，广播信息服务类节目有以下三种编排方式：

---

① 张雷：《对当前广播服务类节目的思考——兼析安徽生活广播的节目特色》，载《中国广播》2007 年第 10 期。

一、全动态编排

需要进行全动态信息编排的广播信息服务类型主要是特殊信息，此时，需要广播媒体时刻保持紧张状态。比如 2003 年在全国范围内爆发的非典型肺炎，2008 年年初的雪灾，2008 年 "5·12" 汶川地震和 2011 年 "7·23" 动车事件这样的重大突发性新闻。这些新闻事件都具有重大的社会影响力，关系到许多人的日常生活，并对我国的社会稳定和经济产生了重要的影响。此时，广播作为现代媒体的重要组成部分，就应特殊事件特殊对待，及时调整原定的报道安排，全身心地关注新闻事件的进展，及时跟进报道。

二、全静态编排

这是绝大部分广播信息服务节目的编排方式。但在新闻竞争极其激烈的当下，全静态的编辑需要动脑筋才能收到应有的传播效果。具体来说，主要有三种方式：一是穿插式编排节目，即将音乐或音响穿插在稿件、栏目或项目之间，以此承上启下，转换内容或烘托氛围；二是连接式，即用串联词、音乐或音响把节目的各个部分有机地串联在一起，使节目组成一个有机整体；三是板块式，即在一次服务性节目中，由主持人将内容不同、形式不同、各具特色和相对集中的几个小专题或小栏目巧妙地串联、组合在一起，用谈话的形式直接介绍给听众，或者通过和听众的交谈与对话实现节目的服务功能。①

三种编排方式中，板块式编排优势明显：一是信息丰富多样，且最能展示广播节目的策划含量；二是风格亲切自然，通过 "拉家常" 和平常的交谈，吸引听众；三是克服了一些节目中存在的断裂感和单调感，能创造较好的收听气氛。因此，板块式编排已经成为近年来各级各类电台普遍采用的形式。

三、动静合一的编排

虽然广播电台对一些信息的产生已经有经验性的预见能力，但是仍然要做好动静结合的准备。比如路况信息节目，交通事故、堵车等特殊事件是无法预测的，因此，大多数交通广播将路况信息的播报作为一种伴随状态——伴随其他节目播出的一种自然信息的流露，而在整点和半点固定播出一次路况信息。②

第四节　商业性服务节目制作

广播商业性服务节目是以追求利润为最终目的的信息服务类节目，在内容上注重商业信息，讲究趣味性、知识性和人情味，为迎合受众，也有低级趣味的内容。

一、商业性服务节目的类型

商业性服务节目包括含有商业内容的节目和纯商业内容的节目，前者如部分医疗健康

---

① 蔡凯如：《广播编辑与节目制作》，武汉大学出版社 2008 年版，第 259 页。
② 董昳：《广播节目策划与制作》，中国传媒大学出版社 2010 年版，第 116~117 页。

类、餐饮类、汽车类节目等，后者为广告。

含有商业内容的节目可分为两种类型：一类是电台出面邀请相关专家教授或专业人士作商业内容的普及讲解；另一类是相关商品的厂商直接派人走进电台直播室介绍产品。这两种类型都体现了广播服务性节目知识性、参与性、宣传性、便民性和固定性的特点，故而深受听众欢迎。

以当下电台节目中发展迅猛的健康服务类节目为例，大多数电台会出面邀请专家教授作健康知识的普及讲解，听众可通过热线直接了解欲知而未知的健康知识；或由医药产品的厂商与电台合作开办定期专题讲座，厂商派员参与节目，在普及健康知识的同时介绍产品。对于有就医需求的听众，特别是保健需求强烈的老年人来说，听医疗节目就好像到医院问诊，同时还可借助电台与其他病友交流沟通，非常方便全面。

纯商业内容的节目可分为以下几种类型：

普通广告——按常规在固定的广告时间或专题节目、文艺节目之间插播广告。一般而言，根据广播的"黄金时间"、一般时间和随时插播三种不同情况，分别列为甲、乙、丙三种级别。

特约广告——应客户特殊要求而编排、制作的广告，如有的客户在广告播出时间上有特殊要求，有的则在播出形式方面有特殊要求。

专题广告——由广告客户提供广告资料，电台安排固定时间播出。这类广告由于知识面较广，内容较丰富，听众也比较欢迎。

赞助广告——由客户出钱或出物品赞助电台举办某些节目或组织一些有意义的社会活动。往往在活动进行中插播商品广告或广播赞助单位名称。

专栏广告——有固定播放时间的广告，如招生广告、寻人启事、季节时装介绍等。这类广告时效性较强，要注意增强广告服务的针对性、季节性。

公益广告——即公共服务性广告。通常由国家出资，国家电台或广告公司制作，其内容主要是倡导社会公共道德的社会性宣传教育。

与报纸、电视等其他传播工具相比，广播广告具有传播迅速、覆盖面广、收听方便、经济实惠等优点，也存在缺乏直观感、转瞬即逝、不便查证和存留等不足，但不可否认，随着汽车家庭拥有量的提高，广播广告又迎来了发展的春天，广告商的投放度与听众的收听率均是逐年提升。①

二、商业性服务节目存在的问题

广播从诞生伊始，就具有了明显的商业性质。随着我国社会主义市场经济不断地发育与深化，商业性服务节目在各大媒体中所占比重越来越大。作为一种具有广告属性的信息服务节目，广告客户每年投放的额度从最初的几万元、几十万元，增加到了今天的几百万

---

① 蔡凯如：《广播编辑与节目制作》，武汉大学出版社 2008 年版，第 260～261 页。

元，成为电台收入的主要来源。这其中，医疗保健类节目的广告收入所占比重尤为突出。[1]

但是，广告信息特别是医疗健康节目虽然给电台带来了广大的财源，也带来了危害与负面影响：

其一，破坏节目统一风格。如前文所述，信息服务类节目讲求贴近性、亲近性，要以情动人，部分节目还要体现出深度与专业性，然而，不合气氛的插播广告，会影响听众的收听情绪，也会破坏节目好不容易营造的整体风格。

其二，干扰节目的正常秩序。就听众而言，普遍希望能在最短的时间内，以最便捷的方式获知最多的信息，但为了吸引广告商青睐，获得经济利益，某些电台不得不利用有限的时间反复播放广告和医疗健康节目，甚至不惜打断电台节目的正常播出时间与顺序，长此以往，终会破坏听众对广播的印象与感情，少听甚至不再收听广播节目。

其三，信息失真。商业性服务节目是以大量迎合受众心理需求的消遣娱乐节目为推销广告的手段，营利成为制定节目计划的主要因素或重要因素。在对经济利益的追逐中，部分广播电台可能不会对广告投放商及所宣传商品的资质严格把关，为追求节目效果，还可能有夸大产品性能、弄虚作假等现象，最终使信息的真实性大打折扣。

解决的办法有以下几种：

1. 从源头把关，防止信息失真

信誉是广告的生命。广播电台要设置一定的管理机制，尽量选择那些诚信度好的广告商；要认真核实广告商品的产品、商标、质量，看其与厂家介绍的广告内容是否相符；要严格查证产品奖评证书，防止假冒广告播出。此外，对厂商派出的代表，要审核其专业能力，以此保证节目的播出效果等。

2. 合理安排，加强节目管理

如针对广告泛滥、播放时间过长的情况，电台可科学设置播出时间表，固定广告播放时间，同时合理提高时间段价位，限制部分广告播放；在节目的编排上，注意同一类的广告最好分时段播出，在广播节目之间插播的广告，内容最好与前后的节目内容有关联。此外，广播电台在追求商业性服务节目的经济利益时，也要尽量确保其社会效益，应特别注意不要出现以下内容：虚假、诽谤或过分夸张的内容；宣传迷信，有损青少年身心健康的内容；失密、泄密的内容；恐怖的内容；香烟和未取得合法销售证书的食品、医药广告等。以上种种，对维护社会主义精神文明建设和人民身心健康不利，均不宜播出。[2]

3. 正确定位，提高主持意识

在主持带有商业意味的信息服务节目时，主持人要给予自身正确的定位，不应成为商业利益的鼓吹者或广告代言人，而应是引导听众和嘉宾向正常交流状态发展的把关人。同时，主持人不能仅满足于介绍嘉宾、转述或者复述听众和嘉宾的谈话，而应对节目主题有

---

① 根据 2003 年"第 72 届全国电台经济信息交流会"的调研材料，医药保健类节目的广告收入占到了电台全部广告收入的 50%~70% 左右。引自葛建国：《规范引导健康发展——办好广播医药专题的思考》，载《中国广播》2004 年第 3 期。

② 蔡凯如：《广播编辑与节目制作》，武汉大学出版社 2008 年版，第 264 页。

所了解，掌握一部分发言权。①

三、商业性服务节目运作模式

美国是世界上最早兴起广播事业的国家，也是私有商业化广播事业最为发达的国家。广播一直是美国所有媒体中最普遍、最个人化的一种形式。本部分以美国广播商业性服务的理念与实践为例来阐述，探索商业性服务节目经营的运作机制和经营模式。

1. "适位广播"

随着媒介的日益多元化，受众呈现出加速分化的趋势，即受众的信息需求愈加多样，这就要求媒介既要关注广大受众的普遍要求，更要满足日益细分的受众的个性需要。美国商业服务广播节目因此而呈现出地方化、专业化、多样化的特点，这种细分市场、寻找准确受众定位的做法被称为"适位广播"（Niche）。

（1）地方化。地方化是指美国绝大多数广播电台是商业电台，为私人所有，多为当地听众和各阶层服务，因此美国绝大多数电台以面向中心市场特别是本地听众作为自己的服务宗旨，成为区域化、本地化或社区化的传播机构。

（2）专业化。专业化是指多数广播电台的节目内容非常专一，集中于某一特定内容，如新闻、谈话、音乐、体育和天气预报节目等，广播内容面向特定听众，办出专业特色，即通过专业化占据适合于自己的市场位置。每一种电台都有一群固定的、忠实的听众，形成了与受众之间的相互依存的关系。由于广告是美国商业广播电台的唯一经济来源，因此在节目中总是会安插各种商业广告。可见，只有确立自己特定的对象群、独特的市场定位、个性化的节目，通过特定的节目内容维系某些具有共同点的听众，才能赢得受众青睐，才能产生对广告主的吸引力，才能使广告商做广告时更有针对性。

（3）多样化。在多样化上，美国广播业已经摸索出几十种广播节目类型，一家电台以一种专业节目类型取胜。如音乐台、谈话节目台、全天候新闻台、宗教台等。音乐台是商业电台中最普遍的类型，又可细分为摇滚、经典摇滚、爵士、怀旧、古典、乡村音乐及流行金曲等几十种类型，除此之外，还有谈话节目台、全天候新闻台、宗教台等。在本地化上，各大广播公司的附属台除了在一定时间内播出各自所属公司的新闻类、杂志类和部分娱乐节目以外，其余时间都播放自己制作或购买的适合本地听众的节目，基本上以本地新闻、时事、社区活动、娱乐为主。

2. 市场战略

媒介工业处于一个双元产品市场（dual product market），它只创造一种产品，却在两个性质迥异的财贸、劳务市场活跃。节目产品的销售包括直接销售和间接销售两种。直接销售是指节目收费、节目发行与节目零售；而间接销售的收入则表现为广告收入。政府主张媒企业放开，竞争经营，让市场成为调节该产业生存与发展的主要动力。针对广播媒介所处的这一媒介工业市场的特性，美国广播经营的市场战略就囊括了电台广告时间的推销以及电台产品——节目的销售。②

---

① 董昐：《广播节目策划与制作》，中国传媒大学出版社 2010 年版，第 124 页。

② 任伟利：《试论美国广播媒介的商业运作模式》，载《太原大学学报》2006 年第 3 期。

（1）追求节目定位与广告商诉求的契合。美国广播业在处理电台与广告商的关系上，传统的做法是，电台先尽可能多地吸引听众，然后再去寻找相应的广告主。这种运作策略被动地用听众群来吸引广告客户。然而，随着受众面对的传媒增加，以及自身生活方式与爱好的不同，受众已经严重地分化。广播已不可能达到历史上的高收听率，它必须以特定类型的节目，主动抓住特定的目标群体。这促使一种新的经营策略的产生，即电台先瞄准大广告商在不同阶段的销售目标和产品诉求定位，通过市场调查和研究来明确界定其目标消费者的人口学特征，然后通过恰当的节目类型聚合和培养其最感兴趣的一群人，有的放矢地出售给广告商。简单来说，传统的运作方式关键在于听众群的大小，新的运作方式的策略和技巧则在于听众群人口学特征和广告主的诉求目标的契合程度，相当于电台按照广告商的销售需要为其"量身定做"尽可能多的消费者。

比如，在美国，无论是电台的经理还是电台节目主持人（DJ）们，都坚信音乐节目策略不再是满足大多数人口味的 40 首热门歌曲的大循环，而是需要精确到适合正在上高中的孩子们的跳舞趣味的音乐类型这样细化的程度。而这些孩子正是可口可乐或 LEVIS 牛仔裤等大广告主力图培养的新一代消费者。

目前，美国广播业通过自身的发展与调整，从类型、地域到时间段等，为广告商提供了不同的选择。

种类繁多的电台为广告主提供了广阔的选择空间，广告主可以根据自己产品的需要，选择不同类型和风格的电台为其做广告。与此同时，各电台又为了配合广告主的要求，在时间上进行更为灵活的编排，使得广告主在选择广告时段和广告长短方面更加游刃有余。

按照覆盖的范围来划分，美国的广播电台可以分为联播广播、地方性广播和点播广播（Spot Radio）。美国现有包括美国广播公司（ABC）、哥伦比亚广播公司（CBS）在内的 20 多家全国性广播网，广告主可以订购某一全国性广播网联播电台的时间，向全国市场传播自己的信息。加上美国还有 100 多家区域性广播网，可以发布针对特定地理市场的信息。

点播广播在市场、电台、播出时效、文案的选择上为全国性广告主提供更大的灵活性。点播可以迅速播出广告，有些电台的预备周期可以短至 20 分钟，并且广告主可以借助电台的地方特色快速赢得当地听众的认可。

通过经营的调整，广播电台的广告额在 20 世纪的后十年里有了显著的提升。据英国一家权威调查机构在 2002 年的一项调查表明：在主流媒介广告收入大幅缩水的情形下，商业电台的广告收入却一枝独秀，稳步增长。①

（2）建立高度专业化、细分化的媒介产品运行机制。在节目产品的制作和销售上，美国广播界已形成高度专业化、细分化的媒介产品运行机制。成熟和完善的广播产品运作体系不仅仅包括播出机构，还包括节目的制作、发行和为广播服务的调查机构。美国的电台主要自己制作新闻和新闻类的节目，音乐、娱乐、戏剧等其他类型的节目多从各种组合公司（辛迪加）购买。辛迪加公司的商业属性是节目分销商，它是美国广播市场上最具

---

① 郑保国、郑荣国：《追求广告商、受众和节目新互动——美国广播业探析》，载《中国记者》2003 年第 2 期。

活力的组成部分。辛迪加公司从节目制作人或全国商业电台手中购买节目的销售权，制订销售方案，走访重要的、有影响力的站台集团进行销售，最后节目制作商从辛迪加公司获得收入。一般而言，辛迪加公司获得35%左右的销售利润费，外加15%的推销、剪辑、录制等其他费用。节目制作者的专业水平很高，推出一些能打响的精品节目；节目播出者更专注于研究自己的受众市场，精心、合理的设计节目构成、播出计划，订购更适合自己的节目。制作者、播出者各司其职，相互交流合作。

如今，大的媒介集团开始意识到这个市场的重要性，纷纷涉足节目的制作和发行。如美国广播公司广播网（ABC Radio Networks）拥有最大的广播新闻听众群，它向全国近3000家电台销售它制作的新闻节目，全国有1.049亿听众收听它的各类新闻节目。布隆博格公司（Bloomberg）向全国的200多家电台出售它的体育报道，不仅仅提供文字稿，还包括现场的音响报道、电话访问等多种形式的完整节目，这些节目通过卫星、综合数字网从节目制作公司传至各个电台，保证其时效性和技术质量。

（3）运用新的市场销售和营销策略。美国广播电台大量运用新的市场销售和营销策略。例如，同属于一家广播公司的多家电台联合销售广告时间，集中营销部门和资金，重点争取特定广告客户，如房地产、保健、医疗、高科技、包装产品等企业以及那些原本不在广播上做广告的客户。利用互联网建立起与广告客户之间的新关系，采用在电台的网址上提供广告空间，或以网上广告和广播常规广告相结合的方式为客户发布信息，以开拓新兴的营销领域。如今非传统渠道的收入已占据电台广告收入的50%。①

3. 受众为本

美国媒介历来就有"受众为本"的意识，重视对受众的调查、研究和分析，通过了解受众的有关信息更有针对性地设计节目构成、安排节目时间、制作和播出节目，以求得节目传播的有效达到率。不过，随着美国广播界生态环境的变化，所谓"受众为本"的内涵与外延也发生了变化。

（1）传统方式：大数法则。传统上，美国广播对受众的调查包括：了解受众的人口统计资料，如年龄、性别、职业、教育程度、居住地、消费习惯、生活方式等；了解受众的心理统计资料，如兴趣、爱好、观点、宗教倾向等。在获得有关受众资料之后，再分析整理，有针对性地设计节目。虽然也是为了争取尽可能多的听众，但大多数电台并未对听众进行严格的区分，而是争取所有类型的听众，这就是所谓的"大数法则"。

（2）面临问题：受众已变。然而，在美国传播业发生重大变化的同时，美国的受众也在发生着变化。

一方面，媒体间的竞争已经使受众分流，并且由于生活方式的不同，受众已经细化为不同的群体，变成了一个个有不同节目需求的目标受众群。1970年到1997年，美国成人每天阅读一份日报的人数从78%下降到59%；1998年，美国的广播收听人数比上年下降了8%；电视晚间节目的收视率也在下降。广播节目已经不可能做到让20岁到50岁的人都喜欢。另一方面，美国广播业也开始主动出击，除了聘请专业调查公司对受众真正进行系统、全面、深入和科学的调查和分析外，还积极利用受众调查结果为广告主培育目标消

---

① 任伟利：《试论美国广播媒介的商业运作模式》，载《太原大学学报》2006年第3期。

费群体。这表现在广播电台通过市场运作使自身成为地方化、专业性广告媒介，并培养、创造出具有相近年龄、文化程度、个人兴趣、消费习惯的忠实听众，以预售给广告商来获得利润。这种操作手段是 20 世纪 90 年代中期以来在广播产业结构重组过程中表现出来的一个重要侧面。①

种种现象均表明，以往所追求的听众的"大数法则"已经过时。

（3）应对之策：走类型化、细分化的电台发展之路。在广播发展的早期，美国广告商主动了解某个媒体受众的情况，以确定其广告投放。直到 20 世纪 70 年代末，由于 Top 40 类型电台的出现，才从根本上把广告主通过收听率了解媒体的做法改变为媒体通过受众调查来寻求符合广告主需要的听众群体。而且，受众调查越成熟，类型电台也就变得越专业。

20 世纪 90 年代以后，广播电台仍然继续巧妙地使用着其类型化的节目策略，这一趋势带来的变化是随着人口增长，广播电台的新听众也不断增加。为适应年轻人新的文化需要，新的电台类型不断被创造出来。在这一转变过程中，不同类型的电台听众的人口学特征达到了前所未有的高度一致，这使得电台能够更明确地将这些目标听众作为预售商品出售给广告主。

类型电台的这种良性循环主要通过两种途径实现，一是为新听众创造新的电台类型；二是针对已经流行的类型，进一步明确界定其风格。如摇滚电台继续细分为专门播放校园非商业电台艺术家的作品的"新摇滚"（New Rock），例如 20 世纪 60 年代 FM 电台节目再度风行的 Adult Album Alternative，或者专播 20 世纪 70 年代老歌来寻找被过去其他类型电台所忽略的那部分。听众电台及其节目的类型化和细分化，不仅使得美国广播电台数量大增，也使得广播更加迎合了广告商的需求，促进了广播业的发展。

在人们接受信息的途径不断丰富的今天，广播已经不是首选，保持广播在人类传播链条上的位置，美国电台在与广告主、受众之间，借助新兴的科技手段，寻找平衡与突破的策略与方法，值得国内电台借鉴参考。②

第五节　教育性节目制作

教育性节目指从教育、教学需要出发，根据教育目的和教学目标，为一定的教育对象而录制，并以德育、智育、体育、美育为主要任务的各种普及性、专业性、定向性的科技、文化教育节目。从广义上来说，所有的广播节目不论形式、内容如何，或多或少都承担着教育的责任，都可以称之为教育节目；从狭义上来讲，广播教育节目有其特定的收视对象，其针对性和目的性更为明确。就其内容而言，根据传播目的和教育对象的不同，大体可分为社会教育节目、教学节目两类。

---

① 郑保国、郑荣国：《追求广告商、受众和节目新互动——美国广播业探析》，载《中国记者》2003 年第 2 期。

② 郑保国、郑荣国：《追求广告商、受众和节目新互动——美国广播业探析》，载《中国记者》2003 年第 2 期。

随着知识经济和信息时代的来临，大众对知识的强烈需求为教育性节目提供了良好的发展契机。但是毋庸置疑，伴随网络成长的观众给今天的广播行业带来了生存压力，在这样的大背景下，地方广播教育性节目处在被围追堵截的境地，上面有中央台、省台以及地方台其他节目的压力，下面有观众越发挑剔的眼光和口味的压力，教育节目在信息和资源等方面又处于严重"弱势"地位，面临着生存危机。

一、教育性节目分类

目前，我国广播教育性节目一般分为两类：一类是教学节目，另一类是社会教育节目。

1. 教学节目

教学节目如同学校授课，系统地传授科学文化知识。这类节目通常包括两种教学内容：第一种是综合性的学历教学，如中央广播电视大学，它包含各种专业课程，与全日制学校类似，按国家规定的教学大纲安排教学计划，通过广播电视进行开放式授课。学生来源既有应届高中毕业生，又有在职职工或其他社会人员，国家承认其具有与全日制学校相同的学历；第二种是应用教学，如中央农业广播学校、电子技术讲座、计算机应用讲座等，类似于职业教育，主要是为就业培训和知识更新服务。

2. 社会教育节目

这是广播在日常宣传中最大量、最经常的教育性节目。社会教育节目的内容、形式等比教学节目要复杂得多，教育方式也和教学节目不同。根据节目内容的不同，社会教育节目通常分为理论节目、知识节目和特定对象节目等。

理论节目是我国广播电视的一个突出特色。这种节目侧重于对群众进行思想教育，通过通俗系统地讲解马列主义的基本原理，从理论上阐述党的方针、路线、政策，分析社会上有普遍性的思想倾向问题，同时也阐述一些社会科学理论问题，普及社会科学知识。我国中央和省这两级广播电台的理论节目都有几十年的历史，并有了相当雄厚的基础，在实践中取得了很好的成功经验。

知识节目侧重于通过趣味性的节目向群众传授各种领域的科学文化知识。由于内容丰富，它逐步形成了名目繁多的节目和栏目，如"文化生活"、"法律讲堂"、"探索发现"、"绿色空间"、"健康之路"、"人物志"、"大家"等。

特定对象节目是依社会行业、职业、年龄或地域、经济形态等因素来划分的一种社会教育节目，如"农民节目"、"少儿节目"、"牧区生活"等。特定对象节目的针对性较强，因此其传播效果相对显著。

以上分类只是一种大体情况，实践中常常可以根据需要而有所变化。随着广播节目改革的进一步深入，还会产生和发展一些新的社会教育节目形式。此外，还出现了一些融新闻性、教育性为一体的综合性和板块性的社会教育节目，如中央人民广播电台开办的《午间半小时》节目等。

二、教育性节目特征

1. 教学节目的特征

利用广播开展社会教学，就是借助广播这种现代化大众传播媒介所具有的各种优势来弥补课堂教学和学校教育的不足。所以，广播教学节目的特征是通过广播自身的特征来体现的。

（1）教学对象的广泛性。广播教学不受课堂、师资、文化水平等方面的限制。一名教师讲课，可以有成千上万的人听讲。学习的人只要有收音机等接收工具，不管是在室内还是室外，也不管是在家里还是在办公室，或是在旅途中，都可以听课。这种开放式的教育，为更多、更好地培养适合社会主义发展需要的知识型人才发挥了巨大作用。

（2）教育结构的多层次性。教育是有层次的，有初等教育、中等教育、高等教育等。学校教育由于受客观条件的限制，每个学校一般只能选择一个层次来进行教学，不可能既开办小学课程，又开办中学和大学课程。广播教学则可以突破这个限制，能够满足观众接受多层次教育的需要。一个广播电台，可以在某一频率或频道的不同时间里，分别播出"广播大学"、"广播中学"等教学节目；也可以在相同时间里，使用不同的频率或频道，播出不同的教学节目，以满足不同层次听众的需要。

（3）教学内容的多样性。广播教学节目可以根据观众的多种要求，安排多种多样的教学内容。比如，为弥补学校教育的不足，可开办广播电视大学、中学及小学的综合性教学节目；为培养多种语言人才，可开办多语种外语教学节目；为培训行业专门人才，可开办广播专科教学节目；为满足观众生产、生活、艺术享受等需求，可开办广播应用教学节目，如各种技术培训、知识讲座等。

（4）教学师资的权威性。在学校教育中，出类拔萃的教师毕竟是少数，因此只有少量的学生能够听到著名专家、教师的教学内容。广播教学节目则可以聘请这为数不多的"名师"来讲课，使更多的学生受益。这不但可以提高教学质量，而且也可以通过比较和竞争提高教师的业务水平。

当然，广播教学节目也存在一些不足。比如，固定的播出时间和转瞬即逝的传播方式使错过接收机会的学生难以弥补缺课内容，又没有更多的时间琢磨与思考；学生不直接与教师接触，使师生之间缺乏交流，学生无法与教师面对面地探讨问题；按时间顺序播出的节目使听众无法主动选择收听的课程，缺少机动性和灵活性；分散接收使学生缺乏一定的约束等。

2. 社会教育节目的特征

广播社会教育节目所包括的理论节目、知识节目和特定对象节目，在内容上有相近和交叉处，所以其具有以下共同特征：

（1）传播对象的专一性与广泛性的统一。特定对象节目的一个显著特征是收听或收视对象明确，收听或收视群体相对窄化，即具有传播对象的专一性。理论节目和知识节目也在不同程度上有着相对专一的受众。这种相对专一的受众可以说是社会教育节目得以生存和发展的基础。同时，广播具有受众广泛的特点，这又使得节目在相对专一的受众群体之外，其他人都可以收听、收看，因而可以说受众在相对稳定的同时又是不断发展变化的。这种相对专一性与广泛性的统一构成了社会教育节目的首要特征。

（2）知识性、教育性与现实性、新闻性的统一。社会教育节目通过传播理论和社会政治、文化、科技等诸方面的知识来达到教育目的。但这种知识的传播和普通的教学节目不同，它不是系统地灌输某种知识，而一般是围绕党和国家的总任务及某一时期的中心工作来确定选题，按照现实的要求为社会服务。同时，社会教育节目内容还常常包含反映社会现实、联系社会现实传授知识的内容。因此，社会教育节目自然也就不可避免地要具有一定的新闻性特点，尤其是特定对象节目，由于其所包含的多方面内容，它的新闻性更突出一些。一般说来，从知识节目到理论节目再到特定对象节目是新闻性渐强，反之，则是知识性渐强。过于强调知识性而排斥新闻性或过于注重新闻性而忽略了知识性，都是片面的。

（3）教育规律与广播电视传播规律的统一。广播的社会教育节目作为教育的一个组成部分，理所当然要遵循教育的一般规律。制作节目既要注意节目内容上的思想性、科学性和系统性，也要注意教育方法上的循序渐进、启发诱导、理论与实际相结合等。但同时这类节目又是广播电视传播内容的一个组成部分，因此必须符合广播传播的一般规律。

三、教育性节目的任务

我国广播教育性节目，主要有以下五项任务：

1. 思想理论教育

思想理论教育包括讲授马列主义基本原理、社会科学知识，围绕党的中心工作介绍国内外经济、文化领域的新思想、新观念等，尤其要注重理论宣传教育，提高广大人民群众的理论水平。

2. 党的方针、政策和法制教育

广播可以采用实况转播和录音等方法，把党和政府的方针、政策、法律法规、重要会议和领导人的重要讲话，迅速准确地传达给人民群众，同时也可以运用专题讲座、问答等方式系统、具体地讲解各项方针、政策和法律法规等。

3. 科学技术教育

广播科学技术教育要紧密结合我国科学技术较为落后的实际，以普及基本知识为主，以注重实用性为辅，同时也应注意介绍国内外科学技术的新发展、新成果等。

4. 文化知识教育

传播各种文化知识、丰富群众的业余文化生活、提高全民族的文化素质和文学艺术欣赏水平，是广播教育性节目的一个重要任务，也是占广播社会教育节目播出比重较大的内容。

5. 职业技能教育

职业技能教育随着社会生产的发展越来越重要，广播社会教育节目应当义不容辞地担负起提高劳动者素质的重任。①

四、教育性节目的编辑

随着电视频道数量的不断增加，以及新媒体对传统媒体的不断侵蚀，传统教育性广播节目面临着激烈的竞争与压力。要在激烈的竞争中争夺受众，除了节目质量，另一个有效

---

① 段汭霞：《新编广播电视概论》，河南大学出版社 2009 年版，第 107~111 页。

手段就是科学、合理的节目编排，只有以观众为导向，在充分尊重听众意愿的基础上设计和编排节目，教育性广播节目才能在不断激烈的竞争环境中得到发展。

1. 突出教育专业频道特色，打造有风格的节目

由于缺少创新机制，再加上广播节目知识产权保护措施不到位，国内广播节目的同质化现象非常严重，节目扎堆现象明显。随着电视数字化时代的到来，在听众可收看的频道越来越多、上网越来越快捷的情况下，教育性广播节目如果缺少特色、缺少创新、缺少编排独到的节目，频道的竞争力就会越来越弱。

教育性节目应该围绕教育特色做文章，立足教育，最大限度地发挥频道的整体优势及资源优势，实现频道教育资源的优化利用。要积极宣传党和国家的教育方针政策，传播先进文化，普及科学知识，为教育改革和发展服务，为提高全体公民素质服务。要以鲜明的特色融入教育主流，创造个性风格，塑造品牌频道，走出一条专业化与大众化相结合，市场化与品牌化、特色化相促进的发展之路。

2. 受众研究是进行节目编排至关重要的环节

节目编排的出发点是服务广大听众，但在实际操作中往往会碰到众口难调的情况：一方面，不同的听众因性别、年龄、文化程度、审美观念的不同，会对不同的节目产生兴趣和认同；另一方面，不同的听众会选择在不同的播放时段收听节目。这就要求节目的编排者精心设计，依据收听调查，针对不同的目标观众，在不同的时段安排不同的教育性节目。

在节目的具体编排过程中，我们不仅要了解每一个教育性节目的基本情况，而且更要明确这一节目的基本收听群体，包括他们的群体特征、文化类别、欣赏习惯，甚至是消费水平。由此，在节目安排上，根据目标听众的收听要求，合理调整不同教育性节目的播出时间，并进行有所侧重的编排工作。

3. 力求"知己知彼"

针对"知己"，教育节目编排人员应当做到：

（1）熟悉自己的广播台拥有哪些节目，这些节目的内容特色如何，收听率如何；

（2）弄清楚每个节目，尤其是重点教育节目及大型栏目，所安排的播出时段是否适当；

（3）知晓自己台与对手台在竞争上有哪些优势和劣势；

（4）确认对节目的宣传是否足够或恰如其分，是否能够引起听众的兴趣。

针对"知彼"，应做到：

（1）熟悉对手台分别拥有哪些强档节目，内容特色如何；

（2）弄清楚同一时段的对手台节目，其收听率高于本台还是低于本台，原因是什么；

（3）知晓对手台在竞争上的优劣势；

（4）熟悉每天收听率最高的时段是哪些，与对手台竞争最激烈的是哪个节目和哪些时段。

4. 日常节目编排策略

（1）水平策略。水平策略（也称带状策略），即将某一节目安排在每天同一时间或相隔数天的同一时间播出。其原因在于，固定化的播出和模式化的栏目已经被证明是最有效

率、最方便听众选择的安排形式。

（2）垂直策略。垂直策略（又称为板块策略、区段策略），即将性质相近或诉求对象相同的节目编排在相邻的时段，形成一个板块，播出时间通常持续两小时以上。目的是要延长听众收听本频道的时间，留住观众。

（3）"争锋"、"避锋"策略。根据竞争对手情况调整节目编排，有针对性地采取"争锋"或"避锋"策略。"争锋"策略，就是在与其他媒体的竞争过程中，主动出击，与其安排相同或相似的节目，以形成竞争之势，争取分流受众，收获一定量的目标受众。"避锋"策略，就是避开锋芒，在同一时段安排与其他强势媒体不同的节目内容，以争取剩余观众群。新的节目样式在开播初期一般都是采取这种策略。

（4）无缝隙编排策略。无缝隙编排策略，就是在两个节目之间减少广告，或者利用提示信息，使观众专注于自己的节目、栏目或者频率不至于换台。

（5）周边效应编排策略。周边效应编排策略，就是利用自己强势的品牌节目、栏目或黄金时段播出的节目带动那些在此节目前后播出的节目或栏目，通过"蝴蝶效应"，带动、提升其他节目、栏目的收视率，从而获得广播节目编排的最大收益。

物竞天择，适者生存。在日益激烈的媒体竞争中，教育性广播节目应制定一个长期的发展战略，最大限度地发挥频率的教育资源优势，形成自己的频率特色，并充分体现在日常节目的编排中，讲求节目编排的策略，确定最佳的频率整体形象，最终将听众最大限度地锁定在自己的频率上。①

五、教育性节目的整合发展策略

对于一档教育栏目而言，主要有四大问题需要解决，这便是定位问题（传播什么内容）、对象问题（对谁进行传播）、呈现方式问题（以什么样的形式进行传播）与传播方式问题（通过什么渠道进行传播）。

1. 教育节目定位：寻求教育精英文化与大众流行文化的融合

就教育节目的定位而言，既不能放弃对精英文化的追求，这是因为对教育价值与教育功能的追求永远都是教育节目立足的根本，也不能简单抛弃对大众娱乐文本的拥抱，毕竟大众文化无疑是当下最具生命力的文化样式，所以，最好是在当下的中国文化语境中寻求教育精英文化与大众流行文化两者之间的一种融合与平衡。在这里，教育精英文化可以获得大众化表达的平台，通过社会认知增强其学术价值；大众流行文化则能获得成长的土壤，通过精英化思维提升其流行内涵。对于教育节目而言，如何在教育的专业性与大众的广泛性、教育文化的精英性与大众文化的通俗性之间获得平衡与融合是其定位的根本。②

2. 节目对象：根据受众特点细致规划教育栏目

教育性节目可根据广播受众群体的不同，进行教学栏目的细致规划。从受众而言，有老年人、中年人、青年人、少儿；同时，相同年龄阶段的受众由于性别不同，对教育电视节目的偏好也不同。因此，教育性节目应考虑到针对不同群体来制作不同内容的教育广播

---

① 刘川：《浅析教育电视台节目编排》，载《青年记者》2011 年第 2 期。
② 李德刚：《多媒介时代的教育节目发展策略》，载《中国广播电视学刊》2010 年第 3 期。

节目。如针对老年人，可根据他们的生活喜好设置老年文娱、书法、棋、琴、健身等栏目；根据中年人兴趣和性别，可设置汽车、美容、旅游、美食、体育等知识性节目；根据青年人特点，可设置装修、居家、购物、文体俱乐部、计算机等方面的知识。至于少儿和幼儿，如果能针对这两个群体目前在学校所学的内容做些相应的教学补充节目，会更有意义。比如，可以针对小学生在学校学习的数学、语文等内容，根据他们的课程进度，做些相应的同步学习栏目，也是不错的方式。

因为商业化成分所占比例小，教育性节目可不必竞争黄金时间段，但节目播放时间的确定离不开科学安排和受众群体分析。如在周一至周五白天，上班族和上学族无法收听教育节目，但老年群体和"居家族"是节目忠实的朋友，可在此时安排他们的节目。在双休日的白天，上午可播放一些语言类的学习节目，或学术性比较强的节目，因为此时是人学习效率较高的时间段；下午可播放数理化的学习内容，因为此时人的逻辑推理能力比较活跃；晚上则可播放些娱乐性的或较轻松的教育节目，让人的大脑得到一定的放松。

另外，教育节目播放时可针对该节目开通免费热线电话，让大众能随时拨打进去，请专家进行疑难问题解答。或者利用网络形式，在节目播放同时让收听者之间、收听者与专家之间进行问题交流与探讨，还可以借助网络传呼工具、电子邮件等进行各种形式的沟通。这样，既能提高节目质量又能让听众在学习过程中找到共同学习的学习爱好者，主观积极性被调动起来后，听众会越来越多。①

3. 内容呈现：故事化的叙事方式

专业的内容如何通过符合听觉传播规律的语言表达出来，是教育节目能否获得听众认可的关键。只有遵循广播传播规律，才能制作出既有教育性又通俗易懂的精品来。主持人白岩松曾经讲过，这不是一个讲述故事的时代，而是一个如何讲述故事的时代。按照结构主义理论，每个叙事都由故事和话语两部分组成，即广播通过选择和编制将故事表达出来，在故事的发展进程中融入专业的教育理念，带领观众去探索故事中蕴含的教育理念，用故事吸引听众，让理念走近听众。

节目的叙事策略固然重要，然而选择一个合适的故事讲述者则更为重要，尤其是从众多专家中选出符合广播表达条件的嘉宾更是重中之重。由于教育节目的专业性，普通的嘉宾难以担任，而能够担任的嘉宾又可能存在表达的问题。一方面要保证教育节目的专业性与思想性，另一方面又必须突破节目的专业性与深奥性，充分调动观众想象、理解和感受的心理过程，使其参与到节目中来，这就要求教育节目的嘉宾与主持人必须要将自己"扮演"成故事中的一个"角色"，通过生动、鲜活的语言和富有感染力的真实故事，潜移默化地影响听众。

4. 整合传播：多渠道的多次传播

在我国广播教育频道整体收听率与收听份额不景气的情况下，通过打造精品教育栏目，由点及面，提升整个频道，甚至整个广播台品牌知名度和品牌影响力的突围战略，不失为一种明智之举。而精品教育栏目的打造，除节目制作策略外，其传播策略也至关重要。能否制作出一档跨越不同媒介平台、打通不同传播渠道之间的间隔、通过多渠道的多

---

① 张红波：《中国教育电视节目存在问题及对策分析》，载《现代交际》2010 年第 5 期。

次传播、实现传播效果最大化的精品教育节目将是未来教育广播发展的关键。

今天,虽然广播仍然是当前有影响力的媒介形式,但是随着电视、网络媒体、手机媒体等媒体形式的快速发展,通过电视、互联网、手机等观看视频的人数日渐增多,而收听广播的人数则持续下降。当一档教育性节目无法通过无线传播获得最大传播效果的时候,网络媒介可有效延长其生命周期。因为节目一旦上网,它所面对的就不再只是本城市、本省域、本国范围内的受众,而是面对全球华人、全世界的观众,其数量等级将不可同日而语。特别是以历史、文学知识等讲述为主要内容的教育类节目,可以在网络世界中进行长时间的多次传播,其网络传播效果具有典型的累积效应。这是教育类节目与新闻节目、娱乐节目最大的不同,新闻节目、娱乐节目都具有明显的时效性,其影响力只能在一定时间段内产生,时间越久,影响力越弱,而科教类节目则不同,只要内容制作精良,其内容可以跨越时空而产生持久的影响力。对于教育广播节目而言,在打造一个自身具有较大影响力的传播平台的同时,如何实现多渠道、多次传播的效果最大化应该是未来发展的一个迫切任务。①

 案例分析

广播之友:感谢生命、感谢一切②

刘莹: 欢迎收听今天的广播之友。现在北京正值早春时节,走在北京的大街小巷,抬头看看就会发现树梢上若有若无的新绿,我不知道这时候在你心里是什么感受?在这个时候我心里总会涌现出一种莫名的感动,在默默地说感谢生命、感谢一切。每天的生活中有很多让我们感动的事发生。今天我请大家收听一组发生在交通广播、新闻广播、文艺广播的令人感动的小故事,然后是一组收听信息。

(点评:从日常生活场景中引发感受,也与本期节目的主题自然吻合。串联词非常简洁利落。)

刘莹: 3月7日,在五环路上交通民警、广播媒体、热心市民,齐心协力共同救助突发心脏病的普通市民的感动故事,今天我要把这个故事告诉大家。

3月7日上午9:20分,交管局的指挥调度中心122接警员马腾接到了一位姓曹的女士打来的电话。

嘉宾: 我现在开着车,一个人心脏病犯了,需要速效救心丸。这时候我就对她说,你不要着急,把车窗打开,透透气。

---

① 李德刚:《多媒介时代的教育节目发展策略》,载《中国广播电视学刊》2010年第3期。

② 《广播之友》节目是由北京人民广播电台总编室制作,在九个专业广播中播出的一档综合性节目,是北京电台业务宣传工作的一个重要阵地。自1993年创办以来,历任编播人员积极贯彻"听众参与广播的园地,电台联系听众的纽带,听众和广播人沟通心灵的桥梁"的节目宗旨,努力在内容和形式上不断创新,逐步形成了亲切、自然、流畅的节目风格。播出频率:北京电台九个专业广播。播出时间:周六,交通广播16:30,体育广播19:00,外语广播19:30;周日,新闻广播15:30,爱家广播19:00,城市服务管理广播22:00,音乐广播4:00;周一,故事广播00:30,文艺广播1:00。

刘莹：马腾特殊的表情引起了爱燕的注意。

（点评：串联词虽然简单，却能有效帮助听众融入上下文的语境中。）

嘉宾：我当时是在直播间的外间，我跟马腾的位置比较近，我赶紧跑过去看怎么回事，她说心脏病发了，后来我就看了接警单，我想从接警到现场需要一个时间过程，如果这时候通过广播让在路上的朋友给她一个帮助会更快更及时。

刘莹：就这样，一张寻找墨绿色捷达车的网张开了。一路畅通的主持人李莉当时回忆说……

嘉宾：有很多的朋友发短信说自己就在五元桥由东向西方向，没有见到这个车，问她们的情况怎么样？有很多人特别关心她，有很多的朋友想出了各种各样的方法。

刘莹：在这时指挥中心也是一片忙碌，他们在接到通知后紧急调派了朝阳支队的民警，并且联系了999急救中心一起查找这辆墨绿捷达车。

嘉宾：十几分钟后民警并没有发现车。

刘莹：就在这时电话又响起了。

嘉宾：这时候一个司机听到交通台的广播，再次打来电话说这个车不在五元桥而是在林翠桥的西侧，这时候已经有一个好心人过来帮助她，这时候我们再联系999急救中心，再播出广播，后来急救车、民警都到了。

刘莹：曹女士得救了，她一再感谢提供帮助的群众，感谢交警、新闻媒体和义务工作者。在平时我们身边的一些人常常感叹真情的宝贵，感叹现实中的冷漠，通过这件事让我们看到人与人之间的真情从来就没有离开我们，只不过是被急匆匆的脚步和压力掩盖了，而当需要真情的时候我们就会看到人间处处有真情。

（点评：适时评论，切题、动人。从对曹女士一己之遭遇，到对整个社会的感触感叹，引出了感动情愫，也深化了主题，引人深思。）

刘莹：记录平凡生活的点点滴滴，感受社会进步的巨大动力，用声音讲述世界，为了实现这个对听众朋友的承诺，在这个早春的时节，《时代杂志》的主持人开始行动了。

（点评：直述式的节目口号简洁明了，立意明确。进入分栏目前的过渡语简短但亲切友好，拉近了与听众的距离。）

3月2日，《时代杂志》节目的主持人行云、白刚和实习生小伍来到北京第四福利院，他们要在这里体验福利院的工作人员还有在这里居住的老人的平凡的一天。

给老人洗脸、洗手、擦身、洗尿布，他们用心做着所有一切。第二天的午饭前他们结束了这次体验，带着感慨回到了自己的工作岗位。

嘉宾：说起感受，我觉得很多，先说说我们为什么要做这样的采访，我们要使我们的节目更加丰富多彩，我们创造了一个新的栏目，这个栏目的宗旨就是记录平凡生活的点点滴滴，从这方面去感受社会进步的强大动力。这一次我们真的是百感交集。

嘉宾：可以说是又经历了一次思想的沉淀和震撼。

嘉宾：我觉得当时我们每一个人回来的时候心里都有沉甸甸的感觉。

嘉宾：如果你没有近距离伺候老人的话，有些事情你看着很简单，实际上做起来很难，比如给老人喂饭让我觉得真的不容易，尤其是躺在床上的老人，当我把勺放在嘴边的时候，老人一下就把勺给咬住了。

嘉宾：说到这个细节，我很惊讶的，当他咬的那一刻，他为什么会咬住呢？

嘉宾：可以半自理的老人在吃饭之前，要给他戴上假牙，我说还是你戴吧，怎么样才能把假牙戴到嘴里去？做一个护工真的不容易，一丝一毫的疏忽都不能有。

嘉宾：老人今天比较兴奋，看到这么多人，换了一个新鲜的面孔喂饭，一是可能出于礼貌，二是出于兴奋，也就忽略了饭的味道。

嘉宾：我记得当时我们进的病房里的一位老人，我一进门就听到他"哎呀哎呀"的声音，我想老人也可以像孩子一样撒娇，我当时的感觉就是我应该去疼惜他。

嘉宾：我从来没有做过这样的事情，但去之前也有一些心理准备，会接触到我们通常认为比较脏、比较累的活，可你做起来感觉就不是那样了。

嘉宾：我一下子想起我若干年前做《老年之友》的时候经常到福利院，看到老人垂危的生命，我心里会很难过，我觉得我们每个人都会有这一天，你会有生命的无奈，于是我哭了，到第二天，经过晚上的护理，我们即将告别的时候，白刚突然一时语塞，这么多年我从来没有看到他哭，我想这是体验的价值。

（点评：此处大量采用嘉宾原声，使节目更富有贴近性和可信度。）

刘莹：在这个春天还有很多让人感动的人和事，北京文艺广播主办的"梨园之春优秀青年京剧演员慈善演唱会"圆满结束了，这是一场特别的演出，不管是演员还是观众，所有的人都有一个目的，用慈善来救助身患急性淋巴细胞白血病的京剧新星陆地圆，这场演出募集到的款项共计 15 万元，文艺广播党支部号召所有的员工捐款来表达心意，共计一万元钱全部用于陆地圆的医疗费用。

接下来我将为您介绍几条收听信息。

3 月 15 日，下周三是一年一度的消费者权益保护日，在这一天我们北京电台的首都生活广播和城市管理广播，都将推出特别的节目为广大听众服务。3 月 15 日上午 9 点到 12 点，首都生活广播将联合北京质监局、消费者协会在时代金源购物中心举办迎奥运、树诚信，创建和谐消费环境的大型活动，主持人胜博介绍说……

嘉宾：在活动现场我们邀请到了很多权威检测站，像食品、珠宝、木材、皮革、茶叶、家具、乐器、电气、服装、酒类等，如果您在这方面有什么问题，都可以现场向我们的专家咨询，当然也可以把买的东西带到现场。我们希望这次活动能够通过一些维权案例的分析，推动真假产品的现场鉴别，维权知识的竞答以及相关的文艺演出，使大家亲手揭开假货的面具，不要再受骗上当。在活动现场我们还穿插了抽奖的环节，我们将会从现场来参与活动的观众中间抽出 10 名活动参与奖，到时候我们北京电台的都市生活家栏目也将进行现场直播，欢迎听众朋友们能够在 3·15 这一天上午 9 点到 12 点到金源购物中心居然之家，去参加我们这次迎奥运、树诚信，创建和谐消费环境的大型活动。

刘莹：我台城市管理广播的《城市零距离》和《市民热线》两档节目将合作推出特别安排，负责人李红欣介绍说……

嘉宾：这个特别节目从早上 7 点半就开始了，我们还是照往常一样请到了消协的负责人给大家讲一讲，今年保护消费者权益的年主题"消费和环境"，关于消费方面的投诉，他们也会进行一些点评，我们当天还有一个特别节目是走进社区，时间是上午 10 点钟，目前初步拟定是在安贞街道，我们会请到市工商局质监局的负责同志接受现场的投诉，我们也会通过热线电话、短信接受听众朋友关于消费方面的一些问题的投诉。

刘莹：市民热线的电话号码是651590××，走进社区特别节目的播出时间是在3月15日当天的10点到11点。

在日常生活中需要投诉、需要权威机构来帮助解答的生活难题毕竟只是很小的一部分，我们在生活中经常遇到一些小问题，这个时候就特别希望有个人咨询一下，找谁呢？告诉您，找北京城市管理广播的北京万事通。

（点评：主持人的串联词形式灵活、口语化，富有生活趣味，强化了广播节目的优势。）

嘉宾：北京万事通有一个口号叫"北京万事通，让您生活放轻松"，希望这个节目能够更好地帮助大家，在生活中找寻问题答案。这个节目推出后很受大家喜欢，大到法规政策，甚至有些小问题也问我们，比如我们家孩子扁桃体发炎，是不是应该去割了，我们会找出最准确而且最能帮助大家的答案，我们为这个节目开通了全天24小时的短信平台，只要发短信时编辑ABC，移动用户发送到08821073，联通用户发送到8821073，小灵通用户发送到18821073，我们在城管台过生日的时候也打电话问，老人和不方便使用手机的人怎么办？我们就这样的情况开通一部电话：651508××或651508××。

刘莹：我相信您听了介绍，心里肯定有底了，今后有什么大事小情不明白的地方就找北京万事通，节目的播出时间是在每周一到周五的9：30分。

今天的广播之友到这就全部结束了，刘莹感谢您的收听。

（点评：结尾点题，收尾利落。）

思考与练习

1. 新时期广播信息服务性节目的种类与功能发生了哪些变化？
2. 广播信息服务性节目的编辑方针是什么？有哪些编排技巧？
3. 广播商业性服务节目的优劣分别是什么？可采取哪些运作机制和经营模式？
4. 如何根据广播教育性节目的特征，制作优秀的广播教育性节目？

第六章　城市交通广播节目

　　城市交通广播是为了适应交通服务和出行需要，为移动人群和城市交通管理提供信息与服务而产生的。从 1991 年全国第一个交通频率——上海人民广播电台交通信息台开办到现在，全国交通广播已达百余家，2010 年的广告收入达到 28.9 亿元，连续 6 年呈高速增长态势。对于广播媒介而言，由于交通广播定位准确，具有鲜明的专业特色，宗旨明确，具有强烈的服务意识，思路清晰，具有坚定的市场观念，引起了业内外人士的极大关注，出现了"交通广播现象"的热议。

　　在中国交通广播 20 年来临之际，各地交通广播的发展方兴未艾，蓄势待发，显示出强劲的推动力，甚至有人称交通广播是广播界今后能与电视抗衡的最佳传播载体。在新媒体异军突起的背景下，中国交通广播如何通过机制创新、资源整合，实现从节目到经营再到战略层面的提升，是全体交通广播工作者需要认真思考的问题。①

第一节　交通广播节目的特点与功能

　　交通广播节目传达的是关于交通的所有信息，服务于特定的群

---

① 潘力：《从专业化走向多元化——中国交通广播二十年的探索与实践》，载《传媒》2011 年第 6 期。

体受众——开车人、坐车人、出行人，把满足移动人群的需求作为节目的出发点和归宿点，根据移动人群所需和节目效应来调整对策，从而获得这个群体受众的认同感和忠诚度，鲜明的专业特色使交通广播节目呈现出别样的特点与功能。

一、交通广播的特点

1. 交通广播的动态化

由于交通广播收听群体广泛集中，主要以移动群体为受众主体，所以节目形态也呈现出动态化特点。这体现在以下方面：

一是由于受众主体是在车厢内收听广播，收听环境比较狭小，同时容易受到外界环境和噪音的干扰，这就要求广播语言要口语化、生活化，多用富于动感的词汇，让听众感觉就像一个朋友在身边交流谈心。二是出行人最关心的是出行信息，如天气、路况、航班、交通管制、道路维护等。而这些信息会因为种种原因不断变化，因此，广播节目在形态上要动静结合，在以原定的信息为主线的同时，随时根据需要插播最新的出行信息。此外，听众在行路过程中会自觉或不自觉地参与到节目中，主动为节目提供其所看到的路况，这些举动都会让交通广播充满"动感"。三是由于交通广播以"信息立台，服务为本"为节目宗旨，在信息服务类节目中也是听众需要度较高的一类，受众主动参与节目的积极性非常高，热线及短信量往往要大于其他类型的广播节目。此外，交通广播记者采访的新闻大多是以现场播报的方式出现，这也大大增强了节目的现场感和动态感。

2. 交通广播的专业化

交通广播主要面向开车和乘车人，直接服务于交通，通过打造交通动态的信息发布中心和广大交通参与者的服务平台，充分展示现代专业化交通广播形象。因此，交通广播台的主持人、记者、编辑等从业人员必须具备相关的交通专业知识，特别是主持人，必须是一位熟知交通法规、掌握民众出行特点、了解相关行业政策的"业内人士"。这样才能迅速而准确地找出听众所反映问题的要害，或解答，或留待调查，最终为听众提供满意的服务。

同时，协助交通管理部门疏导交通，缓解交通压力，帮助构建安全、高效的出行环境，是交通广播的责任和使命。这促使交通广播主动与交通管理部门建立密切的合作关系，并在他们的大力支持下，提高交通广播信息的权威性和专业性。[①]

3. 交通广播的信息化

大众传播媒体有多种功能，如喉舌功能、传播功能、认识功能、监督功能、教育功能、娱乐功能。在这诸多功能中，交通广播重点突出了专业化信息服务功能。"信息立台，服务立台"已成为大多数交通广播的办台宗旨。

交通广播实用服务信息主要包括以下内容：大交通信息，如航班信息、车船的到发、延误情况；路面交通信息，如道路的车流量、堵车情况、交通事故、道路施工、灾害性天气的道路情况；求助信息，如寻物启事、司机求职、车辆的租赁买卖、汽车门诊、二手车交易市场等；旅游信息，如景区景点介绍、乘车线路、餐饮、住宿等；服务信息，如天气

---

① 杨跃荣：《交通广播的专业特色及其语言风格》，载《新闻界》2011年第2期。

情况、公交线路、煤气、停电、停水、股市、出行、票务资讯等，这些实用服务信息构成了交通台全天 24 小时节目的主线。①

二、交通广播的功能

要建设好一个交通广播电台，关键在于科学准确的定位，并通过准确的功能定位实现广播内容专业化。而截至 2010 年年底，我国民用汽车保有量已达 7400 万辆，且增势强劲，极其庞大的驾乘受众群体具有中青年占主体、涵盖社会各主流人群、文化程度相对较高、收听爱好不尽相同等特点，并同处于"驾驶安全、关注路况、排遣时间、排解拥堵烦躁"等不确定状态，对"实时路况、热点信息、放松焦虑、动感娱乐"的共同需求，远大于个性化的收听需求。② 这也决定了交通广播的功能主要体现在以下方面：

1. 提供信息，服务交通

为出行人提供时效性强、密度高、容量大的交通专业信息，是交通广播的专业属性所确定的，是交通广播生存和发展的基础，也是交通广播的首要社会服务功能。

在交通广播播出的信息中，路况信息最为重要，它是交通广播的生命线，必须不断提高它的时效性和指导性，并不断创新播出形式，使其服务更加贴近、更加到位。如交通广播台可在全天播出过程中始终处于直播状态，随时插播动态交通信息，从而让出行人能在第一时间获取最新信息，妥善安排和变更出行计划。此外，交通广播还可提供大量与出行相关的指导性信息，如航班信息、铁路信息、票务信息、旅游信息、气象信息等，增强其社会服务功能。通过其全面准确、及时有效的信息播报，协助交通建设和交通管理部门疏导交通，缓解交通压力，创造更加良好的出行环境。

2. 提供资讯，服务交流

交通广播的主要受众定位为机动车内的司乘人员，这一人群年龄范围主要集中在 20～60 岁之间，因为社会角色和社会分工各有不同，他们接收广播信息的关注角度和内容也不尽相同，收听诉求点非常广泛。

赛立信媒介研究公司的一个调查将浙江交通广播的所有听众归为七类，他们包括公务员或者事业单位人员、私企高管、自由职业者、企业职工、学生、退休人员、专职司机。赛立信媒介研究公司的调查数据显示：浙江交通广播核心听众中，专职司机只占 0.41 个百分点，排名最末；排在第一位的是企业高管，接着依次是企业职工、自由职业者和公务员、事业单位人员。以上人群在驾车或者乘车状态下，肯定需要收听相关的道路信息，但是他们更需要得到以时政信息为主的多方面内容，同时，也有得到音乐文艺等信息的强烈诉求。③ 因此，除提供信息、服务交通外，交通广播电台还应设置新闻类节目，为司机和出行的听众提供新闻服务，使他们坐在车里便知晓天下事。

在新闻报道中，交通广播要把车载听众作为主要传播对象，研究他们的收听需求、收

---

① 薛敏：《论交通广播的特点与播音风格的把握》，载《淮北职业技术学院学报》2010 年第 1 期。
② 褚敏：《交通广播主持人的语言主持样态》，载《视听纵横》2011 年第 3 期。
③ 叶森、林垚、谢建英、董枫：《关于交通广播的生存与可持续发展的思考》，载《丽水学院学报》2011 年第 4 期。

听条件和审美诉求，以确定节目内容和表现方式。鉴于交通广播主要是在行进中动态收听，有易受环境影响的特性，所以其新闻传播方式也要区别于其他广播频率，在新闻编排上应简洁明了，多编发简讯、短消息，力求在尽可能短的时间单元内，播发更多更新的新闻资讯，使听众在较短时间内获取比较完整的资讯服务，达到最佳宣传效果。

杭州西湖之声汽车电台即是如此。该台开设了《新闻早班车》、《新闻八卦掌》、《城市加速度》、《报刊选播》和《汽车百事通》、《我爱汽车俱乐部》等十多档节目，内容涵盖了国内外时政新闻和有关汽车新闻，多层次、多角度、多方位满足了听众对新闻类节目的需求。而杭州交通台则在挖掘新闻深度方面狠下工夫，该台在播报新闻的同时，每天还请香港凤凰卫视台著名主持人解读当今国际国内的热点问题和民生问题，受到了听众的普遍好评。

3. 传播专业知识，普及交通法

帮助交通参与者树立交通法制观念，树立正确的交通意识，培养文明交通道德涵养，是交通广播义不容辞的责任和义务，也是交通广播重要的社会功能之一。

交通广播所传播的知识主要是与交通有关的法律法规、车辆管理、汽车知识、驾驶技术等。对这些知识的传播可以以宣讲的方式进行，也可通过案例剖析或邀请相关专家参与节目的方式进行。如四川交通广播的《法制红绿灯》、《车管面对面》节目，通过对政策法规、交通管理措施的阐释解读，以及邀请交通管理部门的领导、专家及交通执法民警做客直播间或现场连线，为听众答疑解惑，架起了交通管理部门与交通参与者沟通的桥梁。《蜀风车语》、《快乐的士》等节目，则通过热线电话和短信参与，为听众提供了丰富多彩的购车、维修等汽车知识，成为车主和出租车司机最喜爱的节目。这些节目都很好地凸显了交通广播的专业服务功能。[1]

4. 娱乐功能和汽车维权服务

在小小车厢里呆久了，司机和乘客难免有疲惫麻木、压抑烦躁的心理，因此引起交通事故的情况也屡见不鲜，所以交通广播除了传播新闻、信息外，也要充分发挥其娱乐功能，适当设置文学类、音乐类、戏曲类以及互动性强的娱乐节目，这不仅会提高收听率，也会极大程度地愉悦司机及乘客身心，舒缓他们的情绪，让单调枯燥的车内氛围变得活跃、轻松、温馨。

此外，随着家庭汽车拥有量的增加，由汽车引申出的矛盾纠纷也日益增多。如许多消费者在购买了汽车后，发现了问题或者在修理问题上投诉困难，经销商和生产厂商经常相互扯皮，直接损害了消费者利益。为此，交通广播作为专业电台，应责无旁贷地承担起沟通、疏导的重任，化解矛盾纠纷，维护社会和谐。杭州交通台即是如此，该台适时推出了《我的汽车有话说》这档关于汽车消费的投诉节目，用热线电话沟通消费者和服务单位，为买车者、用车人提供了一个倾诉的平台和沟通的机会。[2]

功能的发挥离不开好的载体。交通广播在定位时就应围绕这些功能设置栏目，做到服

① 杨跃荣：《交通广播的专业特色及其语言风格》，载《新闻界》2011 年第 2 期。
② 宫健、刘刚：《办好交通广播的几点想法》，载《新闻实践》2011 年第 4 期。

务内容专业化，这样才能充分发挥交通广播的独特功能，形成自己的品牌特色。①

第二节　交通广播节目的常规业务

面对网络、手机、博客、播客等新兴媒体的不断涌现，曾经一枝独秀的交通广播也处在了一个发展的重要关头。从交通广播近年来的发展看，传统的新闻播报、资讯传达、专业服务等内容仍是主流，但对重大突发事件的报道，以及与新媒体技术的融合已是异军突起、引人注目，从某种意义上来说，在三网融合、新媒体技术发展越来越高端的传媒科技时代，交通广播与数字化广播接轨的程度，决定了它今后的发展道路与成就的高低。

一、交通广播节目的常规业务与特点

1. 新闻服务：本土化，差异化，突出城市交通特色

据赛立信媒介研究公司 2009 年全国调查数据显示，在全国广播市场中，中央电台占了略多于一成的广播市场，省级电台占据了 1/3，市县级电台则占了全国广播市场的一半以上。与 2008 年相比，中央电台的市场份额出现较大下降，由 13.5%降到 10.4%；省级电台的市场份额也出现轻微下降，由 2008 年的 35.9%降至 34.7%；市县级广播的市场份额则从 50.5%上升到 54.9%。以上数据变化反映出听众对本地资讯的关注度越来越高，所以，立足本地特色、强力控制本地市场已经成为近年来市级电台的核心策略，交通广播电台也不例外。如 925 哈尔滨交通广播《925 交广早高峰》栏目，在原有的新闻性基础上，进一步突出城市交通特色和服务特色，并抓住哈尔滨"好发展、快发展、大发展"的大好时机，根据市委、市政府提出的"把哈尔滨建设成为现代大都市"的总体目标和实施"北跃、南拓、中兴、强县"的发展战略，发挥收听优势、覆盖优势、影响优势，紧紧盯住哈尔滨市近 70 万国内车载收音机的移动听众，吸引百万移动听众关注哈尔滨的城市发展，为路上的出行人提供最全面、最权威、最实用、最有人情味的全新资讯，信息量多达 50 条以上，其资讯新、来源广、容量大、转换快，满足了不同市民的收听需求，彰显了交通频率的特色。

2. 资讯服务：立体化，机动化，方便市民出行

交通广播的受众大多是移动人群，他们对出行信息的需求具有跨区域的特点，也非常关注路况信息、民航信息、铁路信息和气象信息的最新动态，所以，城市交通广播在资讯服务方面，要及时全面、灵活机动，搭建立体化的资讯平台，方便市民出行。交通广播可采取以下举措：

其一，交通广播在服务地方的同时，要打破地域界限，尽可能地与民航、铁路、客运、气象等部门合作，建立立体化的交通信息网，整合各种有用的交通信息。

其二，城市交通广播要充分利用现代高科技手段，使资讯服务及时、权威、可靠。例如四川交通广播，他们与省交通厅相关部门签订了长期战略合作协议，大大提升了信息的质和量；在四川交警总队和成都市交管局指挥中心建立直播间，交警可以随时走进直播间

① 杨跃荣：《交通广播的专业特色及其语言风格》，载《新闻界》2011 年第 2 期。

为听众答疑解惑；建立了"交警通联站"，可以在第一时间收集到全省道路的即时路况信息；开设了《四川交通》、《四川交警》、《车管面对面》等专业节目，有效提升了交通广播的专业性和权威性，真正架起了听众与广播沟通的桥梁，也使交通广播更深地扎根于听众心中。①

其三，城市交通广播还应丰富信息报送方式，在播报资讯的同时，通过主持人直播、热线联系等方式，及随时插播、现场报道、多点联播等多种手段，丰富节目内容。如925哈尔滨交通广播密切关注全市400多条道路的改造进程，及时"广而告之"，让车主快捷方便地选择合理出行路线；在节目中，该台始终贯穿路况信息、主要路口交通流量信息、各高速路的交通以及气象、民航、铁路、客运等信息，以密度大、有效性强、有人情味的交通信息优化组合方式，指引人们便捷出行、顺畅出行和安全出行。

3. 对象服务：个性化，亲情化，可持续发展

随着社会经济的发展与社会信息化进程的加速，交通广播的移动收听群的构成发生了巨大的变化，受众的信息需求也更加多元化与个性化。另外，受众是有目的、有理性、有选择地接触大众媒介，受众接触媒介的行为，很大程度上是由他们的心理或社会需求所决定的。在经济、社会、文化大发展的时代背景下，受众的接受心理发生了很大变化：在价值取向上，他们从注重理想向强调实际的方向发展；在社会心态上，从封闭走向开放，从情感化走向理性化，从单一化走向多样化；在信息需求上，既希望随时随地地掌握对于他们个体有价值的信息，更希望提供给他们的是经过筛选、整合与优化以后的信息。城市交通广播节目主持人需要考虑到这种受众心理变化，在主持风格上体现个性化，力求与受众在心理上无限接近。

使受众满意是个性化服务的唯一目的。本着为受众服务的宗旨，城市交通广播应该大力发展个性化的信息服务工作，全面提升个性化服务质量。一方面，应确立个性化的信息服务理念，在节目同质化中保持自身的个性和创造力；另一方面，应提升从业人员的专业素质、职业操守和知识层面，在节目形式和内容同质化的现状下，仍能以独到的见解和独家的选择区别于他人。

4. 专业服务：权威化，品牌化，彰显城市汽车文化特色

机动车保有量的迅猛增长是全国各大城市的共同现象。以哈尔滨市为例，据该市公安交警部门最新统计，目前哈尔滨市机动车保有量已达70万辆，且以每天400辆新车的速度增长。交警部门预计，三年内，哈尔滨市机动车保有量将突破百万辆大关。机动车保有量的增加使专业化汽车服务节目成为城市交通广播的重要组成部分。通过汇聚买车、用车、修车、玩车的信息，为听众解决汽车生活中的问题，丰富都市人群的"有车生活"，是时下广播节目的热点所在。但毫无疑问，作为城市交通电台，需要有更专业、更独到、别人难以模仿的专业化服务节目品牌以提升节目品位，换句话而言，专业的信息和专业的服务才能使城市交通广播在交通专业领域里形成权威。

此外，广播频率同质化竞争客观上迫使各个广播频率寻求差异化突破，而在当前时代背景下突破的最佳通道就是：品牌化建设。为此，城市交通广播不仅要精心设计节目内

① 杨跃荣：《交通广播的专业特色及其语言风格》，载《新闻界》2011年第2期。

容，提升节目层次，更要学会通过活动、俱乐部等形式扩大节目影响力，为节目品牌经营奠定良好基础。

2010 年 3 月 14 日，羊城交通广播联合广东省消费委员会、南方电视台、羊城晚报、新浪广东等多家媒体举办了"爱在 1052——关注 3·15，关注消费者权益大型咨询会"，邀请知名主持人和消费者委员会、资深维权律师，在现场面对面接受消费者的投诉。2010 年春节期间，羊城交通广播与南方电视台联合推出"温暖回家"公益活动，帮助那些有困难无法回家过年的听众，让他们在节前顺利回家，平安过节。此外，面对 2010 年年初开始的西南大面积干旱，羊城交通广播组织了"爱在 1052，'南粤甘泉'抗旱救灾系列行动"。当公众对社会、市政、利益的关注以及个人力量在此类新闻事件中的表达，需借助媒体实现的时候，媒体的影响力和号召力也会被新闻本身的影响力所带动。媒体"搭台"，听众"唱戏"，提升了交通广播的影响力，增加了交通广播的品牌价值。①

5. 突发事件服务：超常规化，最大化发挥城市交通广播的服务优势

广播的唯一符号是声音，声音符号系统沿循时间维度进行线性传播，因此具有远距离、线性、非实体和"一对众"等原生性特征②与实时指导性的优点，尤其是交通广播，它的服务针对性和实时指导性更为明显，故而，应急突发事件出现之际，也是广播媒体彰显优势的大好时机。

针对应急突发事件，交通广播要采取超常规化的举措，最大化发挥城市交通广播的服务优势。具体而言，举措包括：

（1）跨部门合作，及时播报最新信息。

在突发事件中，交通广播是疏导交通、指导人们出行的最有效方式。但因为突发应急事件往往涉及面广、处理起来对时效性要求很高，所以，交通广播不能只凭一己之力，而要与交警部门和交通部门联手，建立起路况信息联动发布机制，及时全面地传达正确实用的信息。如 2010 年 4 月 12 日下午至 4 月 13 日，一场突如其来的暴雪奇袭了哈尔滨市区，24 小时降雪量达到 30.6 毫米，对市区交通和出港航班、铁路、客运造成严重的影响。为此，925 哈尔滨交通广播在哈尔滨广播媒体中首家启动了应对突发天气的节目预案，3 个小时的直播过程中，不间断地与黑龙江省交通信息指挥中心、哈尔滨火车站、哈尔滨公路客运站、太平国际机场、哈尔滨市公安交通管理局、哈尔滨市公共电（汽）车总公司、哈尔滨市地铁办、哈尔滨市清雪办、哈尔滨市教育局等各相关交通、职能部门现场连线 100 多次，第一时间发布哈尔滨市中小学校将放假一天的信息，节目共接到路况信息员和热心听众提供的市区交通路况 300 多条，丰富全面、切实有用的信息得到了听众的高度认可。

（2）跨区域联动，扩大路况报道范围。

每个城市的上空都覆盖着 10 多个广播频率，中央台、省台、城市台的多重覆盖，多频率的内容重合，形成了激烈的竞争。总体而言，在同城竞争中，本地电台优势明显，电台的区域性特征显著。但区域经济打破了原有城市间的壁垒，城市间的交流与合作日趋频

---

① 王媛：《广东交通广播品牌价值构建的启示》，载《中国广播》2011 年第 2 期。

② 曹璐、吴缦：《广播新闻业务》，北京广播学院出版社 1997 年版，第 15~18 页。

繁。正是由于城市间经济活动的关联性日益加强，交通广播听众的收听诉求必然会随之延伸。① 为了尽可能地维护已有听众、争取潜在听众，交通广播要紧紧跟随听众车轮轨迹，变"固守阵地"为"走出去"联动发展，扩大路况报道范围。

区域交通广播电台之间加强合作，可以充分利用各交通广播电台的各种资源，建立统一的信息平台，可以实现各台之间在节目、广告等多方面的合作，实现资源高度共享，提升交通广播电台的影响力和品牌形象。② 如泰州交通广播通过与上海、扬州、镇江、南通、常州、无锡、南京等长三角邻近交通台合作，构建起长三角交通信息发布联盟体系，及时交流发布周边城市及相关高速路况信息及应对措施新闻，凸显了交通电台优势，为出行的人们指引了方向，也为交通广播平添了发展活力。该台的主打节目《交广面对面》每年累计接到各类投诉 1000 件，投诉事件的处理地域扩大到宿迁、扬州、镇江、无锡、南通等地，先后收到锦旗 10 多面，感谢电话千余个，为听众挽回经济损失近百万元。③

跨区域连线直播已经成为全国交通广播应急突发事件报道约定俗成的合作模式。近年来，这种模式在非事件性报道中也常被采用，像"百城百台文明交通在行动"、"全国爱心送考大联盟"、"北京国际车展大直播"等。当然，作为交通广播专业频率，这种模式的运用，相比其他媒体更频繁、更灵活、更具规模、更具影响力。④

（3）跨媒介合作，构建立体传播渠道。

在社会信息化的今天，担当权威信息的发布平台，及时报道突发事件，正确引导舆论，舒缓社会矛盾，是大众传媒义不容辞的社会责任。但因为每种媒介都各有优劣，在纷繁复杂、瞬息万变的应急突发事件面前，交通广播只有超越媒介界限，与纸质媒体、电视媒体等合作，才能构建立体传播渠道，保证自身报道的及时、准确、客观、深刻。如 2008 年年初雪灾，湖南交通广播即通过与本省多家主流媒体联合采访雪灾现场，共享人物专访等交通信息资源，成功地全方位再现了抗冰雪救灾的工作，谱写了冰雪路上的感人篇章。⑤

总之，受众需要是广播生存的基础，随着时代的发展和环境的变化，受众的需求也在不断变化，城市交通广播应不断调整自己，最大化地发挥服务功能，在满足受众需求中求得自身发展。⑥

二、联手新媒体：交通广播的多元化可持续发展之路

20 年前，交通广播因汽车时代的全面来临而全面振兴，但在当今这个以信息技术为基础的数字化时代，交通广播面临的局势非常严峻：一是随着汽车时代渐入平台期而面临

---

① 葛峻：《跨界：交通广播价值提升的现实选择》，载《青年记者》2011 年第 1 期。
② 葛峻：《跨界：交通广播价值提升的现实选择》，载《青年记者》2011 年第 1 期。
③ 葛峻：《公益性+个性化：交通广播的品牌策略》，载《传媒观察》2011 年第 2 期。
④ 潘力：《从专业化走向多元化——中国交通广播二十年的探索与实践》，载《传媒》2011 年第 6 期。
⑤ 潘力：《从专业化走向多元化——中国交通广播二十年的探索与实践》，载《传媒》2011 年第 6 期。
⑥ 王秋：《最大化发挥城市交通广播的服务功能》，载《新闻传播》2011 年第 3 期。

"天花板"的窘境；二是随着媒体的多样性和碎片化趋势、社会公共资源的全面开放、人们获取信息的渠道和生活习惯的改变、媒体自身的公信力下降、广电系统的体制变革等，交通广播的生态环境渐入困境；三是博客、微博、Twitter 等新兴的传播媒体利用其独有的特质，已变为更主动的"新闻线索的发现者"、"亮点事件的设定者"和"热议评论的发布者"，并借助互联网传播平台日益发挥着影响力，成为当代传播格局中不可忽视的新兴力量。未来十年，中国交通广播只有从传统媒体的母体中彻底破茧，与日新月异的各种新媒体全面融合，才能全面拓展产业链，浴火重生，在新的媒体竞争格局中重塑定位。[①]

1. 利用新媒体技术，增强竞争实力

广播是技术的产物，它的优势得益于先进的电子技术。高科技的介入将对广播的工作方式、传播方式和接受形态产生深远的影响，并为广播的发展注入活力。在三网融合、新媒体技术发展越来越高端的传媒科技时代，全面推行数字化广播对提高交通广播传播效率、占领市场、迎合受众、提升竞争力是非常有利的。

（1）新媒体成为交通广播重要的新闻信息来源。

作为一种传播媒介，以微博为代表的新媒体信息源丰富、传播速度快、扩张力度强、影响力大，特别是它的信息传播方式，既不同于传统媒体的线性传播，也不同于网络媒体的网状传播，它是一种裂变传播。这种传播形态的传播速度之迅捷，传播密度之深密，传播方式之便利，远非以往的传统媒体可比拟。在 Web2.0 时代，新媒体依靠其网聚的强大人际关系网络，能为广播媒体提供海量的新闻信息和线索，在突发事件中临时客串着"公民报道者"的角色，"我在现场"的传播优势得到彰显。

如 2011 年 2 月 22 日 16 时，一条微博指出："闽 DD5228 客车严重超载，车上乘客均为某学校学生"，这条微博还附了车内拥挤不堪的照片。福建交通广播的记者看到信息后，马上通知交警，并与交警一同赶到现场，了解情况。经查该车核载 19 人，实载 50 人，超载量 160%！民警在对学生进行安全转运后，依法对该违法行为做出处罚，警方还向该违法车辆所在学校发出整改通知书。FM100.7 的记者第一时间将信息上传微博并通过广播发了现场报道。事实充分证明，新媒体这种原生态、即时、海量的信息，是传统媒体挖掘新闻素材的巨大宝库。

（2）打造互动平台，凸显广播节目的交互性。

作为传统的新闻媒体，广播一向重视节目的互动意识，更将即时互动传播作为应对激烈媒体竞争的有力武器。但现有的广播节目互动主要通过热线电话和短信平台来实现，前者受节目播出时间长短的限制，后者存在资费成本的问题，借助新媒体提供的互动平台，交通广播可以最大限度地满足受众参与节目的需求，凸显广播节目的交互性。[②]

如泰州交通广播在泰州广电系统率先建立了具有 BBS 和在线直播功能的独立网站。网站同时链接了主持人博客地址，开设了节目互动板块，使无形和稍纵即逝的电台节目变得更加生动有形，电台和听众之间形成良好互动。广播节目通过实现网络在线直播和点

---

① 陶方军：《交通广播迎来全媒体竞争时代》，载《广告主市场观察》2011 年第 4 期。

② 王菡：《略论广播媒体与微博的融合—以福建交通广播为例》，载《东南传播》2011 年第 4 期。

播,也增加了听众,巩固了自身的市场占有率。①

可惜的是,目前大多数广播媒体尚未意识到这一点,以微博为例,目前仅有 31 个广播电台或电台节目开通了微博,占全部媒体的比例不到 10%。对广播媒体而言,如何利用新媒体提升自身竞争力还有很长的路要走。

(3)借助互联网,搭建跨媒体立体传播渠道。

节目制作、传播技术的数字化已成为广播电视发展的重要趋势,现代信息传播的网络技术、数字技术、卫星技术、3G 移动通信技术、光纤技术、数字音频技术等高科技的迅速发展与广泛应用使专业广播和其他媒体的联手有更独特的优势。

目前,全国绝大部分交通广播台(频率)都已经通过现代科技手段与当地的交警指挥中心、交通运输管理中心、民航、铁路、航运管理中心实现网络的互联,让庞大的网络发挥效用,产生效益,使跨媒体的立体传播渠道真正成为现实。交通广播与新浪网在今年6 月 7 日、8 日高考期间携手举办的全国百城百台"爱心送考"活动,就是通过网络媒体的互动方式,发挥微博、微访谈、微视频的传播特质,实现传统广播与网络新媒体的有效传播,延展交通广播网络受众,增强媒介的竞争实力。②

2. 开拓交通广播赢利新模式,创新广播经营模式

现阶段,我国交通广播产业价值链的发展主要沿着两个方向展开:第一,媒体产业链条的构建。它指传媒扩张中的"一体化"模式,即将过去的单一的内容生产通过扩张,形成多层次、立体化的媒体运作方式。第二,跨行业产业链条的构建。即以交通媒介为依托,以传播"大交通"理念为己任,以服务交通行业及汽车后服务市场相关产品与服务所创造的利润,为媒介产业聚合力量。

这种发展模式的优点在于:能够有效提升信息、客户、受众和品牌等资源的利用效率,降低运作成本,形成和提升传媒品牌及社会影响力,因而近年来也极大地推动了交通广播的发展。但随着时间的推移,这种发展模式已日见其不足。用形象的语言来说,目前广播产业的赢利一般有四种:一是"卖内容";二是"卖广告";三是"卖活动";四是资本运作。其中尤以"卖广告"为重心所在。这种"单点式"的经营模式不仅使交通广播高度受制于广告业的风吹草动,经营的风险程度很高,发展到一定阶段还会因达到"饱和点",反过来制约交通广播的经营,使其发展进入到一个很难继续提升的"瓶颈期"。

因此,交通广播要成功,必须突破这种"瓶颈",赢得"多点支撑"的经营格局。广播与网络的融合,就是要借用其他的传播途径,突破自身局限,开门办广播,拓展升值空间,尝试广告以外的收入来源,这是交通广播探索可持续发展的很有价值的经验,"办报纸的有声版、办看得见的广播"已经成为交通广播践行的目标。③

————————

① 葛峻:《跨界:交通广播价值提升的现实选择》,载《青年记者》2011 年第 1 期。

② 潘力:《从专业化走向多元化——中国交通广播二十年的探索与实践》,载《传媒》2011 年第6 期。

③ 潘力:《从专业化走向多元化——中国交通广播二十年的探索与实践》,载《传媒》2011 年第 6期。

第三节　交通广播信息的发布

交通广播电台发布交通信息，具有成本低、受众广、信息传播及时、几乎不需要处理等特点，作为智能交通系统的重要组成部分，非常适合我国国情和现阶段的交通状况，并已经得到出行者尤其是城市驾驶员的欢迎。随着我国汽车工业的快速发展和汽车保有量的上升，大城市的交通拥堵势必成为更大的难题，而运用交通信息系统提供及时、有效的交通信息，可以帮助驾驶员更好地选择路线和出发时间、提高路网效率、取得更大的系统收益，有效缓解拥堵。此外，交通广播一般都由所在地的交通、公安部门参与制作节目，并与高速公路监控中心、铁路站点建立了固定联系。城市交通指挥控制中心所采集、处理得到的实时交通信息，也需要通过交通广播来实现价值最大化。

一、交通广播发布交通信息的特性分析

交通广播电台一般在交通控制中心设立采集点，共享交通信息，同时接收驾驶员通过电话报告的交通信息，在甄别加工后进行信息发布，其信息发布流程如图6-1所示。通过调查发现，目前绝大部分交通广播的信息采集技术为被动式，对交通信息的定量描述、提前预报缺乏关注。

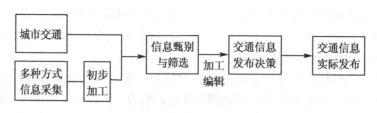

图6-1　交通广播发布交通信息的流程图

交通广播信息发布形式的特殊性决定了其发布交通信息以描述性为主的特征，即定时（或插播）交通状况信息，主要包括拥挤路段（或畅通的干道）、事故情况、交通管制及施工信息、建议路线等，如"××路发生交通事故，建议绕行"、"××路因道路施工，全路封闭"等，也有交通广播对城市主要路段的路况进行简要播报，交通广播发布交通信息的具体内容如表6-1所示。

表6-1　　　　　　　　　　　交通广播发布交通信息的内容

类　别	信息内容
事故信息	事故地点及时间、影响路段、处理情况、建议路线等
拥堵信息	拥堵路段、排队长度、建议路线等
路段流量信息	路段交通流量、高峰时间等
交通管制及施工信息	交通管制路段及时间、交通管制措施、路段施工信息等
其他信息	天气信息等

从根本上说，交通广播发布的大部分交通信息，如事故、拥挤及相关建议路线信息等，本质上是一种群体诱导信息，即根据路网的交通流状况发布诱导信息。这种信息发布方式与可变信息板也有很大区别，后者固定于路网的具体位置，可以影响具体的关联路段，而交通广播的接收者散布于整个路网，所发布的具体路段信息只对需要经过该路段的驾驶员才有效。

二、交通广播发布交通信息对交通行为的影响

国外十分重视交通广播发布的交通信息对交通行为的影响，并在进行相关研究的基础上得出了大量可供我们借鉴的结论。如美国交通规划与建设方面的专家 Hato 针对交通广播、可变信息板、引导标志等多种交通信息来源，提出了出行者的信息获取与处理模型，并建立和标定了相应的路径选择模型。美国交通规划与建设方面的专家 AI-Deek 将出行者划分为通过广播接收交通信息、未使用交通信息接收装置而依靠自己观察拥挤状况、使用 ATIS（Advanced Transportation Information System 简称 ATIS，先进的交通信息系统）三类，并使用 RP 调查数据进行了交通分配研究，发现出行者通过广播接收到因事故引起的延误信息时会更早地改变路线，从而使路网更好地实现系统最优。美国交通规划与建设方面的专家 Richard 利用二元模型分析，揭示了交通电台和 VMS 两种信息对路径选择的影响作用非常相似。但这些研究所考虑的交通广播信息所能够提供的行程时间、延误估计等定量交通信息，与我国有所不同。

我国学者黄海军在并行路径和线性交通成本的假设下，研究了交通事故信息对交通行为的影响，认为盲目发布交通事故信息反而会劣化系统。在特定的路径上，只有当事故严重到一定程度时，信息发布才是有益的。显然，这个结论对交通广播的信息发布具有很强的理论指导意义。交通广播是一种常用、简单且费用较低的信息发布方式，其对驾驶员路径选择行为的影响作用功不可没，但由于其搜盖面较广的方式，不可避免地存在交通信息针对性较弱、信息及时性、准确性较低的不足之处。经常收听交通广播的司机更善于从路网的整体路况出发，根据经验考虑路段状况并决定是否改变路径。

三、交通广播信息的发布策略

由于交通广播所发布的信息大多是描述性的，所以必须对其副效用和发布策略进行探讨。描述性交通信息有两个显著的特征：一是信息的位置效用差。研究表明，在普通路段和关键路段（如进出口匝道、主要交叉口）同样提供拥挤阻塞信息，对驾驶员产生的影响却不尽相同。二是信息的模糊诱导，如果提供交通拥挤之类的非量化信息，则存在信息精度不足而带来的"模糊诱导"现象。同时，拥有路线诱导信息与没有诱导信息的出行者的路径选择行为有所不同，他们对行程时间的感觉存在差异。

由于出行者个体的差异性，交通广播提供交通信息可能会产生以下反应：①信息过剩。出行者面对大量的可用信息，不能正确处理路径选择所需的信息。②过激反应。大量的出行者接受信息诱导并遵循诱导建议时，会使一条路段的拥挤转移至另一条路段，甚至使道路的使用产生一种振荡现象，这是由于出行者在接收到交通信息后，在做选择时忽略或者是错误地估计了其他出行者的反应而造成的。③集聚反应。大量出行者根据真实的路

网交通信息选择其最优出行路线时，其中具有相似偏好的人在相同的出行时刻会集聚到同一路径上。

瑞典的一项调查数据表明，当通过专用广播发布异常事件消息时。有40%的驾车者表现出对信息不够信任，路径选择行为受信息影响的比率仅为10%，驾驶员对信息的接受程度并不如想象的那样令人乐观。通过研究还发现，在接收到前方的堵塞消息后，有相当一部分驾驶员仍选择继续在原路线上行驶，只要仍存在绕行路线，他们会在原路线上行驶尽可能长的距离，甚至直到亲眼看见堵塞情况才考虑改变路径。

另外，针对路网上的偶发性交通事件，交通信息的发布还必须考虑路网的拓扑结构和局部路网的能力限制等相关因素。对于一些偶发性事件，为了减少事件影响的持续时间，尽快使交通流恢复顺畅，避免引起更严重的交通瘫痪，必须采取局部系统最优策略，使事故造成的交通拥挤分散到平行道路上。所以发布信息前要综合考察有没有相应的平行路线，或者即使有平行路线但该平行路线有无足够的通行能力来容纳转移的交通需求。另外，转移交通量必然影响平行路线的交通状态，所以还应向平行路线上的驾驶员提供信息，这些在实施前都需要仔细分析。

总之，基于电台广播平台进行交通信息的发布，是适合现阶段我国国情的交通信息发布方式，能够在一定程度上有效缓解城市交通拥堵，只要进行统一规划，就能够改善出行效率。交通管理者要充分重视和利用交通广播电台这一有效且低成本的信息平台，统一规划和完善交通广播的发布模式。①

第四节　交通广播节目的编排策略

虽然交通广播节目深为广大司机、车友所喜爱，但如果在新闻节目内容安排和形式创新上没有新意，往往也会费力不讨好，尤其是县市一级的地方台，既没有大城市那么多的路况信息，也没有太多的交通信息以供发布，处理不好就会使交通新闻成为食之无味、弃之可惜的鸡肋。因此，交通广播电台要讲求策略和技巧，结合所处城市的特点，办出司机和车友喜爱的交通新闻节目。

一、跟踪广播市场新变化，理解目标听众信息需求

在传统的新闻学教材中，编辑的职责一般被框定为"加工处理稿件、编排制作节目，配发或者主动撰写评论等"，这是编辑最为基础的工作。近年来，随着媒体市场竞争日趋激烈，中国的传媒业进入"营销时代"，新闻也已从"卖方市场"转变为"买方市场"。新的竞争态势要求作为新闻信息传递中枢的编辑，首先要具备超前的市场意识和明确的目标听众感知力，只有这样，策划和编排节目才能切中肯綮，契合目标听众的实际需求。

1. 分析广播市场，了解目标听众群的结构变化

在20世纪90年代以前，我国私家车较少，开车人主要是出租车司机与社会单位车辆的司机。20世纪90年代以后，全国各地私家车迅猛增加。私车总量的猛增给交通广播市

---

① 戢晓峰：《电台广播发布交通信息的有效性研究》，载《中国交通信息产业》2007年第7期。

场带来两大变化：其一，从目标听众群角度看，结构重心发生转移——主力群体从出租车司机转变为私家车一族；其二，从竞争对手角度看，围绕着私家车一族的广播媒体市场争夺战日趋激烈。

市场发生的新变化表明：交通广播要想在激烈的广播新闻竞争中获得持久的竞争力，就必须在稳定原有的以出租车司机为主体的核心听众群的同时，赢得更多的增量听众，让数百万有车一族中的大部分人成为节目的忠实守候者。

2. 理解目标听众，把握他们的真实需求

如何才能达到"赢得更多的增量听众"这个预期目标呢？最关键的环节是确切地把握潜在目标听众群的实际需求。为此，交通广播从业人员必须牢记一点：传媒业进入"营销时代"后，作为广播媒体，考量其节目吸引力的出发点已经不是"我们想做什么"，而是"听众需要我们做什么"。

在道路增建速度滞后于私家车拥有量增长速度的前提下，短短几年间，数十万乃至数百万私家车争先恐后地涌上街头，直接带来的结果就是早晚高峰拥堵路段明显增多，司机待在车里的时间越来越长。在从开车门到出车门的时间里，这些潜在的目标听众最需要的新闻资讯是什么呢？2003 年 9 月，北京人民广播电台联合北京大学市场与媒介研究中心对北京地区交通广播听众做了一个比较深入的调查，调查结果显示：听众感觉收听交通广播有用，90% 是因为"能帮助自己有效地利用驾车时间，了解更多的信息"，80% 是因为"能帮助自己选择合适的行车路线，能及时了解城市动态事件"，70% 是因为"能使自己堵车时心情不那么烦躁"。这次调查的结果和北京交通广播此前开展的每季度收听调查结果大致匹配。对调查结果进行反向解构，可知听众期望从交通广播中及时获取以下几类新闻资讯：

(1) 各类宏观的交通、社会、生活新闻；

(2) 道路交通实时变动资讯；

(3) 城市突发事件新闻；

(4) 交通社会案例、社区生活事件等软新闻；

(5) 铁路、民航以及旅游等大交通资讯。

3. 调整节目结构：最大限度地满足听众的真正需求

辨析清楚潜在目标听众的信息需求后，接下来要做的事就是围绕这些需求，合理搭建交通广播节目的内容和组合框架。

著名传播学者施拉姆开列的"信息获选或然率公式"科学地揭示了信息传播的一个普遍规律：信息选择的或然率与信息能够提供给人们的报偿（也就是价值）程度成正比，与人们获得信息的代价（也就是"费力"）程度成反比。分析这个传播学公式不难发现，要想让有车一族在恼人的早晚交通高峰中不频繁换台，交通广播节目必须做到两点：其一，节目信息的核心内容应紧扣听众所需，使他们感到有作用、有帮助；其二，节目信息的传播形式应简洁明快，通俗易懂，有张有弛，有亲和力，能入耳入心。

北京交通广播的《交通新闻》栏目即是个鲜明的例子。为适应新的目标听众群的需求，该栏目从节目内容到形式实现了三个转变：

其一，从交通行业新闻到交通社会新闻的转变。2002 年之前，《交通新闻》的目标听众主要是出租车司机和社会单位车辆司机，信息内容主要以报道出租、公交、交管、铁路、民航等行业动态为主，是典型的以交通行业为服务对象的新闻板块。2002 年之后，其新闻价值取向调整为以满足出租车司机及私家车一族的资讯需求为主，信息内容涵盖了各类影响听众出行的交通资讯、城市突发事件以及交通社会案例和社区交通生活事件，脱胎为一个真正的交通社会新闻板块。

其二，从路面小交通到都市大交通的转变。2002 年之前，《交通新闻》的报道范围主要以城市道路交通为主，铁路、民航等其他交通领域的资讯只占极少量；2002 年之后，随着有车一族信息需求的多样化和城市大交通的一体化，报道范围在紧扣城市道路交通的同时，不断向铁路、民航、旅游等领域拓展，力图全景式地反映城市大交通的各个节点。

其三，从满足播出要求到满足听众接受心理的转变。在节目形式方面，调整力度也比较大。以前，编写一篇稿件，只要文字无误，符合播出要求即可；现在则要求必须从听众的接受能力和接受心理出发。一切稿件必须做到核心信息突出、口语化、通俗易懂。

近年来，在央视索福瑞公司每周北京广播市场收听情况调查中，《交通新闻》的收听率一直保持在 6%左右，超过同一时段播出的其他较有影响的广播节目两到三个百分点；市场占有率平均高达 27%左右，超过同一时段播出的其他较有影响的广播节目 10%左右。

二、围绕目标听众需求，精心做好新闻策划

近年来，随着广播市场竞争的日益激烈，新闻策划作为实现新闻信息增值和获取竞争差异性的重要手段，已广为各家媒体所青睐。与平面媒体相比较，广播媒体对时效性的要求更苛刻，因此，广播编辑要在媒体竞争的大棋盘上占据有利位置，招招领先，必须具有快速反应能力和综合思辨能力，精心做好新闻策划。

1. 将新闻策划意识贯穿到日常节目中

广播编辑的策划意识首先体现在每天播出的新闻节目中。不论城市大小，交通生活中的热点事件就像股市中的强势股票一样此起彼伏、不断变化。因此，只要善于捕捉，每一个热点事件都会为节目赢得一次吸引听众注意力的机会。当然，热点事件的性质不同，策划的方式与方法也不尽相同。

（1）可以预知的热点事件。

交通广播报道的热点事件中，有些可以预知，比如，"交强险将实施浮动费率"、"汽车分单双号限行"、"公交一卡通将全面推行"等。针对这些可以预知的、影响面较广泛的新闻事件，编辑不要仅仅满足于按时准点地报道一条消息，而要从目标听众的角度出发，多问几个为什么，如：有关政策措施出台的背景是什么？政策措施直接调节的利益关系是什么？听众对新政策的反应如何？有关领域里的专家学者如何评价这个政策措施？政策出台后会带来什么？

编辑可请记者顺藤摸瓜，进一步深入地采访调查这些问题，或将相关专家学者请到直播室，现场回答问题。如此一来，当这些政策措施真正实施时，人们从当天的交通新闻里

听到的就不是一个信息点，而是一个立体的相关信息总汇，听众通过收听当天的一套或两套新闻，就可以全方位地了解多层次的解释信息。①

（2）未知的突发性的热点事件。

这类事件包括雨、雪、雾和沙尘暴天气，路面大面积塌陷，地下水管爆裂以及重大交通事故等。这些事件往往发生于瞬间，影响扩大时却可能波及城市交通的局部甚至全部。遇到这样的突发事件，交通广播电台从业人员要勇于打破原定的节目设置与播放安排，快速做出节目调整，精心策划，多方联动，给予堵在路上的司机朋友正确的应对措施。可以采取的举措包括：

第一，及时反应，随时插播交通、气象信息。交通广播编辑可抢先一步启动应急报道预案，与交警部门和交通部门联手，迅速建立路况信息联动发布机制。最好能紧急调配记者兵分几路赶赴交管局指挥中心、相关部门、单位以及各主要交通节点，抢在第一时间插播第一批现场报道，准确提示司机如何采取绕行措施。如2007年3月4日，铁岭出现特大暴风雪，数百台车辆因大雪被困。铁岭交通台的品牌栏目《老隋说交通》为配合铁岭交警对外地车辆和人员展开的"大营救行动"，决定从早上8点开始，停播原有的其他节目，改为"《老隋说交通》——暴风雪大营救现场直播特别节目"并全天连续播报，每到整点还要发布综合消息。经过全市交警的全力奋战，被大雪困住的几百台车辆得以解救。《老隋说交通》节目也因对这次"大营救行动"的成功直播和实时性服务受到了社会的关注和广大听众的赞许。②

第二，连续报道，深化交通广播服务功能。在及时播报新闻动态的同时，交通广播编辑还要布置记者多方位、多角度地了解相关情况，在新闻动态播报的间隙对突发事件的现状、有关部门的应对措施及事件造成的次级影响作全景式的扫描分析，让听众不仅知其然，还能知其所以然。同时，通过热线电话、短信、微博等多种方式，搭建互动沟通平台，让"上情下达，下情上传"更为顺畅。

将新闻策划意识融入日常节目中，交通广播节目就会经常出现闪光的新闻"听点"。日积月累，目标听众的忠诚度节节提升，相关栏目在他们心目中将逐渐从"可听性"节目转化为"必听性"节目，相关频率也将会成为品牌性频率。

2. 针对阶段性热点议题策划深度报道

在广播界一直有这么一种说法："广播只报道短平快的消息，深度报道交给报纸杂志来做"。但作为一种媒体，广播要扩展广播新闻节目品牌影响力，树立专业媒体权威性和公信力，要履行其舆论引导和舆论监督职责，必须做好深度报道。事实上，翻一翻这些年获得中国新闻奖和中国广播奖的篇目，出自广播媒介的深度报道也不在少数。

广播媒介的深度报道主要体现为对阶段性社会热点议题的综合把握和相应的深度报道的谋划。广播深度报道要想取得预期的传播效果，必须做到以下几点：

（1）在选题上一定要选择政府关注、听众关心的社会生活热点现象进行剖析，并力

① 邢立新：《以服务听众为本 适应目标听众需求——北京交通广播〈交通新闻〉的编辑制作理念》，载《中国编辑》2007年第5期。
② 韩敏：《〈老隋说交通〉：体现交通广播的服务意识》，载《记者摇篮》2009年第5期。

所能及地提出建设性建议。①

如"黑车"曾是影响北京交通的一大问题，数量一度达到七八万辆，分布在机场、火车站、城铁站、居民小区和旅游景点、宾馆饭店等地点拉活儿，这不仅扰乱了出租客运市场秩序，影响城市环境，甚至还出现了黑车"宰客"、抢劫等侵犯乘客权益、威胁乘客安全的恶性事件。北京交通广播《交通新闻热线》接到听众反映黑车问题的电话后，由新闻部做出策划，派出三名记者，历时半个月进行深入采访，制作出三期《北京黑车现象系列调查》节目，从黑车现象、根源和破解之道三个方面对北京黑车现象进行深入剖析。节目播出后，引起市领导、相关执法部门的关注，上千名听众给交通广播发来短信、打来电话，发表看法，提出治理黑车的建议。②

（2）在叙事方式上，一定要具有广播特色，用通俗的语言串接入耳提神的现场录音，以感性的脉络体现内在的逻辑。

编辑是幕后英雄，记者要奋战在一线，主持人面对着话筒，他们一起决定了节目的质量和受欢迎程度。三者之中，节目主持人尤为关键，主持人的形象往往直接左右着听众对一个栏目的评价，主持人群体的形象则决定了听众对一个频率的印象。"满嘴跑火车"的主持人肯定不合格，但太过严肃拘谨、正襟危坐的主持人也难得听众欢心。广播的最大特色是口语化，只有从老百姓看问题的角度出发，用老百姓听得懂的生活语言做出的节目，才是具有可听性和实用性、成功的广播节目。交通节目的专业性强，做深度报道时主持人尤其要做好贴近性服务、贴近性宣传，从而唤醒听众的参与意识，实现传播者和受众之间近距离的"亲密接触"。如嘉兴交通广播的品牌栏目《小江播报》，是晚高峰时段的交通节目，主持人小江独具一格的"诙谐、幽默、欢畅"的个性化语言风格，广受听众喜爱。从以下小江解释无醇啤酒也含有一定酒精量的双簧对白语言中可见一斑：

交警："看你这样子，喝酒了吧？"

司机："绝不可能，怎么可能呢？您肯定是看错了，看我这淡定的笑容、优雅的姿态，怎么像一个喝酒的？要不，我走个'一'字让您瞧瞧？咦？怎么越走越二了……"

交警："行了行了，别装了，检测一下。你看，都 32mg/100ml 了！你还说自己没喝酒？"

司机："啊，刚才吃饭的时候，服务员可是说我喝的是无醇啤酒啊！"

许多司机在听到"咦？怎么越走越二了……"时被逗得捧腹大笑，对于接下来的无醇啤酒知识介绍，收听欲望自然被调动起来了。一位听众在网上这样评价小江与搭档星辰："我每天下班，开车在路上时都要听小江播报节目，他俩的主持真是黄金搭档，敢说实话，非常实在又不失幽默，特别要说一说的就是声音特自然、特好听，听着心情特好！"当然，《小江播报》栏目的走红，不仅仅是因为其语言的诙谐幽默，还有主持人丰

---

① 邢立新：《以服务听众为本适应目标听众需求——北京交通广播〈交通新闻〉的编辑制作理念》，载《中国编辑》2007 年第 5 期。

② 李秀磊：《品牌战略推动频率专业化发展》，载《传媒》2011 年第 7 期。

富的知识积累，热点话题的点评辛辣犀利，应对得体的语言掌控能力。①

实践证明，只要恰当地运用现场音响、实况录音等广播语言元素，善于用感性的录音文字组合展示理性的逻辑，广播深度报道一样可以抓住听众的耳朵，取得良好的舆论引导和媒体监督作用。

三、采用听众易于接受的方式，编织有张有弛的信息流

广播编辑工作流程的最后一个也是非常关键的环节就是编排节目。核心内容之一是用口语化、老百姓听得懂的生活语言传达信息，二是在编排上狠下工夫，以多种方式吸引听众注意，调动听众情绪，让他们有耐心一直听下去。具体环节如下：

1. 组织头条

头条是广播新闻的最大亮点。一般来说，它是当天发生的新闻事件中最重要、最具有新闻价值和导向意义的新闻点，也是听众最想率先了解的资讯。因为信息的重要性，编辑最好将对同一事件不同侧面的报道或者同类事件的相关报道组合在一起，必要时配发背景解释材料、相关提示信息或编后语，组成一个头条集合。这样，听众在短短几分钟内就能了解到重大事件的全方位信息。

2. 提炼导语

导语是新闻的眼睛。广播新闻一般来说比较短小，稍纵即逝，因此，更要求编辑在提炼导语上下工夫，争取做到一句话就能抓住听众的注意力。导语可虚可实，但与听众的交通生活密切相关的大事、要事，一定要用具有核心信息的实导语，让大家一听就明白。比如，2006年1月3日，北京东三环京广桥东南侧路面突然塌陷，北京交通广播《交通新闻》节目中的第一条现场报道的导语如下：

今天凌晨零点半左右，东三环京广桥东南侧路面突然塌陷，不到两个小时里，塌陷面扩大成一个深20多米、面积达七八十平方米的大坑，东三环朝阳路两大市区主干道交通中断，请听本台记者上午九点多钟从塌陷现场发来的最新报道。

这条导语写出了所有相关新闻要素，便于听众对事故现场产生一种画面感，从而形成自己的判断。

对于有些交通案例或社会新闻，主持人则不妨用虚导语，兜个圈子，吊吊胃口。比如同一天，《交通新闻》节目中对旧宫润星家园60多辆车一夜间变成"花脸猫"事件的报道，导语如下：

今天一大早，大兴区旧宫润星家园的许多居民走出楼门后眼前一愣：小区内停放的60多辆车在一夜之间变成了"花脸猫"。请听本台记者的录音报道。

这条导语让居民"眼前一愣"，又用了个"花脸猫"的比喻，用虚导语描述出一个哭

---

① 褚敏：《交通广播主持人的语言主持样态》，载《视听纵横》2011年第3期。

笑不得的场景，逗引大家继续听下去。

在新闻中，实导语、虚导语交错出现，可以增强节目的动感，使整套节目在伴随性收听时，适度地减轻紧张感。

3. 整体配置

古人说，写文章要"文似看山不喜平"，其实，广播节目编排也是这个道理。广播新闻从线性收听过程看，是一条持续波动的信息流，单个的或者组合的信息单元要怎样排列才能使听众感到有张有弛，在听觉上不感到枯燥呢？一般来说，有两种调节方式：一是将录音报道（包括现场报道）和文字报道交错排列，借男女播音员和记者的不同声音形成自然的间隔；二是将硬新闻和软新闻（新闻故事）、长新闻和短新闻分组相间排列，借内容和节奏的差异消解过度的张力。

为此，交通广播特别设计了"路况+资讯+歌曲+广告"的类型化节目模式，即把一个小时细分为 4 个单元，每 15 分钟一个单元，逢整点、一刻、半点、三刻播报市区路况，逢整点、半点播报高速路况，遇实时路况则随时插播。每个单元安排 2 首歌曲，并在男声与女声、经典与流行、节奏快慢方面巧妙搭配，以满足不同口味听众的需求。路况和歌曲中间穿插老百姓关注度高的民生资讯，特别是有关出行的资讯，力求每条都简短、新鲜、信息量大。广告播出时长也有严格限制，1 小时中有 4 个套播广告段位，每个段位最长不超过 2 分半。①

4. 选择提要对象、编写提要

节目编排的最后一个重要环节是编写提要。如果将每条新闻比作是货架上的商品，提要就好比是商店里的橱窗。商品琳琅满目，能有幸进入橱窗的可不太多，那里摆的应该件件是珍品。因此，新闻节目的精华理应出现在提要里，目标听众最关心的消息也理应出现在提要里。

但是，提要毕竟是听众最先接触到的东西，在线性收听的过程中，人们习惯于拿它给整套新闻定基调，因此，编写提要时尤其需要考虑正面消息和负面消息平衡的问题。如果提要都是负面的，尽管新闻主体中多数都是正面的，也难以抵消其阴暗面的影响。所以，编写提要一定要坚持以正面为多数。②

第五节　交通广播节目的社会活动

随着社会的发展，媒体之间的竞争日益激烈，各类媒体不再满足于仅仅扮演一个信息传播者的角色，通过开展各类活动塑造品牌和增强影响力已成为很多媒体的着力点，交通广播节目也不例外。

---

① 郑丽春：《类型化：为交通广播插上隐形的翅膀》，载《新闻采编》2010 年第 2 期。
② 邢立新：《以服务听众为本　适应目标听众需求——北京交通广播〈交通新闻〉的编辑制作理念》，载《中国编辑》2007 年第 5 期。

一、积极投身公益事业，树立富于社会责任感的媒体形象

如今商家都讲究营销策略，会利用精心策划的典型事件来提升企业知名度，增加产品销售额。这一点同样适用于媒体。在资讯泛滥的信息时代，活动项目就是媒体扩大自己影响力的产品。广播是线性传播，声音稍纵即逝，因此，更需要加大自我推销力度，借助活动规模和影响力，扩大广播在受众心目中的知名度和美誉度。①

有媒介研究表明，公益类活动在很大程度上能够帮助电台提升品牌形象，树立影响力和公信力。公益活动在传播企业知名度的同时也在传播美誉度。作为交通电台，其使命就是帮助交通人搭建有效的民生服务平台，并通过精心设计的节目与活动，集中力量打造自己的公益品牌。②

如2010年，浙江电台交通之声频道以推进社会文明、促进交通和谐为己任，推出各类社会活动近400场，同时将各类活动做到极致，极大地增进了频率与受众的互动，扩大了频率的品牌认知，提升了频率影响，取得了最大的社会效益：

与纸质媒体联手推出的"让梦想起航——为玉树灾区募集课桌椅"大型新闻公益活动，短短8天时间，筹集善款400多万元，为灾区2.1万名孩子添置了全新的课桌椅。此活动被杭州市授予2010年度品质活动称号；

"文明出行迎世博"大型公民教育实践持续一年，推出"告别酒驾平安回家"、"改变习惯珍爱生命"、"我不是塞子"等六波活动。其中夏季公益宣传月活动，推出了原创舞台情景剧《小陈的故事》等四项活动，在全省巡回演出25场，有效影响观众近百万人，得到了省委宣传部、省文明办的充分肯定，充分体现了主流广播媒体的社会责任。

在由中国商务广告协会、中国传媒大学联合CTR央视市场所做的"2010中国消费者理想品牌大调查——媒体品牌贡献力"的权威调查中，浙江电台交通之声媒体品牌贡献力得分位居全国交通广播第三名。好的品牌也带来了好的效益。2010年，浙江电台FM93交通之声的广告创收突破亿元，同比增长40%，成为浙江广播发展史上的首个"亿元广播"，媒体的社会效益与经济效益得到了完美结合。③

二、整合现有资源，面向公众开放，扩大交通广播的影响力

心理学家认为，人类接收的信息总和中，由视觉器官获得的占83%。广播是声音传播，单一信息传播使其无法像电视调动视觉元素那样将品牌形象化，而"强"化活动却可以实现广播立体化传播。如果说"听广播"可以给人带来无限的遐想，那么"看广播"则是打开天窗说话，充分展示出媒体与受众面对面交流的直观可信和独特吸引力。所以，

① 包斯宁、安迅：《浅谈天津交通广播如何以社会活动提升频率影响力》，载《中国广播》2010年第3期。
② 董敏君：《广播，以创新迈向品质——杭州交通经济广播创新初探》，载《视听纵横》2011年第3期。
③ 张立、鲍平、郭华省：《"亿元广播"的成功实践——浙江电台交通之声跻身全国交通广播一流强台的启示》，载《新闻实践》2011年第3期。

走出播音室，让受众在更大范围了解自身，办"看得见的广播"已经成为交通广播台（频道）的共识。具体举措包括：

1. 走出去、请进来，变"无形广播"为"有形展示"，打造品牌的立体形象

"走出去"包括主持人走出直播室，也指广播电台主动加强自我宣传，从而强化受众对广播品牌的视觉形象，巩固受众对频率的忠诚度。比如，近两年，天津交通广播已在媒体户外展示方面形成了一套流畅的机制。每次举办大型户外活动时，该台都会请专门的形象设计公司和制作团队操刀，醒目的直播背景板、时尚的台标造型、亮丽的活动主题、精美的宣传画册、专业的大型海报以及员工们统一的着装等，都成为代表交通广播形象的特有标志。

如今，经过天津的12条高速公路上，以及市区内的道路、市区外的公路上，都少不了"天津交通广播"的大型交通标志牌。光是市区内的道路两侧，悬挂的"天津交通广播"的天蓝色标志牌，就安装了近100面。飞机场、火车站、地铁边、高速公路口、电子显示屏都跃动着"交通广播"的字样；色彩斑斓的主题宣传海报、主持人们靓丽的展架照片也会映入人们眼帘。每年，交通广播还会特别印制频率宣传扑克牌和挂历，以赠送和奖品方式送给听众。天津交通广播对自身形象主动地设计、宣传，提升了该台的频率影响力，使其更好地融入了社会，服务于受众。①

"请进来"指交通广播以热线电话、短信、微博等方式加强与听众的互动，使他们参与到节目的设计与制作中来，也指交通广播将广播声音转化成文字、画面等可视元素，或者是将听众请进电台来。如北京交通广播借助北京交通网对一些节目进行视频直播或录播，网友可以看到广播节目在录制过程中是怎样一种状态。他们还举办了首届"1039开放日"，让30位听众走进电台，走近主持人。对于只靠耳朵来了解广播的广大听众来说，录音室里面的状况无疑是神秘而令人好奇的。这种网上视频以及向公众开放的方式既满足了听众的好奇心，又增加了频率的开放性，使节目更加具有可信度，同时为宣传企业文化创造了机会。②

2. 联手其他媒体，提升交通广播频率影响力

比如，楚天交通广播与《湖北广播电视报》每周合作推出一个版面的新闻互动，让记者采写的新闻不仅能够在广播里有"声"，更在报纸上有"迹"；每年策划大型选题并出版书籍，2008年9月，楚天交通体育广播策划采写的书籍《20位湖北文化名流的人生解读》由长江文艺出版社正式出版；品牌栏目《事事关心》先后与新浪网、腾讯网联手，滚动介绍湖北及武汉新闻，提升了频率影响力。③

三、精心策划、周密组织有益的活动，增强交通广播知名度

广播媒体的知名度是靠一档档优质节目来造就的。如果节目喜闻乐听，整个广播频率

---

① 包斯宁、安迅：《浅谈天津交通广播如何以社会活动提升频率影响力》，载《中国广播》2010年第3期。

② 杨爽：《北京交通广播形象策略带来突破》，载《时代人物》2008年第6期。

③ 胡宁寒、张春林：《广播品牌的"四化"建设——楚天交通广播创建"品牌927"的实践与思考》，载《中国记者》2010年第10期。

自然会名声在外。一档具有影响力的品牌节目能够为打造频率品牌注入巨大的动力。而靠品牌节目策划的社会活动，更是推广频率形象的有效途径。一般来说，交通广播可以组织的活动包括以下几种：

(1) 和有关政府职能部门联合主办的活动；

(2) 为回报听众而举办的系列活动；

(3) 行业活动；

(4) 因突发事件而推出的活动。①

如近年来，泰州交通广播先后成功举办了欧亚国际花园楼盘推介会、"华林丰田之夜"泰州交通台主持人见面会暨后弦歌友会、"奇瑞之夜"七夕情人节假面舞会、游鸿明歌友会、"三泰啤酒之夜"阿牛歌友会、泰州交通台开播周年庆暨游鸿明歌友会、动感地带音乐动力营第三季音乐 PK 赛和街舞挑战赛、车博会、家装节等大型活动，在泰州市场及周边地区产生轰动效应，不仅扩大了频率的社会反响，提高了市场影响力，也有效拉动了交通频率在年轻时尚群体中的影响力。

在一系列品牌活动的带动下，泰州交通广播变"节目销售"为"销售节目"，电台经营出现了几个显著的变化：一是广播广告结构明显改善；二是节目对广告的吸纳能力明显增强；三是广告散户群明显扩大。一系列社会活动拓展了节目外延，造就了节目影响力，而节目的影响力又提升了频率的关注度和美誉度，受众对节目的认知和喜爱程度日趋增高，从而使整个交通广播的影响力步入了不断攀升的良性轨道。②

 案例分析

一路畅通：前边的车③

杨洋：早上的 7 点 41 分，问候大家早安，这里就是我们大家帮助大家的《一路畅通》，我是杨洋。

园园：早上好，亲爱的朋友们，我是园园。

杨洋：今天这天儿你觉得怎么样，园园？

园园：特别的舒服。

杨洋：真的呀？

园园：反正我觉得这两天的天气不仅是天特别透亮，而且在早上出门的时候，如果没有大太阳出现，你会觉得特别的舒服。

杨洋：我觉得这两天咱们北京的云也特别的漂亮，很特别的，所以大家早上起来，路

---

① 包斯宁、安迅：《浅谈天津交通广播如何以社会活动提升频率影响力》，载《中国广播》2010年第 3 期。

② 葛峻：《跨界：交通广播价值提升的现实选择》，载《青年记者》2011 年第 1 期。

③ 《一路畅通》是北京交通广播的节目，播出时间：每天上午 7：30—9：30，下午 5：00—7：00。本期节目主持人为杨洋、园园，播出时间为 2012 年 6 月 12 日。

上再让大家舒服点，我觉得这早高峰就太舒服了。

（点评：片头形式干脆、简练。杨洋、园园充满快乐的声音，给每个行驶在路上的司机带去问候，也给司机们带来一份好心情。）

一早上起来，我们一说到这些消息可能都不太开心，其实我觉得大家现在开车的时候特别要注意安全，主要是因为大家有的时候开车会比较困。

园园：对，尤其这两天看球倒腾时差的人。

杨洋：对啊，对啊。

园园：这没醒呢吧现在？

杨洋：那这两天你发现你们家有蚊子了吗？

园园：没有，我好像不是特别招蚊子。

杨洋：因为那天碰到了一个小朋友，小朋友说每天我洗澡就像给蚊子洗菜一样，因为他们家蚊子挺多是吧？

园园：真是得注意了。

（点评：调侃开始，舒缓听众的情绪，使本来专业枯燥的交通广播节目变得富有生机、人情味十足。）

杨洋：周二早上起来的心情也不要忘记和大家一起来分享一下，编写 HD 加内容发送到 10621039，现在是早上的 7 点 44 分，我们先来关注其他方面的路况信息。

（点评：话题一转，将听众的注意力集中到直播室与节目重心上。此外，值得一提的是，在北京广播中，《一路畅通》是率先运用手机短信与听众互动的栏目。）

杨洋：您现在收听到的就是正在交管局指挥调度中心大屏幕前为您现场直播的《一路畅通》，早上的 7 点 47 分了，大家好，我是杨洋。

园园：早上好，朋友们，我是园园。

杨洋：刚才大家听到了我们的安全生产的片花，说安全行驶、安全驾车就是回家最近的一条路。

园园：对。

杨洋：其实我觉得作为早高峰来讲，那安全驾驶一定是您到单位最近的距离。其实每天在路上说到安全，我觉得安全大家也都知道，对于一个老司机来讲，其实在开车的过程当中，不仅仅是开的您这一辆车，而是前后左右四辆车，算上您这辆五辆，前面的前面的车您也得注意一下。所以今天我们的话题跟开车是有关系的，那正好今天在我们交通新闻热线当中，我们的记者张琪悦也给大家做了一个分析，有关于打转向灯这样的一个分析，挺有意思的，待会我们可以再来听一听。所以我觉得开车的时候，前面的这辆车可能对于很多开车的朋友，绝对是至关重要的一辆车。

园园：没错，前面您要干什么，您要往哪个方向去，您总得给后车一个提示，您不能说不打招呼您就变道了。

杨洋：没错，我们今天的话题就是前面的车请您……当然了，后面的车一定是您不开车的情况下、安全的状态下再给我们发短信。

园园：对，HD 加内容到 10621039，我们说说您前边的车怎么样。

（点评：再一次解读今天的话题，语言家常化、生活化，通俗易懂，流畅自然。）

杨洋：接下来请您和杨洋、园园一起来点击新鲜事。首先我们来关注来自于北京方面的消息，2012 年的第一季度，工作日五环内的工作道路平均高峰的交通指数是 4.3，处于轻度拥堵的等级，较 2011 年当年的指数是 4.5，同比下降了 4.4%。

园园：本市已经立项研究应对空气 PM2.5 污染的北京造林绿化关键技术研究与示范，对树木、花草治理 PM2.5 的能力进行细化的研究，优选更多治理 PM2.5 的植物高手。

杨洋：教育方面，记者从市教育考试院了解到，高考考生的成绩预计将会在 6 月 23 日发布，届时考生可以通过考试院网站或者拨打查分热线来了解自己的考分。

园园：日前在北京市工程建设交易信息网公布的施工细则当中，北京西站的票务系统和旅客服务系统都将会得到改造。

杨洋：卫生方面，本市计划建立市区两级的精神疾病预防与控制体系，包括向社会宣传心理健康与精神疾病防治知识，承担各级各类机构的健康教育工作等。

园园：被称为"鹰眼"的 58 台自然光照度采集终端开始试运行了，今后遇到极端的天气之后，这些设备将会决定六城区的路灯开闭。

杨洋：从明年开始，每年的中国文化遗产日，圆明园将会全园免票一天。

园园：接着是国内方面的消息，记者从载人航天部门了解到，"天宫一号"在轨飞行表现完美，一切正常，现在已经降轨至对接轨道，静等神舟九号飞船前来相会。

杨洋：日前中国邮政集团公司党群部主任张志春、中国邮政储蓄银行股份有限公司行长陶礼明、储蓄银行资金营运部金融同业处处长陈红平因涉嫌个人经济问题正在协助有关部门调查。

园园：最后是国际方面的消息，石油输出国组织欧佩克油价跌势继续，并于上周跌破每桶 100 美元的关口。

杨洋：乌克兰东南部的城市的一辆有轨电车 11 日发生爆炸，造成至少 9 人伤亡。

园园：体育方面的消息，今天的零点 2012 欧洲杯 D 组首轮一场比赛展开了争夺，英格兰 1 比 1 战平了法国。

杨洋：我觉得法国踢得不错。那另外今天的 2 点 45 分，是 2012 年欧洲杯 D 组的首轮小组赛展开了争夺，乌克兰 2 比 1 取胜瑞典，伊布头球击中立柱之后打破了僵局，舍甫琴科头球破门，梅开二度帮助东道主逆转了。

（点评：播送各类新闻，满足听众的多重需要。语言非常简洁明了。提示语的使用很有必要。）

园园：最后是两则节目预告，如今各类养生书籍在市面上热销，这些养生书籍可信吗？中医所推崇的养生之道究竟是怎样的呢？中午 12 点欢迎锁定《单聊那些事》，桑丹继续和您聊一聊中医养生的那些事。

杨洋：您是否见到过这样的广告呢？不买房子，不租房子，又想拿着公积金的，急着用钱，想把公积金拿出来周转，已经买了房子又想拿公积金出来用的，那么单位都为您办理公积金提取业务了，自己名下的住房公积金是否可以想拿就拿？谁可以做到，如何做到？这种做法是否有法律风险，风险在哪里？那么今天中午 11 点的《警法时空》，姚博为您带来话题——住房公积金套现的法律风险。好，马上就要进入我们的整点信息时段了，也欢迎大家继续交流我们今天的话题：前面的车请您怎么样。HD 加内容到

10621039，现在是早上的 7 点 53 分。

（点评：节目预告环节让有兴趣的听众继续关注北京交通台。）

杨洋：好，这里就是正在为您直播的《一路畅通》，现在是早上的 8 点 07 分 47 秒，大家好我是杨洋。

园园：早高峰的时间段各位辛苦了，我是园园。

8525：前面的车过隧道的时候请您开开车灯好吗？

杨洋：我觉得这个提醒真是挺好的，因为很多朋友，也许开车的时候不经常走隧道的路段，偶尔走一次的时候他会忘。

园园：对，他也会觉得怎么一下黑乎乎的一大片呢，当您从光线很强的地方立刻到光线很暗的地方瞬间，眼前会出现这种情况，就是由于视线不清晰，所以该开灯的时候是要开灯的。

7915：灯，灯灯灯灯，前车请您打灯再并线好吗？急死了，真是。

杨洋：打灯并线这事还真是挺重要的。

6013：前面那辆车别突然变道不打灯，离那么近，多危险啊。您是真着急吗？还是想亲一下？一早上这事碰到好几次了，还好老公反应快。

杨洋：尤其面对这种车辆的时候，我觉得大家的心态得特别的好才行，别真生气。

园园：你想想，你根本不知道他要往哪个方向去，他也不会跟你打招呼，在路上的时候其实就是跟人和人的相处是一样的，车灯就是一种大家彼此打招呼、表明自己方向的一种信号，一定要合理地去利用它。

杨洋：打灯有多重要，今天早上在我们的新闻热线中，记者张琪悦还做了一个调查，我们来听听她的调查。

（点评：节目内容的过渡非常自然。）

市民：不打灯，然后来回得并，来回窜。

市民：主路上见着出口，跟出口平行的时候，原地停车，就地往外走这是最讨厌的。

市民：乱加塞，不排队，东抢西抢。

在随后调查的 20 名司机中，18 名司机把行车陋习投给了开车乱并线。依据《道路交通安全法》，变更车道的机动车不得影响旁边车道内机动车的正常行驶，如果超车要提前开启转向灯，确定达到安全距离后再并线。还有就是不要连续并两条车道。不过现在很少有人能够严格遵守。

市民：上下班的时候，如果是我出来拐弯道的话，可能旁边有些车就不想排队，快到红绿灯的时候他也开始并，有时候也不打灯，直接插过来，你说你让也没法让，就很危险。

市民：我看到一个车就是这样，因为是四条车道加一右转出口，从最里面那条车道停车，原地走，他一脚刹车，后边四个车追一块了，他走了，司机是最冤枉的。

工作日的早高峰，记者来到环路出入口——小区较为集中的联络线观察发现，司机们口中所说的不提前打灯示意、毫无来由地突然停车并线的情况不在少数，小区集中的联络线在一个小时内根本无法记清并线车辆的数字，因为很多司机都是赶着上班，想要快点进入主路，直接导致的是小小十字路口拥堵异常。而在环路方面，记者早 8 点到达西四环五棵松桥进行了计算。

张琪悦：现在是早上 8 点一刻，从四环出辅路的右转车道已经是排队了大概有 200 米左右，15 分钟内一共有 10 名司机是在即将到达出口的地方，临时从里侧车道向外并到最外侧车道，然后出口，而这 10 辆车的车主有 6 名司机是在并线的过程中打了转向灯，而剩下的 4 名车主是在没有任何示意的情况下就直接从里侧车道向外并线。

不打灯然后突然变化车道，原因何在？

市民：你打灯他不让，你一打灯他给油，你不打灯就进去了。

市民：我这车前边那车离后边那车有两个车位的，我不打灯的情况下没准一打轮我就进去了，我要一掰灯，旁边的车没准马上一脚加油门，一脚就上去了。

这样的情况一多，打灯示意也就成了大家不愿意做的麻烦事，2011 年曾有统计显示连续并线 18 次会延长 3 分钟的行驶时间，中国道路运输协会秘书长王立梅曾经说过，一辆车在正常行驶的线路上如果并线的话，会导致后面 6 辆汽车的速度受到影响，原本 1 分钟能行驶过去的距离，需要多花 0.3 秒才能走完，如果每天每名司机少并三次线，每人花 1 分钟才能走完的路，59 秒就能走完。不过在采访中，大多数司机也说，各自让一步也就没事了。

市民：拉开点距离，并就并吧，主要是慢一点。

市民：交通这事，你让不让，就应该有一个灯语，提倡这样，大家都明白了可能就好点。

在北京，汽车保有量超过 500 万辆的今天，交通情况日趋复杂，文明灯语的使用也日渐重要。不过所有的这些还需要大家养成良好的行车习惯。

（点评：短短几段文字，有现象，有数据，有政策，有背景材料，也有栏目自身提出的期望，充分体现了广播新闻节目短小精悍的特点。）

杨洋：这是我们的记者张琪悦做的一个有关于在并线的时候打不打灯的调查，从法理上看是有理有据，在咱们《交通法》中就规定并线的时候一定要打灯，那如果您不打灯的话，其实如果要出了交通事故的时候，应该是要负责任的。但是现在确实是在实行的过程当中很难说，确实是这样。

园园：没错，真的是那样，大家在路上要彼此地理解一些，当然了，在路上您要往什么方向去，您提前给后车一个提示。

8994：前边的车，您能不能想好走哪条道，您就赶紧走啊，总在那摇摆不定，您到底要走哪条道啊？

园园：是，我觉得在路上碰到这样的情况，大家肯定就不管自己开车还是车里有朋友，还是有家人，都会念叨那么一句"你到底要怎么走啊？"

杨洋：所以今天我们说的话题是前面的车，但是您是前面的车后面的车，您又是后面的车前面的那辆车，所以对于每一位在路上开车的朋友，其实都是一份提醒。

园园：5244 帮我们做了一下总结。

5244：在路上大家都要按序通行，别老惦记着自己由后车变成前车，否则一不小心就容易变成前车之鉴了。

杨洋：我觉得这可以做一个公益广告，说得真是特别的好。所以今天我们也总结一下大家说到的一些前车在路上应该注意的问题，一个是不要踩急刹车，并线的时候要打灯，另外不该探出去的部分不要探出去，还有千万不要在路上再扔东西了，不管是故意的还是不是故意的。

园园：是，如果前方没有什么别的特别情况，您该保持一定的速度，请您千万不要压车。

杨洋：千万不要成为前车之鉴，这也是我们最后送给大家的一句话。

园园：好的，非常感谢今天早上大家的分享，还有大家的彼此提醒。路上就需要大家帮助大家。

杨洋：下午的 5 点钟再继续我们的《一路畅通》吧。

园园：好，下午再见。

杨洋：再见。

（点评：节目结束时，对整个节目的总结简洁到位，体现了主持人深厚的主持功力。）

（篇幅所限，有所删改）

思考与练习

1. 交通广播节目的特点和功能是什么？
2. 交通广播节目的常规业务是什么？在新时期如何打造多元化可持续发展之路？
3. 交通广播节目可采取哪些编排策略来吸引听众？
4. 交通广播节目在开展社会活动时要注意哪些问题？

第七章 广播谈话节目

　　谈话类节目最早产生于 20 世纪 50 年代的西方，在英文中叫作
"Talk Show"，港台译作"脱口秀"，即没有脚本、脱口而出、即时
发挥的意思。20 世纪 80 年代，谈话节目开始进入我国，且从中央
台到地方台迅速发展。中文的"谈话节目"，顾名思义是以谈话为
主要表现手段的广播电视节目，其主体构成要素就是谈话。按照传
播的观点，交谈是"人与人之间交流思想感情的口语传播，是最
基本、最普通的人际传播"，"是人与人之间相互进行的信息交流，
是对话式的人际传播"。[1] 根据传播学对"交谈"的界定，综合
"脱口秀"的含义，我们可以对谈话节目做如下界定：在一种即席
的交谈语境中，以两人以上面对面地双向交谈为基础、面向社会公
众传播信息的大众传播活动。[2] 广播相较于电视有更好的隐匿性，
广播谈话节目更有益于受众交流空间的拓展，这种由私人话语空间
向公共话语空间的转换，在很大程度上满足了人们的精神需求，同
时也给广播事业的发展带来了强劲动力，因而谈话类节目在我国至
今仍蓬勃发展且日臻成熟。

---

① 陈卓林：《电视谈话节目中各要素的人际传播透视》，载《记者摇篮》2002 年第 7 期。
② 韩菊：《广播谈话节目主持人的角色与素质》，载《中国广播》2007 年第 3 期。

第一节　谈话节目特点与类型

一、广播谈话节目的特点

作为一类节目的总称，广播谈话节目的共性或基本特点，大致可以概括为：

（1）谈话人一般包括主持人、特邀嘉宾和听众代表；

（2）谈话人围绕某个话题展开讨论，通常融信息性、知识性、思想性、服务性、引导性内容于一体，起着解惑释疑、交流感情的作用；

（3）在特定的语境中，以面对面交谈的方式传递各种信息，谈话人之间的互动、交流贯穿于节目的始终。而一旦同特定的内容取向和表现形式联系起来，则可以分成具有各自风格特点的、多种多样的具体节目。

二、广播谈话节目的类型

从目前的实际情况来看，我国广播谈话节目，一般按三种标准划分。具体节目类型为：

一是按谈话方式分为交谈式和访谈式。所谓交谈式，就是由主持人和嘉宾、听众代表在特定的"谈话场"，如演播室或其他与话题关系密切的场合，围绕话题进行交谈。在这类谈话节目中，嘉宾通常是谈话的主体，主持人既要在谈话现场对嘉宾进行访问，以体现节目的主题，又要调动受众的情绪，引导受众代表与嘉宾交流，促使话题不断展开和深入。所谓访谈式，就是由主持人和几位嘉宾就某个社会热点、大众话题等重要问题进行探讨，做出一定的分析与阐释，以期能够为受众提供更准确、更全面、更深入的信息。

二是按内容性质分为新闻性、教育性、文化娱乐性和社会服务性谈话节目。[①]

新闻类是指以新闻时事、新闻人物、社会热点和公共事务作为谈话内容的节目。它是广播中比较常见的一种谈话节目，如中央电视台的《实话实说》、中央人民广播电台的《新闻观潮》等就属于新闻性谈话节目。

教育类谈话节目，即以社会教育为目的的谈话节目形式。它一般以广泛的内容、多样的形式深入浅出地向听众普及理论、政策、法纪、道德、文化、科学等方面的知识，或者对人们所关心以及感到困惑的问题进行专题探讨和解答。

娱乐类谈话节目是指以愉悦身心、休闲逗乐为主要目的的谈话节目，它一般会引入娱乐或者明星的元素，所以谈话的主题往往比较轻松、愉快。

《健康快车道》是一档服务百姓健康的医疗卫生服务类节目，凭借其客观公正的节目风格、专业全面的主持人形象，目前已经成为湖北省同类型节目中听众信誉最好、支持率最高的空中健康医疗服务平台。它抓住媒体空缺点，抢占医疗服务的制高点，视角独特，而且与听众有极强的互动性，主持人与嘉宾间的专业性谈话更是显现了频道的权威性。

三是按照参与人数分为主持人直述式、两人对话式、圆桌座谈式、听众参与式。

---

① 韩菊：《广播谈话节目主持人的角色与素质》，载《中国广播》2007年第3期。

主持人直述式的谈话主角只有主持人一人，如时事漫谈类的谈话节目。其优点是节目的风格比较容易把握，主持人的掌控力较强。缺点是主持人的风格不明显，内容不充实，节目显得单调。

两人对话式即根据话题的内容，邀请一位嘉宾参与到谈话节目中来，与主持人进行讨论。这种形式较之一人直述式更为活泼，但是如果题材选择不当或者嘉宾表现较差，就会使节目显得空洞、索然无味。

圆桌座谈式即就公众所共同关心的话题，邀请两位或者两位以上的嘉宾参与谈话节目。这种形式有利于反映不同的声音和观点，使谈话现场变得活跃、有气氛。

听众参与式即听众可以拨打热线或者发送短信的方式参与其中。在这种形式中，主持人的掌控力和导播的把关能力尤为重要。①

第二节　谈话节目的策划流程

广播节目的前期策划是一个系统工程，需要大量信息和综合分析。无论节目属于哪种具体类型，归纳起来，广播谈话节目的前期策划工作都包括选题、撰写文案、选定嘉宾以及与主持人的沟通这几个方面。本节以广播新闻谈话节目为例，详细介绍广播谈话节目策划的原则和技巧。

广播新闻谈话节目是指以新近发生的新闻事件或近期社会热点为谈话主题，以传播者和受众之间通过电台的实时交流为传播形式，实现介绍新闻背景、分析新闻事件、预测发展趋势、反映公众意见等功能的专栏节目。这种节目类型一般由主持人、嘉宾和场外听众通过电话或短信，就一个主题进行讨论或辩论，它把人们之间的谈话、交流与沟通通过广播这个平台传递给大众，从而借助人际传播的优势来实现大众传播的目的。因为其时效性、现场感强，"直播"形态的谈话节目成为广播新闻谈话节目的主流形式。中央人民广播电台中国之声午间的《直播中国》和晚间的《新闻观潮》就是这类节目中的代表。②

一般来说，大众关注的热点节目类型与社会的发展变化、人们精神生活需求有着密切的联系。近年来，随着国家经济政治改革的深入、对外开放的加强和人们受教育程度的提高，人们开始更理智、更广泛地审视自己周围和外部的社会环境，不仅想了解外界发生了什么事情，还希望了解其他人对此的看法，甚至表达自己的观点，有着社会沟通功能的谈话类节目因此应运而生。主持人和嘉宾对话题的剖析，提供了一种"亲密交谈"的感觉，听众短信的适时互动，也使受众参与公共事务的讨论成为可能。

当然，受限于广播媒体的自身特性，以及对事件深度报道的难度较大，所以谈什么、如何谈显得越来越重要。再加上现在的广播电视媒体中，谈话类节目不断增多，竞争激烈，而受众对媒体也提出了更高的要求。如何提高新闻谈话节目的收听质量，前期策划工作就变得尤为重要，它是直播谈话节目成功的前提。

---

① 董旸：《广播节目策划与制作》，中国传媒大学出版社 2007 年版，第 139~140 页。

② 饶雷、李跃强：《浅析广播新闻谈话节目的前期策划》，载《中国广播电视学刊》2007 年第 6 期。

一、组织选题

好的前期策划能掌握更多的主动权，在运筹帷幄之中保证节目质量。广播谈话节目策划的关键就是选题，而进行恰当的选题必须先对节目进行准确而清晰的定位。

中国之声《直播中国》和《新闻观潮》这两档谈话节目的整体定位是大众化和真实性，它紧扣新闻事件，把准时代脉搏。他们的选题也有密切的互补性。《直播中国》主要是关系国内外时事政治、经济民生的重大事件及问题。重大事件如两会、美国大选、领导人出访等，让受众及时并深入地了解事件的背景、脉络和发展；问题指房价油价的涨落、医疗改革、食品安全、教育公平等老百姓关注的话题。当前我国的经济体制改革正处于攻坚阶段，在各项经济活动的转型过程中会出现很多困惑与矛盾。它们可能并不是由某一项特定的新闻事件所引发，但却是一个阶段中全社会关心的重点和热点。《新闻观潮》主要谈论颇具争议的社会新闻，如《拍卖人行道能否顺利解禁小摊贩?》、《网上祭扫——如何让清明更文明》、《谁该为杨丽娟疯狂追星负责?》，等等。当今的社会正日益呈现出多元化的趋势，不同的人拥有不同的处世态度、生活方式和行为特征，对于同一事物，人们的观点迥然各异。这种广泛的差异正是谈话类节目存在的基础，它也使交流和沟通成为一种社会生活的必需。

显而易见，所有媒体的谈话节目都在追逐热点和焦点。为了避免在探讨同一类问题时，陷入雷同套路的怪圈，我们在话题的选择上下了不少功夫，既要扩展"面"，又要散布"点"。比如，可以扩展文化、科技等方面的选题；对同一话题，也可以从不同角度来开展讨论，提高话题开发的效率。对话题的进一步拓展、细分和个性化，将是解决话题雷同问题的重要策略。

除此之外，也可以适时地尝试选题系列化。比如选取那些具有典型性，能澄清人们的模糊认识，对现实有针对性和警示作用的内容；或者内容重大、能引起普遍重视，同时形象鲜明、方便收听的内容。节目的传播期数要根据话题内容来定，最好不要少于三期，每期时间不应少于30分钟。期数过少的系列话题很难形成传播强势，收听效果往往不尽如人意。

二、谋篇布局

节目的主持人、嘉宾应以平等的身份出现，不要高深的辩论演说或虚假的表演，而要和场外听众进行观点的碰撞和情感的沟通。观点的开放和多元化将使节目变得丰富多彩，然而作为节目的策划者，不能仅仅满足于一时热闹，使节目显得七嘴八舌、不知所云，而失去导向。如何引入话题、中间怎样出现高潮，以及结尾都要既恰到好处，又意味深长。这些都是节目策划者要重视的。

任何一个话题的争论都只是冰山一角，其背后往往有着深刻的社会历史和现实背景，因此节目策划者事先必须占有大量背景材料，并且具有对我国国情和社情民意的深刻理解。"为什么要说"和"我们到底要说什么"，应是节目策划人员把握节目制作意图的两个重要问题。①

---

① 饶雷、李跃强：《浅析广播新闻谈话节目的前期策划》，载《中国广播电视学刊》2007年第6期。

设计谈话中的提问要满足"四性"：即思想性、人文性、发散性、实际性。目前国内有一部分谈话节目是"伪脱口秀"，其内容言之无物，为搞笑而搞笑，没有表达出真实思想。谈话节目中最重要的思想就是人文思想，谈话节目是纯粹以人为本的节目。不管是高雅还是通俗，人性、人的心路历程、生存状态始终是谈话节目所关注的。当然，关注一个话题，同样不能局限在这个话题里，而要善于联系实际，寻找提问的角度，发散开来。节目策划者还要注意到，谈话节目属于语言类节目，在问题设计编排中要注意节奏，做到有张有弛。既要防止只按主观设想来安排节目要素，又要避免一味照顾听众心理而丧失制作者的思想。由于新闻类节目往往具有很强的政策性、敏感性，这点尤其值得重视。比如，若音乐、片花组合得当，可以对内容有烘托、铺垫、升华的作用。策划者可以在文案中融入一些事实背后的、不偏离主题的趣闻轶事，或者嘉宾在节目中穿插自己的见闻，即兴发挥。这些都能对节目节奏进行调节。在每期节目中加入适当的记者连线，也能增强整体节目的表达张力。

此外，策划编辑平常也要非常注重个人的知识更新和学养增长，应开阔自己的视野，开放自己的头脑，从文化生活和社会活动等多渠道中去获取新鲜的信息和知识。这样才是打开思路、提升文案谋篇布局质量的关键。

三、选择嘉宾

在确定话题之后，就要慎重考虑谈话嘉宾的人选，好的嘉宾能使节目效果事半功倍。选择嘉宾时，要视话题内容来定，比如生活类的话题，需要发散、展开探讨；政策性强的话题适合有条理的分析，同时又要能联系实际。与此同时，要注重建立涉及各个领域的嘉宾数据库，对他的表达特点、语言风格、录音时的状态做一定记录，定期总结、更新、调整，以便在今后的节目中有目标地选择。

四、和主持人的前期沟通

主持人是谈话节目的核心和灵魂，他要把握节目的全局，调动节目的气氛，掌控节目的节奏，应既是好的提问者和参与讨论者，又是好的倾听者。要做好新闻谈话节目，主持人和策划者必须一同沟通。

首先，主持人自己要对事件有看法，这是对观众起码的尊重。有人提出："主持人不但参与节目的编辑采访，而且是节目的策划者、主编人、审定人，还是直播现场的组织者、主播者。"其实，要求主持人参与各个环节，实在过于理想化了。纵观世界各国的主持人，他们负责主持的节目都有一个强大的编辑部。即使是备受推崇的美国著名主持人丹·拉瑟等人，也需要一大批撰稿人为他主持的节目服务。由于时间和分工等种种原因，要求主持人参与所有环节，显然是不现实的。当然，要求主持人参与部分采编活动也是必需的。这就牵扯到主持人和策划撰稿人如何合作的问题。

新闻广播谈话节目最适合"参与型"主持人。在采访和选材阶段，参与型主持人可以提供构思、线索和素材。在编写和构成稿件的阶段，参与型主持人可以提供一定的"零件"或提纲，并且根据自己的想法对稿件进行适当修改。在播音和制作阶段，参与型主持人可以起到润色、把关的主导作用。

主持人节目能否获得成功，有两个问题应引起重视：一是节目策划者的撰稿是否为"这一个"主持人撰写；二是主持人是否能够驾驭节目的内容、拥有反映内容的形式和语言。很显然，撰稿的工作不可能一步到位，主持人需要了解充足的背景资料和嘉宾的个人情况，对话题进行宏观把握，此间主持人和策划者应当经过充分的研究。①

第三节　谈话选题与谈话对象

在广播谈话节目制作流程中，话题和谈话对象的选定有非常重要的作用，本节就介绍这两个关键环节的相关知识。

一、谈话节目的选题

把握政策导向，可以说是办好谈话类广播节目的基本要求。节目的生存空间是主持人在政策的正确把握下对社会生活的深度和广度的打造，可以说，任何一个体制都不会拒绝比如人性、人文关怀等老百姓需求的话题。② 由此可见，选题必须坚持以下几个原则：

第一，一定要坚持正确的导向，反映积极进步的价值观、健康向上的人生态度和主流文化。比如情感类谈话节目在选题的过程中，必须要有一个导向，道德、伦理、法规的导向必须在节目中有所体现。在节目中，自始至终、一脉相承是对社会的责任感。这一原则是必须要有明显体现的。

第二，涉及的选题在关注弱势群体、边缘人时，应更多关注他们当中强势的精神，要特别注意选题的比例、取向和分寸把握，切不可猎奇，不可展示丑恶和颓废。也就是说，任何选题都有主流和支流之分，不能让支流淹没主流。

第三，要避免无主题的随意闲聊，要有阵地意识、大局意识和责任意识。如果不设主题，很可能支流的东西在媒体报道里就成为主流的东西，容易混淆视听。节目一定要有主题，这样才能把握住谈话方向，有时甚至可以设一个月、两个月的大主题，如人文篇、社会篇。③

那么，如何去选择好的话题呢？

首先，好的话题来源于社会，来源于听众的生活。话题常常分为两种类型：一种是非常规性话题，另一种是常规性话题。非常规性话题针对的是当前发生的新闻事件和新闻人物，或者社会关注的热点和焦点，这种话题对电视谈话节目而言，可以增强其对舆论的引导力，长此以往可稳步提升节目的品位。常规性话题是指常选题主题化，在一定的时间内，保持话题内涵的一致性，批量推出同一主题下的话题。而无论是非常规性话题，还是常规性话题，一个有较高品位的话题都至少需要具备如下条件：

---

① 饶雷、李跃强：《浅析广播新闻谈话节目的前期策划》，载《中国广播电视学刊》2007 年第 6 期。

② 张莉莉：《对广播谈话类节目的观察和思考》，www. cnr. cn/home/column/gbforum/zongshu/200310180124.html，2013-12-16。

③ 冬青：《广播谈话节目的成功要素》，载《记者摇篮》2009 年第 4 期。

（1）普遍性。话题内容应对更多的人有意义，能够引起普遍的关注。那些个别的或者是偶然的事情通常不应该成为选择的对象。譬如经济与人们的生活息息相关，其中有意思、有意味的话题肯定不少，但只有那些对多数人的生活已经产生或可能产生影响的现象才能成为节目的选题。所以不能为迎合部分受众心理而恶炒某些话题。

（2）贴切性。要根据节目定位选择贴切的话题。可以说，节目定位决定了话题的选择范围，面对嘉宾或事件时，应该根据节目的定位，选择既可以激发访谈者的积极性，又能调动观众兴趣的合适话题，而不应盲目从众，一哄而上。

（3）时宜性。从理论上说，每一期节目都有一个最佳的播出时间，在这个时间节点上播出，最有可能收到预期的传播效果。因此，谈话节目的编导在选择话题时，应对近期热点事件、纪念日、新闻人物等优先考虑，尽快安排播出。同时，在选择话题时还应具有前瞻性，了解一下将来可能出现的一些潜在话题，这样就可以提前做好相关的案头准备工作，确保这类话题在适当的时候顺利制作和播出。

（4）思辨性。话题应该是多元思维后的结果，一旦失去了观点的多样化，电视谈话节目的存在价值就大打折扣了。一定要能够讨论起来，使人有话说，而且围绕这一话题能够产生出不同的观点，此外，在具体讨论的时候一定不能搞"一言堂"。

（5）操作性。话题准备进入实施阶段前的最后一项工作就是考察话题的操作性，其中，政策的规定、嘉宾的邀请、节目组自身的人力、物力状况都是要考虑的因素。只有充分了解这几个方面的情况，并确定可行，话题才能最终进入实际操作阶段。事实上，在电视谈话节目的制作过程中，因为考虑不周而匆忙上马，最后导致节目半途而废的情况时有发生。这些不必要的失误浪费了大量人力、物力、财力，有时可能影响节目品位的稳定性。[①]

由此可见，作为谈话节目的编导或者主持人，要深入到民众中去，了解他们的思想，善于从他们的来信中发现话题，同时话题的设置要结合时令和大家关注的社会热点。另外，对把握不准的话题，处理要慎重，尤其是诸如安全事故等突发事件，在上级部门未对新闻事件定性之前，即使老百姓的关注程度再高，也不要贸然做出判断，再比如一些非常敏感的话题，不仅仅不适合作为话题讨论，即使在其他谈话内容中涉及这些内容时，也要尽量回避，果断处理。

其次，话题的前期准备要做好。话题选好后，主持人必须花大量的时间来做前期准备工作，尽可能考虑到直播过程中可能发生的所有情况，做到胸有成竹。主持人要把话题可能涉及的方方面面罗列周全，对话题可能会引发的各个观点也要心中有数，要做到举一反三，不落下任何一种观点，有时编导和主持人选中的话题，可能不仅仅只限于正反两种观点，还有中立的，这些在准备工作中都要考虑到。例如湖北荆门电台的《象山夜话》推出过《谈乞丐》的话题，在准备这一话题时，节目组采用了跟踪的方式，对乞丐接触的各种市民及城市管理的各个部门的观点都通过录音的形式带到节目中，同情乞丐的热心市民说应该帮助乞丐；多次上当并识破骗局的听众提醒市民切莫上当；生活在乞丐身边的人说乞丐每天把自己装扮得惨兮兮，晚上回家一洗澡就带着讨回来的钱出入各种娱乐场所；

---

① 孙宝国：《嘉宾一样是"传者"》，载《新闻战线》2010 年第 3 期。

公安部门的民警说如果市民不报案，没有证据就不会对乞丐采取措施；民政部门的负责人说他们只帮助那些有家可归的迷途者，没有精力来管这些乞丐；城管部门的干部说只有在创建文明城市迎接上级检查时，才组织专人劝说乞丐离开，平常也拿他们没有办法。这些录音在节目中一放，既显得很丰富，节目也鲜活了许多。①

二、谈话对象的选择

作为谈话节目的主要元素，谈话对象即节目嘉宾发挥得如何，直接影响到谈话节目的品位。因此，在寻找、选择时需要考虑以下一些最基本的问题：

（1）嘉宾要有谈资。或者嘉宾本人的经历就有故事，或者嘉宾对某一具体话题占有足够的资料并具有权威性或个性化的发言权。譬如，中央电视台《对话》栏目的受邀嘉宾大多数是世界政要、行业领军人物或者具有强势话语权的标志性人物。中央电视台《咏乐汇》栏目所邀请的嘉宾也大多是经济、科技、文化等领域的成功人士，其所经历的人生起伏和沉淀的人生智慧对观众而言无疑具有很大的吸引力。再比如国防大学张召忠教授经常作为中央电视台《中国报道》等品牌谈话栏目的嘉宾，他就国际军事问题发表的观点之所以常给人以茅塞顿开之感，原因就是他有丰富的专业知识和独到见解。

（2）嘉宾要有谈品。一个有谈品的电视谈话节目嘉宾应注意与主持人和其他嘉宾之间的互动与协调，而不是一味地表现个人，搞话语霸权。嘉宾与嘉宾之间、嘉宾与主持人之间的互动与协调可分为内容、心理、情感三种：要通过内容互动与协调为观众提供有用的信息；要通过心理互动与协调实现传受者之间心理上的动态平衡；要通过情感互动与协调使传受者之间产生情感上的共鸣与升华。

（3）嘉宾要有谈技。一个有谈技的嘉宾要做到以下三点：一是知道"我是谁"，明确自己在节目中的地位和作用；二是知道"说什么"，确保其话语与节目的基本定位及价值取向保持一致；三是知道"如何说"，要学会运用话语的层次性、冲突性、合适性及文化性，从而恰到好处地遣词造句，恰如其分地畅所欲言。另外，嘉宾还应把握话语的"时空"，注意说话的场合和时间，达到嘉宾话语与节目语境相得益彰、贴切自然。②

第四节　谈话节目的编排技巧

一、巧引话题

一档谈话节目话题的引入方式对节目的成功起着非常重要的作用。这种引入不仅要求自然、有意义，更要有意思、有意味，使受众产生强烈的情感共鸣。这就要求主创人员精心策划和设计。无论是立足于透过单个个体经历折射出历史、文化、社会变迁的历史性选题，还是反映当下社会生活中的热点、难点的现实性选题，都要根据受众心理和主持人的

① 蒋辉：《广播谈话节目运作思路》，载《新闻前哨》2010年第12期。
② 孙宝国：《嘉宾一样是"传者"》，载《新闻战线》2010年第3期。

个性特点，找到一个恰如其分的导入方式，唯有如此，节目才会更为自然、生动、有感染力。①

以下用河北唐山人民广播电台的几个节目为例，介绍话题引入的方式：

1. 开门见山

这种节目引入方式比较直接，直触主题，较为简洁但能立即抓住受众的心理。比如，在 3 月 22 日"世界水日"这天，媒体铺天盖地都在宣传如何节水，唐山人民广播电台的编导想避开这个角度，但节目又要与水有关，于是选择了如何科学饮水这个话题。节目导入就采用了开门见山的方式：

> 今天是"世界水日"，我们就来谈谈与饮水有关的话题。水和我们的生活息息相关，但是你知道一个人每天喝多少水才合理吗？现在市场上的水的品种五花八门，有纯净水、矿泉水、蒸馏水、富氧水等等，在五光十色的水世界里，哪一种水最适合你的体质呢？朋友们，这些每天我们都在经历着的事情，您认真思考过吗？②

2. 简单枚举

从主持人自己或自己的身边人以及受众较为熟悉的事情说起，不仅能一下子吸引受众的注意力，产生情感共鸣，而且会有迫切的收听欲望。譬如："我和我同事的手机，经常收到一些明显是诈骗的短信，也有受众打电话向我们征询事情的真伪。为了给受众提醒，避免上当，我们策划了一期《破解短信诈骗迷局》的节目。"该节目是这样导入的：

> 手机短信在我们生活中的应用已经非常广泛，每个人每天都会收到短信，最近几天我就接连收到了这样的短信：爸妈，我东西和钱被偷，明早请汇××××元到建行卡××××号，钟××的卡上，急用，这是我朋友钟的手机，快欠费了。手机号是×××××××××。同样的内容，用了四个不同的手机号，于是这条短信我就收到了四遍。因为我没有出门在外的孩子，所以知道这是骗局，也就一笑了之。但是假如有人真的信以为真的话，事情会怎么样呢？③

3. 曲折铺垫

逐渐把话题引入的方式可以使话题的进入自然、轻巧又富有情趣，亦能很快拉近受众和主持人的距离，使人感到亲切、真诚。比如，去年护士节这天，电台将几名精神病院的男护士请到了直播间，策划了一期题为《男护士，难护士》的谈话节目。男护士本身就让人有一种新奇感，再加上主持人富有感染力的导入，使节目有极强的可听性，例如：

---

① 马文蕊：《浅析广播谈话节目话题的引入》，载《中国广播》2008 年第 11 期。
② 马文蕊：《浅析广播谈话节目话题的引入》，载《中国广播》2008 年第 11 期。
③ 马文蕊：《浅析广播谈话节目话题的引入》，载《中国广播》2008 年第 11 期。

在医院打针时，如果拿着针筒、棉花向你走来的是一个堂堂男子汉时，您千万别觉得奇怪，男人当护士，看着还是挺新鲜的，在女护士仍然一统天下的当下，男护士还是稀缺资源，尽管是万花丛中一点绿，他们仍然是我国护理队伍的重要组成部分。今天是国际护士节，它不仅属于女护士，同样属于男护士，但是对于男护士来说，个中甘苦滋味，只有他们自己知道。今天，我们有理由把关注的目光转向"男南丁格尔"们。在世俗偏见中坚守岗位的他们，处境和现状并不乐观。于是就有人感叹："男护士真是难护士啊"。今天我们就带大家走进男护士的生活。①

4. 凸显特色

以某种特殊的方式或细节引入话题，彰显人物特色。它能够使节目有缓有急、错落有致，富于节奏感。同时精彩的、富有特征的典型细节，常常是展现某个特定人物的独特个性、独特思想、增强真实感和生动感的重要手段。某期教师节的节目，主持人这样引入了话题，有一点幽默，这背后却凸显了教师群体无私奉献的特征：

"现在我的手里有三张考卷，发给今天的三位嘉宾，说明一下，这三位嘉宾都是男士，让他们现场答题，一会儿我来给他们评判，现在发卷，每人一支笔，我来读读考题：第一题，你在家洗衣服，做饭吗？第二题，你会陪孩子玩吗？第三题，多长时间陪爱人逛一次街？再来说说考场纪律，不许交头接耳，不许抄袭，答完后交卷。"②

二、巧用音乐与音响资料

在谈话节目中适当地加入一些音乐和音响，可以充分发挥广播的声音优势，调动听众的收听兴趣，做到以语言表意、以音乐表情，以音响表真，通过三者的有机结合，可以唤起听众内心的声源形象，使听众产生想象和联想，从而构建出没有画面的现场感，能够让听众获得身临其境的真实感和亲切感，增加节目的可信度、生动性和感染力，收到画龙点睛、闻声"见"景的"自象"和"内视效果"。音乐和音响资料在广播谈话节目中的作用主要有以下几个方面：

（1）增加节目的可听性，避免听觉疲劳。在节目中加入一些音乐和音响，就能够使听众感受到一种良性刺激，从而调动起听众的收听兴趣。片花的运用就是一种不错的形式。片花一般由语言、音响或音乐三者录制合成。这些片花的内容有的是被访谈人物或事件的背景资料，有的是对采访对象的前期录音，有的是对节目内容的概括和对主题的揭示。配以符合节目气氛的音乐、歌曲或者前期录制的现场音响，在节目中播出，能够让听众有耳目一新的感觉。

---

① 马文蕊：《浅析广播谈话节目话题的引入》，载《中国广播》2008 年第 11 期。
② 马文蕊：《浅析广播谈话节目话题的引入》，载《中国广播》2008 年第 11 期。

（2）缓解嘉宾的紧张情绪，使沟通更加自然顺畅。很多嘉宾都是第一次走进直播间，面对话筒，难免会有些紧张，甚至影响了语言和思维能力。而熟悉优美的音乐可以触发嘉宾的内心情感，帮助他们更放松、更自然、更顺畅地表达，能够有效地调节气氛，缓解紧张心情。

（3）烘托气氛，深化主题。在烘托气氛、深化主题方面，有时候音乐和音响的表达效果要比语言更好。

（4）增强现场感，使节目在时间和空间上得到拓展。在谈话节目中，适当地运用一些音乐和音响资料，能有效地增强现场感，使节目在时间和空间上得到拓展，充分体现出广播在联想方面的优势。一段音响、一段音乐，它所激发出的联想以及所描绘出的背景，仿佛是用声音将人们适时地引入到了画面之外那既定的场景与背景之中，令人产生身临其境之感。

（5）推动节目进程，划分结构，揭示主题。音乐和音响资料运用得当，还常常能起到推动节目进程、划分结构、揭示主题的作用。当语言不能恰当而又准确地显示和区分叙述段落时，音乐与音响的运用能从听觉上给人以提示，此时它们已悄然地承担起情节阐释的外在划分作用，进而辅助主持人控制节目的进展流程和节奏。一段音乐，一首歌曲，一段片花……音乐与音响凭借其蕴含的逻辑，可以在节目叙述的上下段落或前后层次之间适时地进行提示，了无痕迹地完成过渡和衔接。在这里，音响已不是作为语言的陪衬，而成为语言积极的补充，在叙述交代着事件的过程。从这个意义上讲，音乐和音响资料又是广播谈话节目段落或层次之间的艺术化了的"标点符号"。①

音乐和音响资料在广播谈话节目中有着如此特殊的作用，但是要发挥好这些作用，在运用中还要特别注意几个问题。

一是音乐和音响资料的选择。那就是一定要与谈话节目的内容、主题、风格相符，这样才能起到进一步深化主题的作用。二是音乐与音响资料的制作一定要精良。如果是录音资料，那就一定要选取最精彩、最有价值、最能说明问题的部分，精心制作，使之衔接自然；如果是歌曲与音乐，要提前仔细审听，并最好截取出歌曲与音乐的高潮部分，这样在使用的时候，音乐旋律才能更好地与节目内容或音响资料融为一体，起到烘托气氛、深化主题的作用；如果是制作片花，那么语言文字部分要精心书写，与音乐、音响资料的配合要恰当、和谐。三是要掌握好运用的时机。在节目的进程中，音乐与音响的出现应该是阶段性的，要恰到好处。这相当于中国画中的"留白"。当节目中的故事情节进入抒情、动情以至到达感情的高潮阶段时，就是音乐发挥其渲染情景气氛的最佳时刻，此时更能增强音乐的感染力。音响资料也是一样，一定要在适当的时候推出，才能起到良好的作用。②

---

① 刘杰、宋似玉：《浅谈音乐与音响资料在广播谈话节目中的运用》，载《中国广播》2008年第4期。

② 刘杰、宋似玉：《浅谈音乐与音响资料在广播谈话节目中的运用》，载《中国广播》2008年第4期。

第五节　谈话节目主持人

一、谈话节目的主持人的素养

第一，主持人需要有坚实的思想理论基础、政策水平、相关的文化知识、清醒的判断能力、机敏的反应和灵活的语言沟通能力，以及善解人意、宽厚包容的胸怀，尤其要有良好的心理素质和调整自己心理的能力，还要有为听众服务的满腔热情。谈话节目主持人要具有敏锐的眼光和观察力，对时事政治的关注和了解程度要高于一般人，对地方政治、经济、社会、文化及政策法规的理解能力要强于普通听众，只有这样，才能把握正确的舆论导向，做到有备无患，成为名副其实的舆论引导者。2002 年，湖北荆门市水价大幅调整，广大市民反响强烈，少数市民片面认为调价就是涨价，是乱收费、加重负担的做法，荆门电台《象山夜话》节目针对这一情况，及时推出《关注水价调整》的话题，受到市民的广泛关注。在节目前，主持人多次到供水部门了解情况，通过旁听水价调整听证会，把调价的真正原因弄得清清楚楚，甚至把各项水价的收费公式都背了下来。在节目直播中，果然就遇到了怨声载道的不明真相者，面对情绪激动的参与听众和正在收听节目的其他市民，主持人介绍了水价调整背景和相关政策，并熟练地把各类收费公式当场换算出来，听众听了之后心服口服。[①]

第二，主持的关键是思想而不仅仅是语言，主持人要较量的不是外在的声音，而是内在的知识和智慧。主持人是新闻工作者、思想工作者，而不只是语言工作者。谈话节目主持人更要具有心理学修养及深厚的生活阅历。比如辽宁电台经济广播的《轻风夜话》，节目里有思想、有交锋，主持人以自己健康的精神风貌在谈话过程中感染听众。所以节目才能十几年如一日，深受听众喜爱，才能独具魅力。总之，主持人的自身修养和人格魅力是谈话节目吸引听众的重要保证。

二、主持人在谈话节目中的位置和作用

第一，主持人应有认真的案头准备，包括文字也包括"腹稿"，从导向、知识、社会现实以及节目的策划、结构、提问等方面做认真的准备。现在媒体上还存在着大量的虚假采访，一些主持人由于没有做好事前的准备，往往做出"八股式采访"，让被采访者，也让听众十分厌恶。

第二，主持人作为听众的"益友"，还应重视引导，主持人不可能全知全觉，不应回避棘手问题，要能跳出来，站高一点，看远一点，客观、真诚地面对听众。主持人展示个性的同时，应注意与听众的亲和力，不能沉浸在自我表现的心态中；主持人不要过于自怜自爱，"偶像的感觉"，"大众情人"的感觉，或是"知心大姐"的感觉，这都是主持人生命力枯竭的现象。[②]

---

① 蒋辉：《广播谈话节目运作思路》，载《新闻前哨》2010 年第 12 期。
② 查谦、任前方、高暐、贺绚绚：《广播谈话节目研讨会综述》，载《现代传播》2001 年第 4 期。

三、谈话节目主持人能力的"关键点"

1. 对听众的引导力

不是所有听众都会对所有的话题产生兴趣，要想使话题谈得深入，可以用下几种方式对听众加以引导：

（1）故事性开头。把话题涉及的现象通过例子的方式介绍给听众，激起他们参与的欲望。

如湖北荆门电台《象山夜话》曾经推出过一期《谈茶馆》，在有些茶馆里，真正喝茶的人很少，大多是打牌赌钱的。如果在节目开始就讲大道理，说茶馆不好，说百姓打牌不对，听众可能会认为节目在批评自己，怎么好意思参与节目呢？因此，在节目开始，我们首先把大多数茶馆不喝茶的现象摆出来，把茶馆影响老百姓生活、参与赌博的危害性说出来，然后再举一个有代表性的例子，如哪一家因为谁迷恋茶馆，输光了钱，妻离子散，家破人亡。老百姓一听，原来自己是受害者，大赢家是茶馆，这样一来，不仅没进过茶馆的人会参与进来，说它的不是，常进茶馆的主角也会主动参与节目，痛斥茶馆的行为，忏悔自己的行为。

（2）抛砖引玉，先表明自己的立场。

听众听节目，事先不知道话题，如果不加以引导，他们会觉得这个话题与我无关，动半天脑筋，打个电话说几句话还不知道大家会怎么评价，因此，主持人应在开场就谈出自己的观点，并列举出话题包含的其他观点，让听众找一个接近自己又能说得上来的观点。但是抛砖引玉并不是盖棺定论，一开始主持人就把是非辨析得特别清楚，那也不是参与类节目的做法，而是专题类、评论类节目的操作方式，听众会认为主持人把话都说完了，没有给他们留任何余地，根本就没有参与讨论的必要了。

（3）现场连线有见解的听众，一开场就把发言权交给听众。

有的节目把它概括为"连线特约评论员"，这种方式既能弥补主持人的不足，又能吸引听众参与，是有利于节目的做法。在节目开始前，就把话题告诉特约评论员，并把不同的侧重点给他们划清楚，让他们有充足的时间准备，发起言来头头是道，互相补充，这样不仅给其他听众构思的时间，不至于节目一开始就空场，还能提高参与者的发言质量，既有上半场的精彩，也有下半场的热闹，还能让更多的听众长期关注节目，经常参与讨论。①

2. 对嘉宾的应对力

节目话题需要邀请嘉宾，有些被邀请的人能否胜任嘉宾的角色是无法预知的，因此，节目播出前要安排充足的时间和嘉宾交流，便于在节目中有充分的思想准备来应对嘉宾可能会出现的任何问题。节目前，我们除了和嘉宾共同研究、准备谈话内容之外，还要善于观察并及时发现他身上存在的问题，除此之外，主持人要不厌其烦地把新闻宣传的纪律及

---

① 蒋辉：《广播谈话节目运作思路》，载《新闻前哨》2010 年第 12 期。

直播流程中的注意事项向嘉宾交代清楚，比如，哪些问题不能涉及，什么话不能说，应关掉通信工具，怎样与听众打招呼等诸多细节。有的嘉宾听完这些，再到直播现场一看，就非常紧张了，因此，主持人还要特别注意不能过多地渲染紧张气氛，要让嘉宾轻装上阵。节目中，主持人要分清主次，适当地引导嘉宾展开话题，不能被嘉宾的观点所左右，尤其是面对具有领导身份的嘉宾。有的嘉宾参加节目，容易把直播室当成会场，把主持人晾在一边，甚至不给主持人插话的机会，主持人会十分尴尬。因此，不管嘉宾是什么身份，主持人都必须明确地告诉他，到这里来，你必须得配合主持人的工作，争取他的理解。主持人要始终控制局面，掌握主动权。在实践中，我们发现节目开始前的紧张感在很多嘉宾身上都有不同程度的表现，主持人不能一味地埋怨嘉宾，要用心营造一种轻松的氛围，把他的情绪稳住，一旦开场，进入角色后，这种紧张不安也就随之消除了。另外，在访谈中，主持人要尊重嘉宾，围绕节目主线适当地插话，不宜过多抢话，分散嘉宾注意力，要让他思路清晰，娓娓道来。对于嘉宾来说，真诚地倾听是对人的尊重，嘉宾只有感觉到主持人和听众在倾听的时候，才会表达出精彩的观点。①

3. 对棘手问题的处理能力

在如何处理听众提出的一些棘手问题上，主持人应机智、沉着面对，讲究引导的方式方法，既不可简单化地讲大道理，也不能不加分析地迎合、趋同。在遇到语言和思想的交锋情况时，主持人不能仅仅停留在听众罗列的一系列现象上，用看似逻辑严密的理论去和听众争辩不是最好的应对方法，而应该从听众的理解角度出发，客观真诚地帮助听众透过现象找到本质，以同等身份的"参与者"而非"教育者"方式对其失之偏颇的观点加以引导。② 原上海人民广播电台《市民与社会》的节目主持人左安龙说过这样一个典型的例子：在一次邀请北师大一名学者谈理想、前途、国家、命运的节目中，一位30多岁的女性听众打进电话："你们叫我们爱国家，我认为对，你们叫我们爱人民，我也觉得对，是应该爱人民，（那么）我爱国、爱人民，我不爱党可以吗？"面对这个尖锐棘手的问题，嘉宾从逻辑概念上进行了回答："国家是政治概念，中华人民共和国是中国共产党缔造的，因此爱国、爱党是完全统一的整体。"逻辑上画了一个圈，但解释并不到位。左安龙又找个机会进行了补充："……我从她讲话的声音，能感觉出来非常激动。她为什么激动？我估计她是气，她为什么气愤，她为我们党内的腐败而气愤，所以她认为爱国与爱党不是统一的。但是你发现没有，最近江泽民主席提出加强反腐败的力度是和亡党亡国，和整个民族的命运紧紧结合在一起的，我们可以断定，当我们反腐败取得成功，你会感觉到爱国、爱人民和爱党是统一的整体。你的错误在于把一些个人行为代替了一个整体的党……"这样一番话入情入理，把"大道理"讲得通俗易懂、深入浅出，令听众不但口服而且心服，足见主持人引导的高妙之处。③

---

① 蒋辉：《广播谈话节目运作思路》，载《新闻前哨》2010 年第 12 期。
② 冬青：《广播谈话节目的成功要素》，载《记者摇篮》2009 年第 4 期。
③ 查谦、任前方、高暐、贺绚绚：《广播谈话节目研讨会综述》，载《现代传播》2001 年第 4 期。

 案例分析

☞ 分析一

广播谈话类节目策划案例

一、栏目介绍

栏目名称：《音乐会客厅》①

栏目简介：音乐电台的人物访谈类节目，每期邀请一位歌手、词曲作者、制作人或者乐评人，与主持人一起，以音乐为主线，谈音乐，谈生活，谈与音乐相关或无关的人生感悟。

二、本期节目

名称：《吴虹飞——再不相爱就老了》

嘉宾：吴虹飞

主持人：高杰

主要内容：邀请嘉宾谈谈《幸福大街》新专辑及巡演的相关事宜，谈谈对音乐的看法，以及嘉宾跌宕的生命历程及感悟

播出频道：西安音乐广播 93.1

播出时间：2010 年 10 月 14 日晚上 8：00—8：40

三、选题及价值判断

选题背景：幸福大街乐队创建于 1999 年 9 月，很快崛起成为北京新晋摇滚乐队中最令人瞩目的新锐力量。乐队连续三年参加国内最大的摇滚音乐节——迷笛音乐节，在摇滚界里有良好口碑。2003 年美国教育台评价幸福大街乐队以其"迷幻、另类的唱法道出了压抑已久的激情，挑战了中国抒情摇滚的极限"。其主唱吴虹飞更是传奇式的清华才女。2010 年 9 月 4 日周六晚，幸福大街乐队第三张唱片《再不相爱就老了》以及吴虹飞同名新书首发演出在北京愚公移山酒吧举行。在这之后，幸福大街乐队就带着新书和新唱片开赴长沙、广州、武汉等地，举行全国巡回演出。9 月，长沙至杭州各站的巡演已经结束，10 月 15 日，幸福大街西安站即将开唱，随后乐队将奔赴成都、重庆等地，完成今年的巡演。

选题目的：在幸福大街乐队西安站开唱以前进行这个访谈，可以为本地喜欢摇滚乐的朋友提供一些相关信息，而且幸福大街乐队的新专辑本身很有意思，其歌曲风格奇异诡谲，歌词让人充满想象，值得为大家推荐。新专辑的创作发行及后来的巡演想必都有很多故事可谈，主唱吴虹飞本人的传奇经历也是很多人津津乐道的话题。本期节目旨在与大家

---

① http://3y.uu456.com/6p-s871be8b84868762caaeds09-1.html，2012-12-01。

分享音乐的同时，分享歌手独家的心情故事，让大家听到更多音乐背后的东西。

四、嘉宾介绍

吴虹飞，1983 年 11 月 11 日生，广西侗族人，清华大学环境工程、中文系科技编辑双学士，现当代文学硕士。这位毕业于清华大学的才女有着多重的身份——她是成军已 11 年的幸福大街乐队主唱，是《南方人物周刊》的资深记者，目前仍供职于该刊，曾做过酒吧歌手、没落诗人、节奏吉他手、打口带贩子、读书报记者、网站娱编、中文教师以及艰深的文学史研究者，而且还是个写了 9 本文集的作家，从 2003 年到 2008 年，她陆续出版了《小龙房间里的鱼》、《阿飞姑娘的双重生活》、《木头公仔》、《这个世界好些了吗》、《娱乐至死的年代》、《童话》、《伊莲》等 9 种文集。9 月，吴虹飞的随笔《再不相爱就老了》由广西师范大学出版社、"榕树下"网站联合推出。对于吴虹飞来说，最重要的身份还是摇滚乐歌手。在这张《再不相爱就老了》之前，吴虹飞与幸福大街乐队还发了《小龙房间里的鱼》和《胭脂》两张专辑。

五、大概流程

开场音乐是《再不相爱就老了》，适时拉小音量，主持人介绍嘉宾，并从这首歌开始聊幸福大街的新专辑，以及新专辑同名的全国巡演相关情况。这部分主要注重事实访问，夹带询问嘉宾本人及乐队对音乐的态度、看法等。进而从嘉宾对音乐的理解转到对嘉宾个人的采访上，包括过去的一些经历、对未来的展望，关于乐队、职业以及感情等方面。背景音乐以新专辑中的歌曲为主，可以适时就音乐传达的情绪与嘉宾沟通交流。

六、话题方向

1. 新专辑

（1）制作问题（包括制作历时、分工情况、其间遇到的问题等）

（2）后期问题（除了淘宝网店出售及巡演现场签售外，专辑还有其他销售渠道吗；是否在意销量，等等）

（3）歌曲问题（纵观歌曲名，可见这是一张文学性很强的唱片，新专辑想要传递什么东西；为什么选取这个名字，对专辑名字被人盗用怎么看；《再不相爱就老了》是你对他人也是对自己的劝诫吗；《小雅》和《冷兵器》中传递出来的自我隔绝姿态是你自己的真实状态吗；专辑中的好几首歌都有着明净的名字，如《初雪》，但歌声却传递出一种稍显绝望的味道，这是为什么；专辑中有《广陵散》和《魏晋》两首关于魏晋南北朝的歌曲，你个人是否很喜欢这个朝代，那段历史里的什么东西最吸引你，等等）

2. 巡演

（1）结束了的（从北京的首发演出到现在，已经巡演八场，演出效果怎么样；相对于录音棚录音来说，舞台演出是不是更能让人爆发激情和活力；到处奔波是不是很累，其间又有哪些收获）

（2）即将开始的（从最后一场到现在已经过去 20 多天了，西安站的演出即将开始，乐队准备好了吗；最后四场演出会有什么亮点吗；尽早结束巡演对你来说是一种解脱还是

失落，因为你曾说过很享受在舞台上的感觉；巡演结束后会把重心放到什么上）

3. 对音乐的看法

（1）乐队（乐队在你心目中占据着怎样的位置；已经11年了，你会和乐队继续走下去吗）

（2）摇滚（你和你的乐队对摇滚乐持什么样的态度；听说乐队一直经济拮据，是什么支持你们一直走下来；身为侗族人，侗族民谣对你影响很大吧，是不是计划要整理一张侗族民谣的专辑）

（3）质疑（之前因为你在微博上的一句"汉族人有民谣吗？"引来不少骂声，你有什么想回应的吗；组乐队以来应该也听到过不少质疑之声，会打心底在乎吗；会因为别人的看法而改变自己做音乐的态度吗）

4. 个人生活，感情故事

（1）经历（你求学和工作的经历很丰富，这些经历对你的音乐创作有什么样的影响；你现在还在做《南方人物周刊》的记者，怎样协调记者工作和乐队的训练和演出；坚持记者的工作是因为乐队的经济原因吗；两个工作哪个更让人操心；写作对你来说又意味着什么；格非老师曾对你寄予厚望，说你最有成为第二个王安忆的潜质，你怎么看）

（2）情感（这张专辑的多首歌都涉及爱情，其中的情绪是你个人的情感生活的折射么；怎样看待爱情，歌词"就像一个没有家的灵魂一样飘荡/神鬼有知/知道我的悲伤"，想要表达的是绝望还是释然；你曾说过摇滚只为讨好爱人，现在还是吗）

（3）未来（音乐也好，文字也好，你追求的到底是什么；你曾说过"我最大的愿望是月收入一万元。"其实你完全有能力过上月收入一万的生活，为什么会选择现在的生活，去为一条不到100块的裙子发愁；与众不同是你坚持的生存状态吗，等等）

七、主持人介入

采访前，主持人要做好充分的准备，对乐队、新专辑、巡演进度及吴虹飞本人要有充分的了解。访谈过程中，主持人主要起引导话题的作用，可简单提问，更多地把时间交给嘉宾，使其能够充分表达自己的观点和感受。这期间，主持人也要积极配合，尽量使问题多元化的同时，让嘉宾能够轻松自如地进行谈论。

☞ 分析二

品味黄昏——笑看人生①

（2009年全球华语广播奖"魅力主持奖"和"广播主题奖"获奖作品）

参赛机构：香港电台普通话台
节目主持：陈曦、叶宇波
节目时长：18分23秒

———————————

① 来源于中国广播网。

经过一天的忙碌之后，我们的耳际再度响起熟悉的旋律；从歌声之中，我们重拾那份岁月的共鸣与感动……

《驿动人生》环节，邀请各界成功人士挑选心目中最重要的"人生之歌"，和我们一同分享他们的成长足迹、心路历程，一起感受时代及社会文化的变迁。

一首首的"人生之歌"代表他们昔日曾面对的抉择，更是他们人生路上不同阶段的写照。"聆听经典，感悟生活"，我们从《驿动人生》中得到更多的启示，也得到更多的正能量，让我们满怀信心地去迎接充实、精彩的人生。

"微笑的声音面对世界"主题特辑——《笑看人生》。

在我们的嘉宾中，香港立法会主席曾钰成先生，以及香港电影金像奖最佳女主角鲍起静女士，都有过不平凡的、高低起伏的人生路，但他们对此也只是一笑置之，跟大会主题"微笑的声音面对世界"不谋而合。故此我们选用了有关访问，辑录成这个主题特辑《笑看人生》。

从两个成功故事，我们看到他们积极、乐观地去面对人生旅途中的逆境、风雨，以"微笑"的心境去面对各种挑战或困境，发挥香港人引以为傲的"狮子山下精神"，这也折射出香港由一个寂寂无闻的小渔村，演变成举世知名的国际大都会的成功故事。

传说佛祖释迦牟尼有一次在灵鹫山准备说法时，拈起一朵金婆罗花，意态安详，却不发一言，众人不明所以，唯有摩诃迦叶破颜轻轻一笑，于是佛祖当即宣布将衣钵传给他，这就是禅宗"拈花微笑"的典故。"拈花微笑"原意指的是对禅理有透彻的理解及心领神会，其实说的是一种感悟的心境，即淡然豁达、悠然自得及信心不动摇的心态，人们只能去感悟和体会，并不是只言片语可以解读的。

曾：有欢喜也有掉泪的时候，整体来说呢，总算是欢笑多于唏嘘。本身这么一个体会，就是一种鼓舞。

鲍：不要太悲观地去对待每一次的转变，只要我们用积极的态度，其实会有好的改变。

旁白：他们以"拈花微笑"的心境来面对人生中的顺流、逆流、风风雨雨，这就是香港人引以为傲的"香港精神"。

如今生活在都市的人们，随着社会的节奏每天都在营营役役，追求更多的东西，也深明世事岂能尽如人意。人总会有高低起落，总会有寂寞、无奈，甚至失意，我们不妨学会怎样去欣赏和品味个中的滋味，让自己潇洒一点，从容一点，用"拈花微笑"的心境去迎接及面对生活中的每一天，无论是失意、无奈或挫折。

这一期的《笑看人生》，我们将请来两位嘉宾分享他们的人生点滴，一起品味生活，感悟人生。

（《笑看人生》片头）

曾钰成人生之歌：《狮子山下》——罗文。

旁白：20世纪70年代香港电台的系列电视剧《狮子山下》，真实而细致地反映了当年香港草根阶层的生活状况，反映了他们那种自强不息的拼搏精神，在社会上产生了广泛的共鸣和影响。之后，《狮子山下》就成为香港精神的图腾。与《狮子山下》一同成长的，深深领悟这难能可贵的香港精神之精髓的，还有他——香港立法会主席曾钰成。

曾：大家可能也记得，在2002年，当时的财政司司长梁锦松先生，也在他的预算案的演辞里，引述了《狮子山下》的歌词，这重新掀起了《狮子山下》的精神热潮。

（歌：人生总有欢喜　难免亦常有泪　我哋大家　在狮子山下相遇上　总算是欢笑多于唏嘘）

曾：我觉得这歌能代表香港精神。大家不怕路途崎岖，大家有矛盾的时候，愿意把大家之间的矛盾放在一边，一起来奋斗，保持我们奋斗的精神。这个香港精神是非常可贵的。

（歌：抛弃区分求共对　放开彼此心中矛盾　理想一起去追　同舟人　誓相随　无畏更无惧）

旁白：香港从荒芜的小岛渔村，到耀眼的东方之珠。凭着"狮子山下精神"，香港人在逆境中团结奋斗、同舟共济、守望相助和包容和谐，创造了一个又一个的奇迹，写下无数的传奇故事。

曾：香港社会，今天跟20世纪70年代末期80年代的时候相比，应该说已经起了很大的变化，社会应该是比过去更富裕。市民的生活习惯，尤其是年轻一代的生活习惯，也可能跟过去有很大的分别。但是我们还是要面对不少风浪、困难。我们过去就是有这么一个信心：面对这些困难，只要我们大家团结在一起，努力奋斗，就能战胜困难，继续发展。就像这歌词一样：有欢喜，也有掉泪的时候。但是整体来说呢，总算是欢笑多于唏嘘。本身这么一个体会，就是一种鼓舞。有些时候，要是我们老是看着我们不幸的一些遭遇，自怨自艾，没有好处。应该要看到我们幸运的一面，保持比较乐观的一个态度。所以在遇到困难的时候，想起这歌词，对我自己也是一个鼓舞吧！

（《笑看人生》片头）

鲍起静人生之歌：《问我》——陈丽斯。

《天水围的日与夜》中鲍起静的对白：

哎呀，啲衫使乜折喁，听朝又着。（衣服用不着叠好，明天又穿。）

读唔到书至多咪出嚟做嘢！（读书不成大不了就出来工作呀！）

唔使咁紧张，依家果啲后生自己会念架啦！（不用紧张，现在的年轻人自己会想的！）

旁白：这几句对白，来自电影《天水围的日与夜》。女主角的饰演者，本身就是一位平凡而又奇特的女子。她演绎的角色让你沉浮于淡静和悸动之间，让你在追忆似水年华的影片放映后，为自己的生命旅程绘上不一样的色彩和激情，也让你在转身之间，不经意地去和陈旧的往日情感点头寒暄一番。凭借在《天水围的日与夜》中的出色表现，她荣获香港电影金像奖最佳女主角，她是鲍起静。

鲍：人生，好像有起有落，有悲有喜。很多时候，你有成功的感觉；也有很多时候，你有失败的感觉、失落的感觉；你有不满意、不满足的感觉。但是在这个过程里面，我们自己怎么样去坚持呢？每一个人其实都应该在每一个阶段问一问自己，其实是："问我"。

（歌：问我欢呼声有几多　问我悲哭声有几多　我如何能够一一去数清楚　问我点解会高兴　究竟点解要苦楚　我笑住回答　讲一声　我系我）

旁白：从艺多年，凭着自己的不懈努力和执着坚持，鲍起静最终以香港电影金像奖最佳女主角得到人们的认同。对于获奖，她的心境还是那样的质朴，那样的淡然。

鲍：听着这歌，然后问一问我自己，为什么你可以拿奖？是不是你表现得特别的好呢？

冷静下来，自己再问一问自己，不是的。其实几十年的工作你都是这样，都是这样默默地付出、很辛勤的工作。那为什么这次能拿到奖呢？还是因为大家对你的支持，支持你以后永远不断地、继续地、努力地把自己的演艺工作做好。

（歌：问我得失有几多　其实得失不必清楚　我但求能够一一去数清楚　愿我一生去到终结　无论历尽几许风波　我仍然能够讲一声　我系我）

旁白：香港人总是每天在追逐，追逐梦想、追逐名利、追逐潮流。我们是否想过，或许我们真正缺少的就是那份执着的坚持。

鲍：我们那时候是为了理想，坚持到现在。可是现在对很多年轻人来说，我就很想告诉他们，人生啊，非得要有一点理想不可。要不然你做每一样工作都不会坚持。你不能坚持一个工作，你就不会成功。你就不会知道你在这个工作里得到的得益和乐趣。

（歌：问我点解会高兴　究竟点解要苦楚　我笑住回答　讲一声　我系我）

（《笑看人生》片头）

曾钰成人生之歌：《几许风雨》——罗文。

旁白：人生的际遇就像酒，有时苦，有时甜，但这样的滋味，你我早晚要尝试和体会。

曾：我记得我上小学的时候，妈妈经常希望我代表同学出来作演说。记得有一次，她替我写了一篇演说稿，里面提到喝酒，妈妈教我这样说："人生就像有两杯酒，一杯是甜酒，一杯是苦酒。你先喝了甜酒，留了苦酒，以后就要喝了。你要是愿意先喝了苦酒，那以后就可以喝这甜酒了。"过去这几十年，我也经常想起妈妈当时的这个比喻。但我以前以为，我先努力把苦酒喝完，就可以留了甜酒慢慢喝了。但也并不是这样——看来我是把苦酒跟甜酒混合了，苦中有甜，甜中也有苦。过去几十年，你说我光苦也不是，甜的也很多。但是也不光是甜，你在喝甜酒的时候，突然间，非常意外的，苦酒就来了。

（歌：无言轻倚窗边　凝望雨势急也乱　似个疯汉　满肚郁结　怒骂着厌倦
徐徐呼出烟圈　回望以往的片段　几许风雨　我也经过　屹立到目前）

旁白：俗话说："船到桥头自然直，车到山前必有路"，说的是事情总有解决的方法，有的时候妥协也是一种艺术，看你是否会欣赏。不过这些思维在时下的社会现实中已经略显被动，或许更多的是要求人们未雨绸缪，先做好心理准备，更应该以坚定信念充分发挥人的主观能动性，去解决疑难。

曾：《几许风雨》的歌词里这样说："一生之中谁没痛苦，得失少不免"，但是你"看透世态，每种风雨披身打我面，就是碰上了急风，步伐也不会凌乱。"就是说，你要有这么一个心理准备：可能在你最顺利的时候，风雨就来了。你要经常有这么一个准备，你不能让突如其来的风雨令你的步伐凌乱。

（歌：一生之中谁没痛苦　得失少不免　看透世态每种风雨　披身打我面
身处高峰　尝尽雨丝　轻风的加冕　偶尔碰上了急风　步伐未凌乱
心底之中知分寸　得失差一线　披荆斩棘的挑战　光辉不眷恋）

曾：例如说一个船长，就是遇上大风浪的时候，大家更要求你镇定，能出来应变。你应该采取一个比较超然、比较客观的态度来看看你面对的这个局面，冷静地找出解决的办法，去找出路。

（《笑看人生》片头）

鲍起静人生之歌：《每当变幻时》——薰妮。

旁白：社会在发展，人的心态也在转变，变幻才是永恒，问题在于我们能否接受或者愿意去转变。

天生乐观、为人豁达的鲍起静虽然经历了电视台多年的风风雨雨，每一次面对转变，心态依然保持淡然，正如俗话所讲："山重水复疑无路，柳暗花明又一村"。因为心中有一份坚持，永不放弃，人生旅途中的不如意的事情其实也算不了什么。

鲍：我自己回想，自己已经 60 岁了，在前一个阶段来说，经历了不知多少的变化。从训练班到拍电影，到电影公司结束，然后就是转到电视台。这个大概也算是一个历史吧，你看转了多少个老板，不停不停地变化。我都经历过来了，经历那么多的朝代，然后坚持到现在。我觉得，这大概就是人生吧。

（歌：怀缅过去常陶醉　一半乐事　一半令人流泪

梦如人生　快乐永记取　悲苦深刻藏骨髓　韶华去　四季暗中追随

逝去了的都已逝去　常见明月挂天边　每当变幻时　便知时光去）

鲍：每一个人，从读书到进入社会，我相信都不会是很平坦的一条路，都会遇到很多挫折，很多失败。比如被迫转换工作啊，转换环境啊，很多很多这样的变化。但是我觉得总的来说，每个人都要有自己的一份坚持。

我这个人是比较乐观的，我总是往好的地方想。

不要去太悲观地去对待每一次的转变，只要我们用积极的态度，其实是会有好的改变。

（歌：怀缅过去常陶醉　想到旧事　欢笑面常流泪　梦如人生　试问谁能料　石头他朝成翡翠）

鲍：我非常感谢父母对我的教导。我的爸爸，对于工作的态度还是非常的热忱。任何的工作、任何的角色，他都是满腔热情地去演，他这种精神影响了我。

其实戏如人生，人生如戏。在每一出戏里，你都会发觉一些人生的意义，一些不同的意义都有不同的影响。

旁白：每个人都会有梦想，都会有自己圆梦的途径和方式，人生旅程其实就是圆梦的过程。如何把梦想变为现实，在乎人们有没有努力去尝试，能否坚持到最后。

除了梦境成真是最美的幸福与满足，其实过程中的沿途风景、体会、感悟也成为我们人生中最值得珍惜的宝贵财富。

成功的背后，我们想到，或许这就是"香港精神"的最好体现，而这些也正是"拈花微笑"心境的最好解读。

曾：风浪来了，你迎上去，可能你就可以熬过去。

鲍：总的来说，每个人都要有自己的一个坚持。

（歌：面对自己　每天　寻乐人生作我真理　不想顾虑　何日世界下沉生命限期　愿信自己　每天　回味人生笑看天气　伤心免疫　从未勉强做人筋倦力疲……）

（完）

制作人员名单：
　　总监：郑启明
　　监制：周国丰
　　编导、撰稿：陈曦
　　助导、制作、旁白：叶宇波
　　助理：李素玲
　　美术设计：陈燕卿

　　（点评：2009 年全球华语广播奖对这个节目的颁奖词是："他用声音释放华语广播的小宇宙。资讯、音乐、文化，叶宇波随着不同类型的节目在华语广播的舞台上弹出各种快乐的音符。每当太阳西下，他邀请嘉宾带着生命中挚爱的歌和故事，与香港听众一起品味黄昏、感悟人生。循循善诱、娓娓道来，他全力以赴地展示嘉宾的才华，也画龙点睛地表达自己的思想，与嘉宾共鸣，与听众分享，他是一位生活的智者。"）

☞ 分析三

紫荆花常开——苹果树下的喜悦①

（本篇为 2009 年全球华语广播奖"公益贡献奖作品"）

参赛机构：香港电台普通话台
节目主持：杨子矜
节目时间：逢星期一至五下午 2 点—4 点

　　美国知名绘本作家谢尔·希尔弗的作品《爱心树》（The Giving Tree），述说的是一棵苹果树和男孩的故事。苹果树对男孩说："我没有钱，我只有叶子和苹果，男孩，请拿走我的苹果吧……"、"请拿走我的树枝吧……"树没有因男孩的索取而难过，树满心喜悦地奉献自己。谢尔的作品原本设定的读者群是四到八岁的小孩，却成了所有年龄层的最爱，只因这故事，让人看了会笑、会感动、会永难忘怀。

　　由港澳台湾同乡慈善基金会和香港电台普通话台合办的"爱心奖"进入第四届，举办"爱心奖"，为的是表彰全港有爱心的人士，由社会各界精英及各政经界领袖组成极具分量的评审团去甄选出六位得奖人。

　　每一位获提名人士，都有着苹果树的无私奉献精神，大爱惠泽社群，小爱滋润家园。他们用实际行动去关爱身边的人和事，用爱心写下不平凡的生命乐章。

　　爱心的展现有很多不同的方式，但都无法超越一种自愿用自己的生命去拯救陌生人的做法。燃烧自己、成就生命的这位得奖者叫陈启耀，他把自己的肝捐给了一个素不相识的女孩子，拯救了一条年轻的生命。

――――――――――

　　① 来源于中国广播网。

罗敏婷现在是一位 20 岁的大学生，就读一年级的时候，敏婷不幸地患上急性肝衰竭，她必须要马上换肝，且无法再上学。她的病情越来越严重，在等待换肝的日子里一步一步地接近死神。就在这个时候，陈启耀好像一位上天派来的使者一样出现在罗敏婷面前，启耀毅然捐出了他的部分肝脏给敏婷……手术很成功，敏婷得救了，她可以过正常的生活，她可以上大学了！

（点评：以下陈启耀简称陈，罗敏婷简称婷，主持人杨子矜简称杨。）

杨：敏婷你能不能说一说在没有接受陈先生捐肝之前，你的身体、你的生活是怎么样的？

婷：其实我之前一直都很健康，但是在 2002 年年末的时候，有一天突然发觉眼黄、脸黄，然后就立即去看私家医生，验血后被诊断为肝炎，但没有说是什么类型的肝炎，而我一直都不是带菌者之类，那么整整一个礼拜我都在诊所打针吃药，去医治肝炎。没想到一个礼拜之后，突然有一天妈妈发现我开始神志不清，讲话不清楚、很混乱，就立刻送我进医院，那个时候情况已经很不乐观，医生说我是得了急性肝衰竭。医生当时就说我需要马上换肝，否则 2~4 天就会死，我很庆幸我父亲和母亲的血型都适合我，因为我父亲比较强壮，所以他就捐了部分的肝给我。

到了 2008 年的时候，考完高考后，9 月份，就突然觉得眼睛看不清楚，护士也看到我开始神志不清，原来就是因为肝硬化，血管的问题越来越严重，可能就导致这个肝硬化，已经需要进深切治疗部，当时都已经把我排在这个换肝的第一名。

旁白：敏婷在和病魔顽强作斗争，她越来越弱了，开始昏迷了，这时候香港肝康会的会员向外紧急发出 2000 多封电邮呼吁捐肝，陈启耀也收到了电邮，他从此改变了敏婷的命运。

陈：我自己本身是基督徒，我们教会之间会有电邮的发放，让大家帮忙祈祷等。有一次就提到一个电邮，关于一个患有肝衰竭的女孩子，那个电邮就是说帮那个女孩子祈祷，希望有人会找到尸肝给她移植，救她一命。我看完以后就自己祈祷，但祈祷的时候，心里有很大的感动，很想去帮她。当时我并没有实质的想法，但真是很像事情已经预先有所安排一样，于是就决定，给她回复电邮，跟她说自己的血型，并问问她自己能否提供帮助。后来知道血型吻合，于是就捐了肝给她。

杨：你自己在决定这个事情时有没有跟家人商量、跟公司同事朋友商量？

陈：有。首先要跟上司商量、告假，而上司也很好，我本身是公务员，部门很好，很支持。另外就是一定要跟家人商量，因为这个手术太大，没有家人的同意是不行的。那跟妈妈讲的时候，她的反应当然很大，她直接挂了我的电话。

（点评：以下为广播剧表演。）

角色：叶宇波饰演陈启耀（陈），陈笺饰演陈妈妈（妈）
场景：电话

陈：妈，有个女孩子肝衰竭得很厉害，再不换肝就活不下去了，我想帮帮她。
妈：你又不认识她，怎么帮呢？
陈：我……我想捐肝救她。
妈：香港这么多人，难道就你可以救她吗？

陈：如果每个人都这样想，就没有人走出来帮这女孩子了。

妈：你疯啦？不行，不行！你要这样做，以后就不要叫我妈。

（cut 线）

（再致电）

陈：妈，你不要收线好吗？您先听我说，如果今天躺在医院里的是我，您想不想有人走出来救我呢？

妈：（沉默）如果你捐了肝，你日后的身体会不会很坏？以后生活会不会很受影响？

陈：妈您放心，人的肝是会再长出来的，何况我身体一向都很棒，很快就会复原的，不用担心。

妈：那……你自己决定吧，儿子，我会为你祈祷的。

陈：您放心，我答应您，一定会平安回到您身边的。

陈：很奇怪，这就只是 10 分钟内的事情，妈妈就说："那，那么就交给神吧。"当然我也有跟她解释，说肝脏是可以再长出来的，因为老人家不一定清楚。其实我知道她是担心的，怎么说都把儿子养那么大，而且手术又大，如果出了什么状况怎么办呢，但最后她都支持我去做。朋友方面，他们都很好，有一些人就心里很矛盾，会觉得如果出了什么状况，就失去了一个朋友，但大部分朋友、包括教会的朋友都很支持。

旁白：今天的陈启耀轻松地说起往事，其实，当时他经历了一个危险的手术，敏婷接受了捐肝，她得救了。但启耀却因为手术之后伤口感染，令他痛苦非常。

陈：对，这就是意料之外的。因为伤口缝不了口，而且血水渗透得很厉害，我想那段时间是我长那么大最辛苦的时候，连纱布都不能把血吸完。但在这里也很感谢玛丽医院的医务人员，他们在病房的工作是很忙碌的，也给我的伤口进行了很好的照顾，因此我的伤口也很快就复原了。

杨：那时候你有没有一丝的后悔？

陈：后悔就没有。但坦白地说，在宗教方面，当时就有埋怨神。大胆地讲，因为当时伤口真的非常疼，在祈祷时神让我去做，做完以后却那么疼，满身都是血水。有时以为祈祷后就不疼，但祈祷后还是一样，是不是神已经不理我了？最辛苦的是，有一晚打嗝、呕吐，又怕打破伤口，通宵又不能睡，所以真的很辛苦。第二天早上把那些气吐出来后，全身都没有力气，但后来就很快复原，脸色比之前好多了。

杨：那现在其实手术是很成功的，尤其是敏婷你的身体恢复得蛮不错。那你接受捐肝之后，你自己的生活有些什么样的改变呢？你的身体是不是跟以前很不一样呢？

婷：是啊，这次的手术做完以后，的确很快就恢复了，伤口很快就不痛，基本上很多运动都已经可以做。跟以前有很大不同的就是以往肚子会很涨，导致自己都不想上街，整个人都会感觉不舒服，现在就完全正常，生活已经正常，有空还可以和朋友出去玩，有时间也会参加很多事情，比如做义工，希望可以去帮别人。

旁白：陈启耀在经历了前所未有的身体痛苦之后，他的生命好像经过了一次洗涤，他对人、对事的看法也和以前不一样了。

陈：有很大不一样，因为发现不管你是多棒、或者你觉得自己多棒，其实只是很虚空的东西。因为不管意志多强、多大，它可能会令你复原好一点，忍痛会好一点，但不代表你的生命会长寿一点。很简单，我在移植病房里，看到很多病人，不管他多能忍痛，他都敌不过身体的痛楚。我自己也是，做完手术后，我自己都有打吗啡针来止痛，但其实如果真的要痛的话，打吗啡都没有用，都一样是那么痛。当吗啡打进身体的时候，血管会有一种侵蚀的感觉，但是痛是依然的。所以有的事情，不管你多棒都没有用。

　　杨：没错，就像你说的一样，人真是要经历一些东西，你的思想才会到一定的境界，有时候你没有经历过呢，你想是想不到的。你自己在想有多伟大都没有用，真的是要经历后才会有一些改变，有一些所得。那你以前是怎么样的一个人呢？

　　陈：以前就自以为是，很多事情都看不过眼，有些愤世嫉俗的样子，心里面有一团火，火很容易就烧出来，但自己却控制不了。其实现在是心里面有一种很感恩的感觉，以前就只在口中说很感恩，尤其是这个手术以后，发现越是口中说出很感恩，其实只是在欣赏自己。这次之后，心里面的感觉真的不同，原来口讲和心里的感受差别真的很大。有些人会说自己多伟大、怎样伟大，当一个人越说自己伟大，其实那个人越是不伟大的。很多事情是需要学会谦卑、学会去欣赏，就不要觉得：事情怎么会是这样子的，为何会这样子的？以前我常常会这样讲，（**杨：**很多的不满）对啊，但是本性难移，尽量是，就算自己有这种想法，很快就要作出转变，比如对某件事情有多不满，都会去想其实是可以改变的，那感觉上，日子会比较容易过一些。我知道有一样事情就是，不开心的日子是少了很多，因为不会自己困扰自己，我觉得这是很重要的。

　　杨：启耀，你现在是不是什么都无所谓呢？什么都看开了呢？

　　陈：会，但就不是经常。因为都说过本性难移，那团火还在那里，只是没那么大团而已。我觉得调整自己的时间就会好一点，而且当有不开心的时候，自己的理念可以激发自己，在低谷的时候不要太低，当然在高峰的时候就别停留太久，因为很快就会故态复萌，想起自己曾经什么都没有，人真的很容易就会自大，觉得自己变棒了。

　　杨：那你有什么方法去提醒你自己呢？

　　陈：祈祷吧，而且其实有一样事情是很有趣的，就是伤口是很准时（痛）的，凡是一转天气就会很痛，当然那种痛不会持续，是突然间会闪一闪的那种痛。而那种痛是不管在做什么都会使你停下来，这种痛跟朋友分享时，他们都说，那不挺好的嘛，（**杨：**定时提醒你）对，定时提醒我，刺一刺我说："孩子，这个恩典足够你用，不要自大，记住啊，以前常常觉得自己很棒，其实不是的啊。"其实是一件好事，有时候跟一些做医护的朋友聊，他们也说有一些长期病患者，受痛苦的时候，经过自己的经历，反而会有一种新的感觉，对于自己身体的痛楚不要用排挤的心，会用一个，（**杨：**接纳）对，是身体的一部分，融合了自己的话，其实痛楚，不会真的觉得很痛，如果自己常常有所顾忌，心态上很排挤那个痛的话，每一次都会很痛，会更加痛。慢慢习惯以后，那只会感觉到一刹那的痛。从做手术到现在，如果我没记错，手术前第一天我有吃止痛药，因为吃止痛药和打吗啡会使肠脏复原比较慢，后来很快自己就已经拔掉吗啡针，停止吃止痛药。有些医护人员会说："吃止痛药吧，不要逞英雄"，事情就是这样，你可以坚持到底。其实我们不知道自己何时是低谷，有时当你自己自怨自艾的时候，你可能连撞到脚趾尾都会认为是低谷，或者准备坐巴士时，巴士又走了，上街时电话又没有电等，又认为今天是人生的低谷。其实人生低谷时，永远可以继续地低下去，只要能够坚持到底，我相信身体会有复原的一天。总之一直坚持到底，我就知道这些日子一定可以过去，当你过去以后，回头看，其实所谓的低谷并不低，真正的低谷你没有经历过。很坦白地讲，现在没有打仗、没有地震、没有瘟疫，我们没有经历过低谷的时候。

杨：启耀，你现在会用一个什么样的态度去生活？会为你自己作一个什么样的安排？

陈：我自己本身只是想，我觉得不到我去想，就是等于我从没想过要去捐肝，捐肝之后也没有想过，原来自己可以连起身的能力都没有，这些经历自己从来没有想过。别人可能会说你什么计划都没有，那不就会很空白嘛。我只是觉得，反过来看，那个依靠的心态更加大，（**杨：**依靠什么呢？）我自己依靠神，我自己在病房的时候，当我很埋怨的时候，那一刻都会觉得为什么我要这么辛苦呢，但原来当意志最崩溃的时候，就要把自己"拼"回来，我的感觉是，好像自己被拆散了，再拼起来，真的是要有这一刻，和自己有这种心理准备，所以看到日后的日子不需要太担心。工作方面我觉得随遇而安，每天将自己手头上的工作做好就足够了，当然每天都会有不同的事情发生，但是心态就是不要将事情苟且，那就已经很好。

旁白：陈启耀，一个平凡的名字，却做了一件不平凡的壮举，他就像一棵苹果树一样，无私地奉献自己，他的形象高大了，他变得更加谦卑，对生活的要求更加平淡，活得比以前快乐了。我们听过的是一个生命拯救生命的故事，明白的却是一个帮助别人，得益最多的却是自己的一个普通道理。

（完）

制作人员名单：

总监：郑启明

监制：周国丰

统筹：陈曦

编导、主持：杨子矜

制作：叶宇波、杨子矜

助理：李素玲、王荣章

美术设计：李瑞珍

（点评：2009 年全球华语广播奖对这个节目的颁奖词是："她捕捉平凡生活中不平凡的生命乐章，通过电波向社会播撒；她选择与充满爱的生命对话，致力于让更多的人传递爱的接力棒；她温暖的声音关注人性的美丽，她和同事一起为和谐香港贡献心力！在繁华喧闹的都市，杨子矜，就像那朵紫荆花，温柔而美丽地绽放。）

思考与练习

1. 广播谈话节目有什么特点？
2. 广播谈话节目的选题要注意什么原则？
3. 谈话节目的主持人需要具备什么素养？
4. 请以校园广播台编辑的身份，策划一期时长 20 分钟的谈话节目。

第八章　广播广告节目

　　广告是我国广播电台目前主要的经济收入来源之一。1979 年 3 月 5 日，上海人民广播电台播放了改革开放以后的第一条广播广告，从此，广播广告在改革开放的浪潮中逐步向前发展，这也为广播广告的经营提供了可能与发展条件。从上海人民广播电台播出广告后，各家电台纷纷开始播出广告，到 1983 年，我国的广播电台发展到 110 多家，广告经营额达到 1800 多万元；1984 年广播广告增长率为 28.6%；而 1986 年珠江经济台的开办也引得其他电台纷纷改革，中国广播发展进入新篇章。

　　1992 年，我国开始实行市场经济体制，广播在面对市场的竞争中也进行了一系列改革。突出表现是各广播电台相继创办了经济、音乐、交通等系列广播电台，系列电台的出现不仅仅是办台模式和风格的转变，而且是办台观念、理念转为"以听众为中心"的质的变化。这是广播人直面市场、直面听众的飞跃。广播广告经过了一段稳定的发展期后，进入 21 世纪，迎来了高速的发展和繁荣。根据国家工商行政管理总局广告监管司的统计：2000 年后的 5 年中，平均每年 33.22 亿元，平均增幅 31.40%；2004 年、2005 年两年，更是分别达到 35.5 亿元和 49.68 亿元，年增长分别为 38.83% 和 39.94%。广播广告增幅位居四大媒体之首。国家广电总局把 2003 年确定为"中国广播发展年"。[1]

---

[1]　姚爽：《广播广告经营的发展特征》，载《新闻爱好者》2011 年 2 月（上半月）。

面对网络等新媒体的激烈竞争，广播广告必须从自身媒介的特点出发，谋求市场发展的空间，若能利用优势，广播依然具有强劲的实力，例如上海广播广告在 2011 年取得了跨越式发展，根据统计，2011 年 1—9 月，上海东方广播有限公司广告创收超去年同期 20%以上，9 月份更是创上海广播单月历史新高，超过 6500 万元，同比增长 25%以上。①以此可见，广播广告节目在广播电台的节目中必须不断创新，而创新来源于对广播广告独有特征的深入了解：

（1）硬件设施和软件设计的低成本性。广播广告以声音为载体，通过网络覆盖的方式进行传播，传播途径相对比较简单，因为它只需要发射塔和完善的信息传播网络。而报纸、电视、网络等对硬件设备的要求很高。

（2）受众的易接受性。这点主要从受众的角度来分析。报纸受众需要具备一定的阅读能力，电视网络受众必须具备硬件购买能力，在有些经济欠发达地区，传播网络的普及就很受影响。

（3）接收方式和内容选择的高自由性。受众在收听广播广告时，对时间、地点、内容都可以随意选取。人们在收听广播时，可以同时做其他事情，如体育运动、开车等，这也符合现代快节奏的生活要求。广播广告的这种高自由选择性更有利于听众对广告的接受。

第一节　广播电台广告经营模式

一、广播电台广告的经营模式

我国广播媒体的广告经营，大致经历了自主经营、自营与公司代理混合经营、公司代理经营这三个阶段。

1. 自主营销阶段

自主营销是传统的广告经营模式，我国大部分广播电台的广告经营仍然采用自主经营的模式。其特点为：广播电台成立自己的广告部门，负责电台广告的经营和管理，广告部门一般属于频率下面的二级部门，频率同时承担收听率和广告创收双重任务。

自主营销的主要优势：①自营使得频率有更大的动力经营广告，同时电台由于对自身节目安排和广播特点比较熟悉，能为客户提供专业的服务和更大的广告价值；②广告客户也更喜欢直接与电台打交道，电台易获得客户的长期信赖，提高客户忠诚度；③充分利用行业记者与行业客户的长期关系，获得行业客户的持续性广告投入；④把广告投放客户直接掌握在电台自己的手中，分散风险，不会因为个别客户的流失影响整体经营；⑤不用跟代理商分享利润。

自主营销的主要劣势：①广播事业体制的属性，重宣传、轻经营的历史原因造成经营人才的缺乏，尤其现在受电视、网络等多元传播渠道的冲击，广播的垄断优势地位越来越小，广播广告的经营越来越需要专业化的推广和营销人才，而这是电台内部所缺乏的；

---

① 姜小玲：《上海广播广告 9 月创单月新高》，载《解放日报》2011 年 10 月 10 日。

②频率承担着双重任务，势必引得电台为了创收，大量利用记者的特殊身份和关系拉广告，一方面会分散记者的注意力，导致节目质量的下降；另一方面影响广播的社会公信力和品牌形象，不利于频率的长期健康发展；③由于我国大部分的广播电台还处于管理不规范、制度不严密的阶段，自营可能导致内部人员为了个人利益，损害广播资源的现象发生；④自营需要很高的投入成本，广播电台自身的人力财力有限，而广播目前处于良好的发展机遇，自营不能使电台利用社会力量快速做强、深度挖掘市场潜力和盈利空间。[①]

2. 自营与公司代理混合经营阶段

自营与公司代理混合经营的模式是广播电台在迈向广告代理制过程中的一种过渡形式。频率将部分广告业务保留在电台内自营，同时将部分频率、栏目或广告时段交给外部代理公司经营。这种方式是广播电台积极尝试广告代理制的一种阶段性表现，能够缓解电台的经营压力，激活内部经营动力，同时也使得广播电台和广告公司处于一种相对竞争的状态，如某频率自留黄金时段，而把非黄金广告时段交给代理公司经营，广告代理公司无法获得较好的发展条件，从长远看，不利于广告经营代理制的实施。

3. 公司代理经营阶段

广播广告实行公司代理经营是与自营相对应的。近几年，随着媒体广告市场竞争不断升级，在媒体发达市场，越来越多的电台以代理制取代自营的经营模式。实施代理制的典型是北京交通频率，实行代理制以后，其近几年的广告收入一直呈直线上升，由 2001 年的 6800 万增长到 2005 年的 2 亿元，增幅达到了 40% 以上。2009 年，北京电台在大品牌客户普遍下调媒体投入的情况下，适时推出新的营销策略，为广告主提供增值服务，仍然实现了广告创收 6.3 亿元的目标，目前实施代理制比较成熟的电台主要是北京、上海、广东、陕西、江苏等媒体比较发达的市场。代理经营的特点是电台将广告经营全面委托给广告代理公司实施，媒体原有的营销队伍基本退出一线经营，转为开展营销管理、市场研究等工作，频率的主要任务是做好节目，提高收听率和影响力。代理公司全面负责广播广告的营销和推广工作。合同约定，电台有给予代理公司佣金、扣除保证金或取消代理资格等措施。代理过程中，媒体与广告公司结成双赢的合作关系。

广播广告经营推行代理制的优势：①降低经营风险，将部分经营压力转嫁给代理公司；②节约经营和管理成本，比如仅需少量的营销管理人员；③推动电台广告经营快速走向专业化、规范化运作，提高电台的综合竞争力；④充分利用社会资源，深度挖掘广播广告市场，快速提升广告收入；⑤频率可以集中精力，做出好的节目和精品栏目，提升频率形象。

目前，广播广告代理制的主要形式有独家买断代理、多家行业代理。独家买断代理是指电台将某个频率的广告经营全盘交给一家代理公司，双方之间确定经营目标，频率出让广告经营权，代理公司按照合约缴纳代理费和保证金，与电台进行销售分成。对于缺乏经营管理经验的频率，独家买断代理具有明显的优势：电台把广告经营完全交给社会上具有丰富经验和专业水平的广告公司，弥补了电台自身经营人才缺乏、经营能力不足的状况，使媒介资源的销售和利用达到最大化；通过专业广告公司的参与经营，吸引大客户的广告

---

① 陈显军：《关于广播广告经营模式的思考》，载《新闻窗》2011 年第 1 期。

投放，可以在一定程度上提升媒介平台的权威性和影响力，扩大客户资源；通过买断式经营，能够有效降低媒体发展初期的风险，释放自身的经营压力，快速与市场接轨，电台可以把主要精力放在节目形态和内容的生产上。从另一方面来看，这种方式也存在诸多问题：风险大，其经营成败取决于某一家代理公司。如果这家代理公司运作上出现问题或最初的评估和选择有问题，都可能带来频率整体经营的失败；形成独家买断代理关系后，媒介自身的经营自主性受到限制，原先建立的一些优质广告客户，可能难以和新的代理公司进行合作而流失，而一些颇具实力的广告公司，因为独家代理限制而错过合作机会，这对媒介来说也是一种风险和不利状况；一旦代理公司做大后，其掌握着大量的客户资源，频率讨价还价的能力减弱，所以，从长远看，不利于广播广告经营的健康发展。

分行业代理就是频率按照行业将广告客户分类，频率将划分好的某一类或几类行业广告业务交给各个广告代理公司代理，而广告代理公司需按照协议规定完成年度广告额，频率不得将该行业广告经营资格授予其他的广告经营者，同时广告代理公司只能在规定行业内经营，不得跨行业经营。分行业代理是广播领域专业化程度比较高的一种广告代理模式，越来越受到广播媒体的青睐。分行业代理的最大优势在于：减少各家代理公司对于广告业务范围的模糊所造成的摩擦以及对于同一广告业务的不必要竞争，使其专心于自己所代理的行业；将任务分解给多家广告公司，能减轻自身压力，降低电台的经营风险；广告公司形成相对垄断经营，既有利于广告公司的专业化运作，深度开发广告客户，又有利于提升电台的广告经营收入；分行业代理能使电台整合全台资源，实施统一管理，采取"捆绑式"销售，用强势频率带动弱势频率，实现全台总体收入的提高。分行业代理的主要问题：电台需要与多家广告代理商合作，管理成本较高；分行业代理降低了单频率的灵活性，如何协调各频率之间的利益需要认真考虑。

实行分行业代理需要具备以下内外部条件：①行业广告市场规模足够大，能支撑广告代理公司生存；②市场上存在多家成熟的广播广告代理公司；③电台的管理水平较高，管理体系健全，能有效实施对内部的频率管理和外部的代理商管理。①

二、广播广告经营创新策略

1. 广告销售渠道创新策略

广播电台要实现广告销售渠道的多元化，就必须建立一支相对稳定、精干、高效的广告业务队伍，提高广告营销的执行力。既要同广告公司充分开展合作，但也不要过于依赖广告公司，有的广告节目和活动项目，广播电台自己操作也许效果会更好。广播电台要十分重视业务员的培训工作，建立健全广告部门的激励和约束机制，科学管理，形成极富战斗力的团队，在业务中要尽量减小内耗和业务"撞车"，提倡协同作战。另外也可以充分利用中介，精选优质的广告代理公司。广告公司大多拥有良好的客户资源，和他们合作可以实现批量销售，可采取栏目部分广告时间买断、各行业和种类广告经营权转让等多种形式，分包局部广告业务。在具体操作中，为使栏目广告的每一部分资源都得到充分挖掘，可以邀请多家广告公司进行分类经营，并在他们之间提倡适度竞争，但是也要注意对他们

---

① 陈显军：《关于广播广告经营模式的思考》，载《新闻窗》2011年第1期。

加强管理和监控，果断抛弃广告公司承揽的违法虚假小广告、形象不佳的广告、突破价格底线的广告。

2. 广告促销创新策略

很多广播广告营销人员习惯于对着电话号码黄页盲目地进行电话销售，或者整日匆匆忙忙地敲开客户办公室的门，介绍广播广告如何如何，遭到客户拒绝后，又急匆匆地拜访下一位客户，整天忙碌，收获却不多。其实，在市场细分的今天，各种商品都有自己的目标消费群，同时满足跨越各个地区、各个年龄段、各个阶层人群的商品越来越少。广播要通过节目建构目标听众群，为广告主"生产"听众，并且是符合广告主需要的、具备特定人口学特征的听众（即目标消费群）。广告主看重的是符合其产品营销目的的听众，节目在目标消费者中的收听率和满意率是广告主决定投放广告的重要因素。广告主在与目标消费群无关的节目中投放广告，就谈不上效果。广播瞄准广告主在不同阶段的销售目标和产品诉求进行定位，通过市场调查和研究来明确界定广告主目标消费者的人口学特征和收听习惯，然后通过恰当的节目聚合和培养广告主最感兴趣的这一群人，有的放矢地把这群人的注意力"卖"给广告主。

3. 寻找适合广播的广告经营增长点

广播广告经营除了创办和保持适合广播特性和品牌的节目以外，在广告的经营上，寻找新的广告增长点有着举足轻重的意义。与医疗广告相反，在主观愿望上，广播一直想努力掌握的行业，如化妆品、房地产、家用电器以及近年投放较大的汽车行业，对在广播中投放广告缺乏热情。那么如何寻找适合广播的广告经营增长点，首先可以借鉴同类媒体的广告投放动向，有些行业目前可能不是某一广播媒体的重点广告行业，但实践证明它们却是别的同类媒体的重点行业，因此在条件基本相似的情况下，开拓这些行业所能取得的成功的可能性将高于其他行业。在实际操作中可以结合我国各个地区的广播广告的发展情况，并对整个市场进行细分研究。以横向比较的方式进行比较，从而看到别的地区广播广告的强势行业所在，学习别人的成功经验，然后寻找适合广播的广告经营增长点，从而对自身广告行业的拓展也会起到借鉴作用；对于广告客户而言，广播并不是大多数企业投放广告的必然选择，更多的广告客户是把它当做一种辅助媒体，来配合其他形式的营销手段。

4. 广播广告个性化、精品化的节目内容创新

广播广告是广播节目的一部分，它的质量高低将影响整体节目的价值。广告与节目内容应有一定的一致性，如果走得太远，就会破坏广播节目的完整性。广播节目与广告之间不是主动与被动的关系，而是一种共荣共衰、互为供求的双赢关系。广告本身也可以成为广播节目中赋予欣赏性的内容。广告水平的提升对于整套节目水平的提升具有重要的作用。把广告制作得吸引人，对获取听众的认同是非常有利的。广播媒体的品牌化经营可以首先通过打造个性化、精品化的节目，继而整合资源做系统工程，形成频道的专业化、系列化，塑造整个媒体的高效品牌。①

---

① 韩婕：《广播广告经营现状、存在的问题及创新策略》，载《产业与科技论坛》2008 年第 12 期。

第二节　广播广告的产品营销策略

在广播广告经营的早期，卖广告就是卖时间，广播广告资源就是时间资源，今天的广告主更注重的是广告对目标人群行为的影响。这个过程展现了广告主对广告的关注从"播出广告"变为"到达受众"再转向"影响受众"的过程。与这个变化相对应的是，广播广告的产品经营也分为三段历程：最初是以销售专题广告为特征的销售时间资源阶段；之后是以销售各类套播广告为代表的广告产品销售阶段；今天的广播广告已进入满足客户需求的产品营销时代。广播广告的产品营销是指，从市场的需求出发，根据自身频率的资源特征开发、生产广告产品，在满足客户的需求中实现广播频率的广告价值。

一、广播广告产品营销中的产品生产流程

在销售时间资源阶段，广播广告的产品生产就是简单的主观时间分割；而在产品营销阶段，广播广告的生产虽然仍旧围绕时间的分割、加工而展开，但复杂了许多，具体分为明晰时间资源、分配时间资源、推出广告产品这三步的流程。

1. 明晰时间资源

统计全频率所有的广告时间资源；列出广告时间分布位置及每个位置的资源量。

2. 分配时间资源

锁定目标客户群体作为广告产品的购买对象，根据预期和已经拥有的客户资源量、客户对广告投放的需求特征、客户的购买能力来分配时间资源，将主要资源锁定在忠诚度高、购买和支付能力强、"收益与占用资源比"高的客户群身上。

3. 推出广告产品

对分配好的资源按照客户需求加工、包装形成广告产品，这当中分别要做到：将广告安排在具有特定价值的时间位置或节目中；将媒体品牌植入广告；将广告植入适合的营销事件；将多个具有共性的时间位置或具有不同特性的时间位置进行组合，构成套装广告；针对客户的特定时间需求，组合制定广告产品。[①]

二、广播广告产品营销中的产品规划

在整体市场中，许多产品没有经过市场调研和充分的市场评估便推向了市场，对于这些产品，失败不足为奇，成功只靠运气。产品营销就是要根据市场需求和经营者资源进行多方研究、分析，制定科学、合理的产品策略，以保证整体营销活动的成功。广播广告产品设计的目标是：适应市场需求，最大化地利用时间资源、客户资源、品牌资源、可营销事件等，实现最大化的广告收益。因此广播广告的产品营销需从广告时间特征、频率节目特征、市场和客户特征三方面综合入手。具体关系见图8-1。

通常而言，一个广播广告是由一个"广告产品群"构成的，产品群包括专题广告、固定套播广告（主题套播广告）、客户指定位置套播广告（自组套播广告）、节目或栏目

---

①　周伟、邓伟平：《广播广告的产品营销策略》，载《中国广播》2010年第10期。

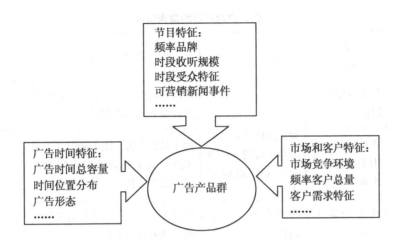

图 8-1 广播广告的产品营销因素关系图

冠名协办广告、单点位播出的普通广告等几种类型。不同形态的广告产品在价格、渗透性、选择性、灵活性、受众特征及对受众的影响力等方面有明显的差异。同时，不同的广告占用的时间资源、对节目的要求、客户需求的特征差别也十分明显。

广播频率产品群规划，需根据广告时间资源情况、节目特征、现有和潜在客户需求、市场竞争环境，按照以下步骤完成：

（1）挖掘频率特点，进行整体产品群定位。根据本频率在细分市场上所处的地位和客户对广告产品不同属性的重视程度，塑造出频率整体产品与众不同的鲜明个性或形象。如突出品牌优势、强调服务、展现快和新的优势、娱乐化包装等。对比中央电台中国之声和音乐之声的广告产品群，就会发现前者突出权威的品牌特征，后者更强调娱乐化包装的贴近性。对广告产品群整体定位的方法很多，最简单方便的是特征排列法：即把本频率的所有特征一一排列出来，对每一特征进行横向和纵向分析。纵向分析指客观地描述出每一种特征的具体表现，横向分析是对比主要竞争对手在该特征上的优劣。基于横向和纵向的属性分析，可以直观地确定竞争优势定位。

（2）研究目标客户对产品的需求特征，向不同产品合理分配广告时间资源。不同类别的客户对广告产品有不同的需求，虽然具体到某一个客户，广告投放的需求通常是多元化的：树立品牌形象、拓展或支持销售渠道、推广新产品或产品促销、打击竞争对手等。但侧重点却是十分鲜明的。针对不同的需求或需求侧重，客户使用的广告产品有明显的差异。

合理分配广告时间资源的前提是：分析各种需求的强度和价值，根据强度和价值设定不同类别的产品的比重和时间位置分布。需求强度是指某一类广告，如专题广告，在一年当中需求的强度特征；需求价值是指某一类产品的需求可以为广播频率带来的广告收入价值。广告产品的"需求强度"高并不意味"需求价值"高，如专题广告最好卖，但带来的收益并不高，并且还会影响其他类别的广告销售，因此在分配时间资源时需要综合平衡。广告客户对产品的需求特征可见表 8-1：

表8-1 广告客户对产品的需求特征

广告类型	占用时间资源情况	对节目要求	客户需求特征	频率广告收益与占用时间比
专题广告	集中占用大量时间	不强	需要对消费者更多教育；宣传产品或服务的多个利益点	低
固定套播广告	相对较多，可用于强制消耗非黄金时间	通常跟随特定节目或特定位置，如新闻套播、报时广告等	用于品牌宣传；用于随时产生需求或针对非特定消费人群的产品、服务宣传	较低
客户指定位置套播广告	视客户需要而定	客户有明确的指向性	针对关注某类节目或具有某种收听习惯的特定人群	较高
冠名广告或单点播出	较少	针对特定节目	品牌宣传	高

三、资源的优化组合与广告时间资源的增值

广播是时间媒体。广播广告产品的实质是时间资源，这包括广告时间量和广告时间位置。《广播电视广告播出管理办法》规定："播出机构每套节目每小时广告播出时长不得超过12分钟"。广播广告时间资源的有限性曾被认为是限制广告收入提升的"天花板"。广播广告产品的资源不仅是指广告时间，另外，广告时间的位置、频率的品牌、频率客户数量、可营销事件、专业的客户服务等，都是广告产品资源的组成部分。

时间位置资源：作为时间媒体，特定的时间位置，如上班早、晚高峰时间、整半点报时时间都有着特别的价值，可以让这些位置的广告时间升值。如多年前中央电台在晚间20点报时后播出的一则电信广告为："北京时间20点整，从现在起长途电话夜间半价优惠，记着给远方的家人报平安噢。"

节目位置资源：一些节目的开头、结尾、中间具有特别的广告价值。如中央电台中国之声每天滚动播出的《万千气象》、《股市汇市信息》等节目，分别是感冒药、羽绒服和银行、保险公司等广告的聚集地；北京交通广播滚动播出的《路况信息》前后是大量广告主追捧的广告位。

品牌资源：广播品牌是品牌广告客户十分看重的广告资源，将频率品牌、节目或栏目品牌、主持人品牌植入客户广告中必然会使原有的时间资源增值。

事件资源：广播广告的低成本制作和快速、简单的发播优势使其特别适合推行事件营销广告，将广告植入事件报道、将事件植入广告文案中会使广告的影响力和价值明显提升。植入式广告能够潜移默化地影响受众，具有强劲的传播渗透力，奥运会、世博会、世界杯足球赛等可预期事件和不断出现的突发事件，以及一年当中数不清的各种节日，使可营销事件资源用之不绝。

客户资源：更多的客户资源和更广泛的客户种类，使广告单位占时不断趋短，带来的广告形态必然更加丰富，单位时间价值得以提高。根据客户需求，将广告时间资源与节目位置或时间位置、频率品牌资源、可营销事件、客户服务进行双重或多重优化组合，打造出的广告产品必然产生更高的市场竞争力和市场价值，随之而来的是招标竞价销售。

四、产品结构和销售阶梯策略

同质化的产品和服务在市场竞争中必然面对的是残酷的价格竞争。"产品创新"和"产品结构创新"是跳出价格竞争红海最有效的手段。广播广告的"产品结构创新"比"产品创新"更有宏观性和战略价值。

2009 年 10 月，中央电台中国之声推出了 2010 年广告新产品，在广告产品结构上进行了全面调整，新的产品结构呈纺锤状分布（见图 8-2）：上尖 A 为"概念产品"，或称为市场创新产品，这包括与新媒体的互动广告、特殊的植入广告等，用于开辟新客户，引导未来市场；下尖 D 被称为"剩余时间营销广告"，这部分广告折扣较多，投放位置由媒体根据剩余广告时间状况确定，用于应对竞争媒体的低价广告产品；中部膨胀部分是广告收入的主要来源，这部分又被分成占用时间资源较多、带来广告收益也较多的一类"传统产品" C 和占用时间资源较少但带来广告收益较多的一类"新产品" B。

中国之声计划利用消耗更多广告时间在 C、D 类产品以快速占领市场、消耗时间资源，避免资源浪费。对占用更多品牌资源和事件资源，但消耗时间资源少的 A、B 类产品投入更多销售力量，期望由此带来更多的收益。

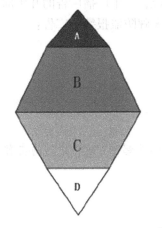

A 类：概念产品（市场创新产品），用于探索和引领市场
B 类：主推产品，新产品，占时少收益高
C 类：传统产品，占时多，收益多，用于低成本快速销售占领市场
D 类：促销产品，剩余时间资源，用于充分利用资源、支撑价格提升、应对竞争对手

图 8-2　广播广告产品结构

在实际销售中，中国之声广告部制定出了 D—C—B—A 的销售阶梯。即先和某些客户签订剩余时间销售协议，将未来不确定位置的剩余时间卖掉，之后开始销售 C 部分。从 D、C 开始销售是针对广告时间的不可驻留性特征，最大化地利用好广告时间资源，这部分资源占用时间多、销售成本低、销售速度快；在 D、C 部分销售完成之后，开始 B、A 部分的销售。利用这样的产品结构和与之对应的销售阶梯，中国之声 2010 年预售实现了 D、C 部分的饱和销售，使资源得到了最大化的有效利用，同时还将 B 部分销售出 30%，仅预售的销售额就超过了 2009 年全年的销售额。可以预见的未来是：2010 年，中国之声将进入以事件及品牌营销为代表的优质、高收益的 B 类产品营销阶段以及更高端的概念产品推广阶段，这个阶段将消耗更多品牌、事件资源和销售力，但带来的是更高的单位时间收益。产品、价格、渠道和推广是现代营销体系中四个重要的环节。在广播广告经营过程中，重价格、重推广，在销售环节高投入的情况十分普遍。事实上，广播广告的产品营销策略是其他三项营销策略的基础。针对广播广告的"资源有限性特征"和广告产品的"不可驻留性特征"以及广告时间的"可增值性特征"，从产品营销抓起，将使广播广告的经营快速迈上一个更高的台阶。

第三节 广播广告制作技巧

广播广告制作的过程一般分为文案设计、演播人员确定、音乐音效收集、录音整合等几个阶段，而语言、音乐、音响是构成广播广告的三要素，根据这三要素并结合广告的自身规律和要求才能制作出优秀的广播广告作品。

一、广播广告文案策划的技巧

1. 开头要具有吸引力

人们听广播时，常常是处于半收听状态，如果一个广播广告的开头部分不能吸引听众的注意，不能使听众在收听以下广告内容时处于一种专注的收听状态，那么广告就很可能成为听众的耳旁风，一吹而过，留不下任何印象。所以说，一个广播广告的开头部分是否能够吸引人的注意，直接影响广告的效果。例如下则猎犬牌防盗报警器广告：

> 一个寂静的夜晚，
> （音乐进入，塑造环境）
> 一个窃贼的身影，
> （脚步声起）
> 门刚发出"嘎"的一声，尖利震耳的报警声突然响起，"噔噔噔"的皮鞋声迅速接近。
> 住手！
> 一声威严的断喝！
> （"咔嚓"一声，戴手铐声）
> 一名落网的惯犯，
> （脚步声渐远）
> 一阵远去的脚步，
> 一场落空的美梦！
> 防盗、保险，请用猎犬牌防盗报警器！猎犬牌防盗报警器，保您的文件、财产防

盗、安全。①

这则广告在开头用"脚步声"设下了一个"悬念",紧紧抓住了听众的注意力,同时伴随着音乐和音响效果,使人们不由自主并饶有兴趣地听下去。当听众听完故事后,悬念也解释了,原来是猎犬牌防盗报警器广告。生动的故事描述和末尾的郑重提示,将广告产品的品牌和效用明确地传播给听众,自然而然地给人们留下了极深印象。

2. 快速切入品牌及承诺

一个广播广告的时间是非常短暂的,没有时间让你娓娓道来,而且那些无关痛痒的话很容易使听众的注意力转移,使得在广告开头为吸引听众注意力所付出的努力前功尽弃。因此,当广告一开始成功地抓住听众的注意力之后,要尽快提出品牌和承诺,因为此时听众是处于专注的收听状态,对所听见的内容会有深刻的印象。例如下则青岛纯生啤酒广告:

> (强劲的 Disco 音乐,酒吧内人群喧闹声)
> **男士甲:** 难得老朋友聚会,咱们来一打青岛纯生啤酒!
> **众人附和:** 好!
> (开啤酒瓶声、喝酒声——)
> (悠然的田园音乐起——)
> **男士乙:** 啊!喝纯生,我像回到了童年时代、田园生活,挺舒服、挺纯的!
> (回到嘈杂的酒吧场景)
> **男士甲:** 真的?我也要感受一下!(喝酒声)
> (校园民谣起——)
> 咦?我好像看到了我的初恋情人,和我漫步在校园里,好浪漫,好纯!
> **男士丙:** 你老婆来了,别说了!
> **女:** 你说你看到谁了?
> **男士甲:** 咦!不就看到你了嘛,当年你可纯了。
> (众人欢笑声——)
> (倒啤酒声——)
> **男(画外音):** 品尝纯生、品味纯真,一种让感觉升华的啤酒——青岛纯生啤酒。②

这则广告在一开始就告诉了听众广告的品牌,并通过喝青岛纯生啤酒后的感受真真切切地告诉消费者产品的价值之所在——品尝纯生、品味纯真。

---

① 鞠英辉:《现代广告创意与制作》,中山大学出版社 2007 年版,第 120~122 页。
② 时学志:《第七届全国广告优秀作品展获奖作品集》,中国摄影出版社 2000 年版,第 223~224 页。

3. 调动听众的想象力

广播是高情感媒介，听众凭着丰富的想象力，完全可以通过声音想象出一幅生动的画面，而不需要通过语言的描述。这样既简洁，又不失去生动性。西方广播专家称，描绘天下第一美女，最好的媒体是广播。广告人要善于利用广播的这一特点。① 例如乐山大佛景区广播广告："乐山大佛有30多层楼高，仅耳朵就有4个成年人叠起来那么长，它的脚背上可以停5辆解放牌汽车，它的脚的大拇指指甲上，可以摆上一桌酒席。"这则广告巧妙地将抽象的数字形象化，使人听起来兴趣盎然，乐山大佛之高之大就这样被具体感知了。

另外，还可以调动听众的想象力，来表达广告创意思想（企业形象、品牌形象、品质、功能、服务等）。例如下则中央花园广告：

> （音效，会场实况）
>
> **男**：综上所述，第一把……（手机振铃声，接通后停）
>
> **男**：喂，哪位？
>
> **女**：喂，老公，好消息！我们的儿子会说话啦！
>
> **男**：真的？说的什么？是叫爸爸吗？
>
> **女**：刚才我听见他说"中央花园……"
>
> **男**：这怎么可能?! 都怪你，成天唠叨"买房要买中央花园"。这下可好，一开口就是"中—央—花—园。"（哄堂大笑）
>
> （混响）
>
> **旁白**：中央花园！幸福家园！②

这则广告通过夫妻俩之间的电话对话，很自然地介绍了产品品质、功能，很好地树立了企业形象。

4. 多用幽默的语言

幽默不仅能吸引公众的注意力，而且能够促进公众对广告及其商品的喜爱程度。例如下则肯德基鸡柳汉堡广播广告：

> （背景音乐：周杰伦《甜甜的》渐起）
>
> **男声**（有一点痛苦）：喂，老师，我今天肚子疼，想请一天假。
>
> **女声**（流露出一些关切的语气）：行，明天记得带作业哦。（老师刚说完，从电话另一边响起一阵奇怪的、类似亲吻的声音）
>
> **女声**（疑问但又有一点责备的语气）：干什么呢？
>
> **男声**（尴尬而又慌张的声音）：噢、噢，没什么，没什么，老师再见。（挂电话声）

---

① 万晓燕：《中国广播广告文案创意设计分析》，载《辽宁工程技术大学学报（社会科学版）》2010年第5期。

② 时学志：《第七届全国广告优秀作品展获奖作品集》，中国摄影出版社2000年版，第223～224页。

男声（欢快而幸福的声音）：肯德基最新推出的鸡柳汉堡，挡不住的诱惑，好吃听得见，姆嘛（类似亲吻的声音）

（背景音乐渐渐消失）

生活中有许多声音由于比较相似，容易引起人误会从而产生幽默的效果，吸引别人的注意力。这则广告就利用了这一特点：一个学生给老师打电话请假，同时在吃东西，美味的诱惑让人随时都想咬上一口，发出的声音就像亲吻一般，在增加搞笑效果的同时也充分说明了汉堡的可口诱人。①

此外，广播广告文案创作时，在用词上要尽量通俗化、口语化，深入浅出地表达内容，让听众一听就懂。广播广告文案的表现形式，是由广告内容决定的，同时也受广播媒体特点的制约。由于广告内容的丰富多彩、广告创意的千变万化、有声语言的博大精深，广播广告文案的表现形式也就色彩纷呈、不拘一格，并带有明显的文艺作品的艺术特征。诸如直陈式、对话式、故事式、小品式、戏曲式、说唱式、快板式、相声式、诗歌式、歌曲式、新闻采访式、讨论式等，都适用于广播广告文案写作。这里的表现形式，均以有声语言为表现手段，而且声音是唯一的表现手段，从而形成了广播广告文案独有的表现形式的特殊性和艺术性。

广播广告文案策划中对语言的应用必须具备以下艺术特点：

（1）愉悦感。运用或幽默，或诙谐，或温馨，或浪漫的语言表现力，进行语言艺术再创作，让听众从听觉感官上感到轻松愉快，激起听众的欣赏兴趣。

（2）形象感。诱导、激励消费者展开想象，唤起听众关于产品的想象和联想，使听众听过后在脑海中形成画面或图像，从而愿意购买。

（3）真实感。通过亲切的话语与受众用心地沟通交流，使信息平添真实感，充分发挥广播媒体固有的温暖特性和陪伴功能。

（4）悦耳动听。每句话、每个字、每个音节都应悦耳动听，富有节奏感和韵律美。

（5）认同感。在广告产品中使用的信息代言人应与信息密切相关，其声音应与广告目标吻合、一致，使消费者也产生认同感。②

二、广播广告音乐和音响的运用技巧

广播广告的创意重点是听的创意、声音的创意。运用好音乐和音响效果，可以塑造环境氛围，引导听众展开丰富的想象，起到强烈的提示作用。广播广告在注重语言艺术的同时，运用音响、音乐同时作用于听众，完成信息的传递，具有一种特殊的感染力。在广播广告中，典型的音响效果可以反映人物活动、事件变动、现场气氛和情绪，而这些往往很难用笔墨描述。

---

① 万晓燕：《中国广播广告文案创意设计分析》，载《辽宁工程技术大学学报（社会科学版）》2010年第5期。

② 王如如、武慧萍：《广播广告的艺术创作》，载《视听纵横》2011年第5期。

1. 广播广告声音造型的分类

（1）典雅型

这类广告的播音，气送声缓，声轻不着力，语势多平稳。如南阳电台交通音乐台德美墙纸的广告，女声很优雅地说出："回家，享受有品质的时刻……"无论是语言还是背景音乐都是缓缓流出，声音惬意优雅，符合受众对品牌的接受特点。

（2）力量型

这类广告大多选用的是男声，如南阳电台交通音乐台农业银行的广告："大行德广，伴您成长，中国农业银行"。果敢、宽厚的男性嗓音加上深沉的气息，表现出刚毅、豪迈、勇往直前、自强不息的奋斗气概，让人听后有开阔、信任之感，显然也很符合受众对于银行的理解。

（3）温柔型

反映在广告作品中的温柔型广告，从某种角度上，它更能贴近消费者，拉近距离。如交通音乐台一则无缝内衣的广告："天衣无缝，完美无缺——××内衣，用心呵护女人！"无论广告语还是播音风格都很贴合女性细腻、温柔的特点，更容易打动女性消费者。

（4）亲切型

亲切的情感因素在广告中的突出作用就在于调剂人际关系，使广告产品深深介入人们的精神领域，并使人们从中体味到种种人间的温暖、人情和关怀。如某则酒的广告："娃子，赶紧上街去买两瓶××酒，你二叔来了，今儿俺哥俩可得好好喝几杯。"①

2. 音响效果在广播广告中的运用

音响能体现具体广告内容中的时间和空间，同时还能起到画龙点睛和事半功倍的效果。音响效果能够吸引受众的注意，激发受众的兴趣，加强受众的记忆，这是因为：

（1）音响具有逼真的特性。世间万事万物，不同的事物就有不同的声音。这些声音的使用会让听众有真实感，闻其声如见其物；

（2）音响具有表意的特性，广告中的音响效果蕴含着一定的意境。如大炮轰隆声表现了战争的残酷，热烈的掌声和笑声意味着高兴和愉快，等等；

（3）音响具有表象性，利用声音蒙太奇的方法将多种不同音响组合运用，可以表现广告的内在含义或某种情绪。如一则啤酒广告，开酒瓶塞的声音——斟酒的声音——酒倒在杯中的声音——冰块落入杯中清脆的声音，与此同时，充满田园风格的乐曲悠扬地伴随而起。当你听到这一系列的音响时，就好像闻到了醇厚的酒香，感受到了休闲舒适的生活瞬间。②

因此，音响在广播广告中比语言更能引起人们的注意，广播广告应当充分利用听觉媒体所能制造的音响效果。在广播广告中，可以利用的音响效果有以下几种："人工音响"，如音乐、口哨等；"自然音响"，如流水、浪涛、狗吠、风沙等自然界的音响；"环境音

---

① 毕晓峰：《广播广告的制作与播出特点——以南阳电台交通音乐台为例》，载《新闻世界》2011年第4期。

② 韩婕、孟姗：《声声入耳余韵悠长——浅谈广播广告制作"三要"标准的操作方法》，载《采写编》2008年第6期。

响"，它通常是模仿商品使用情境的声响，如机器轰鸣声、汽笛声、欢呼声等；"效果音响"，它是模仿商品使用效果的声响，如喝饮料时发出的咕噜声等。此外还有电子音响效果等，在广播广告制作中必须充分调动起各种音响效果来引人注意、塑造形象。

3. 广播广告必须做好音乐的选择

广告节目的音乐是以音乐的内容、结构和风格特色作为出发点，配合语言更好地表述广告内容，深化创意思想，营造氛围环境，抒发情感。根据广告内容挑选广告音乐，是威武雄壮的进行曲，还是深沉悠远的叙事歌，或是喜庆祥和、节奏欢快的庆典乐……到底如何选择，要看广告本身的主题需要、创意需要，要便于接受的需要，便于记忆的需要，总之音乐的主题、风格、情绪要同广告内容吻合。比如有一则公益广告《关爱民心河》，就是根据广告词中出现的"芳草"、"垂柳"，广告制作者采用了童声齐唱《送别》作为配乐，很快把听众的思绪带到美丽的民心河畔，加上照相机的连续拍摄效果，形成了艺术的整体跳动，演播朗朗上口，音乐舒展流畅，效果准确到位，既容易接收又方便记忆。[1]

三、增强体验性，提高广播广告的品质

广播广告由人声、音乐和音响这三要素组成，听众接收广告信息，全部要靠声音。在这种情况下，广播广告尤其要增强其体验性，给消费者以感官和情感方面的刺激。另外，广播作为一种伴随性媒介，听众一般不会集中注意力收听。因而，制作能吸引听众、能带给听众美好体验的广告，才能够使广告在听众心中留下深刻印象。施密特在《体验营销》这本书中，将体验分为五个模块：感官体验、情感体验、思考体验、行动体验和关联体验。在体验营销中，这些模块并非是独立的，而常常是混合的。体验式营销将消费者看做感性和理性的结合。与传统的强调产品特色和益处的营销方式不同，体验营销强调其带给消费者的审美体验和满足。增强广播广告的体验性的技巧，可以采用以下这些方式：

1. 感官体验：调动感官、尽情想象

广播广告信息的传达，全都要靠声音来完成。声音刺激的是人的听觉系统，广播广告若要全方位调动五种感观，似乎是不可能的。但声音的一大特点便是能够带给人无限的想象空间。当声音插上想象的翅膀，那么人的五种感官便能自由调度。统一绿茶的广告便是仅仅依靠人声、音乐和音响三者的完美结合和表现，将听众的五种感官都调动了起来，令人产生身临其境的感觉。以下是一则统一绿茶广告：

（背景音乐，轻盈、欢快）
男声：和太阳一起起床
和风一起赛跑
和森林一起深呼吸
你的身体跟得上自然的节拍吗
统一绿茶富含茶多酚、氨基酸和维生素

---

[1] 韩婕、孟姗：《声声入耳余韵悠长——浅谈广播广告制作"三要"标准的操作方法》，载《采写编》2008 年第 6 期。

给身体最自然的健康满足

喝统一绿茶，有益健康

自然节拍当然跟得上

心境自然，统一绿茶

（音乐渐弱）

这则广告毫无强迫性，也并没有诉求该饮料的解渴或美味的功能，而是通过亲和的声音、活力的音乐，让人产生一种身处自然界的感觉。将听众的听觉、视觉（眼前仿佛是一幅自己站在竹林中，仰头深呼吸的场景，阳光照耀，和风吹拂）、嗅觉（闻到了最自然的阳光和空气的味道）、触觉（和风抚摸着皮肤，划过耳边）、味觉（张开嘴巴，空气仿佛都有一种绿茶般的味道）同时调动起来，让听众沉浸其中，尽情想象。这则广告，在给消费者美的享受的同时，也将产品信息和品牌形象传达给了消费者。

2. 情感体验：以声传情，以情感人

体验式广告可以说是将消费者利益放到了中心位置，通过满足消费者的各种需求，从而带给其良好的体验，最终使其移情于产品。因此，在广播广告中加入情感诉求，可以给消费者带来美好的心理体验。如果这种情感也是消费者所重视和珍惜的，就可以与消费者产生共鸣。以下这则广播广告正是一篇诉诸母子亲情，以情感人的佳作。①

（闹钟：嘀嗒，嘀嗒）

儿子：娘，早点睡吧？

母亲：嗳，孩子，明天你要出远门，娘再给你收拾收拾，你先睡。啊！

儿子：哎。

（清晨公鸡叫）

儿子：娘，你又一宿没合眼哪！

母亲：娘没事儿。这里是衣服，这包是娘专门托人买的，你最爱吃的"老妈"佐餐菜，吃完了娘再给你寄。常写信回来。

（音乐：匆匆忙忙人世间，唯有"老妈"在身边。）

旁白："老妈"佐餐菜系列，甘肃富丽华食品公司。

这则广告引起许多离家在外的人的思家之情。简单质朴的对话，勾起人们各自的与母亲对话的回忆，令听众在收听的同时，也经历了一次情感的体验，加深了对这则广告的印象。

3. 思考体验：情理之中，意料之外

广播作为一种伴随性的媒体，一般人都是在做其他事情的时候，兼顾听广播。因而，听众的注意力并没有高度集中。在这种情况下，广播广告如何才能脱颖而出，被听众注意到呢？以下是一则广播广告案例：②

---

① 王菲菲：《广播广告如何增强其体验性》，载《新闻世界》2010年第8期。
② 王菲菲：《广播广告如何增强其体验性》，载《新闻世界》2010年第8期。

女声 A：不行了，好疼啊，我快不行了，我受不了了……（伴随着痛苦的呻吟声）

女声 B：再坚持一会，就快了！

女声 A：可是我坚持不住了，我的肚子好难受啊……我要坚持住……（伴随着痛苦的呻吟声）

（上楼梯的脚步声，开门声，男生的喘气声）

男声：买回来了，买回来了！

女声 A：快，快，我快要死了

旁白：美味值得等待，××牌沙茶酱。

　　在这则广告中，大多数听众都会误以为是一个女人正在分娩。而正是适当地运用了夸张的成分，将女人分娩时的痛苦和吃不到沙茶酱的痛苦联系起来，突出了沙茶酱的美味，使消费者由好奇到开怀一笑，完全沉浸到了广告体验当中。要增强广播广告的体验性，让听众能够注意到广告，进而给他们留下深刻印象，这就需要与听众进行互动，将听众的好奇心调动起来，让他们去思考。要做到这一点，就需要设置具有戏剧性、出人意料的情节。

　　4. 行动体验：营造氛围，倡导行动

　　广播广告要提高其体验性，可以通过声音的运用，营造一种氛围，从而鼓励人们去行动。以下是一则台湾中兴百货春季折扣的广播广告：①

（电话铃声）

男声：喂，是我。

女声：喂，我知道。（男声未落便插入）

男声：决定了吗？

女声：决定了。

男声：很好，这次有 5 天的时间。

女声：她会不会发现？

男声：不可能。

女声：为什么？上次她不……

男声：相信我，她没空。（女声未落便插入）

女声：她最近一直紧迫盯人。

男声：不要紧，这次真的没有问题。

女声：你发誓？

男声：我发誓。

女声：为什么？

---

① 王菲菲：《广播广告如何增强其体验性》，载《新闻世界》2010 年第 8 期。

男声：因为中兴百货春季折扣。

女声：你再说一次？

男声：打折她没空理我。

女声：什么时候？

男声：5月11到5月15。

女声：我后悔了。

男声：为什么？

女声：因为中兴百货春季折扣。

（电话挂断声，"嘟嘟"忙音）

男声：Surprise，中兴百货。

这则广告，运用打电话这一与广播相同的表达方式，同样是只能听到声音，而看不到图像。男人和女人的对话急促而短暂，暴露了他们在商谈的事情并不正大光明，营造出一种紧张的气氛。而女人听到中兴百货打折的消息后，故事发生了戏剧性的转变。在此处，不仅巧妙地提示听众中兴百货正在打折的信息，而且将去中兴百货购物塑造成全台湾女人的一种生活消费方式，倡导听众也赶快行动起来，加入到中兴百货的热购风潮中。

综上，在消费者越来越追求购物体验的今天，广播广告也应该增强其体验性，以吸引听众。广播广告可以通过调动听众全方位的感官，激发听众的情感，引起其兴趣、促使其思考，让听众行动起来这四种技巧来提高广播广告的体验性。

第四节　投放广播广告的效果评估

一、广播广告效果研究的目的和意义

广播广告研究主要有广告前期研究、广告播出监测、广告播后评估以及广告效果跟踪这四个步骤。

1. 广告前期研究

广告前期研究包括广告播前测试和媒体调查两部分，广告播前测试主要是事先测知广告将要播出的结果，以此作为正式广告的修正参考。媒体调查就是关于各类媒体竞争力、受众对各类媒体接触习惯的调查，在《广告效果测定技术》中对媒体调查有一个较为全面的诠释："针对广告目的运用适当的媒体，还是发挥广告效果的途径。因此在选择媒体时，要有各种媒体的详尽调查资料。为获得这些资料，对报纸、杂志、电台、电视以及其他各种媒体所做的调查，就是所谓的媒体调查。"广告从业人员可以根据媒体调查的数据制订媒介投放方案。①

---

①　梁毓琳:《广播广告效果评估模型初探》,http://www.emarketing.net.cn/magazine/adetail.jsp？aid＝1525,2013-12-30。

2. 广告播出监测

广告播出监测是向广告客户提供广告的播出证明，证明广告按时、按量、原文播出。

3. 广告播后评估

广告播后评估是评估广告播放后的效果，以便确知广告策略是否成功，广告传播是否达到预期的目标。

4. 广告效果跟踪

广告效果跟踪是针对长时间投放的广告（投放时间通常超过 3 个月），了解广告在不同阶段的传播效果，如果与预期传播效果不吻合，可以及时调整媒介投放方案。

广告传播效果评估主要是广告播后评估和广告效果跟踪。广告效果跟踪评估的对象主要是长期投放的广播广告，在广告投放特定时间后（通常 3 个月或者半年）再进行一次广告播后评估，比较两次播后评估的结果，从而测定广告投放的后续效果，作为下一阶段广告投放的参考。研究广告传播效果旨在了解广告对消费者的影响情况，要研究广告播后效果，就要研究广告的传递过程，以及了解消费者对广告的接受程度。广播广告跟其他广告一样，广告的传递过程也经历以下三个阶段：①接触阶段：消费群接触广告，即收听广告以后，才有可能对广告内容有所了解；②认识阶段：消费者听了广告以后，对广告的诉求表示认同感，对广告产品产生感情，对广告经过各方面的评价，对广告的内容进行识别，才能对广告产品品牌有感知，最终才会产生购买的欲望；③行动阶段：消费者对广告产品产生购买欲望以后，将购买想法付诸行动，同时也有可能将相关的产品信息告知其他认识的人。①

二、影响广播广告传播效果的因素

影响广播广告传播效果的因素众多，投放的计划、广告制作等都是影响广告传播效果的重要因素，要使广告有最佳的传播效果，就要在制订投放计划之初考虑清楚，做好周全的计划，用最小的成本达到最佳的效果。清晰了解影响广告传播效果的因素是全面的评估广播广告效果的基础，这些影响因素有：

（1）广告投放的频率：随着广播频率专业化，不同频率的听众群是相对固定的，广告客户必须首先考虑自身的广告要触达哪些群体，然后再考虑广告所投放的频率。如果广告产品的目标消费者与投放频率的听众群不吻合，会大大降低广告的传播效果。

（2）广告投放的时间段、节目：不同时间段、节目的听众规模及听众特征都有所不同，在不同的时间段、节目投放，广告可以覆盖的听众数量都有所不同。同时，如果投放时间段、节目的听众与广告产品的消费者不吻合，也会降低广告的传播效果。

（3）广告的投放量：广告播放的频密程度对传播效果也有一定的影响，投放量过少，受众的覆盖面会有限，听众对广告的印象度也较浅，从而会降低广告的传播效果。

（4）广告的投放编排：广告的投放形式多样，包括冠名、正点、半点广告、专题等，

---

① 梁毓琳：《广播广告效果评估模型初探》，http://www.emarketing.net.cn/magazine/adetail.jsp? aid = 1525,2013-12-30。

不同的投放形式都有不同的价格和传播效果，合理的广告投放编排可以在有限的投放成本下达到最佳的传播效果。

（5）广告制作：广告制作的好坏很大程度影响着消费者对广告的评价，甚至影响着消费者对广告产品品牌的印象。广告作品的好坏主要从三方面评估：广告词、音乐和声响。形象生动的广告词、恰当的音乐烘托、合适的声响配音，都能够大大地提升广告的传播效果。

三、描述广告传播效果的指标

为了更准确地描述问题，通常我们在进行广告效果研究的过程中，所采取的描述是指标化的，而指标的选择与生成也是决定广告效果评估水平的关键因素。

1. 描述广告认识效果的指标

（1）广告总量：用于描述广告总量的指标通常是广告的费用与频次这二者，广播广告采用总播放时长评价，由于播放时间长度与费用具有高度相关性，因此大多数情况下，我们可以不必考虑这些因素的影响。

（2）广告的覆盖率：指广告可能触达的受众规模。覆盖率越高，说明广告的覆盖人口越大。

（3）广告到达/有效到达率：指广告触达的受众规模，有效到达率则指的是广告产品的目标消费群中，广告所触达的受众群比例。有效到达率更能够说明广告的有效到达情况。

（4）广告的第一提及率：指在未提示情况下，受众首先提及的广告名称，广告的第一提及率越高，说明听众对广告产品品牌有较深的印象。

（5）广告千人成本：千人成本是指广告每到达1000人所需要付出的广告投入成本。广告千人成本与广告的价格和广告的到达人口有关。

2. 描述广告心理效果的指标

（1）广告内容回忆度：指消费者对该广告内容的认知程度，如果广告易于被消费者记忆，说明广告的效果更为理想。

（2）广告美誉度：指消费者对广告内容的赞誉程度，该指标决定消费者对广告的反应以及对品牌的好感度。

（3）广告传播度：指广告被消费者谈论的可能性，如果该广告能够被更多的消费者当做谈资，那么可能意味着广告效果更理想。

（4）广告接受度：反映受众对广告所传递的信息的接受程度，通常专题广告与节目结合在一起，更容易起到说服消费者的作用。这一指标同时也是衡量受众对广告的可信度。

（5）广告理解度：反映受众对广告信息的理解程度，该指标越高，说明受众对广告重点传递的信息把握越准确，效果越好。

（6）广告信息传递的完整度：反映了广告传递信息的能力，一条广告中有多个信息，如果受众对广告信息复述得更完整，该指标就更高，说明广告传递的信息越多，效果越好。

案例分析

如何打响广播突围战？
——转型变革中的重庆广播广告①

　　伴随新中国的诞生，重庆广播走过了 60 年的光辉岁月。同全国广播媒体一样，重庆广播经历了"繁荣——衰退——繁荣"的历程，我们有过 20 世纪五六十年代家家户户围坐一起倾听广播的荣耀；有过 20 世纪 80 年代经济广播的无限风光；也曾经历过 20 世纪 90 年代低谷时的惨淡经营。在传统媒体竞争日渐激烈，新兴媒体不断壮大的新世纪，随着频率专业化的发展、有车族的兴旺，"永不消失的电波"迎来了大发展、大变革的春天。媒体广告既是媒体经营活动的产物，又深刻影响并促进着媒体的变革。2005—2009 年，重庆广播广告在发展中转型，在转型中变革，五年间广告额增幅达 57%，为广播媒体的经营和发展作出了有益的探索，由频率分散经营向集约式经营转型。2006 年以前，重庆广播广告由各频率自主经营，这种小而散的作坊式经营，不仅无法提升重庆"大广播"的形象，而且造成广播资源的极大浪费。

　　2006 年，重庆广电集团（总台）整合广播五套频率的广告经营部门，成立广播广告经营中心，实行"统一管理，分频经营"，有效遏制住频率之间的价格竞争。当年，重庆广播品牌广告价格平均上浮 40%，热线广告价格平均上浮 20%，档数控制性减少 40%。在成功走出整合的第一步后，重庆广播广告在 2007 年开始全面推行品牌广告"五频同代"的代理方式，将新闻、经济、交通、音乐、都市五个频率的品牌广告分行业捆绑销售，各广告公司公开竞标获得不同行业广告经营权。在交通频率优势资源的带动下，经济频率当年品牌广告创收比前一年提升 257%，新闻频率品牌广告创收增幅达到 88%。同时，五频品牌广告整体创收增幅超过 39%，创造当年全国广播品牌广告最高增长比例，广播频率资源整合初见成效。

由热线专题向品牌广告转型

　　热线广告是全国大多数电台赖以生存的创收主要来源，占据广告创收的大半壁江山。但其存在的虚假夸大宣传、医患交流等问题，严重影响广播媒体的品牌形象。随着国家相关部门加大整治力度，热线专题广告给广播广告创收带来极大的经营风险。重庆广播在 2006 年以前，热线广告创收占总量的 48%，经营存在巨大风险。重庆广播广告人以卓越的远见和胆识，坚定"热线广告减量提价转型"的战略目标，坚持"严格准入、控制违规、强化服务、开拓创新"的经营思路，实现了社会效益、经济效益的双丰收。在国家广电总局的多次明察暗访中，重庆广播被总局领导称赞重庆的天空"很干净"，是"绿色广播"，热线专题的管理经验值得在全国广播电台推广。

---

　　① 王政：《如何打响广播突围战？转型变革中的重庆广播广告》，载《广告人》2009 年第 6 期。

改变产品结构，规范播出

从 2006 年起，重庆严禁涉性广播播出。同时，通过分类定价，促使广告商进行产品汰换；通过价格杠杆，促使广告客户缩短播出时长。为保证收听效果，对五套频率热线专题时段科学编排，错位播出。

减量提价

2006 年，热线广告同比减量 40%，提价 20%。2007 年在 2006 年基础上减量 50%，价格提升接近 100%。这期间重庆广播经受了短暂的阵痛，但在集团（总台）的强力支持下，经过三个月的调整后，热线广告迎来了"井喷"，2007 年热线广告创收同比增长 13%。

创新服务理念

价格的提升，使客户对广告时段的含金量提出更高要求。重庆广播不断创新热线专题播出形式，提出热线专题节目化的经营思路，多次组织各频率主持人和客户一起，就提高热线广告的可听性和可信性进行深度分析和研讨，以经济频率《桑榆情》节目的模式，把热线专题办成融知识性、趣味性、实用性为一体的节目。同时，提出深度服务理念，介入客户的经营层面，积极帮助客户开辟市场。改变产品结构及播出形态、减量提价、强化服务，是重庆广播热线专题向品牌广告转型的法宝。近年来热线广告所占创收总量由40%下降至 14%，为广播广告的可持续发展奠定了良好基础。

品牌广告由单一向多元化经营转型

针对广播媒体的特质，我们从 2006 年开始进行了经营方式、广告形态、经营空间以及整合营销方面的探索，成功实现了向多元化经营方式的迈进。

建立健全广告代理制

从 2006 年开始，重庆广播媒体与代理公司结成双赢的合作代理关系，2009 年升级为以全频率同行业代理为主，行业单频率代理、行业多频率代理、单频率独家代理等形式为辅的多种方式并存的代理模式。通过这些方式，形成专业公司团队型销售和战略伙伴型的专业化销售，实现双方利益的最大化，品牌广告在三年内增幅达到 73%。

品牌硬广告向植入式广告转型

广播的特性为植入式广告创造出良好的经营空间。除了节目冠名、节目赞助，较成功的案例是音乐频率点状节目的广告植入式开发。我们借鉴交通频率路况节目的经验，和音乐频率一起在正点、半点开设了《新歌快报》、《经典流行》、《温馨提醒》等时长一两分钟的点状节目，这些节目牢牢吸引住了房地产、汽车等行业客户的关注，广告段位供不应求，客户合作期大多超过两年以上。随后我们将这种形式在经济频率、都市频率推广，经济频率主推每个正点、半点的股市行情，都市频率主推卡通报时，都取得了不俗的成绩。

开拓广播购物空间

广播购物广告是广播品牌价值的深度开发和利用，广播频率专业化定位为广播购物的发展提供了广阔空间。目前，重庆广播在四个频率开设有购物栏目：交通、音乐、都市频率主推汽车导航产品；经济频率主推股票手机。所有购物广告均以植入节目方式进行，利于听众接受，客户反映良好。

线上线下整合活动营销开展火热

由于广播媒体互动性强，在活动营销专业市场中有不可代替的地位，围绕着整合线上资源与线下活动的营销思路，我们进行了深度的活动营销策划和执行。在 2007 年重庆糖酒会上，我们策划了"现场直播"的花车巡游，开设专题节目邀请品牌商家做客直播室，真正做到了"老板认可、听众满意"。2008 年，我们研发出了对应高端人群的"北美自驾游"，活动深受地产高端客户的认可与支持，2009 年又推出了"南美狩猎"，作为这一系列的延续活动，对重庆广播的品牌力提升起到了深远的意义。2009 年初，我们针对平凡、朴实、默默无闻的女性人物开展了"三八"标兵人物的展播，为我们在"特色活动营销"积累了重要经验。

粗放型管理向规范型管理转型

2008 年开始的全球金融危机对广告行业造成最直接的冲击和显著影响，重庆广电集团（总台）打响了广告突围战，深度整合广播广告与电视广告资源。广播广告在寻求自身多元化发展的同时，与具备成熟营销平台的电视广告结成联盟。以本地客户为主的广播广告和以外地客户为主的电视广告实现了资源共享及高度垄断；广告主可以以更便捷的方式进入广播电视广告，强化广告主品牌的传播力度和传播效果，实现广告效益的最大化，广播电视媒体实现媒体资源的最大化利用。电视广播整合后的资讯推广平台，在资源推广上更加及时有效，借助电视媒体在客户营销中的便利通道，如通过手机报、《视界》电子杂志的发送等点对点的客户营销，将广播广告经营中的相关政策、最新的资源介绍等内容第一时间传递给了客户，从而延伸补充了广播电台单一的媒体形态。同时，整合后的广播电视媒体经营将会在线下营销中，更好地利用经销商战略联盟这个平台，为热线客户、商业服务消费行业客户提供到销售前端的服务；而在对 4A 资源的深挖上面，也为广播广告提供了新的增长空间。在活动营销平台上，广播电视广告的整合也为双方活动影响力的扩张以及活动规模的扩大提供了更好的平台，从而形成了一定程度的垄断，为活动创收实现了更大的增量。按照重庆广电集团的目标部署，重庆广播电视广告经营中心整体并入重庆广播电视集团（总台）产业公司，广播媒体介入网络广播、播客广播、手机广播，经营广播购物平台，整合广播、电视购物资源，成立统一的商品采购中心、节目发布中心、信息交流中心、物流服务中心。这些整合以及集团在产业方面的衍生发展，使得广播的前景更为广阔与美好。例如各类听众俱乐部的经营与发展，在一定程度上能够使其产业化与规模化；而交通频率则可以在汽车交通衍生产业上经营；音乐频率以文化演出、音像制品发行、艺员培训方式进行产业经营；经济频率关注民生经济，开发百姓理财市场；新闻频率以《阳光重庆》为依托，开发政务广告新的广告市场，同时奠定社区活动品牌塑造；都市频率开发就业培训市场以及吃喝玩乐市场服务，依托在市场上具备话语权的节目，通过授牌认证等方式，拓展广告经营空间。

思考与练习

1. 广播广告节目有什么特点？
2. 广播广告经营创新策略有哪些？
3. 广播广告制作技巧有哪些？
4. 请以校园广播台编辑的身份，为《南方周末》制作一则征订广告。

第九章　广播文艺节目

广播文艺是文艺与先进的现代化传播手段的结合，它是以电子技术为传播手段，按照一定的社会目标，反映或直接组织社会艺术创作活动，运用艺术的审美思维，加以广播化的再创作，并最终以广播文艺节目的表现形态播出。文艺节目在广播中占据重要位置，它与新闻节目共同构成当代广播节目的两大支柱。因此，广播文艺节目的发展直接影响着广播事业的发展。

第一节　广播文艺节目的特点和作用

一、当代广播文艺的功能分析

广播文艺是社会文艺的重要组成部分，它的多元功能与社会文艺的社会功能、社会作用是一致的。

1. 娱乐功能

广播是一种和广大群众息息相关的传播媒介。人们经过一天的紧张工作之后，打开收音机收听一段相声、一首歌曲，就是为了放松一下疲惫的心情，为了娱乐和消遣。如果我们的广播文艺节目满足不了人们的这个愿望，广播恐怕就很难吸引多数听众收听下去。所以，我们不可忽视广播文艺的娱乐作用。广播的娱乐作用也可以称为审美娱乐，它可以给听众一种美的享受、美的感受，使听众得到享受和愉悦的快感。广播的这种审美娱乐能够丰富人们的生活，调节人们的生活节奏，消除人们的身心疲劳，有益于人们的身心健康。实际上，广播文艺的娱乐功能和广播担负的教育、引导功能之间并不是一条不可逾越的鸿沟。人们常讲的"寓教于乐"也是审美感受的一个显著特征。事实上，不同的艺术种类、艺术样式乃至每个具体节目，这两方面的作用都会有所不同和有所区别。如有些广播文艺节目通俗易懂、娱乐性强，同时又具有较高的艺术性和思想性；有些节目虽然艺术性较强，但并无深刻的思想内容，很难起到鼓舞、引导和教育作用。当然也有一些广播文艺节目，思想内容也算精深，艺术水平也比较高，但却没有多少娱乐作用。社会主义的文学艺术是丰富多彩的，人民群众的精神文化需求也是多种多样的。高雅精深的广播文艺节目应该播出，可供听众休息娱乐、能使人们精神放松的作品也该播出。广播节目既然面向广大听众，那么，广播文艺节目也应当以寓教于乐为主，并引导广大受众，在解疑、解惑、解闷中占有一席之地，应当在缓解压力、抒发情感、赏心悦目上发挥应有的作用。

2. 社会教育功能

广播文艺节目的多元功能，体现在政治、思想、道德、社会历史、科学文化以及文学艺术修养等方面。就思想教育方面而言，又是多层次的。如爱国主义、社会主义、集体主义、国际主义以及在社会群体中应该提倡的某些思想、观念、精神等。广播文艺应当发挥其在各个方面的功能，力求丰富多彩，切忌单调、单一。广播文艺节目主要依靠形象和典型塑造来达到感染人、激励人和鼓舞人的目的。形象和典型塑造是文学艺术的本质特征，广播文艺节目可以通过形象和典型塑造来发挥美感作用。优秀的广播文艺作品并不急于宣传什么、播出什么或传授什么大道理，可是当你听完精湛的文艺作品以后，就会感受到作品所包含的精神力量，从中受到启迪、鼓舞和教育。

3. 普及文艺知识、指导文艺欣赏的功能

普及文艺知识、指导文艺欣赏并不是广播文艺的独特功能。报纸、期刊、电视等传播媒介也都具有这一功能。不过，广播文艺在这方面有自己的优势和特点。首先，广播文艺不论是普及文艺知识还是分析、评价作品，都可以结合文艺欣赏来进行。边介绍、边分析、边欣赏作品，联系紧密，形象生动，看得懂，听得见，有很强的吸引力。其次，广播文艺知识一般都是深入浅出，通俗易懂，容易接受和理解。最后，广播文艺节目还可以吸引广大听众参与分析和评论文艺节目。这样，有利于广播听众自己教育自己、自己帮助自己，有利于培养广播受众的健康审美情趣和一定的鉴赏能力。①

二、当代广播文艺节目的特点

任何事物都是由共性和个性相结合的，广播文艺节目也不例外。共性的背景中，广播文艺节目应该针对市场的需求具有时代的鲜明感、大众的贴近性、高于生活、源于生活的艺术性等特点。

1. 时代性

首先，广播虽然作为传统媒体，但是它最突出的特点便是"时效性"，它的节目追求

---

① 张丽宏：《广播文艺节目的多元功能》，载《中国广播电视学刊》2010 年第 11 期。

"时效性"，它的内容追求"潮流"性。所以，广播文艺节目作为文化性、娱乐性的媒体节目，必须始终站在时代的前沿。在内容方面看，广播文艺的内容始终跟紧时代发展的脚步，为听众传递最热的娱乐信息、最先进的文化以及最热的潮流。

2. 贴近性

广播文艺节目之所以在广播行业中比重很大，是因为其能够最大限度地贴近民生，让人民能够最大限度地了解生活信息、娱乐信息。如山西文艺广播的《车随心动》，杭州交通频率91.8的《交通快活人》等栏目，都是为广大听众服务的栏目，同时结合了听众的日常生活实际情况播报，以及深受大众喜欢的娱乐节目。

3. 艺术性

广播文艺节目要有高于生活、源于生活的艺术性。广播文艺节目的艺术性是指其寓教于乐，即播报的内容具有艺术性，并且注重节目整体形式的艺术性。化零为整，把零碎的文艺节目整编起来，组成蕴含高雅文化的大众节目，这些便是当前广播文艺节目竞争取胜的关键。我们可以看出，广播文艺在市场化的发展之中走出了新的道路，如杭州交通频率91.8吸纳了大量的广播文艺节目，与交通实时播报节目紧密融合，相得益彰，极大地拉动和拓展了交通广播的市场，成为杭州人民欢迎的电台频道。[1]

三、新媒体时代广播文艺节目创新策略

1. 整合拥有自主知识产权

广播电台应整合拥有自主知识产权的旧有节目资源，成为新媒体的"内容提供商"。中国已经进入一个崭新的知识经济时代。2009年11月10日，国务院公布了《广播电台电视台播放录音制品支付报酬暂行办法》，自2010年1月1日起实施。由此，版权的价值日益凸显。作为版权的重要主体，中央电台拥有大量具有版权价值的节目，其中大部分是中央电台建台以来编辑记者自己采制的文学、音乐、戏曲、曲艺等文艺节目的录音。这些节目的版权是中央电台重要的无形资产，通过有效的版权管理、版权开发和市场经营，可生产出有价值的版权产品，形成倍增效益。新媒体的受众对于相声、评书、长篇小说连播、故事、戏曲、曲艺等文艺节目有着强烈的收听需求，但新媒体自身缺乏甚至没有这类内容。于是广播的优势凸显出来，广播电台因为拥有大量具有自主知识产权的节目，可当之无愧地成为新媒体的内容提供者。目前，中央电台已组织专门人员对这些节目进行数字化录入、分类、编目等整理工作，建立了数字媒体资源库，并正在对具有开发价值但尚未确权的节目进行逐一确权。然而，广播不能简单地提供旧节目，而必须将节目重新编辑，使其符合市场的需要。因此，目前广播文艺节目编辑应当做的是：对以往的老节目进行"二度编辑"。比如，删减长度、重新过滤内容、重新编排等，以满足新媒体受众的需要。

2. 做听众喜爱的广播文艺节目

广播作为大众传媒，兼具传播功能和艺术功能。近年来，随着社会的发展进步，对于广播文艺的传播功能强调得比较多，如现场直播的实时性、即发性、互动性；伴随式收听的平等性、话题性、平民性，等等。

---

① 张晓燕、陈宇：《当代广播文艺节目的创新发展探究》，载《新闻传播》2011年第8期。

　　然而，当新媒体能更及时地给予受众平等的参与和更加平民化的信息时，广播在这方面已无优势可言。这时，广播文艺的艺术功能显现出来。我们惊喜地发现，广播文艺节目中的一些传统形式在新媒体时代重新绽放异彩。比如相声、评书、长篇连播、故事节目等，牢牢地吸引着大批听众。中央电台文艺之声以上述文艺节目为主体，开播五年来，其收听率始终名列前茅，在中央电台内的收听率排名仅次于中国之声。全国各地的故事频率也大多成绩斐然。

　　站在新媒体快速发展的今天，我们有必要回过头来强调广播文艺的艺术功能，即：重视广播文艺节目的内容含金量、丰富的艺术表现力和感染力、声音的高质量等。这不是传统文艺节目简单意义上的"回归"，其实这是一个螺旋式上升的过程。当人们对参与节目已没有当初的新鲜感和热度，对清谈节目已安之若素，甚至对过多的口水话和并不高明的调侃产生厌倦、厌恶的时候，人们转而选择那些故事性强、有语言文字功力、耐人寻味、能给人真正审美愉悦的东西。而且这样的传统广播文艺节目正是新媒体用户，特别是大量年轻的网络和手机用户需要的。因此，握有大量传统广播文艺节目资源的广播媒体，在整合利用旧有资源的同时，还要不断发掘和大胆创新这类节目，以满足新媒体环境下广大受众的需要。

　　优秀的艺术作品具有永恒的魅力。因此，广播文艺节目的制作者要从作品选材、演员选择、录音质量、编辑手法等多方面下工夫，力求组录和编辑出优质的精品广播文艺节目。要特别指出的是，这里所说的"精品节目"，不是那些一味追求音响的叠加、技术处理的高难度，或是编辑们孤芳自赏的作品，而是充分考虑听众需求，且具有一定艺术品位和制作水准的节目。另外，精品节目也并不意味着就是制作成本高的节目，除了必要的包装，真正的好节目必是褪去了浮华外套，以内容本身和编辑的巧思取胜的。

　　3. 扩大广播节目影响力

　　利用与新媒体或其他传统媒体融合等方式，延伸广播文艺节目内容。著名的传播学者马歇尔·麦克卢汉提出了传播媒介"混合能量"这一概念，他在《了解传播媒介》中认为："媒介的交叉或混合，如同分裂或熔合一样，能释放出新的、巨大的能量。"广播作为传统媒体，声音稍纵即逝，它的线性传播方式，使听众只能按照电台的播出顺序收听，大大限制了听众的接收和收听效果。随着电子技术进步和电子产品的升级换代，手机和电脑已经成为广播的接收终端和播放器。它们为受众接触广播提供了更全面、更便捷的技术手段，从广播竞争的对手，成为被广播利用的传播工具，为广播注入了新的活力。目前传统广播媒体与新媒体的合作，确切地说还只是"搭载"或"嫁接"，与真正的融合还有相当距离，在内容、经营、管理等方面尚需进一步探索融合之路。只有实现真正的融合，方能产生更大的社会效益和经济效益。广播节目与传统平面媒体合作是优势互补、实现双赢的绝佳方式。中央电台文艺之声的《广播故事会》节目开播三年多来，收听率节节攀升，深受听众喜爱，但是听众想反复收听和收藏好故事的愿望难以满足，听众强烈要求节目组将好故事结集出版。2009年，节目组与中国青年出版社合作，在《广播故事会》节目开播三周年之际，出版了书籍《单纯是一种力量》。《广播故事会》节目组全体主持人录制了书中部分故事的有声版，制成光盘，由中国青年音像出版社出版，随书一同发行。这是一次跨媒体的有益合作，实现了将平面媒体的文字优势与广播媒体的有声资源相结合，更好地满足听众和读者的需求，同时也促进了媒体自身的发展。本书出版发行后，《广播故事会》节目的收听率再创新高。中央电台以及地方电台均有不少名牌栏目以此方式扩大了节目的影响力。广播从销售广播文字版图书和光盘中获取一部分收入，再用于节目制作，不失为一种社会效益和经济效益双赢的有益方式。①

第二节 广播文艺节目的种类与特性

一、广播文艺节目的种类

文艺类节目的分类有多种标准。总体上可以分为两大类：一种是直播节目；另一种是加工节目（即以音响手段重新创作或作不同程度的加工、制作的方式）。在加工节目中，还有专门节目类型样式（即广播剧）。

1. 直播节目类型

取自其他文艺样式的作品，只作简单的编排组合，或者不作剪辑而直接播出的节目。这里的"直播"不一定强调现场直播、转播的形式，也可以采用"录音"的方式。

（1）音乐节目。音乐是听觉艺术，十分符合广播的特征。音乐节目在广播文艺中占有极重要的地位，音乐尤其适合传情而不适宜状物。调频立体声广播的出现，使得音乐广播赢得了更多的听众。

（2）戏曲节目。这是中国特有的广播电视文艺性节目样式。京剧、评剧、豫剧、越剧、汉剧、黄梅剧、粤剧等，大量的传统剧目和现代剧目，为广播文艺提供了丰富的节目资源，也是形成文艺类节目的民族风格和地方特色的决定性条件之一。广播戏剧节目常常采用戏曲演出的实况、戏曲选场或选段、戏曲故事、戏曲知识介绍、戏曲演员评介、戏曲唱腔联唱等样式。

（3）曲艺节目。曲艺或称"说唱艺术"，主要有相声、快板、数来宝、大鼓、弹词、琴书、道情、牌子曲等。曲艺实际上是一种民间艺术，为中国百姓所喜闻乐见。其形式简便，易于传播，所以常为广播电视采用。

（4）文学节目。这是将古今中外的文学作品作广播化处理的节目形态。如各地电台都办有"小说连播"，极受欢迎。

（5）文艺专栏。采集多种多样的文艺节目，按照一定的主题构思编辑而成的一种栏目化的节目。可以是音乐、曲艺、戏曲、杂技等单一类的文艺节目的汇集，也可以是多种文艺节目的编排，更可以办成传播文艺知识性的栏目。

（6）综合性文艺节目。这是把各种文艺节目综合起来的节目。它或是采取栏目化节目样式，或是采取独立的节目样式，即"综合性文艺晚会"。它具有兼容性、多样性、综合性特点。美国将它称为"综合娱乐艺术"或"综艺节目"。

2. 加工节目类型

把其他样式的文艺类节目做较大的加工制作，使之成为具有广播文艺类节目。这实际

---

① 邢晓春：《新媒体时代对广播文艺节目的思考》，载《中国广播》2010 年第 10 期。

上构成了一些新的文艺样式。在我国广播电台中，常见的形式有电影录音剪辑。

在广播文艺中，往往采用录音剪辑的方式来处理电影这类视听综合的艺术作品，这是中国广播工作者的创造（世界其他国家没有这一样式）。1950年3月8日，中央电台播出陈开制作的电影录音《白衣战士》，是中国广播电台播出的第一部电影录音作品。1955年11月，中央电台在《广播节目报》上登载节目单时，正式采用了"电影录音剪辑"这一名称。"听电影"的乐趣和奥秘往往就在于把视听形象转化为单一的听觉形象，而匠心独具的解说词，则提供了又一次的艺术创造机会；同时，在时间上也取得了较大的自由。后来，又生发出话剧录音剪辑、歌剧录音剪辑、戏曲录音剪辑等姐妹样式。①

二、广播文艺节目的特性

1. 广播文艺节目是经过反复推敲和长时间创作的产物

一首歌曲，通常是音乐人长达数月甚至数年的心血结晶，偶尔的灵感突现之作也需要1个多小时才能完成；一段相声，作者要从生活中精挑细选，进行提炼，琢磨如何"三翻四抖"，铺平垫稳，抖响"包袱"；一部评书，通常是几代表演艺术家口传心授的产物，细节的描绘、节奏的把握、语气的拿捏都不是一朝一夕的工夫；一部广播剧，从编写剧本、选演员进棚录音，到音乐、音响多工种的配合，再到后期合成、加解说，可以说代表着广播文艺节目的最高艺术追求，其丰富的声音表现力是其他广播节目无法企及的。这些广播文艺节目不同于现场直播节目的实时性，它具有"延时"性，是经过反复推敲和长时间创作才产生出来的。也正因为如此，它们才具有让听众百听不厌的生命力。

2. 广播文艺节目具有审美性娱乐功能

广播文艺节目的重点是通过艺术化的方式，传递人类某种永恒的信念、理想和价值观。广播文艺节目是以刻画饱含思想感情的、生动感人的艺术形象为手段，达到感染人、鼓舞人的审美目的。它是对历史或现实的反映，又是对它们的审美的提炼和概括，是凝聚着审美理想而重新塑造的"艺术世界"。它以愉悦、娱乐的方式吸引人，使人们得到心灵的陶冶与人格的升华。因此，广播文艺节目凸显了审美娱乐性。需要强调的是，广播文艺节目提供给受众的应当是一种具有审美价值的娱乐。传统文艺理论中常把娱乐与审美对立起来。其实，游戏、娱乐是人追求自由的一种表现，就像德国剧作家席勒所说："在人的一切状态中，游戏才使人成为完整的人，使人的双重性一下子发挥出来。"而艺术作为人类所有游戏活动中最具人性价值的娱乐活动，恰恰是人类超越物质现实本身的束缚而具有某种精神品质的活动。它是人类本质力量的审美性的直观再现，它给人类带来的愉悦和享受也是不容忽视和无法替代的。娱乐与审美并不矛盾，能够将审美和娱乐有机地统一起来，才会产生好的文艺作品。在动荡的历史时期，苦难的人生经历，最能产生伟大的艺术作品，人本能地以艺术的形式来表达和宣泄；经济的发达进步、闲暇时间的增加，使人们可以更多地思考和享受生命，对艺术作品和娱乐活动也会更加青睐。

---

① 《文艺节目的类型》，http://xwcb.100xuexi.com/SpecItem/SpecDataInfo.aspx? id = 82848C4B-8AF1-46D3-AC3B-4FD74EDB89D8,2013-12-16。

3. 广播文艺节目具有重复播放性

新闻讲求一个"新"字，时间越短越有价值。但文艺节目不同，它不以新旧来衡量其价值。因为它是对于现实的审美浓缩和提炼，具有普遍性和典型性，所以具有相对较长的、甚至是永恒的生命力和吸引力。因此，文艺节目可以重复播放，每次播放都可以带给受众审美体验或心灵的愉悦。比如，流行音乐歌曲在最初推出上榜时，至少会反复播放一周，而一些优秀的歌曲会在各类音乐节目中播放三五年，甚至二三十年，听众不但不会腻烦，反而每次收听都能获得审美享受和心灵的共鸣。更不用说莫扎特、柴可夫斯基、贝多芬等音乐家的经典传世之作，人们听了几百年，还会听下去，并且它们已成为广播音乐节目永恒的素材。相声节目总是高居收听率排行榜前列，马三立、刘宝瑞、侯宝林等相声大师的段子，令听众百听不厌，尽管已经知道了"包袱"在哪，但还是愿意反复品味、会心一笑；评书节目以演播传统书目为主，却比新书更吸引听众，因为听袁阔成讲《三国演义》、听刘兰芳说《杨家将》，比你自己读这部书更带劲。这就是广播文艺节目的魅力。在重复播放这些经典文艺作品时，运用新的编辑方法进行重新编辑，以求常听常新，可使经典文艺作品的艺术魅力历久弥新。①

三、广播文艺节目的编排方法

广播电台的文艺节目的编排相当于报纸版面安排，所不同的是报纸是一个面，是给人看的，电台是一条线，是给人听的。文艺节目编排就是编辑根据一定的艺术构思和宣传意图，安排作品怎么播出、何时播出的工作过程。一首歌、一段小品，是单个播出还是组合播出，和哪些作品组合，这些都是节目编排的工作内容和研究对象。节目编排是一门艺术，同一批作品通过不同的组合方法，会收到不同的效果。节目的编排手法很多，常用的有：

（1）同一法：找出各个作品的某种相同点，再以这个相同点把作品串联起来，组成一组节目，这种手法就叫同一法。根据编辑意图和作品的具体情况，有的以相同的主题为线，串联各种艺术形式的作者、演播者，有的以风格、流派为线，甚至相同的演奏乐器和演奏方法，都可以成为组合作品的相同点。这种手法的特点是对某一类作品编排比较集中，喜爱这类作品的听众，可以得到充分的艺术享受，但也容易产生单调之感，不易满足广大听众多种多样的欣赏要求。

（2）对比法：有比较才能有鉴别，对比是认识事物、抓住特点的好方法。这种编排手法就是把不同风格、不同演唱方法的作品，对比地编排在一起，使之更加鲜明。如戏曲艺术流派的对比，歌曲的不同演唱方法、乐曲的不同演奏风格的对比。这样的安排，在艺术欣赏上避免了单调感，在艺术修养上能够使人学到知识、提高欣赏水平，如果再加上适当的知识性解说，则效果更佳。

（3）拼盘法：运用变化多样、丰富多彩的原则，可使一组节目在艺术形式、风格、内容、题材上尽量不重样，让听众在比较短的时间内得到比较全面的艺术享受。②

---

① 邢晓春：《新媒体时代对广播文艺节目的思考》，载《中国广播》2010 年第 10 期。

② 蔡凯如：《广播编辑与节目制作》，武汉大学出版社 2008 年版，第 280 页。

第三节 广播娱乐节目的制作

社会的快速发展带来的是快节奏、高强度的生活，人们需要在闲暇时间寻求疲惫身心的释放与心理的减压。这种日益增长的需求促进了广播娱乐节目的快速发展。随着各地广播娱乐节目纷纷上马，一时间娱乐化风潮席卷了广播媒体，娱乐因素甚至有渗透到各个不同类型节目的趋势。

一、广播娱乐节目的特点

广播娱乐节目主要具有可笑性、通俗性、趣味性、时尚性和艺术性。

1. 可笑性

以笑为主要心理特征，这是广播娱乐节目的基本特征。广播娱乐节目要诱人发笑，并不要求它承担沉重、严肃的宣传与教育任务，但在娱怀取乐中若能使人在笑中得到有益的启迪，则是应该倡导的，至少要求使人笑得无害。

2. 通俗性

广播娱乐节目属通俗文化、大众文化，面向社会最广大的民众。它所表达的多为人们所熟悉的日常生活内容，采用人们喜闻乐"听"的形式，而风趣、诙谐的语言也更适合百姓的审美乐趣，但通俗并不等于粗俗、庸俗、低俗。

3. 趣味性

趣味，就是"使人愉快、使人感到有意思、有吸引力的特征"。这也是广播娱乐节目的一个特征。

4. 时尚性

时尚即当时的风尚，也叫入时。它是某些时兴的事物、观念、语言、行为方式等在社会和群体成员中流行的过程（诸如彩铃、网络歌曲、"无厘头"搞笑等），是众人相互影响、彼此效仿的社会相符行为现象，是在社会允许范围内的一种社会性现象，是具有一定规模的一时性集合现象。它具有使众人"感到有意思、有吸引力"的一种时髦的文化特征，也具有"快餐文化"来得快、去得快的一时性。当人们的需求在旧的习惯与常规下得不到满足时，那么，为人们所需的另一种新范式就可能打破固有的常规结构而形成新的习惯与常规，以适应人们的某些合理要求，满足人们不断发展变化的需要。对于社会时尚，我们既不能盲目排斥，也不能盲目追逐，更不能一味地为猎奇而盲目追求轰动效应（诸如传播道听途说的八卦"星"闻）。

5. 艺术性

幽默是一种笑的艺术。"幽默所要求的则是善于在有限与微小之中见出崇高、在滑稽与不完美中见出重大意义"。[①]

[①] 胡妙德：《解读广播娱乐节目》，载《中国广播》2005 年第 10 期。

二、广播娱乐节目的要素与类别

广播娱乐节目的娱乐要素主要有三点:

其一,幽默元素,包括幽默语言、诙谐音乐和滑稽音响。其中,以幽默语言为主,诙谐音乐和滑稽音响可以营造欢快、轻松的娱乐氛围。需要指出的是,有时,笑声音响配得太多、太烂,其效果会适得其反。

其二,演艺手段,包括说唱、演唱、演戏以及影视喜剧录音剪辑等。演艺手段的介入,可以为广播娱乐节目增添娱乐成分和喜剧色彩。

其三,游戏方式,包括竞赛、竞猜、竞答等。人们在快节奏、高压力的现代社会生活中,需要获得精神上的放松和调节。同时,随着知识的快速更新,人们还表现出对知识的渴求。在益智游戏中,没有严格意义上的那种竞赛的巨大压力和涉及名利得失的负面效果。在轻松的氛围里,参与者在自娱自乐的满足中获得快乐,旁听者也可以从中获得某些知识,并感受到参与者在娱乐中自然流露的那种童趣与本色。于是,以益智竞答和互动游戏为主的热线直播节目,就成为这些年来在广播中十分活跃的一种节目样式。

根据这些要素在广播节目中的单独或综合运用,构成了目前较为流行的几种广播娱乐节目形式:

1. 益智游戏类

这类节目使人在饶有兴味的游戏中,获得一些有意思的知识,通过游戏活动体验到欢笑的愉快情感。与电视相比,广播娱乐节目的手段比较单一,不像电视那样可以运用许多视觉的表现手段。这类节目基本上是选择题的一问一答,答对了给予奖励。即使是选择题,题目也不好出,出深了,听众不敢领教;出浅了,又有哄小孩儿玩的嫌疑。搞不好的话,不是形式单一、内容乏味,就是哗众取宠、格调不高。为此,这类节目在整体结构布局上,应着意于栏目形态的多样和风格定位的变化,并力求知识的多元性和娱乐的趣味性。在题目内容上,尽量贴近人们的现实生活;在题目编写上,善于选取有意思的角度;在栏目创意上,注重从艺术宝库中吸取营养;在游戏规则上,建立富于挑战的激励机制。

2. 喜剧闹剧类

例如参评"2005 年广播娱乐节目展示评估"的原创广播情景喜剧,其中浙江电台城市之声的《阿亮的烦恼生活》从开播至今已录制了 900 多集,每一集故事既相对独立,又相互联系,构成一个完整的系列,通过一个个日常生活的小故事,讲述生活的种种烦恼,让人在笑声中感悟平凡的生活道理。此外,根据《大话西游》以及冯小刚导演的《天下无贼》等贺岁片或发挥、或发展、或改编的广播娱乐节目,在这次参评节目中也有好几个。这些节目想象力丰富,发挥广播的声音特色,运用"无厘头"搞笑和夸张的表现手法,具有火爆的闹剧效果。

3. 笑话逗乐类

这类节目的内容多从笑话集中搜集而来,把一个个笑话或幽默故事加以串联而成。其中,也有突破常规的。如泰州经济广播的《狂人日记》,在众多零碎的小段子中,精选出一系列相同类型的,把它们揉碎重编,使之成为一个连续完整的故事系列,主持人以第一人称的身份反串其中,加以幽默演绎,并用彩铃对节目加以串联,体现了主持人的创意和精巧的编辑构思。还有的娱乐节目不光是主持人自己说笑话，还带动听众参与制造"短信笑话"，娱己娱人，收到了创造快乐、分享快乐之效。

4. 演艺展示类

演艺，是娱乐节目的一个重要手段。在众多参评节目中，主持人多才多艺的展示，既增添了节目的娱乐特色，也丰富了广播娱乐节目的表现形式。在山东台的《欢乐八方》中，主持人自己创作、自己录制广播相声，用以展现世间百态，既有歌颂又有讽刺，既有赞扬又有鞭挞。沈阳台的《戏说3·15》中，两位主持人（一位师从评书表演艺术家单田芳，另一位师从相声表演艺术家王志涛）融曲艺表演于广播娱乐节目中，以曲艺的方式戏说当今社会上的一些假冒伪劣商品。天津台的《幽默皮黄》中，两位主持人采用"说相声"的叙事方式将七出精彩的京剧传统剧目中的幽默场面自然地串联在一起，听来别有特色，妙趣横生。这些主持人具有扎实的曲艺基本功，为节目增色不少。天津台的《金"舌"狂舞——绕绕绕》，播放了天津文艺台主持人自娱自乐举行绕口令大赛的现场实况。通过主持人说绕口令或成功、或失败、或搞笑的现场表演，既展示了主持人的语言技能，又达到与听众同乐的效果，节目的娱乐气氛相当热烈，主持人生活化的本色流露使听众感到新奇有趣。除了主持人在节目中展示才艺外，还可调动听众参与表演节目。在有的娱乐节目中，主持人设定了某个情景，由主持人和通过热线电话要求参与的听众分别扮演其中的角色（如《白蛇传》中的许仙和法海），临场加以即兴发挥，展示戏剧表演才能。

5. 新闻趣说类

主要有两类：一类是娱乐"星"闻，另一类是社会新闻。例如讽喻违反国家商标法的社会不良现象，某某电视广告展示："苏丹红服装城，不一般的红，来自苏丹的红。""用我的一生，点亮你的全身——本拉灯灯饰，不一般的灯，本拉灯！""每逢佳节倍思亲，非典牌高级糕点，非常好吃，非常糕点！"

以上仅是目前较为流行的几种娱乐节目的形态，而不是它的全部。广播娱乐节目尚处于发展阶段，肯定还会有新的形式不断涌现。①

三、广播娱乐节目语言失度成因及解决办法

节目传播者语言的失度即广播娱乐节目中出现的庸俗、低俗、媚俗现象，这在我国广播娱乐节目中是常见的问题。②

1. 广播节目传播者言语失度

个别广播节目传播者言语失度的表现为把经济效益置于首位，唯收听率是从。因此就会把一些毫无意义的语言废料甚至是情绪垃圾置于节目中。个别主持人在言语的尺度上把握不当，以致失度。失去了分寸感就会产生一些发病症状，如胡言乱语、缺乏把门、言语失控，等等。广播是声音的艺术，当广播中的传播者荤的素的都说，说话欠考虑，会让听

---

① 胡妙德：《解读广播娱乐节目》，载《中国广播》2005 年第 10 期。
② 曲海红：《广播娱乐节目语言失度成因及解决办法》，载《中国广播电视学刊》2011 年第 11 期。

众疑窦丛生。10多年前大众还觉得广播里传出的声音很美，可是如今个别传播者的传播不但不美，反倒让人怀疑他的格调。比如某电台一位传播者在节目中就讲过这样的所谓的"笑话"："哎呀，你说××那长得不是一般硌碜（难看），可以说血肉横飞，让你刻骨铭心，你说她长成那样，可想而知她妈和她奶得长成什么货色？她老公呢，回家一看见她就啥想法都没了……"这样的传播者把听众的笑点估量得过低了。这样的传播，不仅让人倒胃口，更让人质疑主持人的文化修养、媒介素养。①

2. 产生言语失度表现的原因

（1）传播者的游戏心理。在全球化传播的时代，应当承认媒介的传播与影响日益扩大，且很少受到严格的边界控制，自由的信息流动在一定程度上使得媒介产物越来越多地出现了"去意识形态化"的特征。当前的一个文化现象是，媒介市场的主流如果体现为对娱乐的消解和全民式的狂欢，那么低俗的传播内容便迎合了人类的这种游戏心理。正因如此，我们的文化形态正处在一种前现代、现代与后现代融合并轨期。因此，我们也随处可见这种融合并轨期所带来的缺乏深度、商业化、零散化的文化表现。大众传播领域受大众文化的感性变迁、追求时尚、推翻偶像的影响，为了追求所谓的"笑果"以显示娱乐精神，不惜以荒诞戏说的言语来代替正说。比如，有的传播者在节目中拿电台领导开涮，看似是对领导权威的消解，其实传播者对领导的调侃，恰恰是为了迎合广大受众对于社会权威的不屑与挑战。这样的游戏心理有时会使得传播者的言语缺乏控制。

（2）媚俗的心理发起机制。是什么样的心理发起机制导致传播者言语失度？导致其对节目驾驭的失度？媚俗的传播心理是其中的重要原因。以东北地区的一家交通广播为例，在10多年前全国交通广播刚刚兴起之时，它做得风生水起，充满生机和活力，这当然与其市场定位准确、锁定目标精确、服务意识强有关。从收听的市场占有率来看，该媒体在当地广播媒体中也是独占鳌头。然而近年，问题就出现了：传播者的心理失去了控制。为了收听率，就要抓住听众的耳朵。怎么抓呢？别人不敢说的，我敢说。笔者曾对东北地区个别交通广播娱乐节目的传播者进行过调研。有些人认为，出租车司机的文化程度不高，得让他们听明白，得让他们愿意听，因此，传播者就把自己的言语放得越来越低，以至低俗、媚俗。传播者想和听众拉近距离是没有问题的，但为了追求所谓的"笑果"，不惜自贬、自损或贬他、损他，就失去了尺度。笔者认为，言语上的不负责任其实是不尊重听众的一种表现，不尊重也可以解读为传播过程中的伤害。这种媚俗的心理更可以解读为是对听众传播视角的俯视。这种媚俗的心理发起机制，导致的结果就是现在的这家交通广播已不是当地出租车司机的首选电台了。②

3. 解决言语失度的路径

（1）端正传播的心理。我国传媒业具有经济和政治两种属性：一方面它必须产生经济效益，维持其正常有效的运转；另一方面它必须是党、政府、人民的喉舌。广播的传播

---

① 曲海红：《广播娱乐节目语言失度成因及解决办法》，载《中国广播电视学刊》2011年第11期。

② 曲海红：《广播娱乐节目语言失度成因及解决办法》，载《中国广播电视学刊》2011年第11期。

者绝不能为了追求市场份额的最大化，而忽略自己的喉舌意识和正确的导向作用。只有这样才能调整传播者的传播心理和言语方向，传播效果才能"环保、绿色"。"反三俗"不应只是一句口号，落实到传播中的应是雅俗共赏、通俗易懂并能产生审美愉悦感。传播者首先应端正其传播心理。

（2）提升传播的格调。当聚焦于东北地区的广播娱乐节目时，我们会发现，个别广播节目所存在的问题与地域因素所导致的经济文化传播不畅达相关，更与其地域文化自身的熏染有着千丝万缕的联系。众所周知，东北地区是二人转的发源地，二人转不仅活跃了区域的文化生活，更成为一种通俗文化。它取自民间淳朴的生活，在一定程度上也还原了这一地区人民的精神面貌，它的诙谐在一定程度上再现了这一地区人民对生活的热爱。个别问题节目传播者的初衷是想在文化上继承本土文化的精华，但没做到扬弃糟粕，这实质上是对本土文化的丑化。有些主持人对本土文化挖掘不够，呈现二人转演员化的特点。

（3）加强监管。作为广播节目的传播者，不能为了追求收听率而不顾社会效益。这里需指出的问题是：监管部门过于关注收听率而忽视对节目内容的管理，这种把关控制的缺失，也导致个别广播节目传播者言语失度问题的产生。针对这种情况，应该看节目质量是否具有思想性以及文化导向的先进性和艺术性，推出行之有效的评价机制，这就需要传播媒体具有把关意识。这种把关意识体现在对节目的策划、制播等多个关口，只有这样才能把低俗化遏制于萌芽之中，自然也就不会出现传播者在话筒前的失度。①

四、增强广播娱乐节目制作过程中的信息意识

文艺广播娱乐节目要注重娱乐与信息的结合。

娱乐与信息的充分结合，是节目内容充实、丰满、娱乐因素具有现实基础的保证。节目欲达到娱乐大众的目的，离不开对大众所处的现实生活作"娱乐化"的艺术处理与表现，夸张也好，变形也罢，这类表现手段依托的都是来源于现实的信息。北京人民广播电台文艺广播的娱乐节目《娱乐72变》在处理娱乐与信息的结合方面做出了有效的尝试。节目的原始样态是男女主持人以"脱口秀"的方式演绎网络上摘选的所谓"爆笑网文"，但节目运行一段时间后，听众评价不甚理想，认为"搞笑有余，幽默不足"，创作者也有节目流于形式、没有建立起节目自身风格的困惑。于是，创作者把眼光从虚幻的网络世界转回到现实生活，决定从百姓身边寻找节目素材。在实践中，节目创作者意识到，生活中有太多丰富的信息与资源可供娱乐节目调用，可以是有时效性的热点新闻事件，也可以是无时效性的风土人情、世故传说。生活中的趣闻乐事自然可以言说，生活中的尴尬与无奈亦可以入戏。向现实要素材的眼界一开，创作思路便变得宽广起来。而其中要义，便是将实实在在的信息注入到娱乐节目中，在节目中展现生活的烟火味与生动的生活体验，一切夸张、变形、衍生、演绎手段都由此生发出来。如果将节目呈现出的幽默效果比喻成果实的话，那么其中的信息因素便是果实所依附的藤蔓。②

在如何"娱乐化"运用、加工信息的创作步骤上，节目创作者也做出了有益的探索。

①　曲海红：《广播娱乐节目语言失度成因及解决办法》，载《中国广播电视学刊》2011年第11期。

②　杨红光：《谈文艺广播娱乐节目中的信息意识》，载《中国广播》2010年第1期。

首先将两人对播形式改为三人闲谈，使语言的交叉、碰撞更为频繁；并赋予节目一定的情境（本节目场景大多设定在一酒吧中，三人基本身份设定为老板小花与两个客人大磊、小柱，但根据话题可随时灵活转换），目的是营造一种真实的生活气氛。

比如在一期叫做《面子问题》的节目中，节目设定的情境是小柱要参加同学聚会，他怕丢面子，想向大磊借高档车，小花要参加活动，为要面子想买高档衣服，也想向大磊借钱，于是二人花言巧语，极尽阿谀奉承之能事，死磨硬泡企图说动大磊，大磊开始时水来土掩，头脑清醒，但最终在"不能伤朋友面子"的观念中败下阵来，落得个自讨苦吃的结局。节目的着眼点是人际交往中"面子"问题引发的尴尬与烦恼，具有鲜明的现实意义。节目把生活中具有矛盾与冲突的现象提炼出来，做戏剧化处理，又将节目中诸人物的语言、状态进行漫画式处理，以达到娱乐节目的幽默效果。如此一来，"面子"这一信息元素渗透在整个节目当中，并由此引发出众多的笑料与包袱，成为节目整个构架里的根基。该期节目也因其题材现实感强、表演活泼生动而获得了2009年度"中国广播电视协会文艺委员会广播娱乐节目"一等奖。

广播娱乐节目作为一种大众文化消费产品，其满足乃至迎合消费者（听众）需求的商品属性是显而易见的，为了"促销"，无论是快乐搞怪还是脱口耍宝，种种张扬自我、展示个性的娱乐手段都是值得称道与鼓励的。但节目形式方面的雕琢，绝不会也不可能取代节目内容方面的建设，注重节目中的信息意识，使其言之有物是广播娱乐节目专业性的要求，也是节目审美文化品位的体现。①

第四节　广播戏曲节目的制作

广播戏曲节目，因其传播方式广泛便捷，以及广播与戏曲都具有受体主要以听觉来完成传播过程这一共同特征，历来为听众所欢迎。今天的广播戏曲，已不仅仅是戏曲本体在广播中纯客观的、被动的反映，而应是对戏曲本体渗透着广播意识，对戏曲本体进行积极的、能动的艺术再现。新时期广播戏曲的特点表现为从形式到内容都呈现出扩展与延伸的趋势，对戏曲本体进行了全方位、多视角的表现与宣传。

一、广播戏曲节目的种类

就现实中广播戏曲节目所采取的形式和反映的内容，根据不同的目的和功能，大致可分以下几类：

（1）欣赏性节目。这类节目有几种情况：一种是基本沿用广播戏曲原有的播放形式，我播你听，这种节目仍有它的听众群，大有保留的必要；第二种是选择一些名家新秀、各流派传人的精彩唱段，辅之以适当的介绍，如"名家名段"、"唱腔赏析"等；第三种是"戏曲故事"，采用讲故事的方式将某一剧目的情节内容予以交代，把剧中的精华部分穿插其中，收到了雅俗共赏的效果，很受听众欢迎。另外，诸如"赏词听戏"一类的栏目，除欣赏唱腔外，还对唱词从文学欣赏的角度予以介绍。

---

① 杨红光：《谈文艺广播娱乐节目中的信息意识》，载《中国广播》2010年第1期。

（2）娱乐性节目。这类节目属于过渡、点缀性质，一般多在板块节目中出现，"梨园趣事"、"轶闻掌故"、"传说故事"等一些栏目均属此类。

（3）知识性节目。这类节目的面比较广，诸如谈戏曲的渊源与发展，戏曲各方面的一些知识；剧种的介绍；流派的产生与发展；请嘉宾教唱拿手唱段等。这类栏目如"戏林漫步"、"戏海钩沉"、"戏曲小百科"、"知识库"、"空中戏校"等，都有较强的知识性、参与性。此类节目形式更加丰富多样，像"今日嘉宾"，可以请专家名流，或到演播室参与直播，或预先采访，制作成访谈节目，题材不限，谈创作心得或舞台生涯、粉墨春秋等。还有群众参与的节目，如"戏迷园地"、"戏迷乐"、"空中票房"等，主要是反映群众业余戏曲活动。另有一种具有探讨内容的节目，如"我与戏曲"、"我看戏曲"等，谈"我"的戏曲情结，戏曲在"我"的生活中的位置；说戏曲的兴衰，谈一剧之得失；讲对戏曲改革发展的看法、意见，等等。

（4）服务性节目。这类节目如"戏曲卡拉 OK"，前面播放演员的导唱，随后播放伴奏音乐，为喜欢演唱的听众提供方便；还有信息方面的内容，如介绍戏曲演出团体动态、演员行踪、演出市场信息等。

以上对节目的分类，是从它的侧重点不同来分析的，其中也存在着不同的功能相互交融的现象。在具体播出的操作上，对不同类型的节目，必须按一定比例安排，有所侧重。根据我们对听众受体的分析，广播戏曲的主流是欣赏性、娱乐性、知识性节目，其他类型的节目，只能是对广播戏曲的补充和完善。总结新时期广播戏曲的特点，概括来讲，就是以娱乐性、欣赏性、趣味性、参与性来贯穿知识性、交流性、探讨性、新闻性，增强节目的可听性，丰富广播戏曲的内容和表现力，顺应现实中听众受体的总体特征及其审美意识、审美心理。①

二、广播戏曲精品节目的题材选择

1. 戏曲精品节目要注重地域性，凸显地方文化特色

南戏是南方地方戏的体系，元杂剧是北方地方戏的体系，南北方以淮河为界，方言的差异和地方音乐的不同是二者的主要区别。中国古代音乐讲求依字行腔、字正腔圆，由于方言的不同产生了较大的地域性。因此，注重题材的地域性，深度挖掘本土戏曲文化，才可做出独具特色的作品。广东电台南方生活广播制作的戏曲专题《一曲薛腔忆当年》，节目介绍的对象是粤剧一代宗师薛觉先，在语言运用上也是粤味浓厚。薛觉先是位地方艺人，他演的是粤剧，因此节目语言充分体现出地方戏的特点。如：把"大师"说成是"大老倌"等。通过在语言上的细化，不仅符合戏迷的收听习惯，而且充满着岭南特色。该节目获得 2008 年度中国广播电视文艺专家奖一等奖、广东省广播电视文艺奖二等奖。

2. 戏曲精品节目的题材选取对象必须内涵丰富

广播节目既要导向正确又要注重真善美的传播。因此，戏曲精品节目要介绍的戏必须是一出艺术性强、有深刻内涵、发人深省或让人久久回味的作品。戏曲精品节目要介绍的人物必须是典型人物，他们的经历、他们的事迹能深深地影响着人们的审美取向，他们的

---

① 许丰采：《谈广播戏曲的特点》，载《中国广播电视学刊》1999 年第 8 期。

精神品格和思想内涵能潜移默化地融入到传统文化的血液中，成为民族和国家最值得珍视的精神财富。《一曲薛腔忆当年》以薛觉先这个在粤剧界有丰富传奇色彩的代表人物作为叙述对象。薛觉先是粤剧一代宗师，有"粤剧伶王"、"万能老倌"、"万能泰斗"的美誉。他能编善演，戏路宽广，兼工丑生、小武、旦、净、末诸行。他锐意"融南北戏成一家，合中西乐为一体"，创立"薛派"表演艺术，为粤剧四大流派之首，其成就至今无人能出其右。薛觉先大师一生为了粤剧艺术的发展在舞台上奋斗直至生命的最后一刻，主创人员希望能重现那悲壮的、令人肃然起敬的最后一幕，让今天的听众感受震撼，铭记大师精神。"万能泰斗"薛觉先先生在粤剧梨园行里的口碑极好，在 20 世纪蜚声国际，但有关他的生平事迹和粤剧作品却缺乏系统的文字资料和音像资料。为缅怀薛觉先这位为振兴粤剧奋斗终身、在粤剧艺术事业和电影艺术事业等方面都作出卓越贡献的粤剧大师，节目制作团队用了大半年的时间广泛征集资料，遍访梨园名家，并在广播中呼吁征集，先后搜寻到一批散落民间的薛觉先唱段，并从薛派传人及香港广播电台资料库找到了薛觉先原唱的《胡不归》、《爱情魔力》等珍贵音像资料，也找到了有关薛觉先逝世时社会各界送给他的挽联，让听众在了解薛觉先鲜为人知的故事的同时，更大饱了耳福。

3. 戏曲精品节目可选取新闻性和贴近性较强的题材

广播作为党的喉舌，文艺节目同样具有新闻性特质。戏曲尽管是古老的艺术，但每年各剧团的新作使其焕发生机。围绕新闻性和贴近性，应该选取那些能反映时代精神和民族精神，并有较高艺术价值的作品。如 2002 年，广州举行"新世纪羊城八景"的评选，白云山又一次入选，被命名为"云山叠翠"。粤剧编剧家陈锦荣创作了粤曲新作《云山叠翠》并引起了反响，当地群众和海外票友纷纷学唱。广东电台的戏曲编辑抓住这一新闻题材，从白云山再次入选"羊城新八景"的新闻背景入手，分析粤曲《云山叠翠》的艺术特色，并穿插编剧家陈锦荣的采访介绍，既反映了粤曲新作唱出的白云山旧貌换新颜的巨大变化和广州的时代新风采，也揭示了曲艺作品贴近时代、与时俱进、符合现代审美观的创作新路。这个既有新闻时效性，又具有艺术欣赏价值的专题节目《奇伟云山颂新篇》荣获当年广东省广播电视文艺奖二等奖，并收录于中国广播电视出版社出版的《中国广播文艺精品集》一书中。此外，广州红豆粤剧团倾力打造的现代红色粤剧《刑场上的婚礼》，在第九届中国艺术节上获得文化部奖励专业舞台表演艺术的最高政府奖——文华大奖特别奖。广东电台、广州电台这两个省市电台都在第一时间抓住这个当地的新闻热点，分别以戏曲故事和戏曲专题的形式制作节目。前者以诗化的语言去讲述故事的内涵，获得第十届中国广播电视文艺专家奖一等奖；后者以该剧为例，探寻传统粤剧编创手法的改革创新，荣获 2010 年度广东省广播电视节目奖一等奖。这些节目，都是因为抓住了新闻性和贴近性较强的题材而获得了成功。①

三、广播戏曲节目主持人的特殊素养

1. 广播戏曲节目主持人应集编播于一身

不同的广播节目有不同的要求。戏曲节目具有专业性，应编播合一。实践证明，编

---

① 廖伟斌：《探寻广播戏曲精品节目的创作之路》，载《南国红豆》2012 年第 2 期。

播合一能充分发挥主持人的主观能动性，有利于增强主持人对节目的责任感，提高节目质量。主持人既能对栏目的策划和内容的安排运筹帷幄，提高驾驭节目的能力和水平，又能根据实际情况，及时调整或引导，调动各方面的积极因素，游刃有余地主持节目。

编播合一要求主持人不仅具备良好的语言表达能力、专业知识水平和采访编辑能力，也要具备相当的策划能力和应对能力，能够按照策划意图，考虑多种方案，通过多种渠道收集节目资料，合理安排节目的各个环节，做好充分准备，保证节目质量。

2. 广播戏曲节目主持人应是票友、戏迷或戏曲评论家

中华戏曲源远流长，博大精深，剧种众多，精彩纷呈。戏曲节目主持人对于各类戏曲知识要尽可能多地了解和掌握，并不断拓展和深入，逐步使自己成为戏曲的行家里手、专家型的主持人。比如，在对名家的访谈节目中，主持人要对被访名家的生平、流派、业内地位、表演风格、代表剧目、代表性唱段，以至趣闻轶事等都了如指掌。这样交流起来才能得心应手、配合默契，从而挖掘出有深度、有亮点的东西奉献给广大听众。在与戏迷听众的交流中，对戏迷演唱的唱段、流派唱腔等知识了解得越多，就越能对戏迷的演唱水平作出准确到位的判断和点评。这又会促进主持人不断提高自己的欣赏水平。有些节目内容可以预先准备，但总会有不能预料的情况出现，这就要求主持人注重平时的积累，具备深厚的底蕴，成为百科全书式的戏曲评论家，这应是戏曲节目主持人的不懈追求。

3. 广播戏曲节目主持人应是善于交际的社会活动家

广播戏曲节目一头联系的是各戏曲院团的名家名角，一头联系的是广大的戏迷朋友。主持人起着桥梁和纽带的作用，在专业与业余、演员与戏迷、提高与普及之间沟通联系，推动戏曲事业的繁荣和发展，促进戏迷活动的普及和提高。广播戏曲节目主持人要广泛交际，做演员的朋友和知音；要广交朋友，向广大戏迷听众宣传推荐，密切演员与戏迷的沟通交流，增强听众对演员的认识和了解；还应加强与热心戏曲事业和戏迷活动的社会各界人士的联系，争取他们的支持。

4. 广播戏曲节目主持人应拥有广泛充分的人脉资源

广播戏曲节目主持人应建立戏迷票友组织网络，拥有广泛充分的人脉资源。2001年9月1日，常州电台《戏迷乐》节目更名为《何林戏迷俱乐部》，"何林戏迷俱乐部"也在当天成立。俱乐部具备以下服务功能：发展俱乐部会员；为会员搭建平台、展示才华；提高会员演唱水平，聘请专业人士为会员授课；邀请各戏曲名家与会员见面并联谊；不定期举办戏曲大家唱比赛；组成业余戏曲艺术团送戏下乡、慰问孤残，等等。"戏迷俱乐部"受到了听众、戏迷的追捧，短短两个月，俱乐部会员人数达到三百多人。听众在收听戏曲广播节目的同时也在参与节目，主持人因此成为戏迷的知心朋友。在此基础上，常州电台于2006年3月28日利用交通台的中波频率成立了全省第一家戏曲专业频率。戏曲频率的成功开播，丰富了听众的业余文化生活，频率利用《何林戏迷俱乐部》的人脉资源，成功地举办了一系列大型戏迷联欢会，频率知名度和影响力进一步提升。①

---

① 何林：《广播戏曲主持人应是多面手》，载《视听界》2008年第2期。

第五节　广播音乐节目的制作

一、广播音乐节目的种类和特点

目前，国内音乐电台及综合台的音乐类节目基本上可以划分为欣赏类音乐节目、杂志类音乐节目、娱乐类音乐节目、情感类音乐节目等几个类型。

1. 欣赏类音乐节目

欣赏类音乐节目是音乐类节目中最纯粹的一种形式，它基本以音乐为内容，语言完全以引导欣赏为目的。欣赏类音乐节目一般参与性不强，来自主持人的观点和信息是节目的主导。但是了解听众的喜好与想法对于主持人的选材和节目把握又是至关重要的。于是大多数的节目设有与听众交流的环节或栏目，如排行榜、视听活动、爱乐随笔等。此类节目会因缺乏交流而显得苍白而程式化，缺乏听众的反馈也会使得节目似空中楼阁。

2. 杂志类音乐节目

杂志类音乐节目的特点是以音乐为载体，配合多元化的节目内容。杂志类音乐节目并不是典型的音乐类节目，出现在音乐台则成了以音乐为特色的杂志类节目。这类节目很难选择书信或热线的方式沟通听众。因为节目内容繁杂，每天栏目各不相同，间隔性收听广播的听众就不大容易投入其中。节目能否引起收听兴趣，培养听众的收听习惯，就要看主持人的沟通能力了。首先，语言要有亲和力，说"天气冷了，你一定希望能拥有一条漂亮又保暖的围巾，我也和你一样"，就比说"今天的节目先来介绍围巾的流行走势"强。其次，要从听众的角度思考他们想听哪些内容、哪些方面，不妨借助其他平面媒体做一个有奖收听意向的调查。看一看你关注的内容是否是他们关心的。

3. 娱乐类音乐节目

娱乐类音乐节目是每个音乐台必设的节目类型，因为音乐本身就是娱乐性的。大多数娱乐节目是开放式的，以听众参与为主要形式，如点歌类、游戏类等。娱乐类音乐节目首先要明确自己的受众类型。娱乐类音乐节目的主持人必须具备把握节目方向、掌控节目气氛的能力。

4. 情感类音乐节目

情感类音乐节目也是最需要沟通的。这类节目大多是在晚间播出，晚间听节目的人大多是专注的、面对面的。这也给主持人与听众的交流提供了方便。工作和生活习惯使得晚间听众乐于习惯性地收听某一个台，他们大多是倾诉性的，或倾听性的。好的节目主持人应该善于引导并且是善解人意的。每一个文字或语言的素材都能够被修正得更大众化，从而发掘其中的亮点。情感类音乐节目接触的情感话题自然比较多，剪裁就显得很重要。电话倾诉者往往会忘记时间，令更多倾听者感到无趣，及时挑选一首与情境相似的歌送出是个好办法，许多歌曲在晚间听会显得格外动人。主持人素材选得好会令更多的人有参与的愿望而形成良性循环。[①]

[①]　王维彤、刘颖、高洪篪：《广播音乐节目类型与互动浅析》，载《新闻传播》2008 年第 6 期。

二、各种节目元素在广播音乐节目创作中的应用

节目元素是构成广播节目形态的基本单位。不同节目元素的排列组合构成不同的广播音乐节目形态，同时也丰富了音乐节目本身。

1. 新闻元素

近年来，许多新闻性和文学艺术性相结合的传播形式不断涌现。新闻性在广播音乐节目中的融合也受到广泛关注。在2000—2001年的中国广播文艺奖（中国政府奖）中获得一等奖的音乐专题节目，有好几组就是以新闻元素为题材创作的音乐专题节目。广播文艺节目以自己的独特方式发挥着导向作用，让人们在娱乐中潜移默化地接受着正确的人生观、道德观和价值观，所以文艺节目也要有新闻敏感性。如果善于发现、寻找和利用新闻事件中多种不同的信息点，并通过广播文艺节目这种表现力极强的艺术形式，调动各种文艺手段和声音形象来进行创作，节目的成功就有了一个良好的开端。2004年获得中国广播文艺一等奖的交响音画《巡天遥看一千河》，就是用音乐描绘人类探索太空画卷的广播音乐专题节目，并很好地结合了新闻元素。2003年10月15日17点电视报道了"太空英雄杨利伟驾驶着中国人制造的神舟五号飞船成功飞入太空"的消息，节目创作者凭借新闻敏感性，以这个重大新闻事件为由头和题材，创作了这组音乐专题节目，节目主题搭乘重大新闻影响力的班车，结合音乐这种表现形式，成就了一期成功的节目。

事件的新闻性和广播音乐的结合，可以让人们通过音乐对事件之外的东西进行联想、扩充和延伸，强化节目主题思想的感染力，同时也让新闻事件得到新的升华，并更容易被人所理解。正是对新闻元素具体而深入的挖掘融合，使节目获得了成功，也让听众在新闻的时效性、艺术的永恒性、音乐的充分表现力中体味到广播文艺节目的魅力，使广播音乐专题节目的创作找到了一个新的起点，那就是文艺元素和其他节目元素的融合。

2. 故事元素

如今在广播中，故事频道纷纷崛起。充满悬念、情感冲突和生活细节的故事类节目和故事化表达方式，适合受众的审美心理，反映了受众的一种情感诉求，受到听众的欢迎。事实上，故事元素在广播音乐中大有用武之地，通过故事元素与音乐的巧妙结合，有时可以产生意想不到的艺术效果。2006年淄博人民广播电台编辑翟莉创作的广播音乐专题《孟姜故里唱孟姜》，就是把孟姜女哭长城的故事被列为首批国家级非物质文化遗产保护名录，并被宣布起源于淄博这一新闻事件作为节目背景，到起源地搜集流传于民间的关于孟姜女的歌曲和故事，丰富节目的人文内涵。节目就是在讲故事中开始的，还分别在其他几处加入了民间故事，再结合音乐的巧妙表现，使流传了千百年的动人故事插上了音乐的翅膀，变得有韵律感，传说因歌声而美丽，歌声凭传说而飞扬。此组节目获山东省政府奖一等奖。

3. 文学元素

文学节目和音乐节目是两种不同的节目类型，在以往的广播文艺节目中，文学与音乐在任何一种节目中都不存在交汇融合现象。当然，文学节目始终离不开音乐，但音乐在节目中只是起到转换时空、切换场景或者烘托情感、渲染气氛的作用，自身不具有独立性；音乐节目在解读和评说音乐家或音乐作品时也常常采用抒情化的笔调，使音乐节目洋溢着

文学色彩，但是节目的本质精神属于音乐而不是文学。随着大众需求不断发展，新的节目形态在不断涌现，各种节目元素也在不断互相融合。2005年淄博人民广播电台编辑翟莉做了一组音乐节目《早春中的黄磊》，就融合了文学的元素。黄磊有一张文学音乐大碟《等等等等》，专辑中的每一首歌都能牵出一部经典文学作品、一个感人故事——徐志摩的《再别康桥》、朱自清的《背影》、刘畅园的《云烟》、鹿桥的《未央歌》、沈从文的《边城》……如果是看过这些的听众，会因同样的回忆而触动；而没看过的，便会被触动想阅读一番。在节目里，经典文字的诵读欣赏，以及专门为每一部文学作品创作的歌曲聆听，相得益彰，互为融合，共同构筑了美妙的听觉空间。此组节目也获山东省政府奖一等奖。

4. 旅游元素

元素作为一个变量，在节目中可以相互交叉，互为文本，而元素的置换已经成为创制新形态节目的一个途径。现在，旅游元素就出现在广播音乐节目中。被评为第十届广播文艺专家奖一等奖的中央台专题音乐节目《泸沽湖畔女儿歌》，介绍的是摩梭人自编自创、传统悠久的民歌。节目开始时，相继而出的水流声、鹰叫声、鸟鸣声，混合悠扬的歌声，一下子就把人带入一种心旷神怡的美妙意境中，然后混播出诗一般的解说："她们，是格木女神的孩子，她们，在母亲湖畔长大；她们，唱着祖辈教的歌，编织生活，她们是摩梭女儿国，快乐的精灵。"接着，在水流声和鸟鸣声中，一位导游姑娘卓玛喊道："大家过来吧！咱们要走了……"随着车辆行驶声，解说接着响起："在无尽的期待中，我们踏上旅途。这将是一次不平凡的旅行，我们要去云南探访我国唯一延续至今的母系氏族——摩梭女儿国。"

在这组节目中，播音员的解说作为旁白出现，贯穿节目的真实人物是作为导游的卓玛，她是在新时期长大的摩梭姑娘，通过她的视角和现身说法，带领听众在泸沽湖畔经历了一次美妙的文化之旅。节目融入了旅游的元素，具有旅游型音乐节目的特色。

各种节目元素的渗透和交融促进了广播音乐节目的发展和演变，在看似不相干的两个范畴之间可以有很多过渡点，从中提供无穷的创意源泉。走差异化的新途径实际上已成为当今广播节目形态创新的一个重要策略。①

三、广播音乐节目中文字与乐曲的编排技巧

1. 音乐语言和文字语言的相得益彰

与各色各类的广播节目相比，广播音乐节目有它鲜明的特点：它是由音乐语言和文字语言组合而成的。音乐语言占主要地位，可以说是"红花"；文字语言起烘托陪衬的作用，应该是"绿叶"。音乐是一种语言，掌握它的人需要对该语言有一定的驾驭能力。它不同于小学生晨读般的"小和尚念经"，那是平淡无奇、索然无味的。它是诗歌和散文，需要用饱满的感情娓娓道来。其中暗藏着创作者的诸多情感，如果没有弄清它的创作氛围，那么，悲伤的曲调可能会被演绎成欢快的，舒缓的曲调可能会被演绎成激昂的，失去了本味，结果当然是大相径庭。把音乐正确、生动、完美地介绍给受众是广播音乐节目主

---

① 翟莉：《广播音乐节目中新元素的融合》，载《青年记者》2011年第9期。

持人责无旁贷的使命。这就要求广播音乐节目主持人在文字语言的表达上，有新的突破，有质的飞跃。主持人在歌曲中间的串联词证明了文字语言的魅力和主持人的串联功力。那么，如何让音乐与文字相辅相成、有机结合，从而带给广大受众愉悦感呢？这就要求主持人在文字语言表达上要注意语言环境，做到有声语言与音乐作品之间的和谐统一。在节目准备期间，主持人应该在内容上下工夫，这不仅包括音乐作品的挑选，还包括文字语言的串联。或营造怀旧文化，或寻找心灵互动，主持人自始至终都要遵循已经设计好的思路展开，使思路成为语言的先导，从而把话说得更精练、典雅和深刻。其次，主持人的语言要个性化。在日常生活中，每个人说话都是有个性的，是谁在说话，一听就会听出来，几乎不会发生混淆。语言的个性化应是个性化思维的具体表现。所以，主持人必须学会用自己的思维去观察和思考，然后，才会有能够描述和评议这种观察的个性化语言。广播音乐节目主持人的文字语言，不是可有可无的装饰品，而是一门亟待加强的基础课程。

2. 精心编排第一首歌

音乐与其他艺术门类比较，有一个不太为人注意的独特品质：音乐既是时间艺术，又是听觉艺术，音乐通过耳朵进入我们的心扉。音乐节目经过音乐编辑、主持人的精心编排，成为声情并茂的有声作品，丝丝入扣地传达给广大听众，最终完成欣赏作品的三度"创作"。办广播音乐节目要让人听，要使听众爱听，音乐编得好听十分必要。而节目的开头就是"重中之重"。节目一亮相，最好先创造一种使人爱听的温馨氛围，把人们吸引住。同样，音乐节目的第一首歌的编排显得十分重要，选择的标准其实就是"动听度"。

3. 考虑节奏的运用

所有的艺术都讲究整体美与细节美。音乐编排也应充分考虑每一首歌曲的具体编排与串联语和谐的原则。例如，在早晨做音乐节目，和在一天的其他时间做音乐节目是有很大区别的。像节奏明快的、民谣风格的、清新抒情感觉的音乐都可以，偶尔还可以穿插像赵传轻摇滚风格的《我是一只小小鸟》之类的音乐作品，但那种非常强烈的重金属摇滚风格的音乐，还是少播放为好。在歌曲的安排上也要讲究节奏的转换。一阵明快的旋律过后，再来一首抒情风格的歌曲，类似这样的节奏转换，使人听后不会产生听觉疲劳。这一点也是至关重要的。

4. 歌曲与歌曲之间的关联性

节目编排中，应充分考虑歌曲与歌曲之间的关联性、情绪与情绪的相关性。根据一些特别的日子编排专题性的歌曲，比如，特别的节日如母亲节、父亲节、劳动节、儿童节、妇女节等，都会特别地编辑一些专题节目。如 2010 年 4 月，沈阳广播电台编辑周妍彬制作了一组有关春季的音乐节目《谁在春天里歌唱》，其中包括南方二重唱的《拜访春天》、邝美云的《我和春天有个约会》、刘文正的《春天的故事》、任贤齐的《春天花会开》等歌曲。这样的歌曲选择，除了有关联性之外，还照顾到了大部分的听众群体。

5. 音乐与新闻的良好契合

在节目的编辑主持过程中，有选择地安排一些和最近发生的新闻事件、新闻人物相关的音乐作品，既拓展了聆听空间，又能更好地诠释和欣赏音乐佳作，何乐而不为呢？例如沈阳文艺广播在报道席琳·狄翁到上海开演唱会时，在节目中播放了相应的新闻信息之后，再编排一首她演唱的《我心依旧》，不但和节目内容紧密相关，而且像这样的音乐和新闻的有机契合，有时抒情，有时激越，常常使人产生余音缭绕、其味无穷的感觉。①

四、新媒体环境下广播音乐节目的创新策略

在当前背景下，技术的"新媒体化"是大势所趋，广播音乐节目如何在激烈的竞争中发展市场呢？

1. 音乐节目观点化②

新媒体的崛起引发信息的爆炸，受众可以通过多种途径接收信息。尤其是通过网络，受众可以下载各式音乐，还可以不受时空限制，欣赏全国各个电台的音乐节目。而日臻成熟的手机音乐业务允许用户通过移动通信、网络下载建立个人手机音乐播放数据库，让用户轻松拥有个人"电台"。此时，逐渐成熟的受众不再单纯满足于传播性的音乐信息，传统的歌曲罗列以及歌曲背景的简单介绍已难以满足受众的审美需求。因此，音乐节目的观点化就应成为广播音乐节目对音乐信息爆炸冲击的有力回击。广播音乐节目不能仅是单纯地传递各类音乐，而是要将广播音乐节目主持人自身的感悟和观点传递给听众。这就要求主持人对于音乐信息有独特的感悟能力和生动的解读能力，能给予受众独特的印象，引发受众共鸣。北京音乐台以"请听来自 FM97.4 的声音，同样的音符在这里你会得到不一样的感受"为宣传口号，传递节目主持人对音乐特殊的感悟和诠释，使它在众多的电台节目中脱颖而出。当然，音乐节目的观点化并非是要主持人对音乐的解读有多个性和生僻，个性而不偏离主题、张扬而不离经叛道、独特而贴近大众才是对音乐节目观点化的最佳诠释。因此，音乐节目主持人表达观点时，必须把握住一个"度"，既有自己的独特感悟，又能贴近受众的生活，只有这样，才能获得受众青睐。

2. 音乐节目深度整合

在信息爆炸时代，人们面临的窘境是"信息太多、时间太少"，每时每刻，都会有成千上万种杂乱无序的信息席卷而来，让受众不知所措。这就给广播音乐节目的发展提供了启示：广播音乐节目可以通过对音乐信息的深度整合占据市场地位。广播音乐节目可以通过对庞大的音乐信息进行总结、归类和梳理，实现音乐信息的有序化、系统化。同时，经过深度整合，音乐节目的音乐信息质量相对较高，受众获取音乐信息更加便捷容易，最终可以增加音乐节目受众，扩大音乐节目的广度和深度。我们通常接触到的音乐特辑或音乐排行榜等方式就是信息资源深度整合的典型方式。

3. 音乐共享营造整体感受

新媒体时代，各类信息铺天盖地，让人难以招架，在这种背景下，受众不可能阅读所有出现的信息，只能对信息进行选择、过滤，符合个人认知的信息往往被选择性阅读、记忆，而与个人认知相悖的信息则被选择性放弃、遗忘。因此，受众对象不同，接触和选择的信息不同，信息解读内容也不尽相同。此时，为不同个体量身定做信息的群体涌现，对于同一事件，他们创造出迎合不同个体的信息，使人人可以选择符合个性的观点。媒体必须承担起塑造共同认知和经验的重任。尽管音乐在更多意义上是个人欣赏性的，但是，作

---

① 周妍彬：《广播音乐节目文字与乐曲的编排》，载《记者摇篮》2011 年第 2 期。
② 冯薇：《新媒体时代广播音乐节目的内容转型》，载《新闻传播》2011 年第 4 期。

为广播媒体的重要节目形式，音乐节目理应尽力促使共同经验的传播与形成，这就主要依靠于音乐的共享。首先，加强与受众间的"互动"，让观众可以通过不同的方式参与节目。其次，营造"大家庭"的感觉。"大家庭"主要是指听众、主持人、节目制作人员之间的一种相互交流、联系的平台，参与者随时沟通彼此的认知，认识朋友并且建立关系。这对于强化节目与听众的关系、营造归属感大有裨益。再次，大众化表述获取广泛认同。对于音乐节目而言，要得到广大受众的认同，就必然要凭借大众化的传播方式。无论是什么种类、风格的音乐，节目主持人应提供通俗的表述方式。①

第六节　广播剧的制作

广播剧是适应广播发展和宣传的需要而产生的一门独特的听觉艺术，是广播领域重要的节目形式。1924 年，英国广播公司录制播出的《危险》成为世界上第一部广播剧。10年之后，《恐怖的回忆》标志着我国第一部广播剧的诞生。在现代广播节目中，广播剧是一种特殊的节目形式，它通过各种音响效果、语言、音乐和谐有效的结合来表现剧情、刻画人物。广播剧作为一种纯粹诉诸于听觉的艺术形式，它存在的基础完全不同于戏剧和电影，但从本质上来看，它又是戏剧的延伸。广播剧的基本特征：广播剧是精神产品，属上层建筑范畴，这是它的社会属性；广播剧是戏剧艺术，具有戏剧冲突，这是它的本质特征；广播剧是以广播为载体的"声音艺术"，这是它的形式特征；广播剧是"想象艺术"，这是它的审美特征。②

一、广播剧在我国的发展前景

1. 常态化

我国广播剧的制播起始于 20 世纪 30 年代，兴盛于 50 年代，到了六七十年代便处于几近停滞的状态。1996 年，中宣部将广播剧列入"五个一工程"评奖范围，给广播剧的制播注入了强心剂，使拥有大批听众但又趋于衰落的广播剧重新获得了生命，各级政府纷纷出资支持电台录制广播剧参与评奖，广播剧呈现出暂时的繁荣。但因为大多数电台没有安排专门的播出时间，没有专业的编创人员，所生产制作的广播剧在捧回一个大奖之后，便进入带库，从此"藏在深闺无人知"。因此，广播剧必须走出为评奖而生产这一误区，要开设专门的播出时段，要有常态的固定栏目和持续的播出时间。实践证明，广播的周播节目市场占有率越来越小，广播剧栏目必须做成日播节目才会拥有受众，才会有影响力。同时，还要注重培养广播剧专业编创人员，从剧本创作、演员演播到后期制作、宣传等都要有专业的队伍。走常态化之路，还要讲求成本。既要有高投入、大制作的主旋律精品，更要有低投入、小制作的娱乐性强的通俗类广播剧。

2. 多样化

传统广播剧内容多以凝重的说教为主，形式手段相对单一，这也是广播剧难以为受众

---

① 冯薇：《新媒体时代广播音乐节目的内容转型》，载《新闻传播》2011 年第 4 期。
② 王诗畅：《试论广播剧创作题材的筛选问题》，载《中国广播》2009 年第 10 期。

广泛接受的原因之一。因此，要打破传统广播剧模式，在内容、形式和手段上体现多样化。首先是内容的多样化，广播电视节目强调以内容为王，广播剧在内容上要更多关注丰富多彩的社会现象、社会生活、民生百态，植根于百姓生活的沃土，既要有展示时代主旋律的大部头，又要有反映市井生活的小敲打；既要有阳春白雪，又要有下里巴人。其次是表现手法的多样化，广播剧作为一门艺术，应当吸收融合新的文化元素，把电影、电视、戏曲、小品、评书等好的艺术表现形式、表现手法，吸纳到广播剧的创作、演播以及剧情处理当中。为适应信息化时代受众的收听习惯和广播的特点，还可以打破 20~30 分钟一集的传统模式，将每集的长度设置为 5~10 分钟。再次是形态的多样化。当前广播剧市场已呈现出更加多元化的态势，全国许多电台在这方面都做了大量有益的探索和实践，除传统型的广播剧外，情景剧、系列剧、音乐剧、戏曲剧、侦探剧等契合听众需要、搭载创新元素的新形态、新样式的广播剧不断涌现。

3. 市场化

回顾我国广播剧的发展轨迹不难看出，只有遵循广播剧的艺术规律和市场运行规律，走市场化之路，广播剧才能走上可持续繁荣之路。

(1) 观念要市场化。必须树立"听众第一"的传播理念。在计划经济体制下，广播的传播理念突出体现在宣传、教育、鼓动和引导听众的功能上；在市场经济条件下，谁拥有的受众越多，谁的生存空间就越大。因此，要从受众的收听习惯入手，什么样的内容有收听率、听众愿意听，就做什么样的内容；什么样的节目形式受到听众的欢迎，就用什么样的节目形式。目前的广播剧从内容到形式都不能再固守对广播剧传统狭隘的理解，而是要勇于创新、大胆突破。近年来，多种形态、不同样式、非传统型的广播剧不断涌现，受到听众的极大推崇，无论收听率还是经济回报，都创下了不凡的业绩。

(2) 要为广播剧播出宣传造势。过去是"酒香不怕巷子深"，如今是"酒香还得勤吆喝"。要借鉴影视剧的经验，拿出频率黄金时间段为广播剧做宣传。

(3) 积极探索市场化路子。国家广电总局领导曾指出："广播剧发展的当务之急不是业务和理论研究，而是如何向电视剧学习，走市场化的路子。出精品固然重要，但更重要的是如何生存和可持续发展，靠输血肯定是没有出路的。"电视剧的市场化之路也是在不断探索实践中逐步确立、一步步走向成熟的。目前广播剧的市场化之路刚开始起步，既要借鉴他人的成功经验，又要探索符合自身特点的方法路径。过去只讲投入、不顾产出的模式已不能适应其健康发展的要求，仅靠上级拨款扶持和电台投入也越来越不现实，必须建立科学的广播剧市场化生产管理机制，依靠社会力量，吸纳社会资金进入广播剧的生产。在广播剧制作、播出、交易等方面进行全新的市场化探索和尝试，把广播剧从目前单纯的播出节目向卖出节目发展，从交换节目向交易节目发展，从外部输血向自身造血发展，从单纯的广播节目向产业化发展。深圳宝安台的儿童广播剧《小天使》为我们在产业化运营方面提供了经典范例，由《小天使》衍生出了卡通片、电视剧、儿童服饰、玩具等多种产品，"小天使"商标注册后，以知识产权形式得到保护和再次增值。要打造制作基地，推进广播剧规模化建设，各电台之间要加强联合，走联合制作的道路，扩大广播剧的生产规模，实现经济效益和社会效益的双赢。2004 年，中央广播电台及北京、天津、河南等 10 家电台联合出资，委托黑龙江广播艺术中心制作了百集通俗广播剧《孙武传奇》，便是开了广播剧集资市场化运作的先河。①

二、广播剧的创作技巧

1. 广播剧创作选材第一层面应把握的原则

（1）是否可能塑造鲜活、逼真、有个性特征的艺术形象，特别是主人公形象，即"人"的问题。

（2）是否可能蕴含积极的思想意义、情感内涵和现实意义，是否能代表先进文化的前进方向，即"意"的问题。

（3）是否可能构成戏剧冲突，包括外在冲突和内在心理冲突及两者的统一，是否可能创造一个比较完整的、新鲜的故事，即"戏"的问题。

（4）是否可能具备作为声音艺术的创作条件和创作空间，即"声"的问题。

（5）是否可能具有创新意义和创新空间，是否能别出心裁，如选材领域扩大、选材角度新奇、表现题材方法独特等，还是图解精神、配合宣传，或重复别人的故事。即"新"的问题。

要对以上五点做综合思考，当然创作者也可能在某一点上产生灵感，爆发"火花"，连动出其他内容。不管怎样，其核心是"人"的问题，从进入构思开始就必须十分明确：广播剧的主要表现对象是人，写人的性格，写人的情感，写人的命运，达到以情动人、以美感人，引导听众对人类生存状态、生存方式的关注和思索，对人类生活的再体验，从而激起对真善美的追求。这既是创作选材的基本原则，也是创作的根本目的。

2. 创作素材的提炼

创作素材是指根据构思的需要，经过创作者筛选和提炼，尚未进入具体作品的所有材料。创作素材与原始素材比较，应做到更集中、更丰实、更有目的性、更带有主观色彩。如果说第一层面是筛选素材、框定目标的过程，那么第二层面则是提炼素材、驾驭题材的过程，以实现由生活原型向艺术典型的转换、升华。提炼素材、驾驭题材必须十分讲究。

（1）关照时代大背景。一个剧目的时代背景，关系到作品的主题意义和剧目分量。黑龙江台制作的广播剧《咱们工人有力量》，讲述的是某发电厂女技工乔师傅在两个截然不同的时代环境里顽强挣扎的故事。乔师傅的痛苦传达的是一大批有良知的工人的痛苦，是老一代工人艺无所授的困惑与迷茫，更是我们对消费时代人们价值观异化现象的隐隐担忧和无声针砭。该剧引发听者进行深度思考，这是其魅力所在。同样，对历史题材的创作，也要站在时代高度给予审美关照。现代题材的广播剧都依托于与其生活相对应的时代背景，但背景在每个具体剧目中的地位却不尽相同。就背景与人物的关系而言，大致可分为两类：一是我们经常使用的将社会背景"前置"，将人物形象"后推"，社会大背景左右着人物命运，此称"外向型叙述方式"；二是我们探索使用的将社会大背景"后置"，将人物形象"前推"，侧重心理体验，核心是探索人生，此称"内向型叙述方式"。由此可见，对背景的认识也在不断深化。

（2）设计贯穿全剧的戏线。广播剧要有戏线。戏线就是关系主人公命运的主要戏剧

---

① 张梅莲：《广播剧发展的前景初探》，载《新闻爱好者》2011 年第 15 期。

冲突线，也就是说，"让主人公面对一个难题，用纠葛加强这一难题，让难题达到最难程度，解决这一难题"，这是戏剧情节，而其中"难题"是戏线。2009年黑龙江省文艺奖获奖作品、黑龙江台制作的广播剧《旗袍》，通过湘绣旗袍的一代名师薛师傅和女儿薛蓝两代人对待湘绣旗袍的传承与发展的理念冲突，通过两代人对艺德、操守的不同行为和态度，反映了一个普通民众对诚信的坚守、对尊严的敬畏、对荣誉的珍视和对传统文化传承的责任。从一件湘绣旗袍的遗失、神秘女顾客登门带来旗袍图样到最后新品完成与真品一起完璧归赵，湘绣旗袍始终贯穿其中，唯美自然，气韵天成。听众透过主人公薛师傅的人格魅力和神采，能深切感受到一位老工匠对旗袍至死不移的等待和终身不变的守护。

（3）选择独特新颖的角度。广播剧的中心任务是塑造人物。怎样塑造人物，需十分讲究选材，要努力做到角度新颖、独特、与众不同，切忌面面俱到、循规蹈矩。广播剧《那个春天的故事》是写邓小平的，但没有写他的雄才大略、非凡气度，没有写他的从政生涯和三次磨难，也没有写他病逝前的坦荡人生，而是写他退休后的平凡生活。这样独特的选材角度，就使邓小平这一人物从概念化、神化走向了真实化、平民化，这是一种人性的回归。这一独特角度足见作者在取材上的胆识。

（4）开掘生动感人的细节。一个剧必须有生动感人的细节，没有细节，人物往往是干瘪的，而没有鲜活的人物，戏就立不起来。经验告诉我们，有些好戏就是从一个生动感人的细节扩展开来的。那样的细节，作者在发现的瞬间，便引起了强烈的直觉性美感反应，并随之展开了多种联想升发，或向着某一趋向深入开掘，结果成了一部好的广播剧。艺术细节最适于表现人物的内心世界。①

3. 广播剧制作流程中的关键点

（1）剧本设计的针对性把握。准备广播剧的剧本时，首先要确定它所要表达的主题、情感基调和受众对象，再进一步进行整体的艺术构思，在头脑中形成一个大概的结构，以及期望获得怎样的声音效果。比如，有一些广播剧是针对儿童的，有一些广播剧是针对青少年的，还有一些是针对中年、老年的题材。在制作这些广播剧时，要充分考虑听众的收听习惯。对于儿童的广播剧，要选用比较轻快的音乐，另外可以制作一些比较活泼的、轻松的音效。而对于老年人来讲，在制作上就要考虑老年人的收听习惯和特点。老年人没有年轻人反应那么快、记忆力那么好。在播音的语速上就要适当放慢，要留出记忆的时间。老年人喜欢安静，所以在播音上要尽量亲切，在音乐上也要选择柔和的音乐。过渡音乐的渐强渐弱方面也要好好把握，不能来得太突然，使老年人的心理受到突如其来的刺激。

（2）文稿的语言演播的再创作。广播剧是通过声音来表现故事情节。一个再好的剧本，如果没有演播员到位的演播，那么无论它有多出色，都吸引不了受众的耳朵。要将人物形象完整地通过声音来体现。

（3）音乐植入的针对性把握。广播剧的音乐是以音乐的内容、结构和风格特色作为出发点，配合语言以更好地表述广播剧的思想主题，深化创意思想，营造氛围环境，抒发情感。根据广播剧的内容，考虑音乐是要威武雄壮的，还是深沉悠远的；是要喜庆祥和的，还是惊恐慌张的。总之，音乐的主题、风格、情绪要同内容吻合，不能南辕北辙。

---

① 王诗畅：《试论广播剧创作题材的筛选问题》，载《中国广播》2009年第10期。

音乐的表现除了用来衬托环境气氛，在广播剧中，音乐常常被用来当做转场的一个重要手段。将音乐运用到极致就是这样，它的任务是悄悄地把听者带进一个场景当中，当这个使命完成以后，就不告而别。往往是下一个场景的音乐在上一个场景时就渐入，而上个场景的音乐渐出，当两个场景的音乐混合在一起了，新场景的音乐再渐强。

（4）音效的运用。第一，逼真性：真实表现环境场景。如通过猪、牛、狗、羊等的叫声表现农村环境。第二，表意性：通过特定音响表达情绪。如钟表的滴答声表示安静，救护车的笛声表示危急等。第三，表象性：所谓的"声音蒙太奇"。

在广播剧中，音效的使用比较多，音效是否用得恰到好处，是广播剧制作的非常重要的环节，短短的一个音效，能起到画龙点睛的作用。在选用音响时要考虑选用以后可起到什么样的作用，是点明环境、烘托气氛，还是起承转合，是伴随性的音响还是有时间先后的音响。如表现环境氛围的音响可以和语言叠合，但像电话铃声是不可以和接电话的声音一起出现的。广播剧的音响和新闻节目中的音响有很大不同。新闻中的音响一定要真实，而广播剧中的音效运用为内容服务，首先要典型、要好听。音响往往只有 2~3 秒钟，要为听众立刻反映出真实的情景。而在音效混合的时候也要有主次之分，并列的声音应该有主次之分，要根据画面进行适度调节，把最有表现力的作为主旋律。如，表现大街的繁华时，可把车声、人声进行混合。如果要体现的是人的讲话，则要把车声等一些声音压低，提高人声的音量。

（5）完美的制作合成。广播剧的最后一步就是制作合成。制作合成是将语言、音乐、音响通过一定的技术手段，制作成一个完整的、可播放的广播剧，是一个将技术和艺术结合的过程。制作合成前对声音的层次结构、音量控制、节奏把握、中间衔接都要有一个整体的构思。要让整个节目协调统一、流畅自然，要保证语言的清晰性。再通过多种技术手段让广告更动听。现在数字音频工作站的使用让广播剧的制作合成更加得心应手。比如可以根据人物所在的不同场景选择不同混响时间；根据内容需要，通过调节 EQ、采样频率等制作电话声音、电视伴音效果；通过变调技术制作卡通效果；通过延时制作回声效果；还可以自己拟音或制作一些想象中的音响。广播剧在制作立体声节目时还要注意方位感、空间感、纵深感的把握。①

三、广播剧突破与创新的策略

广播剧的创新，包括题材、类型、风格、样式和表现手段创新，制作机制和投入产出机制创新，制作方式和传播载体创新。下面从四个重要方面谈广播剧的突破与创新。

1. 题材内容的创新

题材内容的创新，一是要多样化。现实题材、历史题材、老年题材、青春题材、儿童题材，城市题材、农村题材、爱情题材、改革题材等，广泛丰富，能满足不同受众需要。也可以从广播剧的类型特征方面体现内容的多样化，如偶像剧、音乐广播剧、情景广播剧、悬疑广播剧、科幻广播剧、心理探索剧、纪实广播剧、荒诞剧、搞笑剧等，这些广播

---

① 唐眉芳：《广播剧制作技巧浅谈》，载《东南传播》2008 年第 12 期。

剧听众广泛，在听众中产生了不小的影响力和号召力。二是要贴近当下生活。只有取材于基层生活的事件，选取老百姓最关心的角度，才会受到欢迎。三是要兼容通俗性和大众化。虽然强调广播剧是一种高雅的艺术，但是融入通俗性、大众化的创作因素，能丰富传统广播剧的表现形式和欣赏空间，给听众特别是年轻听众提供多种收听的选择。

2. 产品形式的创新

广播剧产品形式的创新，一是广播剧与其他文体形式结合，产生交叉、新奇的广播剧品种。如广播新闻剧、广播报告剧、广播网络剧、广播小说剧等。这些新的广播剧种，可弥补传统广播剧种的单一化状况，扩大广播剧的影响范围。二是随着现代传播新技术的发展，各种媒体传播终端、家装特殊装置等多个媒介延伸，使听众在选择接收广播剧的渠道与方式上更加丰富、自由。如原来被动接受的声音广播形态，可变为短信点播、网上浏览选播、MP3 下载，使广播剧传播方式更为灵活，更适应当代受众；原来单纯靠收听收音机为主，可发展为向电视机、计算机、手机、户外接收。

3. 技术手段的创新

在当今数字技术时代，网络广播剧和 Flash 广播剧等新的广播剧形式产生。同时，"新技术条件下的广播在发送、传输和接收信息的方式上是一种全新的系统，由于以数字方式发送，传输过程中基本没有信号损失，信号质量高，抗干扰能力强，声音清晰，可达到 CD 级音质标准。由此看来，技术手段的创新，会催生广播剧衍生产品的开发；传输方式的革命，会带来广播剧传播质量和接收效果的转变，从而稳定和扩展广播剧的受众群。另外，技术手段的创新，还可以突破模拟技术条件下传播容量的限制。新技术采用数字压缩和卫星传输手段，使传输的渠道扩大，一台接收机可以接收 100~200 套节目，这样使广播剧的接受者有了更多的选择空间。

4. 经营方式的创新

经营方式创新，一是可以进行跨行业、跨媒体合作。中国传媒大学教授董晓先生认为，信息技术的发展已经进入内容产业阶段，电信网络与内容、媒介以及文化的结合成为电信业的热点。这就让广播剧价值有了再利用的绝好机会。特别是移动通信增值业务产生后，移动增值业务的内容提供商十分重视广播剧这一媒介产品，他们在收罗众多优秀广播剧作品的。同时，将音乐、音效、语言等元素当做零售商品再一次贩卖给手机用户，让广播剧的内容价值得到了重新演绎。同时，广播剧还可以参与网络运营，比如成立广播剧网站，创办自己的网络电台和播客，为网民提供在线或下载收听；可以与电信进一步合作，让电台广播剧制作团队为新的受众群制作节目。这样，一来可以增加广播剧的受众规模，听众、网民以及手机用户都可以成为广播剧的潜在用户群，二来使广播剧的内容价值再一次得到市场的肯定。因此，广播剧媒体不应再固步于现有频率资源的经营，跨行业、跨媒体合作是电台经营者不可忽视的重要突破口。①

---

① 唐亚娟：《论广播剧的生命力与发展前景》，载《电影文学》2011 年第 10 期。

案例分析

☞ 分析一

培育农村广播娱乐节目之美

——以朝阳广播电视台新农村广播《向日葵喇叭花》节目为例①

对农广播，不仅需要在农业政策法规、农业技术指导、涉农信息传播、法律、医疗等方面提供优质的服务，娱乐节目也不容忽视。从某种意义上说，对农广播娱乐节目的好坏决定着整个频率的气氛是否活跃、影响着整个频率的互动性强弱、关系着广告商投入的取舍。朝阳广播电视台新农村广播在做强各类服务性节目的同时，在娱乐节目方面也进行了有益的探索。现就《向日葵喇叭花》节目加以分析：

突出娱乐　重在参与

设计之初，这档节目分为两方面内容：爆逗庄稼嗑、咱也亮亮嗓。娱乐节目现在做起来是很有难度的，这一点可能没主持过娱乐节目的会不以为然，认为讲笑话、唱个歌、点个歌、瞎扯呗。其实不然，笔者和各地很多娱乐节目的主持人交流过，大家都觉得在前些年，娱乐节目可能容易一些，但现在，这个娱乐爆炸、漫天娱乐的时代，娱乐节目如何创新、如何突破就成了一个大问题了。人家讲笑话，你也讲笑话，人家唱歌你也唱歌，你在什么地方能够胜出就需要大动一番脑筋了。针对本地的特点，尤其是立足于农村广播的定位需要，我们设计了"爆逗庄稼嗑"。"庄稼嗑"就是说老百姓自己的话，说朝阳本地人爱听的话。乍一听似乎很简单：我们都是朝阳人，谁不会说朝阳话呀？但操作起来还是有一定的难度的，因为主持人已经习惯了标准的普通话。我们搜集总结了一些朝阳的方言，很多很杂，节目中看似脱口而出的，其实很多是精心设计的。节目融入了曲艺中的包袱、笑料，本来是老百姓常说的话、爱唠的嗑，贴近群众是没问题，但要达到听上去就想乐、就想听下句，是需要设计的。这种本土化的娱乐很受听众欢迎，但是光会说两句朝阳人常说的话是远远不够的，你要引起听众的更大的兴趣，想牢牢地抓住人，就需要不断了解农民的变化和动态。种地的时候就得说种地时候的话、耪地的时候就得说耪地时候的话，因此，在节目之外就必须经常不断地和农民朋友进行交流，和他们交朋友，取得他们的信任，人家有什么新动态、有什么新鲜事能及时地告诉你，你在节目当中说出的话、说出的事也就耐听、爱听，大家才会觉得好听。这样也更能贴近听众，唯有贴近，我们才能使节目有效地为受众群体所接受。

"咱也亮亮嗓"是为听众提供的展示自己风采的大舞台（节目曾想命名为空中大舞台）。广播以双向交流替代单向灌输后，对于那些表现欲较强的听众来说，得到了一种前所未有的满足感。但随着社会变革和其他媒体的挑战，听众对热线参与的好奇心少了，这

① 李丽君、张勇：《培育农村广播娱乐节目之美——以朝阳广播电视台新农村广播〈向日葵喇叭花〉为例》，载《记者摇篮》2011年第9期。

是不争的事实，各地电台都有这样的经验教训。在这种形势下，要赢得听众、赢得市场就得动点脑筋了，绝不能是简单的你唱我听，或简单的你表演、大家欣赏。我们认为，广播直播节目的娱乐价值通过表演可得到直接通畅地发扬，而实现主持人与听众、娱乐节目与受众之间的立体互动，将是广播娱乐功能再深化的必然选择。基于此点，我们决心要实现听众和主持人最大限度的互动，即不光是听众参与进来表演，主持人也要融入其中，也要表演；不仅是两个主持人演绎短信笑话、乡村乐事这些，而且主持人也唱歌、说相声，演小品、打快板……主持人把自己定位在与听众同一赛场的起跑线上，把胜负的判决权还给听众。这一招很奏效，许多听众都以打败（唱败、说败）主持人为荣，纷纷打热线电话参与节目，由此也吸引了一大批文化素质较高的听众。像很多人的诗歌对联很有创意、很有水平，现在听众甚至可以点播主持人表演，听众可以点播听众表演，广大听众在与主持人的平等交流中，有一种实现自我价值的满足感。

精心策划　推陈出新

娱乐是人的天性，而广播又是人在时空上的延伸，因此，满足娱乐、给人提供娱乐的机会，寓教于乐正是传播的一大功能。尤其是在信息时代里，受众希望自己不再被动接受传媒的信息或节目，而是要求积极地参与节目，表达自己的需要、观点和态度。火爆、时髦的娱乐节目一度激起人们的新鲜感，产生过万人空巷的轰动效应。但随着受众文化水平的积累增长及社会条件的改变，客观上要求既有思想文化品位又轻松活泼的广播娱乐节目出现。培育娱乐节目精品，不断满足听众日益增长的需求，是摆在广播工作者面前的一项任务。这就要求广播人要增强娱乐节目的策划意识和创新意识。没有精心的策划和独特的创意，是办不出精品节目的。对于娱乐节目来说，满足什么样的听众、构制什么样的游戏规则都需要精心策划。所谓创新，就是节目要与时俱进、游戏要不断推陈出新。因为听众始终是娱乐节目竞争的受惠者，一旦听众面前拥有更多的选择机会，即使再好的节目，时间一长也会激起他们喜新厌旧的心理。事实上，这也正是节目前进的动力。

现在节目的参与热线每天都能达到饱和。当然，节目开办 5 年来，遇到过几次波折，遇到过听众热线下降，遇到过参与听众限制在一个小圈子中的困惑，我们采取了不同的办法及时调整应对，比如，搞活动、增加节目信息量、增加笑料。还有应听众的要求在周日的节目中适当做精彩回放等，引导异地听众同时参与、合作表演。事实证明，这些及时的创新、不断的调整是行之有效的，这档节目最初有 3 段广告，总时间不到 10 分钟，现在有 5 段广告，总时长 27 分钟，受到听众欢迎的同时也受到了商家的青睐。

个性挥洒　展现魅力

娱乐节目主持人必须有个性魅力。娱乐节目绝大部分由主持人即兴发挥，主持人的自创、个性挥洒的空间很大。但切忌为娱乐而娱乐，以搞笑为娱乐，要寓知识于娱乐中，寓思想性于娱乐中。娱乐节目通过互动的游戏情境产生了各种情感的共鸣和意义的沟通，使听众往往把节目主持人当成是自己信赖的朋友。主持人需要对生活有深刻理解和体悟，广播娱乐节目主持人同样需要深刻而丰富的生活感受力和悟性，应该具备善于发现、善于思考、善于将别人的经验转化为自己的知识构架的素质，这样，他才能与参与者进行更高层、更深入的交流，才能变得幽默豁达，才能不断提升节目品位。广播娱乐节目主持人也必须具备法律道德、伦理素养，始终驾驭、参与听众的言行，把握整个节目的思想性、哲理性，提升节目形象。

节目主持人的互动主持是否到位，已成为主持人娱乐节目好坏的一项重要指标。这对主持人素质提出了更高的要求，需要其有较强的敬业精神、良好的自身修养和充足的知识储备，练就轻松驾驭临场的应变能力。在双方互动中，主持人应了解听众在想什么、要说什么，以平等的姿态与听众进行交流，使自己成为听众的贴心人和可信赖的益友。同时要善于启发，并不着痕迹地点拨诱导，让听众在轻松、随意、活泼、风趣的氛围中，感到参与娱乐节目是一种美的享受。

建档立制　留住听众

建立娱乐节目档案，留住听众、服务听众，真正实现"娱乐节目大家办"的初衷。参与娱乐节目的听众来自社会各行各业、各个年龄层，如能整合听众资源，为我所用，则是一笔不可多得的节目财富。《向日葵喇叭花》节目自开播以来，就给打进热线参与的听众编上号码，登记在册，标上姓名、通信地址、联系方式等。节目后的沟通交流更拉近了主持人与听众的距离，发挥了听众的积极性，让他们主动与娱乐节目对接。这样，双方在交流互动中爆发出来的创造力是不可估量的。不但如此，现在听众在节目之外也经常联系、交流心得，大家通过节目成为了朋友，再通过到节目中展示，加深了友谊。

☞ 分析二

爱国情怀的深情倾诉
——评广播剧《歌唱祖国》①

（点评：《歌唱祖国》是 2009 年"五个一工程"奖获奖作品，编剧：瞿新华，导演：胡培奋）

《歌唱祖国》在中国人民心中是一首仅次于国歌的歌曲，它的旋律，它的词句，令亿万人热血奔涌，唤起亿万人的自豪崇高。在 2009 年国庆 60 周年之际，以这一首歌为题材创作一部广播剧，对作者瞿新华来说，是一种荣幸，也是一次挑战。是写歌曲问世的过程？是写歌曲的作者生平？还是写歌曲的流传与影响？这些自然都是题中之义，但择其一点单独来写，显然有失单薄或片面。如要兼顾这些内容又要写得深入，却非轻易可得。瞿新华不愧为优秀的广播剧作家，他巧妙地构思了已故歌曲作者王莘与 2008 年奥运会开幕式上演唱此歌的女孩林妙可的时空穿越对话，成功地串起了这些内容，自然而然地，层层深入地描写了伴随《歌唱祖国》这首歌诞生流传的历史与生活，表达了创作与传唱这首歌的人们的感情与内心。

王莘与林妙可的对话创造的是历史与现实的对接，是对一部伟大的艺术作品诞生背景

---

① 荣广润：《爱国情怀的深情倾诉——评广播剧〈歌唱祖国〉》，载《上海戏剧》2011 年第 10 期。

的询问，是对它几十年深入人心的缘由的探究，更是这首歌所蕴涵的爱国情怀的深情倾诉。随着 1999 年出生的小女孩的提问，随着已故老音乐家的追忆，《歌唱祖国》的作者王莘少年时在上海当学徒受入侵的日本人殴打，由此引起在场的中国民众义愤的情境得以再现，其实这就是歌曲孕育的基因。接着，王莘奔赴延安，在延河边感受抗日军民艰苦抗战的生活，在鲁艺雨中观看《黄河大合唱》演出的激动，一一展示，从中我们更能感到歌曲的内涵正在慢慢累积。及至对话来到 1950 年的天安门广场，王莘置身新中国的歌咏大会，与广场上的所有人沉浸在讴歌新中国欣欣向荣的由衷欢乐之中，我们已然能清楚地把握到《歌唱祖国》的音符的跳动，旋律的起伏。显然，《歌唱祖国》这首歌既是作者个人经历与情感的产物，更是时代与生活、民众与国家共同哺育的成果，它寄托着全体中国人民对祖国的满腔热爱。

王莘和林妙可的对话并非只停留在《歌唱祖国》的诞生过程上，它们延伸到了 60 年悠长的岁月。《歌唱祖国》问世以后始终在中国传唱不衰，有太多的感人故事。广播剧中，选择了 2001 年中国足球首次打进世界杯时体育场里全体观众的齐声高唱的情景，选择了香港回归时远在美国西海岸的华人唱起此歌的豪情场面，当然还有 2008 年奥运会开幕式的林妙可清纯的童声。这些描写都使人心潮澎湃，热血沸腾。不仅如此，广播剧还深入到人们心灵的深处，这中间有准备卖血换钱去听《酒醉的探戈》、《毛毛虫》等流行歌曲演唱会的许小伟在王莘和《歌唱祖国》歌曲的熏陶与影响下，精神上成长成熟，考上音乐学院的动人故事。更感人的是一群盲人，他们在聆听到"嫦娥一号"从太空传来如天籁之音的《歌唱祖国》的乐曲声后，难抑心中的激动，请王莘的夫人指挥他们齐唱，他们的歌声也许还有些不够整齐、不够漂亮，但这歌声出自心灵深处，足以感人肺腑，令人动容。

王莘和林妙可穿越时空的对话自由驰骋，涵盖的天地非常广阔，涉及的内容相当丰富，贯穿其中的则是中国人民对自己祖国的深情挚爱。王莘创作这首歌的灵感与激情来源于此，亿万人民喜爱这首歌，高唱这首歌，为这首歌激动，为这首歌自豪的热忱来源于此。这一情怀同样与瞿新华的心灵产生了共鸣，于是产生了广播剧《歌唱祖国》。瞿新华谈自己的创作体会时说："热爱祖国，这是一种最神圣的感情。"王莘的歌，尽情抒发了这份情怀，留下了传世的名作。广播剧用自己的艺术形式传播了这份情怀，弘扬了这份情怀，所以它值得赞扬，值得为更多人聆听阅读。

思考与练习

1. 广播文艺节目有什么特点？
2. 广播娱乐节目、戏曲节目、音乐节目各有什么特点？
3. 广播剧的制作流程是怎样的？
4. 请以校园广播台编辑的身份，创作一部反映大学生校园生活的广播剧。

第十章　少儿广播节目

第一节　少儿节目的地位和特点

　　善于倾听的人是内心丰富的人，是善于思考的人，广播媒介正是通过传递声音来传播信息的，好的少儿广播节目能启迪孩子的智慧，打开孩子想象的翅膀，给孩子一生带去永远美好的童年回忆。①

一、少儿节目的地位

　　少年儿童是祖国的花朵、国家的希望，广播中的少年儿童节目是对少年儿童进行素质教育、智力开发和提供娱乐的大众传播工具之一。少儿广播通过广播对少年儿童进行社会教育，促进少年儿童增长知识，使其从小就形成正确的人生观、价值观。加强青少年思想道德建设，为他们的成长营造良好的舆论环境，是全社会都关心的问题，少儿广播节目在启发少年儿童的思维、丰富孩子们的想象力等方面有着其他媒体不可替代的作用。因此，办好少儿广播节目的意义非凡。

---

　　① 俞晓岚：《给孩子一个美丽的声音——浅谈儿童广播节目主持人素质》，http://blog.sina.com.cn/s/blog_48ae2cb7010002lm.html，2013-02-30。

为了提高少儿广播影视节目质量，促进少儿广播影视节目的产业化发展，真正为广大青少年提供健康丰富的精神文化产品。2005 年国家广播电影电视总局在《关于进一步加强少儿广播影视节目建设的意见》中指出，繁荣少儿广播影视节目是建设社会主义先进文化的重要内容，广播影视的各类少儿节目是对学校教育和家庭教育的有力补充。少儿节目要符合少年儿童的欣赏情趣，适应不同年龄层次的少年儿童的欣赏需求，做到知识性、娱乐性、教育性的统一。《意见》的发出，对于少儿广播节目的制作者来说，无疑提出了更高的要求。

首先，我们需要对少儿广播有一个重新的认识。从社会意义上说，少儿广播是对未成年人长期开展思想道德建设的重要窗口，它是与电视、报纸、图书、杂志同等重要的儿童大众媒介，同时，由于它的普及、方便、快捷等优势，更容易被广大的少年儿童所接受。办好少儿广播，投入更多的实力，教育培养好我们的下一代，是一件功在当代、利在千秋的"希望工程"。开办好广播的少儿节目，使孩子们从小养成收听广播的习惯，是一项培养广播听众的最有效的方法。家庭、学校、社会各界要积极为孩子们听广播、参与广播创造条件。中国少儿广播曾有的辉煌证明，少儿广播离不开全社会的支持、帮助、关怀，包括幼儿园、学校、有关部门的投入和推动，家庭、亲人的推介和引导。当今的少儿广播发展同样需要这些方面的介入，了解新时代广播媒体的优势和它在少儿身心成长过程中的独特作用，为孩子们听广播，参与广播搭桥铺路。

目前，由于方方面面的原因，少儿广播节目的量不够，播出的时间短，再加上受到电视的冲击，少儿广播节目"无利可图"。因此，不少电台或者没有设置少儿广播节目，或者设置了但一减再减，致使少儿广播节目得不到应有的地位。然而，随着社会的不断发展和进步，少儿广播节目的重要性将日益显现出来，制作出精良的少儿广播节目、为少年儿童提供丰富的精神食粮是所有广播工作者责无旁贷的任务。

在大众文化时代，少儿广播与少儿电视一样，同是大众传媒的重要媒介，成为少年儿童教育的重要方式。在受众市场日益细分的今天，少年儿童作为一个特殊群体，同样是媒体应牢牢抓住的一个受众群。但是，少儿广播的开办和制作还面临着许多不容回避的问题，随着社会的发展，各种媒体成了少年儿童日常生活重要的一部分，中国少年儿童新闻出版总社社长兼总编辑海飞对此特别提出了"童媒"的概念，现实生活中儿童电视媒介和新崛起的如儿童网络和儿童电子游戏，传统的如儿童报刊或者儿童图书，都在飞速发展①，但是少儿广播似乎已经消失不见。在大多数已经拥有电视的家庭中，家长也不会考虑去买个收音机专门给小孩听，这些现实状况反映出少儿广播的开办和制作具有很大挑战性。

二、少儿节目的优势

少儿广播在众多的媒体竞争中，显得老旧落伍。尤其是电视少儿频道的开播和电视动画片的热播，随着新媒体的诞生、发展，少儿听众大多已聚集在电视机或者电脑旁，使得少儿广播出现了边缘化状态。但是少儿广播作为一种教育少年儿童、娱乐少年儿童的重要

---

① 罗雪挥：《儿童广播：衰落中的复苏》，载《中国新闻周刊》2006 年第 10 期。

宣传工具，是有其独特的传播形式和鲜明优势的。这些优势包括：

1. 节目的制作简便，投入的成本少，传播的速度快

从这一点上来说，广播的这一特点是任何媒体无法相比的，尤其是一些新闻类、参与类节目的直播，使得广播节目省去了录音、复制合成等制作过程，大大节约了成本，同时也使得广播更突出了直接、快捷、方便的特色。少儿广播节目采用直播的方式以后，听众与主持人之间的交流也变得更加亲切、更加自然，大大增加了少儿广播的时效性和亲切感，同时，为听众搭建了施展才华的平台，这样听众和主持人的交流会更加自然，显得有亲切感，也会增加一些听众①。

2. 科技发展给少儿广播的发展带来的优势

科学技术的发展使得广播接收工具变得越来越精巧，便于携带。这样就会赢得一些青少年的青睐，不管是上学还是在家或是出门在外，随时都可以收听广播，而且不影响简单的工作，能够做到"兼听则明"。同时，车载收音机的听众已经成为一个正在迅速庞大起来的听众群，这其中，孩子将会越来越多。

3. 听觉更能开发大脑，有利于少儿智力的发育

少儿广播具有一个非常独特的优势，那就是"听"更有利于少儿智力的发育。对于少年儿童来说，听觉更能开发大脑，使其在听的过程中，充分地进行想象，从而产生比"视觉"更为美好的景象。所以让孩子多听广播，会使他们的大脑变得更加聪明，想象力也会得到极大的增强，这对于正处在成长发育中的儿童来说是至关重要的，也是其他媒体所不能替代的。广播的特点正是用声音传递信息，因此，广播已逐渐成为年轻家长们所重视的媒体之一。

三、少儿节目的特点

1. 容易接受，参与性强

可以说，少儿广播节目最突出的特点之一应该是充满孩子的声音。要做到这一点，就离不开孩子的参与，而热线直播形式又正好为孩子们的参与提供了最大的可能和极大的方便。因此，热线直播形式的少儿广播节目受到越来越多的小听众的喜爱，也更易于为他们所接受。同时，少儿广播节目由于有了孩子们的参与又增强了对象感和交流感，增加了真实性和可信度。这些对于搞好节目、扩大收听率会起到积极的作用。

2. 简短明确，节奏明快

由于少年儿童的接受能力、理解能力、分析能力与成人不同，因此必须摒弃枯燥无味的说教，无论是消息还是故事都必须内容充实、简短，而且语义明确，这样才能吸引他们。例如，有这样一则消息："党外知名人士、县实验小学名誉校长、县政府委员县工商联主席孔祥清同志因病于10月30日在县医院逝世，终年66岁"，如果把这则消息改为"少年朋友们向你们报告一个不幸的消息，你们的好朋友孔祥清爷爷因病逝世。"后一则比前一则内容简短，且语义明确，孩子们愿意接受。儿童的注意力集中程度与成人有很大差别，拖沓冗长、单调缓慢的节目他们并不感兴趣，少儿广播节目必须节奏明快、轻松活泼。

① 李晓冰：《少儿广播的发展与未来》，载《中国广播电视学刊》2004年第10期。

3. 具有情趣，适应收听

儿童化即以儿童的视角和儿童的趣味出发来制作节目，符合儿童的欣赏要求。例如，有这样一则消息："300 名儿童云集市文化宫即兴挥毫"，这段导语里的"云集"就是汇集在一起，"即兴"是现场发挥，"挥毫"是指用毛笔写字，表达的是书法表演的意思。这则消息本身文字用得很高雅，也很简洁，如果用来播给成年人听是可以的，但是，如果是播给孩子们听就太成人化，儿童新闻必须具有儿童情趣，符合儿童特点，否则儿童不会爱听。少儿思维行为方式与成年人不同，儿童听广播一般都是为了轻松和娱乐，即是为了满足好奇心，而获取信息也不能等同于课堂学习的一种延伸，孩子们喜欢充满神奇性、趣味性、幽默性、想象力的节目，从节目语言的选择、节目背景音乐和音响设计、道具的选择、主持播报形式都要符合儿童的心理生理特征，只有真正充满童真童趣的少儿节目才能吸引少儿观众的注意。

4. 满足需要，引导审美

孩子们求知心切，对于宇宙万事万象和新奇事物都想知道，可要满足他们的兴趣并不容易，因为他们的理解能力和欣赏能力不及成人，内容太历史感了，他们会嫌枯燥，内容太科学了，他们又听不懂，所以必须在事物实质的基础上，借用文艺广播、文学广播的某种手法进行艺术的加工，再现事物的本质，提高少儿广播节目的艺术性与欣赏性。

第二节　少儿节目的受众

少儿广播节目的传播对象这个问题，似乎应该是一目了然的事情：少年儿童嘛！但是，由于我们的少儿广播节目基本都是由成年人做给儿童听的，而且很多少儿广播节目制作人、主持人往往会在无意之中忽略了传播对象，致使少儿节目成人化、低幼节目学生化，从而得不到小听众的共鸣，失去了传播的意义。

一、少儿节目的听众年龄

儿童是人类生命的一个时间概念，它代表着不同历史时期中的同一人群。按国际通用的准则，关于儿童的年龄范围，1989 年 11 月 20 日联合国大会通过的《儿童权利公约》第一条规定：0~18 岁的人为儿童，根据这个界定，我们可以明确，0~18 岁这一特殊群体，应该是少儿广播节目的传播对象。这不是以少儿广播节目由谁来制作所决定的，而是一个客观的、必须承认的事实。

收听需求多样化、收听习惯的差异化、收听方式的多元化决定了广播节目无法满足所有受众的收听需求，所以不管是广播的内部求索还是外部竞争，都要求广播细分听众，准确定位"核心受众"。"核心受众"是指在广播节目中所定位的服务对象，是广播节目的目标受众群体，其特点是对该档栏目具有一定的品牌忠诚度，是构成节目收听率的基础。① 只有"核心受众"得到巩固，才能更好地提高节目收听率。少儿广播也不例外。

---

① 张殷婷：《从〈小喇叭〉看少儿广播节目的运作模式》，http://www.rgd.com.cn/rgd/xxyd/nfgbyj/gbyw/255932.shtml，2013-11-30。

如何寻找"核心受众"应该成为少儿广播发展的关键,只有寻找到节目的"核心受众",才能针对受众的需求来确定栏目的定位和节目的形式和内容。

目前,我国的少儿广播是按照听众年龄来划分的,分成两个基本层次:一是3~6岁的对学龄前儿童广播,也称"幼儿广播",学龄前儿童的特点是能运用符号象征地、简单地与外界沟通;二是6~12岁的少年儿童广播,也称"少儿广播"。少年儿童的特点是已经逐渐能够运用具体事物思考及能够进行初步的抽象思维。有一点值得注意:12~18岁这一年龄段的中学生并没有引起人们足够的重视。其实这一年龄段的青少年也是我们少儿广播的主流听众之一,应该在以后的少儿节目制作中多多注重这一年龄段的节目内容。

目前,虽然我国4~14岁的人口约为2.2亿,占全国人口的10.9%,占18岁以下总人数的60%。但是,实际上青少年主要的精力和时间都用在了学习上,而幼儿接近广播的途径很大程度上掌控在大人的手中。一直占据主流的有关少儿广播的传播对象和节目内容的观点是:少儿广播的传播对象是"0~18岁这一特殊的群体",传播内容就是"对青少年身心发展有益的内容"。但是,国内还没有明确意识到对少儿节目的受众要做进一步的细分,基本上"少年儿童"这四个字,模糊地代替了潜在的很多人群。

二、少儿节目的受众群

借鉴国外的少儿节目的成功经验,也许会对我们有所启发,进而重新思考少儿节目的受众群。

1. 根据少儿心理特点制作节目

对少年儿童进行细分,并且结合他们的心理特点制作节目。例如,美国迪斯尼公司的节目《科学小朋友比尔·奈》,在受众定位上,是专门为4~5年级的学生设计的。据专家分析,这个年龄段的孩子对科学奇迹容易产生热爱[1]。

根据对外国节目的分析,可以了解到外国的儿童节目甚至会专门为某一年级设计,因此我们在制作少儿广播时,应该进行一定的划分:①3岁以下(包括3岁)的婴幼儿。这个年龄段的小孩只是对声音非常敏感。针对这个年龄阶段,我们可以提供一些故事讲述和儿歌来满足家长的要求,同时应尽量避开婴幼儿的睡眠时间段。②4~6岁的小孩。他们与前一阶段孩子的共通点就是仍然对故事和音乐感兴趣,他们的思想还处在幼儿阶段,他们对广播的要求并不太高,你说我听的方式是比较适合他们的广播手段。只要内容有趣、欢快活泼,就能吸引他们,并使他们成为铁杆听众。这个阶段的小孩语言能力逐渐成熟,对自然世界里的各种新奇事物充满了兴趣,因此在这个基础上我们可以提供更多知识性的节目,但切忌用说教方式,而要寓教于乐,与儿童互动。③7~12岁的儿童,大概处于小学阶段,已经完全不同于幼儿了,他们对于广播的要求已不仅仅是"只听"阶段了,因为他们已经通过一个阶段的学校生活,有了一定的知识和阅历,这时的孩子非常的活跃,但还具有五六岁小孩的特征。此时的节目内容应该设置得更丰富,不仅是故事,还要让孩子参与到节目中,表现自己的才华,展示自己。另外节目还可以适当地对孩子进行知识上的教育,比如英语、汉语等;他们一般是上午八九点上课,下午四五点下课,在时间设置

---

① 雷蔚真:《国外少儿电视节目的实践与探索》,载《中国广播电视学刊》2004年第10期。

上也是应该考虑的。④12～15 岁的少年，这时的孩子比较有小大人的气势，他们开始思考更多的问题，无论什么事，都会有自己的想法。此时的他们需要了解一些新闻热点，听更多的科幻故事，主持自己喜欢的音乐节目等。这个年龄段的孩子，正处在生长发育的最高峰期，青春萌动，好奇心强，同时还往往伴有一种逆反心理和盲目崇拜，这个年龄段的孩子是我们少儿广播最中坚的听众群，也是需要我们通过广播的手段，正确引导和教育的重要对象。⑤16～18 岁的青少年，他们的思想基本形成，但是，由于社会、家庭、学校压在他们身上的考学任务，使得他们根本没有自己的时间来从容地收看电视。压力和压抑使得他们需要找一个倾诉的对象和沟通情感的渠道，因此，广播对于他们来说，也许是一种更方便地接收信息和抒发自己情感的传媒工具。所以，他们对广播的要求，是倾诉、咨询和欣赏，从而得到满足。

2. 将少儿节目拓展到家长和成人

节目的收听对象并不仅仅只有少儿，更能拓展到家长和成人。例如，美国迪斯尼频道下面设了 3 个子频道，分别针对学龄前儿童、少年和成人。台湾东森幼幼台则提出"亲子互动"的概念，不仅节目内容抓住小朋友的心，更强调亲子互动，拉着家长陪小朋友一同看自己的节目。掌握拥有消费能力的家长，就能增加广告收入。① 调查表明，6 岁以下的儿童没有选择媒介的能力，他们的娱乐活动由家长决定。只有少部分家长能够认识到广播对孩子发育的好处，所以让家长改变看法成为一个重要任务。而要让家长接受少儿广播，就要制作出让家长满意的少儿广播节目。

3. 少儿广播与其他童媒融合

当今社会，媒体融合已经成为一个不可阻挡的趋势。少儿广播也不例外，要拥有高的收听率和好的广告经济效益，就要树立自己的少儿广播的品牌。这样不仅可以抵御竞争对手瓜分市场，而且可以延伸自己节目的产品线，出 CD、VCD，出书，做儿童玩具，做幼教产品，甚至拓展到儿童的其他相关产品。因为根据以往的经验，媒体间的强强联合、互助合作，不仅能促进各自行业的发展，产生更大的社会效应，同时还能减少社会成本，带来丰富的社会效应。

少儿广播节目的收听对象主要是少年儿童，但节目的表现对象则不能仅仅局限于儿童，而应该是多层次、多方面的，首先表现对象要具有接近性，即主要选择那些与少年儿童关系密切的事实、少年儿童中出现的新人新事、他们最关心最感兴趣的事情，以及反映广大少年儿童的苦恼和要求，这是区别于成年人广播节目的首要因素，要以展现孩子们的世界为主，应该满足他们多方面的信息需求，一切有利于增长儿童知识、寓教于乐，促进儿童健康成长的拍摄内容，都可以成为少儿电视节目的表现对象。

4. 少儿广播节目的困境与出路

少儿广播节目面临的四大困境：受电视、网络等其他媒体的冲击，对象局限性，内容形式老化，经济创收的压力。② 当今的孩子是伴随着电视长大的，广播在他们的生活中，已经成为一种可有可无的媒介了，尤其是生活在城市的孩子们对少儿广播也只是偶尔一

---

① 王彩平：《国外少儿频道面面观》，载《声屏世界》2006 年第 3 期。

② 蔡玫、徐月兰、田晴：《少儿广播的困境和出路》，载《新闻前哨》2006 年第 11 期。

听，大部分都没有收听少儿广播的习惯。少儿广播之所以失去了自己的听众，其原因不外乎两种：一是节目内容不吸引人，没有时代感；二是手段陈旧，与当今孩子格格不入。因此，要改变少儿广播的现状，就必须给少儿广播注入新的思维，与时代接轨。

第三节　少儿节目主持人的风格

著名教育家叶圣陶曾说过：广播语言"要像活泼的流水"。广播是以语言为载体，通过播音向听众传递信息的大众传播媒介。听广播不同于看书报，不可能反复琢磨，难以前后对照，因此广播语言要流畅、易懂，让人一听就能够明白。这是对广播节目的普遍要求，而对于少儿节目来说，由于其受众对象和节目形式、内容的特殊性，更应以活泼生动作为其言语运用的基本格调。

一、少儿节目主持人的语言方式

目前，少儿节目主持人经常采用的语言方式主要有这么几种：

1. "姐姐型的语言"

这源于中央电视台的少儿节目主持人鞠萍姐姐，随后地方的广播和电视台也纷纷效仿。"姐姐型的语言"声音甜美、语言温柔，在少儿节目中运用得比较广泛，容易被少儿们接受。

2. "同龄型的语言"

"同龄型的语言"，多是由两个同龄的孩子来主持节目，这样的语言比较生动，可以拉近与小朋友的距离，可以满足儿童自我意识逐渐形成的需要，让节目主持人与小朋友形成平等交流。

3. "卡通型的语言"

这种"卡通型的语言"生动、幽默，在广播中运用的较少，大多运用在讲故事时的角色扮演上。这样的语言是基于满足孩子喜欢小动物、喜欢怪异及新奇形象的天性。

4. "长辈型的语言"

"长辈型的语言"由来已久，可以追溯到20世纪五六十年代广播中孙敬修老爷爷讲故事的时期。应用这一类的语言，多是给小朋友讲一些古诗词、历史典故，基本上是以传播文化知识为主的谈话节目。

5. "老师型的语言"

在一些知识类的节目中，"老师型语言"理所当然地会出现，在传播自然科普知识的节目中还会邀请专业人士客串主持人，他们还是以老师的身份出现。因为老师对孩子具有永远的权威，所以老师型的语言在讲述科学知识时更有说服力。

二、少儿节目主持人的语言风格

少儿广播节目，其受众是广大少年儿童，这一特定的广播对象，决定了少儿类广播在节目的设置、内容的安排与表现的形式不同于其他广播节目。与之相适应，主持这类节目在语言的基调、表达、修辞和组织上，也具有不同于其他节目的特点，形成独特的语言风格。

1. 语言基调活泼生动

广播节目的语言基调，是指适应受众对象特点、节目形式要求和内容表达需要而形成的基本语言格调与特色。如新闻节目的语言，表现为庄重大方；体育节目的语言，表现为刚健明快；科技节目的语言，表现为严谨平实；文化知识性节目语言，表现为典雅柔婉，等等。而少儿节目，则以活泼生动为其语言基调，这是由受众对象的特点决定的。少儿广播节目的受众对象是一个特殊的群体，他们与成人相比，思想不成熟但很活跃，知识不丰富但求知欲很强，精力难集中但好奇心很大。少年儿童的这些特点，决定了在通过语言与他们进行思想交流时，应用明快、亮丽、生动、活泼的语言。只有这样，广播节目才能适合少年儿童特点，抓住他们的心理，引起他们的注意，起到沟通思想、交流感情、教育引导的作用。

2. 语言表达亲切自然

广播节目的主持人应该以一种亲切平等、朋友式的口吻，与受众进行情感与思想的交流，切不可拿出一副盛气凌人、居高临下的训导腔调。少儿节目的主持人绝大多数是成年人，成年人在与少年儿童对话时，会有意识或无意识地认为他们还是孩子，需要大人的教导，这样说起话来会自觉或不自觉地带有训导人的腔调。心理学告诉我们，虽然少年儿童无论是生理上、心理上，还是认识能力、审美水平，都处于不成熟状态，但他们有自己的思维方法和活动方式，在他们的思想里并不因为年纪小而无自我，那种"我是独立的人"的意识从学龄前就已萌生，并随着年龄的增长而不断增强。他们不高兴被小瞧，不希望被哄着玩，不愿意听训导和唠叨。面对这样的受众对象，如果播音时像"哄孩子"一样，或一副教导的腔调，就很容易引起少年儿童的反感心理。因此，主持少儿节目有一个很重要的关键，就是要将少年儿童摆在平等的地位，把他们当作朋友一样来看待，在语言表达上要亲切自然，如同与好友在交谈。这样才能引起他们的思想共鸣，产生心灵上的沟通。主持少儿广播节目的语言表达要亲切自然，但这种亲切自然不应是外在形式上的，而应是内在情感上的。所谓外在形式上的亲切自然，是指成人在与孩子交谈时，为了表示亲切，把发音的部位向前推，将发音的速度稍稍放慢，甚至模仿孩子的语气声调。这种方式对于成年人来说是生硬的、不自如的，毕竟成人的声音与孩子的声音有本质上的区别，再怎样拿腔拿调，也不可能表现得完美无缺。在儿童的情绪发展中，快乐是最肯定、最积极的情绪。主持人应尽可能多地传递给儿童快乐，多鼓励和肯定他们，让他们在快乐中得到知识、受到教育。少儿节目主持人的语言要以"情"为先导，与儿童进行面对面、直接的平等的心灵沟通与交流，这是缩短与儿童心理距离的最佳途径。所以和孩子交流时，不要吝啬鼓励、赞扬的话语，当孩子被肯定和喜爱的时候，他们会表现得更积极、更努力。因此，作为少儿广播节目的主持人，应该充分运用自己的自然声，以亲切的态度、真挚的感情和活泼自然的演绎，去和孩子们进行沟通，去打动他们的心，这就是内在情感上的亲切自然。

3. 语言修辞直白形象

广播的载体是语言，要表达得清楚明白、生动形象，让人听了印象深刻，就必须重视语言的修辞，针对不同的受众对象、表达内容和语言环境，选择最恰当、最完美的表现方式，以收到最好的播音效果。无论是什么广播节目，其语言的运用都离不开修辞，然而修辞本身只是语言的表现方式，它是为表达思想内容服务的。少儿节目的语言修辞在许多方面是有别于成人节目的，总的来讲应力求直白形象。所谓直白，是指遣词用字、炼句比兴，不单纯地追求华丽的辞藻，不片面地讲究形式上的美，而是强调朴实简明、通俗易懂。少儿节目的语言之所以要直白，是因为少年儿童尚处于发育阶段，与他们进行语言交流一定要上口顺耳、明晰动听，使之听得明白、易于理解。为此，主持少儿节目必须着眼于提高语言的易懂性，使语言更加轻松、自然，在选词上，所用的词汇应尽量口语化，少儿掌握的词汇量不是很大，主持人选用的口语词汇也应是小朋友所熟悉的词汇，应当尽量避免用繁琐的词语，少用生词和专门术语，多用基本词汇，对因表现内容的需要而必须用到的生词和专门术语，要做出通俗的解释。在用句上，应当少用长句和多重复句，多用结构简单的短句，虽然这是对广播语言的普遍要求，但对少年儿童广播，句子应更短，结构应更简单。所谓形象，是指通过播音展现具体生动的画面，塑造形象鲜明的人物，展开故事的情节，从而充分激发孩子们的想象。主持少儿节目要善于运用形象化的语言，例如：故事中的动物，都可以根据其某一个特点，用拟人化的语气形象地表现出来。不仅这些，凡是人物，都可以用声音塑造出鲜明的形象，就连自然景物，如太阳、月亮、星星、花草、树木等，也能通过语言赋予它们生命和鲜明的个性。正是形象化的语言，使少儿节目显得轻松、新奇、愉快、有趣，少年儿童由此打开联想的闸门，这样不仅可以引起孩子们极大的兴趣，而且能够激发他们动脑子，有利于他们的智力开发。

4. 语言组织整体和谐

由于少年儿童的心理特点，决定了他们喜欢主持人的语言绚丽多彩、生动形象和活泼自然，在少儿广播节目中，对语句关系的处理，不能像成人节目那样平稳推进，而应在规整流畅之中显出活泼跳跃；对播音节奏的掌握，要在总体上稍慢于成人节目的基础上，注意节奏的变化，多停少连，快慢交错；对语气声调的运用，既要贴近对象、细腻柔和，又要不挤、不捏、不嗲；同时要始终保持浓厚的感情色彩，用充满热情、活力和快乐的声音，与少年儿童进行思想上、感情上的交流。而所有这些要素不是独立存在的，它们是一个有机的整体，在播音创作中不仅要处理好每个要素，使之相对完美，而且要把每个要素有机地组合起来，达到整体和谐，以收到最佳的播音效果。

三、少儿节目主持人的专业素质

主持少儿节目，必须充分了解少年儿童的特点，深入理解节目内容的要旨，合理地对语言进行组织，力求各要素的统一和谐，创造出一种语言的整体美。儿童广播节目主持人更应该具备四大素质：纯真的童心，博大的爱心，丰富的知识，创新的意识。

1. 纯真的童心

每个人都曾拥有过童心，只是很多人在成长的过程中悄悄把它遗失了，"童心未泯"应该是成年人追求的一种思想境界，更应是少儿广播节目主持人必备的素质。

少儿广播节目主持人所具有的童心包含两个层面：一是制作的节目，从选材到形式都能准确地表现少儿的心理活动，体现"童心"；二是指主持人或编导能以儿童的目光、儿童的情感观察世界，并以儿童的方式做出反应。就是时时换位思考，主动用儿童的视角去观察生活，用儿童的视角来表达，并启迪孩子们去思考，这就需要主持人常常回忆自己童年幸福和不愉快的体验，想想自己的孩子的需要，或者和邻居的孩子们一起玩玩，交交朋友……有了这些情感体验，主持人才会自觉地唤醒内心的体验，努力做出充满童真、童趣，充满奇妙幻想的、贴近儿童的好节目，才会避免落入"说教灌输"的成人化模式中去。

2. 博大的爱心

少儿广播节目主持人应有一份母亲般的爱心：爱孩子、爱收听你节目的孩子、爱所有的孩子。少儿广播节目不同于学校教育、课堂学习，少儿节目主持人不同于教师、父母，儿童是人生成长的一个非常重要的阶段，人生观、世界观、价值观都在形成过程中，孩子柔弱的小心灵需要成人细心地呵护；主持人一个真诚的肯定，一次认真的倾听，都会给孩子一生造成重要的影响。少儿广播节目主持人应该静下心来，认真思考节目内容设置，努力在节目中进行积极引导，而不应只满足于节目的热闹表面。将自己的社会责任感、敬业精神和对孩子的热诚爱心灌注于每一期节目中，才能真正打动孩子，走进孩子的心灵深处。

3. 丰富的知识

现代社会，得益于信息时代的飞速发展，孩子们从小就可谓"见多识广"。面对孩子们的种种需求，主持人更应该跟上时代的步伐，不断学习、充实自己，更新自己的知识结构，主持人除了不断丰富自己的知识储备外，还应特别学习一些少儿教育的专业知识，了解不同年龄儿童的生理、心理需求和特点，从而真正掌握"深入浅出"的表现方式，满足其好奇心，增长他们的知识，开发他们的智力，培养他们的创新意识，努力创造一个充满童真、童趣的世界，办出既满足孩子们娱乐需要，又满足孩子增长知识需要的少儿节目。

4. 创新的意识

我们要培养具有创新精神的少年儿童，那么少儿广播节目主创人员自己就必须具备创新的意识。网络媒介的兴起已经让广播变成"可听可视"的媒介，少儿广播节目也正是依靠广播交流手段的丰富而变得更为小听众所喜爱和乐于参与了。但仅有这些还远远不够。儿童广播节目主持人还应努力在节目的内容和形式层面上积极创新。在节目内容形式上要实现多样化，寻求新的艺术构思和新的编辑技巧，充分利用广播传送"声音"的特点，用好各种"声音形象"来表达内容，适时地安排好歌曲、故事、短剧等，满足儿童强烈的求新、求奇、求美的心理，让孩子们在丰富美妙的美丽声音世界中受到陶冶，健康成长。

儿童是未来的希望。少儿广播人的责任就是把少年儿童培养成具有良好的道德和行为规范，符合时代要求的有用之才，让他们身心健康、乐于进取，能够迎接新世纪的各种各样的挑战。少儿广播人责任重大，未来充满挑战。只有不断努力提高自身素质才能无愧于儿童广播节目主持人的称号，才能无愧于千千万万忠实的小听众。

第四节　少儿节目的制作与拓展

2010 年 3 月 7 日的国际儿童广播电视日，呼吁媒体制作真正以儿童为中心的广播电视节目，以唤起对儿童的关怀。在我国，少儿广播经历了从 20 世纪 50 年代中期的高速发展到 90 年代的跌入低谷，再到新世纪以来的缓慢发展。如今全国许多电台都开办了少儿节目，如中央电台的传统栏目《小喇叭》、内蒙古电台的《少儿天地》、北京电台的《爱星满天》等。有的电台还专门开设了少儿频率。但是，人们同样发现，各家电台的少儿节目也出现了受众定位不清晰、内容同质化、模式单一、经营不善等问题，影响了节目的传播效果和收听率，制约了节目的进一步发展。少儿广播节目的服务对象应该是天真活泼的小朋友，他们的心理特点和生理特性决定了少儿节目的编导工作必须从儿童的心态出发，以儿童的角度来反映儿童的生活，从而制作出优秀的少儿广播节目。

一、明确少儿广播节目的受众定位

按照传统的和大多数人的观点，少儿广播的目标受众是少儿，这是天经地义的基本定位。但实践证明，仅有这样的认识是远远不够的，现在的少年儿童很少收听广播，原因大概有这样几个方面：

首先，不断出现的新媒体吸引了人们的注意力，少儿喜欢电视的程度甚于广播，尤其痴迷网络。现在的孩子除了上课、做作业、上辅导班，课余时间已经不多，不可能收听大部分的广播内容，他们的生活基本都是家庭、学校两点一线，日常活动都由家长和老师安排。如果家长、学校不听广播，他们就根本没有机会接触广播，对广播缺少基本的了解，也无法切身体会广播的魅力。

其次，现在的广播频率全天播出时间都在 20 小时左右，少儿广播也是如此。但因少儿全天有大量的时间是在幼儿园或学校的课堂里度过，尤其在白天的时段中，他们几乎不可能听到广播。所以，我们得出这样一个结论，少儿广播要解决的首要问题，就是怎样能够让孩子听到广播。孩子在学校以外的时间一般都是在家长的陪伴下度过的，孩子是否收听广播，受到家长很大的影响。比如，随着私家车的普及，现在移动收听广播的人群在不断增加，很多孩子都是在私家车上听到广播的，只要家长在车上听广播，孩子必定也听。可见，要想抓住孩子的心，先要抓住家长的耳朵。因此，我们在确定少儿广播的受众定位时，除了要考虑少儿外，还要充分考虑家长的需求，要知道家长一般在什么时候收听广播，要想方设法地吸引少儿周围的成年人收听广播，利用与少儿密切接触的成年人的收听行为去影响孩子，培养孩子对广播的兴趣爱好和收听习惯。

再次，少儿广播的目标受众是少儿，也包括家长以及少儿生活圈周围的成年人。把家长和成人也作为少儿广播的目标受众，还有一个重要原因。我们现在是在市场经济的大环境下开办少儿广播，少儿广播的终极目的是良好的社会效益，而良好的经济基础是实现这个目的的基本保证，广告创收是广播运转的前提。孩子是家庭的消费重心，孩子的日常生活需求，代表了家长的消费趋向，具有消费能力和水平的是家长，孩子们本身并没有什么消费能力，他们的一切花费，包括口袋里的零花钱，都来自于家长。少儿广播要增加广告收入，就必须努力开发家长市场，让广告客户在这里发现商机，而把家长作为少儿广播的目标受众也就顺理成章了。这就要求我们必须拿出相当一部分的节目、相当一部分的精力留给与孩子有关的家长们。因此，我们必须把为家长办节目和为少年儿童办节目放在同等重要的位置上，一方面为孩子和家长奉献出适合他们收听的节目，另一方面为广告创收创造条件。

二、少儿广播节目的内容安排

在明确了少儿广播节目的受众定位之后，我们再来进一步探讨少儿广播节目的内容。

第一，发挥广播的优势，拓展少儿想象空间。电视播放的动画片对孩子们来说有着天然的吸引力，但对广播来说，播放动画片的录音剪辑显然不是长项。电视的特点是直观、一目了然，这既是优势，又是劣势，因为它束缚住了孩子们想象的空间。因此，必须善于扬广播之所长，用优美动听、含蓄隽永的节目，吸引住孩子们的耳朵，也把他们的眼睛从电视机前解放出来。我们就是要通过节目，让孩子不仅受到教育、获取知识，还要得到享受，感受到听的乐趣，养成听的习惯，在听的过程中陶冶情操、塑造心灵，同时培养出一代又一代的广播听众。

第二，妥善安排少儿节目的播出时间。既然少儿广播的目标受众有孩子也有成人，那节目安排就要根据频率的受众定位来谋篇布局。我们根据全天各播出时段的特点和目标受众的收听时间、收听习惯和需求，将全天的节目划分成若干时间板块，根据各时段目标受众的收听状态，有针对性地安排节目。在少儿能听到广播的时间，比如晚上和双休时间，多安排直接服务少儿的节目。在少儿听不到广播的时间，多安排家长收听的节目。

广播节目有三大元素：语言、音乐和音效，这三大元素既是内容也是一种形式，把语言类的故事节目和文化生活小栏目作为节目的基本骨干，把音乐作为全天节目的衬托，这样容易被家长和孩子同时接受。除了在时间安排上根据受众定位来考虑以外，少儿广播在具体的节目内容上，也有一定的差异，并不是所有栏目都直接为孩子服务。有些内容是说给孩子听的，有些内容是说给家长听的，有些内容是适合孩子和家长一起听的，从某种角度来说，少儿广播不仅仅是孩子的广播，准确地说，它是帮助少儿成长的广播，是所有关注少儿成长的人的广播。

第三，节目内容上，少儿广播必须遵循少儿听众的年龄特点。少儿广播在节目内容上应该注重情感，针对他们的年龄特点、心理因素、生理因素及接受能力，以培养积极向上的情感和性格为目的。应选择合适的情感传播方式进行启发、引导和教育，提高他们的情感素质。传统的少儿广播主要以讲故事、歌曲、童话剧等传播形式进行。而这些传播形式面对当代少年儿童存在的问题及思想活跃、知识面相对广泛、参与意识强的特点来说，有一定的局限性。因为他们不仅需要好听的故事、歌曲、童话剧等，还有参与广播节目的制作与播出的愿望与能力。这就要求我们的节目形式有很强的可参与性，即互动，给他们一个展示才华的平台。

第四，少儿广播节目一定要突出"少儿"两个字，办出特色。在少儿广播节目内容上，必须紧紧抓住现在孩子们所关心、所喜爱的东西，在节目风格上，一定要轻松。我们一说到教育孩子，除了学习还是学习，孩子们本身的学习任务就很繁重，节目要成为孩子生活中的朋友，不论是知识类节目，还是其他节目，收听广播就像与朋友待在一起，让他们感到轻松而愉悦。少儿广播节目虽然是成人做给孩子们听的，但要根据儿童的特点、要求和接受能力，从儿童的实际出发，选择、设置节目内容。通过各种方式进入儿童生活，反映儿童生活，了解儿童成长的需要，并带给儿童成长的智慧和力量。以儿童的眼睛去看，以儿童的耳朵去听，以儿童的心灵去体会。少儿广播节目的内容应具备教育性、知识性、趣味性、娱乐性，设计少儿广播节目要选择简单、易学、易懂，既有趣味性又有教育意义的内容。最好能配合时令、季节及儿童学校里的课业进度，以获得相辅相成的效果。例如，原北京电台专为少儿开办的《我爱地球妈妈》环保节目，就是在用通俗易懂的语言介绍环保知识的同时，加入全市各中小学校参与环保活动的内容，并通过同学、老师自身的感受，加深小听众对环保知识的理解，提高他们的环保意识，同时也使他们对少儿广播节目增加了浓厚的兴趣。少儿广播节目应及时地反映发生在孩子们身边的事，即他们感兴趣的、又难以正确认识的事。

第五，注意采用多种表现形式。一般来说，内容决定形式、产生形式，形式依赖于内容，并随着内容的发展而发展，有什么样的内容，就有什么样的形式。但形式也积极影响着内容，适合内容发展的形式能够促进内容的表达，不适合内容发展的形式则阻碍内容的表达。一般的广播节目比较强调内容，而少儿广播节目在其内容确定之后，更应注重形式，形式新颖就会更好地为少年儿童所接受。少儿广播节目题材内容的多样化，决定了它的表现形式和所采用手段的多样化。所以在一次节目中，宜包括多种不同的单元，游戏、歌曲、故事、短剧等相互调剂，以便更好地提高儿童的兴趣和注意力。此外，同一个内容，由于时间、地点、条件的不同，也可以采取不同的形式，即在同一节目中也可以有多种表现形式。

三、树立少儿广播品牌

在媒体市场竞争日趋激烈的今天，广播也逐步走出幕后。打造看得见的广播，已经成为各广播电台的共识。所谓"看得见"，就是要树立良好的社会形象。社会形象，是受众对媒体的一种认可，也是媒体社会影响力的一种体现。树立广播的社会形象，可从三个方面着手：一是尽可能地扩大覆盖，因为社会形象和社会影响是相关联的，良好的社会形象一定要有相当的社会知名度做基础；二是举办各种户外社会活动，让听众真正看得见；第三，也是最重要的一点，就是在每天的节目中坚守自己的文化品位。

广播现有的传播手段主要是无线发射，由于频点和功率大小的限制，要扩大覆盖，只有另辟蹊径。除了无线广播，我们还通过数字电视传送有线广播。有线广播的信号清楚、音质良好，可以弥补无线传播在某些地区信号衰减的不足。另外，通过网络实时播出，节目能实现覆盖最大化。在尽可能扩大覆盖的情况下，举办各种户外社会活动也是树立良好社会形象的有效办法，例如，夏令营、冬令营、亲子自驾游、"故事大王"比赛等活动。广播电台平时可以与学校广播站联合起来，将校园小记者作为节目的通讯员，及时报道校园新闻或身边的新鲜事，并挑选优秀的小记者担任节目小主持。同时长期与学校、少年宫和各类少儿艺术团体保持联系，为节目提供丰富的节目源及有力的支持，这有利于掌握最及时、最鲜活的信息，及时地将"应该让孩子们知道的"和"孩子们想知道的信息"发布出去，增强节目在孩子们中间的影响力。在未来的媒体竞争中，少儿广播除了要巩固好自己的阵地以外，还可以利用自身的优势，与其他媒体横向联合、借助社会各界的力量，开辟出第二市场。以往的经验证明，媒体间的强强联合、互助合作，不仅能促进各自行业的发展，产生更大的社会效益，同时还能减少成本，带来丰厚的经济效益。

由于社会的进步和现代科技的发展，现阶段的人们逐渐习惯了运用网络进行交流和沟通，所以节目的互动平台除了可以保留传统的热线电话、短信平台、信函等方式外，还应该与网络联系起来。比如建立网站，发挥互联网内容丰富、能看能听、互联互动的优势，扩大节目的影响，补充节目的不足，通过在线形式与孩子或是家长进行交流，以此来提供更多、更方便的互动方式，更好地培养和吸引更多的少儿听众和家长听众。

少儿广播与其他广播媒体一样都是党的喉舌，但其传播功能有所不同，其他广播媒体注重的是新闻宣传，是以新闻立台，而少儿广播的目的更多的是要对收听对象进行文化教育。新闻传播注重事实与时效，文化教育则注重审美与格调。文化教育的内容可以是显性的直抒胸臆、直接说教，也可以是隐性的寓教于乐、潜移默化的熏陶，目的是要不断提高受众的文化素养。过去，少儿广播比较注重突出栏目和主持人个性，现在，同是少儿广播，社会形象的打造和建立可以有不同风格，可以像严肃的老师，可以像慈爱的父母，也可以像亲密无间的伙伴。现代传播学理论告诉我们，传播过程中传和受是相互影响的过程，少年儿童的表现欲望越来越强烈，他们不满足于你播我听的单一形式，少儿节目必须反映他们的呼声，满足他们的需求，展示他们的才能，让孩子们以主人翁的姿态主动探索，认识客观世界，激发和培养观察问题、提出问题、分析问题、解决问题的能力，从而更好地发展自己、完善自己。

少儿广播的频率定位，并无一定的规范，也没有现成的范例可以照搬。无论怎样，实事求是、讲求实效是频率正确定位的前提，也是少儿广播生存发展的基本原则。

四、少儿广播节目的编排

少儿广播在找到自己的定位之后，在节目的编排上也可以进行适当的改进。

1. 用孩子的视角编排节目

作为少儿节目的编导，首先要弄清楚这样一个问题：我们的少儿广播节目是以小朋友和他们的父母为主要受众对象，它的服务对象是少年儿童。在创作少儿节目的过程中，孩子永远都是我们的主题。

当前我们有不少关于儿童问题的节目，常常是从成人的视角、心态来看待发生在儿童中的种种事情。如开学、作业过多、过重影响孩子身心健康、儿童营养不良等，都是呼吁社会、学校、家庭来正确对待教育、关心儿童的问题，是成人们应该关心、解决的事情，而不是儿童本身所能解决的，当然也就无法引起孩子们的共鸣，更得不到他们的喜爱。所以要做一档好的少儿节目，必须要从儿童的心理视角出发，针对他们的心里想法去制作节目。在编导过程中，只要了解孩子们的内心世界，编导的工作效率就会大大提高。

2. 采用寓教于乐的编排方式

对于儿童来说，游戏是他们最热爱的一种活动形式。他们不可能真正参与成人社会，而游戏正是帮助孩子实现愿望的最好方式。因此，在制作少儿广播节目的过程中，编导可以充分掌握儿童的这个特点，为他们提供丰富多彩的有奖游戏活动。在玩玩闹闹中可以开发儿童智力，让孩子可以运用自己的想象力，从玩乐中获得知识，让孩子们更勇敢、更富协作精神。

3. 充分运用编排技巧

儿童广播节目的形式要丰富多彩、新奇有趣，能激发少年儿童参与节目的兴趣。作为少儿广播节目的编导，还应该在节目中充分运用编导技巧，设立能抓住儿童注意力的兴奋点。讲故事可以说早已成为最适合少年儿童欣赏的艺术形式，在少儿节目的编导过程中，可以利用对话，把景物、事物拟人化，无形中把小朋友深深地吸引到节目中来。少儿节目的音乐也同样应该遵循儿童的特性，选择儿童喜欢的音乐。

总之，编排少儿广播节目应该明确确立以少年儿童为服务对象，在现有的条件下，尽量做到针对少年儿童多个年龄段设置相应的节目，尽量形成针对每个年龄段的少年儿童的较为完整的节目带。

从目前的状况看，少儿广播的确处在一个低谷。但未来的少儿广播，却仍然是前途光明的。发展少儿广播事业，使之在短期内找到自己的定位，发挥出广播的独家专长，体现出少儿广播的优势和特色，并成为孩子的亲密伙伴，从而充分发挥出它对少年儿童的宣传教育作用，是我们这一代广播人必须要承担的责任。少年儿童是祖国的未来和希望，关心少儿节目、探索少儿节目、办好少儿节目，是少儿节目主持人义不容辞的神圣职责。未来是属于孩子们的，少儿广播是为孩子们服务的，也是为未来服务。

 **案例分析**

☞ **分析一**

从《小喇叭》看少儿广播节目的运作模式①

1956 年 9 月 4 日，新中国第一个学龄前儿童广播节目《小喇叭》在中央人民广播电台诞生，《小喇叭》作为第一个学龄前儿童节目，是展示中国少儿优秀原创作品的重要窗口，是广大少年儿童健康快乐成长的精神乐园，教育和影响了共和国几代人的成长，已成为家喻户晓的名牌节目和全社会共同拥有的精神财富，在加强未成年人思想道德建设和社会主义精神文明建设方面发挥了不可替代的作用。

半个世纪以来，《小喇叭》节目汇聚了中国少儿文学、歌曲创作和演播领域的精英人才，为全国的少年儿童提供了丰富有益的精神食粮。今天，《小喇叭》节目作为中央人民广播电台新闻综合频率——中国之声的重点栏目，继续积极发挥着广播媒体的教育和引导功能，用健康向上的内容、生动活泼的形式，影响和服务亿万少年儿童。《小喇叭》是少儿节目的开路先锋，也是办得较成功的一个栏目。对其运作模式进行深入分析，对于探索少儿广播的可持续发展具有一定的意义和价值。

---

① http://www.rgd.com.cn/rgd/xxyd/nfgbyj/gbyw/255932.shtml，2012-12-01。

一、受众定位明确

根据《联合国妇女儿童权利公约》规定，儿童是指 18 岁以下的任何人，所以少儿广播最直接的传播对象就是 18 岁以下未成年人这个群体。而《小喇叭》根据自身定位进一步缩小受众范围，3~6 岁的学龄前儿童成为其"核心受众"，从表面看，《小喇叭》进一步细化受众可能会导致受众面窄小，但从深层次看，《小喇叭》准确地定位"核心受众"，能够提高栏目选题、内容的针对性和独特性，在节目内容和节目风格中打造《小喇叭》独特的个性特点。

二、受众的延伸性

从受众的延伸性来看：3~6 岁的孩子在收听少儿广播的时候一般都是由家长陪同，《小喇叭》欢快的节目形态，不光可以吸引小朋友，还可以吸引伴随收听的家长。因此，我们有理由认为，许多孩子的家长也是《小喇叭》受众的一个重要组成部分。如今，一个家庭大多只有一个小孩，父母都希望能利用一切方式让孩子受到教育、健康成长，希望有一个专门针对孩子的声音。《小喇叭》正好满足了家长和孩子这两个受众群的需求。

三、从受众需求出发

在受众本位观念的驱动下，以受众的需求为出发点来寻找节目的创意之路成了《小喇叭》的主要追求。因此，栏目针对少儿活泼、求知欲强、心智发育不成熟等特点进行节目设置以及内容和形式的打造。从整体和全局高度上实现节目风格和受众的收听旨趣和谐一致。

1. 板块和时间设置凸显科学性

广播板块节目只有在整体和部分都下功夫才能使整体之和大于部分。为了使节目结构保持节目板块的多样性、流畅性、紧凑性等特点，把思想性、知识性、趣味性和娱乐性融为一体，《小喇叭》设置了《抱抱熊讲故事》、《嘀哩鸟唱儿歌》、《谜语猜猜猜》等板块，而且在特定的节目或突发事件中，还灵活地调整节目结构，围绕某一主题重新进行板块组合，如 2010 年 3 月 12 日植树节这天，围绕爱护小树苗这一主题展开，从一开始的主持提问到《谜语猜猜猜》："天南地北都能住，春风给我把辫梳。西畔湖旁搭凉棚，能洒雪花当空舞"，再用散文《树真好》告诉小朋友树的好处，呼吁人人都来种树，在思考过后给孩子们讲一则寓意深长的《种树》的小故事。节目由一个主线展开，一环接一环地层层递进，各个小板块之间串联的自然、提问、谜语、散文到最后的故事板块组合使得形式有张有弛，节奏有快有慢，符合了儿童注意力保持时间短、兴趣易转移等特点。在播出时间的选取上《小喇叭》也是在充分调研的基础上，从 2010 年 1 月 1 日起由 20:35—21:00 调整为 20:00—20:30，这也符合中国青少年研究中心儿童研究中所提到的儿童 21:00 前休息的生活作息规律。这种从宏观把关到微观调整的节目设置方式使得《小喇叭》更具针对性和科学性。

2. 节目内容体现生活性

当然，由于儿童知识面较窄，缺乏深度的思考能力，所以少儿广播应该从孩子们的身边小事取材，贴近他们的生活、学习，尊重他们的认知方式和接受方式，在娱乐性当中体现生活性，寓教于乐。换句话说，只有宏观立意、微观取材才能达到传播效果最大化，才能在保持收听率的同时达到培养教育孩子的目的。

《小喇叭》针对儿童的特点，在《抱抱熊讲故事》板块中选择了让孩子感恩母爱的《狐狸和葡萄》，让孩子学会团结友爱的《吵架糖》，让孩子学会找到自己长处的《可爱的小乌龟到处找工作》以及经典的童话故事《国王的新衣》等，这些故事都是从很小的切入点取材，折射出一些做人做事的道理。通过形象化的童话寓言，教育孩子们树立正确的人生观、价值观，有重要的教育意义。

3. 形式注重参与性

内容决定形式，而形式反作用于内容。好的节目形式能够让内容更好地为受众所接纳，提升传播效果。《小喇叭》在形式上避免走说教的路子，在快乐的气氛中给孩子启迪，在游戏和故事中培养孩子积极向上的生活态度。让小朋友把热线参与当成是来《小喇叭》做客，借鉴人际传播手段，让小朋友在心里有一种温馨感。与此同时，《小喇叭》进一步对节目形式进行创新，努力做到从偶然性提升到常规性参与，探索与新媒体融合成为《小喇叭》的创意发展之路。2009 年《小喇叭》开设了《小喇叭》网页版。小朋友可以点播自己意犹未尽的节目；可以在《每周一星》栏目里看到自己同龄小朋友可爱的照片，或者自己的照片；在《小喇叭图画板》栏目里有小朋友寄给栏目组的画，让小朋友们更积极地参与到节目中来，提升了栏目的影响力。

(1) 声音结构具有对象性。主持人的声音是广播声音结构的重要组成部分，主持人在少儿节目中扮演的角色不同，所采用的音调、音色、音量也不一样。《小喇叭》的主持人，从早年的孙敬修爷爷到现在的郑晶姐姐和春天姐姐，都是用体贴、细致、亲切、流畅的语言风格，充满了对儿童的呵护和关爱之情，非常契合小朋友们的接受习惯，让他们产生亲切感和信任感。背景音乐的切入使得整个节目更加丰富饱满。

(2) 声音来自于情感。主持人的声音来自于他的情感。这就要求主持人感情丰富、富有爱心，情感与故事栏目格调统一，解说性的串联词尽可能与音乐的旋律贴切融合。好的音响在节目中的运用能起到提高听众兴趣、提升节目质量的效果。"小朋友，小喇叭开始广播啦！嗒滴嗒、嗒滴嗒、嗒嘀嗒——嗒——滴——"，这是从《小喇叭》1956 年创办以来一直未改变的开场声音，它成为《小喇叭》的一个特色音响，也是其品牌资源的一个重要组成部分。少儿广播是播给少儿听的，让少年儿童自己的声音传达到广播中来，使得少儿广播成为真正的"童声"，《小喇叭》还经常邀请同年龄层的小朋友参与节目的采编、故事的配音等。这些小主持与听众具有亲近性，使得少儿广播成为少年儿童发出自己声音的广播。

四、注重包装搞活经营，提升节目软实力

广播在市场经济的推动下追求产业化发展，经济效益成为每个电台不得不重视的一个问题。在保证社会效益的基础上，最大限度地获取经济效益是每个台的现实目标。从主观上看，少儿广播针对的是少年儿童，由于少年儿童不具有经济能力，不是消费的主要承担者，加上社会一直呼吁打造绿色少儿广播，还少年儿童一个纯净的收听空间，所以很多商业性的广告都不会考虑在儿童广播中投放。面对严峻的挑战，《小喇叭》虽然尝试过把小白兔牙膏编入少儿广播剧中，但是最后还是从社会效益出发，把这种形式舍弃了。如今《小喇叭》的经济来源，首先是在节目的中间嵌入蒙牛广告，广告时间只有十几秒，这在长达30分钟的《小喇叭》节目时段中恰如其分，不仅在长时间的收听下给小听众适当的心理调适和休息的空间，而且在广告商家的选取上也充分考虑小朋友的喜好，牛奶本身就是小朋友成长的不可或缺的营养物品，所以嵌入蒙牛广告不会由于广告时间太长和内容因素而造成不利的社会影响，做到了经济效益和社会效益的双统一。

除此之外，《小喇叭》在提高内在质量的同时，也在努力强化节目包装、提高节目的软实力。《小喇叭》首先对频率形象进行整体包装，"有益于让孩子们将来成为一个热爱生活、有所作为的人"这一节目宗旨把《小喇叭》整体打造成一个健康积极向上的少儿广播形象，做儿童的良师益友。其次，以活动促进影响力，加大宣传力度，在《小喇叭》成立50周年时在北京举办了喜迎50华诞《声音里的童年》大型庆典晚会，晚会发布了《小喇叭》节目吉祥物"小叮当"，成为频率统一形象的又一代表。本次晚会的实况由中央人民广播电台、中央电视台播出，达到了良好的宣传和传播效果。

受众定位、节目结构、节目内容、节目形式、声音结构、经营管理等方面是儿童广播节目发展好坏的一系列评价标准。只有把这几个方面有机地结合起来，才称得上一档精品优质的儿童广播节目。《小喇叭》的实践经验为少儿广播节目的运作模式和自身发展提供了具有参考价值的研究模型。

☞ 分析二

《七色花》广播稿①

播出频率：吴江电台新闻综合频率
首播时间：2010年4月14日
时间长度：30分钟
编辑、制作：张薇

[自我介绍]

小薇：收音机前的小朋友们、队员们，欢迎收听吴江电台新闻综合频率正在为您播出的《七色花》少儿节目，我是你们的好朋友小薇姐姐。队员们在收听我们节目的过程当中，如果有任何意见、建议或者问题，都可以编辑短信9696加上文字内容发送到106212381、106212381，小薇姐姐欢迎大家的参与。在今天的节目当中呢，小薇姐姐邀请了来自吴江梅堰实验小学的两位小队员走进我们的直播室，和我一起主持节目，首先就请他们做个自我介绍吧。

周依杰：Hi，大家好！我是来自梅堰实验小学五（1）中队的周依杰，希望大家能喜欢我主持的节目。

---

① 来源于吴越在线网。

陈昊赉：大家好，我是五（3）中队的陈昊赉。小薇姐姐，上次我是作为才艺小选手来表演古筝的，这回啊，我来当小主持人，希望大家能喜欢。

小薇：欢迎欢迎，上次陈昊赉也是让大家欣赏到了你的才艺，哎，今天就让我们一起来看看你们两位的主持能力！收音机前的队员们，让我们在 30 分钟的《七色花》少儿节目中，共同度过一段美好的时光吧！

[奇奇小喇叭]

小薇：欢迎来到《奇奇小喇叭》校园新闻播报板块，一起来了解一下近期校园里都发生了哪些新鲜事吧！

周依杰：好的，上个月的 29 日是全国第 15 个中小学生安全教育日，来自平望实验小学的江村娃小记者沈正虓发来消息说，他们学校为了进一步提高队员们对于交通安全的认识，特别开展了一次交通安全教育活动，让我们一起去瞧瞧吧！

[连线]

收音机前的听众朋友大家好，我是来自平望实验小学江村娃通讯站的小记者沈正虓。

今年的 3 月 29 日是全国第 15 个中小学生安全教育日，为了使同学们能够自觉遵守交通法规，实现"高高兴兴上学，平平安安回家"。我们平望实验小学和平望交警中队联合出击，在校园内组织开展了一次交通安全教育活动。

活动当天，同学们一早进入校园，就看到学校门口的电子滚动屏上打出了"让健康与我们相随、让安全与我们相伴、让文明与我们相拥"的宣传话语。在晨会课的时候，辅导员老师又给每一位江村苹果娃发出了安全倡议书。到了下午，平望交警中队的警察叔叔和阿姨又来到学校给大家介绍交通法规，张警官给全体四年级新上任的小交警们进行了上岗培训，你瞧！"小警员们"都异常认真地记着要领，规范地做着动作呢。交警中队的小周阿姨带来了交通宣传的动画片，给全体三年级的学生们进行了一次"交通安全讲座"，这种新颖的宣传方式一下子就吸引了同学们的注意力。在笑声中，大家进一步地认识到了生命的宝贵、遵守交通法规的重要。

小薇：希望通过这次活动可以增强队员们的安全意识，同时也希望收音机前的队员们都能够在日常的生活中向身边的人宣传交通规则，共同树立安全的意识！

陈昊赉：没错！下面再让我们一起来关注一条好消息！

小薇：哦，什么好消息啊？

陈昊赉：鲈乡实验小学的江村娃小记者陆佳意发来消息，在近期开展的苏州市 2010 年青少年机器人比赛中，鲈乡实验小学的小选手们不负众望地获得了优异的成绩。

[连线]

收音机前的听众朋友大家好，我是来自鲈乡实验小学江村娃通讯站的小记者陆佳意。

日前，苏州市 2010"博实杯"青少年机器人比赛在苏州市独墅湖体育中心举行，我们鲈乡实验小学派出 9 位小选手参加了这次的机器人技能赛、FLL、灭火机器人、轨迹四个项目的比赛。

比赛中，小选手们发挥优异，尤其是在机器人技能比赛中，获得了一等奖的好成绩，在另外三项比赛中也分获二、三等奖。

小薇：我觉得吧，这次鲈乡实小的小选手们能在比赛中一举夺魁，肯定是和平时的努力分不开的。

陈昊赛：是的，据小记者陆佳意介绍说，近年来鲈乡实验小学为了培养提高队员们的创新意识和创造能力，经常会举办机器人、金钥匙、新荷 IT、七巧板等社团活动。

小薇：嗯，这次比赛获得这么优异的好成绩，就是对鲈乡实小科普教育工作成果的一次展示。

周依杰：小薇姐姐，古人说"人间三月芳菲始，又是一年清明时"，在清明节前，我们平望镇的三野四烈士墓迎来了一批又一批的瞻仰者，大家通过祭扫活动，一方面缅怀革命先烈的丰功伟绩，学习革命先烈为祖国为人民艰苦奋斗、用鲜血和生命铸就的无私奉献的民族精神，另一方面激发了不少朋友努力学习，为中华民族伟大复兴奉献青春和热血，树立了民族自豪感和自信心。

陈昊赛：没错，在清明节前，我们学校的四年级江村娃就参加了祭扫革命烈士墓的活动，小记者吴渝澳也为大家发来了相关报道。

周依杰：4 月 2 日，我们梅堰实验小学四年级的江村娃怀着对革命英烈的敬仰之情，来到平望三野四烈士陵园祭扫烈士墓。当天在烈士陵园里，我们看到前来扫墓的人很多，但是大家都是井然有序的。队员们站在烈士纪念碑前，认真地聆听着英雄事迹的介绍，了解了四烈士为解放平望镇而牺牲的英雄壮举，大家深深地明白，我们今天的幸福生活来之不易，是革命先烈不顾危险抛头颅、洒热血，才有了我们美好的今天。队员们在队旗下庄严地宣誓，要好好学习、天天向上，牢记胡锦涛总书记的贺信要求，今天做一名"四好"少年，明天为祖国建设贡献自己的一份力量！

小薇：说得好。好了，收音机前的队员们，我们今天的《奇奇小喇叭》新闻播报就到这里，希望大家都能够关心生活，将自己身边发生的一些新鲜事、有趣事写成新闻稿件发送到《七色花》的邮箱里来。

陈昊赛：我们的邮箱地址是：qisehua×××@126.com

[才艺 PK 台]

小薇：欢迎大家来到队员们展示才艺的舞台《才艺 PK 台》。

周依杰：在今天的《才艺 PK 台》板块中，首先和大家一起来欣赏来自震泽实验小学的江村娃——倪启晨带来的歌曲《小小少年》。

[出表演内容]

陈昊赛：小薇姐姐，虽然这次我没有给大家带来才艺展示，但是我们学校的故事大王来了，她今天可是给大家带来了好听又有趣的童话故事呢！

小薇：真的吗？那太好了，队员们可是非常喜欢听故事的哦。

陈昊赛：接下来就请大家一起来欣赏，来自梅堰实验小学的江村娃李唐路为大家带来的童话故事《垃圾国王和富豪》。

[出表演内容]

垃圾国王与富豪

城市的垃圾场里住着一位自称为"垃圾国王"的人，他把破衬衣捆在一根棍子上，于是它就像旗帜一样，在垃圾场上空飘扬；他的头上戴着一个用罐头盒做成的、闪闪发亮的王冠；在他的手里，还握着一把象征着权利的长扫帚。平时，垃圾国王就坐在被称为宝座的一个破桶上，向身边的一群流浪狗发布命令。

有一天，富翁帕切科病了，而且病得很厉害。所有医生都诊断不出这是什么病，正当人们没有办法的时候，帕切科的仆人想起了被人称赞的垃圾国王，主要原因是因为他已经治好了很多病人。

垃圾国王仔细地询问了富豪的病情以后说："你得的病是心病，你每天都在担心自己的财产，每天都为谁继承你的财产而发愁，可这一切都以健康为代价……"

富翁见垃圾国王说出了自己的真实病因，为了掩饰自己的缺点，他说："我叫你来不是让你教训我的，你只要说出怎样才能治好我的病就行！"垃圾国王说："只要你把垃圾场的垃圾桶用珠宝装满，我就答应治好你的病！"

富翁命令仆人装满一袋子珠宝，送到垃圾场去。晚上，仆人来到了垃圾场，当他把满满一袋珠宝倒进垃圾桶以后，桶里却仍然是空的。

仆人把这个消息告诉了富翁，尽管富翁心里不高兴，但为了治好自己的病，他还是忍痛让仆人又往垃圾桶里倒了一大袋珠宝。但是，垃圾桶还是没有装满。就这样，他接连往垃圾桶里倒了好几十袋珠宝。

富翁对垃圾国王说："我现在什么也没有了，只有一间小房子和一个小作坊……"可垃圾国王说："我要了你多余的财产，就是因为它们使你整夜都睡不着！从今天开始，你要在自己的作坊里用劳动养活自己。"

听到这里，富翁红着脸低下了头，他现在终于明白垃圾国王的用意了。

小薇：聪明的同学们，听了这个故事，大家明白垃圾国王给富豪开出的是什么药方了吗？

[小荷尖尖]

小薇：欢迎来到队员们展示文学才华的舞台《小荷尖尖》。

陈昊赛：在今天的《小荷尖尖》板块中，我们给大家带来了两篇优秀的作文。对了，周依杰，先考考你，你知道世界上哪个民族最喜欢阅读？

周依杰：嗯，不太清楚，说来听听！

陈昊赛：据说，最喜欢看书的是犹太人了。

周依杰：为什么啊？

陈昊赛：每个犹太小孩一出生，他们的父母就会在书本上涂上蜂蜜，让他们从小就感受到书本是甜的。

周依杰：是吗？太有意思了，难怪诺贝尔奖获得者中犹太人就占了1/3，原来这跟他们从小酷爱阅读是分不开的。

陈昊赛：就是、就是。现在，我们梅堰实验小学每学期都会设立读书节，背《三字经》、《古诗七十首》，吟《唐诗》、《宋词》，读经典名著。不少同学都在阅读中找到了蜂蜜一样的甜味呢，不妨听听梅堰实验小学五（4）中队黄晓莉队员的阅读感悟吧。

小薇：好啊，那下面就让我们一起来欣赏一下吧！

周依杰：《感恩书籍》，作者：梅堰实验小学五（4）中队，黄晓莉。

谈起感恩，大家一定会想到老师的教诲之恩、父母的养育之恩吧！但是，我最想感恩的还是书籍了，是它们给了我们丰富的知识。

莎士比亚说过：生活里没有书籍，就好像没有阳光；智慧里没有书籍，就好像鸟儿没有翅膀。书籍是全人类的营养品。

我说："书，让我感受到了思绪的自由与辽阔；书，让我触摸到血肉丰满的灵魂。感恩书籍，充实了生活，丰富了知识。"

在书的世界里，我可以打破时空的限制，往返于古今，听曹操"对酒当歌，人生几何"的深刻感慨。与李白享受"举杯邀明月"的闲情逸致，和白居易同听"大珠小珠落玉盘"的声音，和苏轼一起"把酒问青天"……

在书的世界里，我感受到"天生我材必有用，千金散尽还复来"的豁达，体验过"问君能有几多愁，恰似一江春水向东流"的悲叹。

"轻轻的我走了，正如我轻轻的来，挥一挥衣袖，不带走一片云彩。"我仿佛是康河柔波的一棵水草，望着诗人远去的身影。

看着书架日渐增多的书籍，一丝感激之情沁入我的心田，书陶冶了我的情操，洗涤了我的心灵，给予了我无穷的勇气与力量，赐予了我深挚的热爱和追求。

感恩书籍，你给予了我们无限的知识。

小薇：书籍是人类进步的阶梯，是全世界最好的精神食粮，黄晓莉同学很好学，让我们跟她一样与书籍为伴，浸润在书香之中。

周依杰：没错。对了，古人说："草长莺飞二月天，拂堤杨柳醉春烟"，小薇姐姐，你知道在这样的大好春光中，我们队员们最喜欢什么活动吗？

小薇：嗯，你用到了古诗，那我来猜猜是不是"儿童散学归来早，忙趁东风放纸鸢"，是放风筝吧？

周依杰：对对对！接下来就让我们跟着梅堰实验小学五（1）中队的唐悦莹队员一起去感受一下放风筝的快乐。

陈昊赛：《放风筝》，作者：梅堰实验小学五（1）中队，唐悦莹。

"春天到，春风吹，咱们一起放风筝……"我嘴里念叨着自编的歌谣，跟着爸爸来到广场上放风筝。

广场上人可真多，风筝也多。风筝的种类五花八门，我抬头一瞧，天空中有"蝴蝶"、"蜻蜓"、"飞鹰"，快看快看，还有"飞机"……它们各个颜色艳丽，在天空中争奇斗艳呢！再瞧瞧我手里这只其貌不扬的风筝，只是一个普通的三角形，下面拖着一个长长的小尾巴。瞧见我郁闷的表情，爸爸告诉我，别看我们这只风筝长得不怎么样，但是它一定可以飞得很高。听了老爸的话后，我抱着半信半疑的态度和他一起放飞这只"丑"风筝。

风时而朝左刮，时而朝右刮，好不容易才盼到风稳定些了。老爸和我赶紧把风筝"送"上了天。风筝扶摇直上，长长的尾巴随风摆动，多像壁画上的飞天舞动着长长的彩带。飞到半空中时，风筝突然抖动了几下，紧接着忽左忽右、忽上忽下，眼看就要栽下来了。老爸熟练地一拉线，一压线，风筝便又稳当地向上飞了。

看到风筝飞稳了，爸爸就一点点地放线。我们的风筝越飞越高。我从爸爸手里夺过线轴，模仿他的样子，一点点地放线。风筝飞得更高了，我心里美极了。

正当我美滋滋的时候，我们的风筝和另一只风筝缠住了。我慌了神，不知该如何是好，瞎摆弄了半天也不管用，赶紧又把线轴交给了老爸。只见，老爸一点儿也不慌，轻轻松松地把线绕了几下就解决了。看得我在一旁直呼："老爸好厉害！"

走在回家的路上，老爸突然意味深长地问我："你知道今天为什么带你来放风筝吗？"我点点头，不假思索地回答："不就是天气好，适合放风筝吗？！"老爸一本正经地说："你只答对了一点，另一点你知道吗？"我疑惑地望着爸爸，摇摇头。老爸说："我希望你像这只小小的风筝一样，能迎风而上，在逆境中锻炼自己。"

回家后我反复思索老爸说的话，没错，他说得对，我就应当像这只不起眼的小风筝一样勇敢，沉着地面对困难、战胜困难。

小薇：嗯，小作者不仅用细腻的文笔描写了爸爸沉着冷静地解决放风筝过程中遇到的麻烦，还从中深深地感受到生活就像放风筝，要学会在逆境中锻炼自己。

周依杰：好了，今天《小荷尖尖》的作文欣赏就到这里了，收音机前的队员们，欢迎你们将自己的优秀文章发送到我们《七色花》的邮箱里，来和大家一起分享哦！

陈昊赟：我们的邮箱地址是：qisehua×××@126.com

[芝麻开门]

小薇：欢迎来到《芝麻开门》板块，两位小主持人今天想给大家介绍什么知识呢？

周依杰：小薇姐姐，今天，我和陈昊赟给大家带来了几样奇妙的植物。你听说过吃荤的植物吗？

小薇：只听说动物会吃东西，可没听过植物也会吃东西，而且吃的是荤菜？说来听听。

陈昊赟：它的名字叫猪笼草，是具有捕食昆虫能力的草本植物。

周依杰：在自然界，猪笼草常常平卧生长，叶的构造复杂，分叶柄、叶身和卷须，卷须尾部扩大并反卷形成瓶状，可以捕食昆虫。猪笼草具有总状花序，开绿色或紫色小花。猪笼草叶顶的瓶状体是捕食昆虫的工具。瓶状体开口边缘和瓶盖复面能分泌蜜汁、引诱昆虫。瓶口光滑，待昆虫滑落瓶内，被瓶底分泌的液体淹死，并分解虫体营养物质，逐渐消化吸收。

陈昊赟：其实，会吃荤的植物除了猪笼草，还有一种叫黄花狸藻的水生食虫植物，黄花狸藻除花序外都沉于水中，叶器上有卵球状捕虫囊，可捕捉水中微小的虫体或浮游动物。

周依杰：小薇姐姐，那你听说过会运动的植物吗？

小薇：这个呀，可难不倒我了，我在一本书上看到过，是向日葵！

陈昊赟：嗯，没错，植物的向性运动可分为向光性、向地性和向触性，向日葵花的向阳是典型的向光性运动。田地中朵朵葵花向太阳就是最好的证明啊。

小薇：说得真有道理哇，我相信这样的植物肯定还有不少。

周依杰：是的，比方说含羞草，它在受到外界触动时，叶会下垂，小叶片合闭，这个动作被人们理解为"害羞"，所以有了含羞草的美称。

陈昊赟：这样的植物还有呢，在我国华南部分地区生长着这样一种草，它的外表普普通通，和一般的小草没什么两样，当人们对它讲话或唱歌，小叶片会左右舞动，就好像小草听到你的声音翩翩起舞，所以人们又给他们起了一个名字叫做舞草。现在许多植物园都种植了舞草，作为一种会动的宠物，受到很多人的喜爱呢。

小薇：嗯，大千世界，真是无奇不有啊，今天两位同学给我们带来了几种吃荤的植物和会运动的植物，让收音机前的小朋友大开了眼界。非常感谢周依杰和陈昊赛，植物也是我们人类的好朋友，只要爱护它、走近它，我们一定能发现更多美妙的东西。

[结束语]

小薇：好了，以上就是我们今天《七色花》的全部内容了。非常感谢今天的两位小主持人。

周依杰：希望我们的节目，大家能够喜欢。

陈昊赛：同学们，再见！

思考与练习

1. 浅谈少儿广播节目对象的定位。
2. 浅谈少儿广播节目的现状与出路。
3. 少儿广播节目对其采编人员有哪些特殊要求？
4. 少儿广播节目主持人应如何调动儿童的参与意识？

参考文献

[1] 肖峰．广播新闻业务教程．武汉：武汉大学出版社，2010．

[2] 曹璐，吴缦．广播新闻业务．北京：北京广播学院出版社，1997．

[3] 曹璐，罗哲宇．广播新闻业务（第二版）．北京：中国传媒大学出版社，2010．

[4] 董晹．广播节目策划与制作．北京：中国传媒大学出版社，2008．

[5] 庄克仁．广播节目企划与制作．台北：五南图书出版公司，2004．

[6] 张骏德．当代广播电视新闻学．上海：复旦大学出版社，2010．

[7] 申启武．广播生态与节目创新研究．广州：暨南大学出版社，2008．

[8] 张颂．中国播音学．北京：中国传媒大学出版社，2003．

[9] 蔡凯如．广播编辑与节目制作．武汉：武汉大学出版社，2008．

[10] 刘爱清，王峰．广播电视概论．北京：中国广播电视出版社，2008．

[11] 段汴霞．新编广播电视概论．郑州：河南大学出版社，2009．

[12] 王兰柱．2005中国广播收听年鉴．北京：中国传媒大学出版社，2005．

[13] 熊仕平．品牌战略与产品推广策划．北京：中国经济出版社，2003．

[14] 曹璐．解读广播——曹璐自选集．北京：中国传媒大学出版社，2004．

[15] 丁俊杰，黄升民．中国广播产业报告——产业发展与经营管理创新．北京：中国传媒大学出版社，2005．

[16] 刘晓龙．唱响音乐之声．北京：中国传媒大学出版社，2004．

[17] 周华斌．广播·电视·戏曲研究．北京：北京广播学出版社，1998．

[18] 朱宝贺．广播编剧艺术．北京：中国广播电视出版社，2001．

[19] 朱宝贺，林长风．广播剧导演艺术．北京：中国广播电视出版社，2001．

［20］冯小龙．广播新闻原理与制作．台北：正中书局，2000.

［21］于洪梅．广播原理与制作．台北：三民书局，1992.

［22］洪贤智．新闻学新论．台北：五南图书出版公司，2003.

［23］庄克仁．广播节目企划与制作．台北：五南图书出版公司，2003.

［24］刘建顺．现代广播学．台北：五南图书出版公司，2003.

［25］程道才．广播新闻写作．北京：中国广播电视出版社，1999.

［26］罗伯特·赫利尔德．电视、广播与新媒体写作．北京：华夏出版社，2002.

［27］赵玉明，王福顺．广播电视辞典．北京：北京广播学院出版社，1999.

［28］李丰，宋丽萍．主持人场景应对技巧．北京：中国广播电视出版社，2003.

［29］徐莉，毕凤飞．主持人口语表达艺术．北京：中国广播电视出版社，2003.

［30］陈振，田方．主持人节目策划．北京：中国广播电视出版社，2003.

［31］柴志明．走向媒体．杭州：浙江大学出版社，2004.

［32］江琴宁．广播媒介管理学．杭州：浙江大学出版社，2004.

［33］潘力，五本锡，李建刚．高新技术与广播传播方式变革．北京：中国传媒大学出版社，2003.

［34］姚国强．影视录音——声音创作与技术制作．北京：中国传媒大学出版社，2002.

［35］周传基．电影·电视·广播中的声音．北京：中国电影出版社，2001.

［36］尼尔·波兹曼．娱乐至死．桂林：广西师范大学出版社，2004.

［37］于丽爽，宋茜．谈话的力量．北京：中央编译出版社，2004.

后　记

一、对本研究的说明

由笔者主编的教材《广播新闻业务教程》于 2010 年 5 月在武汉大学出版社出版，面向全国公开发行后，受到新闻业界和学界普遍欢迎。2011 年底，贵社责任编辑易瑛又委托我组织几位大学老师编写一本《广播节目制作》。两年多来，我们几经编写修改，终于定稿，其思路和用意是：

第一，将广播置于媒介融合时代、新媒体生态和广播听觉文本规律之中，在实务论述中拓展了广播体系的理论内涵。

第二，教材中以广播创新理论和丰富鲜活的案例支撑全书，努力梳理其中的创新思路和规律性认识。

第三，在多媒体竞争的格局下，使学生对广播产生全面、深刻、崭新的认识，并对广播可持续发展坚定信心，掌握各类广播节目"是什么"和应该"怎么做"的过硬本领。每章结尾处布置思考题，使学生通过看书、听课、阅读范文和作业实践等环节，有效提高新闻采写、广播节目的录制能力与综合素质。

第四，该教材适用于新闻传播学科专业学生，也适应用于新闻业界及企事业单位广播电视台站、宣传、公关部门的业务培训，以及晋升专业职称、业务考评、进修和培训使用。

参加本书编著的作者是：中国地质大学（武汉）艺术与传媒

学院新闻传播系教授肖峰；北京师范大学珠海分校艺术与传播学院副教授陆丹；中国地质大学（武汉）艺术与传媒学院新闻传播系副教授宁薇；武汉商贸职业学院物流学院物流管理专业教师刘方；中国地质大学（武汉）艺术与传媒学院传播学硕士生孙诗。肖峰负责全书框架修改和统稿工作，具体执笔为：肖峰：前言、绪论、参考书目、后记。陆丹：第七章、第八章、第九章。宁薇：第四章、第五章、第六章。刘方：第一章、第二章。孙诗：第三章、第十章。华中科技大学新闻与信息传播学院讲师龚超、武汉商贸职业学院通识教育学院专业教师高章幸、宜昌三峡广播电视总台广播中心记者陈灿、中国地质大学（武汉）艺术与传媒学院新闻传播学硕士生张洵、苏龙生，参与了本书的资料收集和编写工作。

二、致　谢

首先，我对原工作单位——宜昌人民广播电台的领导、老师和同事表示衷心的感谢！

其次，我对中国地质大学（武汉）艺术与传媒学院的领导、老师和同学们表示衷心的感谢！从 2004 年作为引进人才调进大学，我成为了新闻传播系教授、硕士生导师，地大艺媒学院（系）就成了我的"家"。这里是我安身立命之地，这里是我的希望、理想、成就之地。余瑞祥院长、帅斌书记用人如器，给我的教学与科研工作创造了良好条件，派我多次赴外地参加全国新闻学术研讨会，使我扩大了视野，增长了才干，担任了新闻传播学一级学科"新闻理论与实务"的学科带头人。喻继军、张梅珍、王大员、孟霞等老师都对我支持和鼓励有加。为此，我尽心尽力地努力工作，为大家树立了榜样。我承担了多门本科生、研究生课程，利用课堂这个主渠道，向学生传授基本的新闻传播知识、技能，还讲解积极向上的世界观、人生观、新闻观，通过丰富的人生阅历和专业积累，同学生一起探讨中国新闻人的经验与教训、光荣与梦想。十八大期间，我在广播新闻业务课上组织学生围绕"期盼"展开讨论，并写出评论，有 10 篇文章被《杂文报》"高校论剑"专栏刊载；穆青逝世 10 周年的日子，我带领研究生到新华社湖北分社与高级记者方政军博士座谈，讲解穆青精神"实事求是，追求真理"，在学生中引起思想的激荡，大家围绕"勿忘人民、人民不忘"展开讨论，体现了思想性与专业性的有机结合，所整理的材料刊登在期刊上。我还带着学生去社区、企业和基层采访，在媒体发表新闻和评论。这样的教学很受学生欢迎，我的广播新闻业务课程，在学校教务处组织的本科教学评估中，曾获得"优秀"的最高分，2012 年被评为校级精品课。

科研是高校教师的重要工作。近 10 年来，我在学术期刊上发表论文 40 多篇，出版了著作《广播新闻业务教程》、《名记者研究》、《马克思主义新闻观新论》；承担国家社科基金项目以及省部级重点科研课题，著作和论文曾获得国家和省部级一、二等奖。为帮助和指导学生参加各种全国各类学会（高校）组织的新闻作品和论文大赛，我利用自已担任全国多个学术团体理事的条件，将从全国各类学会及各高校获得的论文大赛信息，逐一传达给本科生和研究生，积极组织他们撰写新闻作品和论文，并认真加以修改，鼓励他们积极投稿参赛；我热心担任大学生科研工作指导老师，指导学生申报立项科研课题，为学生保研名校（中国社科院）和找好工作提供"硬件"作出了贡献。为此，我被评为学校"大学生科研工作优秀指导老师"、学院"年度人物"和"优秀共产党员。"2013 年 7 月，荣获湖北新闻工作"建设者奖"。今天，如果没有机遇和环境的平台，有多少成功算是你努力的结果？年轻的时候不去搏一搏，什么时候还有机会？如有来生，还做记者和老师！

最后，我对母校——华中科技大学新闻学院的领导、教师、校友和同学们表示衷心的感谢！人要想改变自己，什么时候都不晚。熟悉我的朋友都知道，我有个三进华科大读书求学的人生经历。1983 年：一进华科大（原华中工学院）读新闻干部专修班，打好理论和文化功底，从感性认识上升到理性认识。1993 年：二进华科大（原华中理工大学）本硕连读，培养研究问题素质，走学者型记者之路。2006 年：三进华科大（现华中科技大学）读新闻传播学博士，引我登上新闻教育讲台，让我走向新闻学术高地。这些都要归功于母校这 30 年来对我的栽培与厚爱！愿母校事业常青，精神永存！华中科技大学二级教授、新闻学院博士生导师申凡为本书所作的序言，对于我们所做的研究广播、传授制作广播节目技能的努力和劳动，都是极大的支持和鼓励！感谢申老师的热情鼓励和提携后学！

感谢武汉大学出版社编辑易瑛、胡国民、韩秋婷所做的认真细致的工作！由于学识和能力有限，本书还存在不足之处，欢迎广大读者提出意见、建议和指正。

肖　峰

2014 年 1 月 6 日于中国地质大学（武汉）杨柳斋